Kleßmann · Louis Ferdinand

Eckart Kleßmann

Prinz Louis Ferdinand von Preußen

Soldat – Musiker – Idol

Diederichs

Überarbeitete Ausgabe des erstmals 1972 im
Paul List Verlag, München, erschienenen Titels

Die Deutsche Bibliothek – CIP-Einheitsaufnahme
Klessmann, Eckart:
Prinz Louis Ferdinand von Preußen: Soldat-Musiker-
Idol / Eckart Klessmann. – Überarb. Ausg. –
München: Diederichs, 1995
ISBN 3-424-01259-9

© Eugen Diederichs Verlag, München 1995
Alle Rechte vorbehalten
Umschlaggestaltung: Zembsch' Werkstatt, München
Produktion: Tillmann Roeder, München
Satz: Uhl + Massopust, Aalen
Druck und Bindung: Ebner Ulm
Papier: leicht holzhaltig, säurefrei Werkdruck, Schleipen
Printed in Germany
ISBN 3-424-01259-9

Inhalt

Kindheit und Jugend 7
Krieg gegen Frankreich 40
In Lemgo, Hoya und Hamburg 72
Beginn der Selbständigkeit 118
Die österreichische Mission 149
Henriette, Pauline und Rahel 161
Der letzte Sommer 191
Der 10. Oktober 224
Die Todesnachricht 231
Der Nachlaß 241
Der Nachruhm 246

Anmerkungen 257
Das musikalische Werk Louis Ferdinands 268
Gedichte auf Prinz Louis Ferdinand von Preußen 270
Bibliographie 300

Kindheit und Jugend

Fünf Jahre nach dem Tode des Prinzen Louis Ferdinand von Preußen schickte Rahel Levin einige Hinterlassenschaften des ihr befreundet gewesenen Prinzen an Friedrich de la Motte Fouqué, den Dichter der *Undine*, und schrieb dazu: »Er ist ein geschichtlicher Mann. Er war die feinste Seele: von beinahe niemandem gekannt, wenn auch viel geliebt; und viel verkannt.« Als den »menschlichsten Menschen« charakterisierte sie den Prinzen: »Das Menschlichste im Menschen faßte er auf; zu diesem Punkte hin wußte sein Gemüt jede Handlung, jede Regung der anderen zurückzuführen. Der war sein Maßstab, sein Probierstein; in allen Augenblicken des ganzen Lebens. Das ist das Schönste, was ich von ihm weiß.«
Als Fouqué dann später Erinnerungen an den Feldzug von 1794 veröffentlichte, gedachte er darin auch Louis Ferdinands und schloß schwärmerisch: »Ob irgend jemand wagen darf, sein Leben zu beschreiben, weiß ich nicht. Am wenigsten weiß ich, wo er die Farben dazu hernehmen sollte: es seie denn, Wolkenschatten und Blitzeslichter und Nacht und Frührot und andere ähnliche unmalbare Dinge gäben sich ihm zur Ausführung seines Werkes dienstbar her. – Aber so wird es wohl unabgebildet bleiben durch Worte, jenes früheste Heldengestirn meines Lebens, und so vieler anderer Leben gewaltig vorleuchtende Gestirn: Prinz Ludwig Ferdinand!«
Heldengestirn – auf diesen enthusiastischen Ton waren schon früh die Charakteristiken des Prinzen gestimmt, und die seltenen kritischen Stimmen verloren sich rasch in einer Nachwelt, die den Menschen Louis Ferdinand immer mehr zu einer Art preußischen Nationalgottheit zurechtstilisierte, zumeist in der Dichtung, selten in biographischer Studie. Das lag weniger daran, daß man Fouqués Warnung beherzigt hätte, vielmehr fehlte es an Material, und so mußten liebevoll ausgemalte *Anekdoten und Charakterzüge aus dem Leben des Prinzen Louis Ferdinand von Preußen* – so der Titel des

bereits ein Jahr nach dem Tode des Helden erschienenen ersten biographischen Versuchs – dazu herhalten, ein Leben zu illuminieren, das sich dem Zugriff historischer Forschung zu entziehen schien.

Das war 1807 wohl nicht anders möglich, aber auch 1820 hatte es der anonyme Verfasser der *Biographischen Skizze über den Prinzen Louis Ferdinand von Preußen* noch nicht weiter gebracht. Erst Varnhagens Portrait (1836) lieferte ausführlich Material. Die exakte Forschung setzte aber erst ein mit dem bahnbrechenden Aufsatz von Paul Bailleu (1885), der die Akten einsah und auswertete.

Es wird im ferneren Verlauf dieses Buches noch davon zu handeln sein, welches Bild Forschung und – vor allem – Dichtung von dem Manne entwickelten, der mit knapp 34 Jahren den Tod im Gefecht von Saalfeld fand und den schon seine Zeitgenossen in einem solchen Maße vergötterten, daß Fouqués Warnung berechtigt zu sein scheint, denn es ist freilich schwierig, der Person und dem Leben eines Mannes gerecht zu werden, wenn beständig reichlich gespendete Weihrauchwolken den prüfenden Blick zu vernebeln trachten. Selbst ein so kritischer Geist wie der Fürst de Ligne kommt in seinen Memoiren nicht darum herum, Louis Ferdinand als »Held für einen Roman, die Weltgeschichte und die Sage« zu bezeichnen: »Durch seine Liebenswürdigkeit, seine Anmut und seinen Leichtsinn ist er Mars, Adonis und Alkibiades in einer Person.« Fügt man hinzu, daß anderen Zeitgenossen noch Namen wie Achill oder Leonidas zum Vergleich einfielen, so hat man fast den ganzen antiken Heroenhimmel beieinander. Grund genug für den Biographen, das gebotene Mißtrauen nicht einschläfern zu lassen. Dennoch tut der Verfasser gut daran, von vornherein zu gestehen, daß er bei aller Distanz nicht umhin kann, seinen Helden faszinierend zu finden.

Als Louis Ferdinand am 18. November 1772 morgens um 9 Uhr sein Leben begann, kam ein Mensch zur Welt, der manchen Zeitgenossen schon früh ein rechtes Glückskind zu sein schien, den die Dichter als Götterliebling priesen, über dessen kurzem Leben sich ein heiterer olympischer Himmel spannte, dessen gelegentliche Eintrübungen nur den makellosen Glanz dieses Daseins förderten. Aber ein Götterliebling ist Louis Ferdinand nur scheinbar gewesen, in Wahrheit war er ein Mensch zwischen zwei Zeitaltern, deren Dualismus er gespürt und auszutragen gesucht hat wie nur wenige, und es ist nicht abwegig, zu vermuten, daß er recht eigentlich an diesem Dualismus zugrunde gegangen ist, auch wenn es ein Säbelstoß war, der seinem Leben am 10. Oktober 1806 ein Ende setzte.

Er entstammte einer berühmten Familie. Sein Vater, Prinz August Ferdinand, war eines der vierzehn Kinder des preußischen Königs Friedrich Wilhelm I., des »Soldatenkönigs«, jenes berserkerhaften Monarchen mit stark pathologischen Zügen, der Preußens Staats- und Militärhaushalt mit brutaler Gewalt saniert und auf einen Höchststand gebracht hatte. Der 1730 geborene Ferdinand (dies sein Rufname) war der Bruder des 1712 geborenen Thronfolgers Friedrich II., der Bruder des 1726 geborenen Prinzen Heinrich, der Bruder der 1723 geborenen Prinzessin Anna Amalia, um nur diese zu nennen, weil sie auf diesen Seiten häufiger vorkommen werden. Aber Ferdinand besaß weder die militärische Begabung dieser Brüder noch die musikalische von Friedrich oder Anna Amalia; es mangelte ihm überhaupt an jedem Anflug von Genialität oder Charaktergröße. Als preußischer Generalmajor im Siebenjährigen Krieg hielt er sich wacker; seit 1758 schon kränkelte er mehr oder minder schwer vor sich hin, und wenn er überhaupt eine auffallende Charaktereigenschaft besaß, so war es eine Sparsamkeit, die dem Geiz zum Verwechseln ähnlich sah. Er hatte 1755 seine Nichte geheiratet, die Markgräfin Anna Elisabeth Luise von Brandenburg-Schwedt, und sein Bruder, König Friedrich II., hatte seiner Schwester Wilhelmine prophezeit: »Du wirst sehen, daß aus dieser Ehe eine ganze Völkerschaft hervorgeht.«

Worauf der König diese Meinung gründete, ist nicht bekannt. Die Völkerschaft ließ zunächst auf sich warten. Erst 1761 wurde das erste Kind geboren: Friederike. Nach acht Jahren folgte dann Friedrich (der Einfachheit halber werden hier nur immer die Rufnamen genannt), ein Jahr später (1770) Luise, dann 1771 Heinrich, 1772 Louis Ferdinand, 1776 Paul und endlich 1779 das letzte der sieben: August.

Es konnte nicht ausbleiben, daß dieser sich zwischen 1769 und 1779 in schöner Regelmäßigkeit einstellende Kindersegen Mißtrauen weckte, war doch Prinz Ferdinand ständig kränklich und nörgelig und alles andere als das Bild strotzender Mannskraft, im Gegensatz zu seinem Adjutanten, dem General Carl Graf von Schmettau, Hausfreund und Berater und auch Vertrauter von Prinzessin Ferdinand. Sorgte Schmettau für die vom König prophezeite Völker-

schaft? Man weiß es nicht, das Gerücht kam schon früh auf. Auszuschließen ist es nicht, aber solange die Beweise fehlen, müssen wir die Vaterschaft Ferdinands akzeptieren.
Der meldete die glückliche Geburt des fünften Kindes in seinem Schloß Friedrichsfelde bei Berlin (heute Teil des Tierparks Berlin) seinem Bruder, dem König, noch selbigen Tags und bat ihn zu Gevatter. Friedrich willigte ein und ließ dem Brauch gemäß sogleich alle Potentaten Europas über die Geburt informieren. Dem Zeremoniell entsprechend antworteten diese mit Glückwünschen, wie sie gleichfalls bis in die Formulierungen hinein der Brauch. So ließ ein deutscher Duodezfürst, Ludwig Günther Fürst zu Schwarzburg-Rudolstadt, wissen, er sei »ganz von teilnehmender Freude über dieses Ew. Königl. Majestät und Dero Königl. Haus so vergnügte Begegnis durchdrungen«, und er erbittet »die auserlesensten Segen und alle hohe Wohlfährigkeiten, sowie für den neugeborenen Prinzen die glücklichste Erziehung von der Güte Gottes«. Aus dem Ausland gratulierten Katharina II. von Rußland, Ludwig XV. von Frankreich, Georg III. von England, Gustav III. von Schweden, Karl III. von Spanien, aber auch »Bürgermeister, Schultheiß, Landammann und Räthe der XIII Städten und Ohrten der Eydtgenossenschaft«.
Ein Glückwunschschreiben verdient vollständig zitiert zu werden, kam es doch von Kaiserin Maria Theresia, die sonst kaum Anlaß hatte, ausgerechnet mit König Friedrich II. von Preußen, den sie sonst den »bösen alten Mann« nannte, Briefe zu wechseln. Sie, die Mutter von sechzehn Kindern, schrieb unter dem 5. Dezember 1772 aus Wien:
»Durchlauchtigster Großmächtigster Fürst,
besonders lieber Bruder und Vetter;
Mit besonderem Vergnügen habe jene Nachricht erhalten, welche Mir Euer Maj. von der abermaligen glücklichen Entbindung der Gemahlin Dero Herrn Bruders des Prinzen Ferdinand von Preußen Hoheit und Liebden mit einem wohl gestalten Prinzen zu ertheilen beliebet; Ich gratulire von Herzen Euer Maj. zu dieser erfreulichen Vermehrung Dero Königlichen Hauses, und wünsche zugleich aufrichtigst, daß der neu-gebohrene Prinz zu Euer Maj. vollkommenstem Trost und Zufriedenheit, im besten Wohlstand erwachsen, und in einem so beglückten als langwierigen Lebens-Lauf sich eben erhalten möge; Verbleibe Euer Maj. mit Freund-Schwesterlichem

und Muhmlichem Willen, Lieb, und allem Guthen beständig wohl bey gethan; Euer Maj. freundwillige Schwester und Muhme
Marie Theresia.«

Als die Kaiserin diesen Brief schrieb, war die Taufe des »wohl gestallten Prinzen« bereits vollzogen worden, allerdings unter Umständen, welche die fromme Katholikin scharf mißbilligt haben würde. Es war am 28. November 1772. In Schloß Friedrichsfelde hatte sich nachmittags um drei Uhr eine illustre Gesellschaft eingefunden. Zugegen waren: Der König und die Königin von Preußen; die Königin von Schweden (Schwester Ferdinands); Prinz Heinrich, der Bruder; Prinzessin Anna Amalia, die Schwester; die Herzogin von Braunschweig, ebenfalls eine Schwester; Prinz und Prinzessin von Oranien; Prinz und Prinzessin Eugen von Württemberg. Hofprediger Peltre nahm die Taufe vor, die allerdings anders verlief, als es die *Berlinische Privilegierte Zeitung* ihren Lesern mitteilte. Peltres Taufpredigt wollte nämlich kein Ende nehmen; das war zwar damals bei Predigten allgemein üblich, der König indes fand es nicht nach seinem Geschmack, und so ließ er denn zur Verblüffung der Anwesenden den Täufling kurzerhand hinaustragen. Weder konnte Peltre die Taufformel sprechen noch den Kopf des Täuflings mit geweihtem Wasser benetzen, und die Theologen mögen ausmachen, ob demnach Louis Ferdinand je gültig getauft worden ist. Dennoch war Friedrich II. bereit, »mit der ganzen Weiblichkeit der Familie dort zu Mittag zu essen«, wie die Königin berichtete, deren Nähe der Monarch bekanntlich sonst nicht suchte, ehe er sich um 17 Uhr nach Potsdam zurückbegab, begleitet von Generalleutnant von Lentulus. Außergewöhnlich wie die Taufe war auch die Namensgebung. Der Prinz erhielt nämlich offiziell die Namen Friedrich Ludwig Christian, aber ein Zettel von der Hand des Vaters, anläßlich der Taufe geschrieben, verzeichnet Friedrich *Louis* Christian, und Louis wurde er auch gerufen. Als dann im Jahr darauf der zweite Sohn des Kronprinzen den Namen Ludwig (oder Louis) erhielt, wurde der Sohn Ferdinands, um Verwechslungen zu vermeiden, künftig *Louis Ferdinand* genannt, unter welchem Namen er dann zwar bekannt und berühmt worden ist, der aber nie wirklich der seine war. In den folgenden Jahren dominierte der Tod im Hause Ferdinand: Es

starben die Erstgeborene – Friederike – und der Zweitgeborene – Friedrich – innerhalb von vier Monaten (1773); es folgte 1776 der nur vier Tage alte Paul – kein ungewöhnliches Schicksal in einer Zeit, in der die wenigsten Kinder ihre Eltern überlebten.
Louis Ferdinand war noch nicht ganz vier Jahre alt, als er – im Sommer 1776 – zum erstenmal öffentlich als Prinz auftreten mußte. Großfürst Paul von Rußland – der spätere Zar Paul I. – war nach Berlin gekommen, um die Prinzessin von Württemberg zu ehelichen. Beim Empfang wurde nun Heinrich, der um ein Jahr ältere Bruder, vom König befragt, wer denn der hohe Gast sei. Heinrich, nicht unbedingt der hellsten einer, antwortete naiv – die repräsentative Erscheinung des Großfürsten mit Schlüters Denkmal des Großen Kurfürsten verwechselnd –: »Der Kurfürst von der Langen Brücke.«
Louis machte die Schlappe wett. Im Gefolge des Großfürsten befand sich Pjotr Alexandrowitsch Rumjanzew. Der hatte im Krieg Rußlands gegen die Türken (1768–1774) den Oberbefehl geführt und 1774 die Türken zum Frieden von Kütschük-Kainardshi gezwungen. Soeben unterhielt er sich mit dem preußischen König. Das Kind trat auf den einundfünfzigjährigen Feldmarschall zu, wies auf dessen Waffe und fragte: »Ist das der Säbel, womit du die Türken geschlagen hast?«
Rumjanzew war gerührt. Seinen Ruhm kannten also schon die Kinder in Berlin! Für den König war damit die Scharte Heinrichs ausgewetzt; der kluge Neffe fand seine Sympathie. Als der Vater ein Jahr später um die Erlaubnis bat, man möge seinem Sohn Louis Ferdinand erlauben, künftig die preußische Armee-Uniform mit Portepee zu tragen, willigte der König sofort ein. Louis Ferdinands militärische Karriere hatte damit im Alter von fünf Jahren begonnen, aber das war damals an europäischen Fürstenhöfen nicht außergewöhnlich. Fürstenkinder trugen schon früh die Uniform, Kind sein durften sie kaum, aber auch das Bürgerkind wurde ja schon früh in die Rolle des kleinen Erwachsenen gedrängt, denn in dieser Zeit war das Kind noch nicht Kind in seinem besonderen Status, wiewohl in der zweiten Hälfte des 18. Jahrhunderts die Kinder- und Jugendliteratur sich auszuprägen begann. Immerhin waren aber Kinder von Fürsten, Aristokraten oder Bürgern weit besser gestellt als Kinder von Arbeitern, Handwerkern oder Bauern, aber davon später.
Louis Ferdinand war noch nicht ganz sieben Jahre alt, als am 19. 9.

1779 sein letztes Geschwister, der Bruder August, zur Welt kam. Wieder erschien der König zur Taufe. Dabei erlaubte er sich einen jener groben Scherze, die dem König als Alten Fritz Popularität sicherten. Nach der Taufe, die er diesmal nicht störte, rief der König seinen Neffen Louis Ferdinand zu sich an den Hausaltar und sagte: »Mein kleiner Mann, als ich dich über die Taufe hielt, hat der Prediger eine so lange Rede gehalten, daß ich dich wegschickte, ehe sie zu Ende war. Dies Unrecht muß ich heute wiedergutmachen.« Sprach's und goß dem Jungen »den ganzen Rest des Taufwassers über den Kopf«, wie sich dessen Schwester Luise erinnerte: »Mein Bruder gab eine sehr heitere und artige Antwort und wurde wegen seiner Geistesgegenwart und Tapferkeit belobt.«

Wie es damals üblich, wurden den Kindern Hauslehrer bestellt. Für die Prinzessin Luise eine Frau von Bielfeld, für Heinrich und Louis Ferdinand ein Geheimrat Bärbaum. Über ihn wissen wir leider gar nichts. Erzählt wird, er habe einmal im Vorzimmer Louis Ferdinands die Hände im Gebet zum Himmel gereckt und gerufen: »Gott verleihe mir Kraft!«, bevor er zu seinem Zögling ging. Möglich, daß Louis Ferdinand die Nerven des Geheimrats arg strapazierte.

Auch über die Art des Unterrichts wissen wir nichts. Wir kennen nur drei Briefe, die Louis Ferdinand an seinen Vater schrieb und die ganz zweifellos den Einfluß des Erziehers in der Diktion verraten. Der erste, vom 15. 10. 1779, lautet:

»Theuerster bester Vater,

Befindest Du Dich wohl? Bist Du Glücklich bey unserem Oncle in Rheinsberg [*gemeint ist Prinz Heinrich*] angekommen und Ihn vergnügt gefunden? Dies alles wünsche ich von ganzem Herzen. Unsere Liebe Mutter und wir alle befinden uns wohl, nur unser lieber Bruder August war gestern nicht wohl, jetzt ist er aber wieder besser. Seitdem Du weg bist, scheint mir alles zu fehlen, denn ich kann ja bloß an Dich denken, aber Dich nicht selbst sehen, kein Wörtchen mit Dir sprechen. Könnte ich reiten, so würde ich Dir bald nacheilen, um selbst zu sehen, was Du möchtest; aber so muß ich Dir bloß mit meinen Wünschen folgen und den Himmel bitten, daß er Dich gesund erhalte und Dich bald wieder zu uns führe. Meinem Lieben Oncle sage, daß ich ihn recht oft in Gedanken küsse und Ihn bitte mich Lieb zu behalten.

Meinen guten Kamerad grüße ich herzlich. Komm bald wieder, bester Vater, damit Dich Dein Louis in seine Arme schließen und Dir

sagen kann, daß er Dich wie seine Seele liebt und daß es seine Freude
sey, Dir Freude zu machen.
Dein gehorsamster Sohn
Ludwig
Friedrichsfelde, den 15. October 1779.
Unser Bärbaum legt sich dir zu Füßen.«

Der zweite Brief ist in französischer Sprache abgefaßt, ein Gratulationsschreiben zum Geburtstag des Vaters:
»Lieber Vater!
Ich wünsche Ihnen aufrichtigst Glück zu Ihrem Geburtstag und bitte den Himmel von ganzem Herzen, daß er Ihnen ein langes und glückliches Leben schenke, damit ich noch recht oft den meinem Herzen so interessanten und teuren Tag feiern kann. Vergangenen Freitag war ich mit meinem Bruder Heinrich beim Manöver. Die Zieten-Husaren machten zwei General-Attacken und die Gensdarmes desgleichen. Worauf die in Schlachtordnung aufgestellte Infanterie mehrere Peloton- und Bataillons-Salven abgab. Man hat auch mit Kanonen geschossen. Dann hat die Infanterie einen Rückzug gemacht, wobei sie abfeuerte. Um alles dies zu sehen, sind wir um 5 Uhr morgens aufgestanden, und es war ein sehr schönes Schauspiel, das uns viel Vergnügen gemacht hat. Adieu, mein lieber Vater, lassen Sie es sich gut gehen und kommen Sie bald zurück. Ich liebe Sie von ganzem Herzen und bin mit der vollkommensten Zärtlichkeit
Ihr, geliebter Vater,

Berlin, den 22. Mai 1780.« gehorsamster Sohn Louis.

Der dritte und letzte ist wieder nach Rheinsberg adressiert, wo der Vater beim Onkel Heinrich zu Besuch war. Auch dieser Brief ist in französischer Sprache geschrieben und entspricht in seiner empfindsamen Terminologie ganz dem Geschmack der Zeit:
»Sehr lieber Vater,
Damit Du gut von mir denkst, bitte ich Dich, meinen respektvollsten Dank entgegenzunehmen. Ich bin erfreut, daß Du wohlbehalten bei unserem lieben Onkel angekommen bist, und ich zweifle nicht daran, daß dieser Aufenthalt für Dich höchst angenehm ist. Es ist nur schade, daß Dich das fern von uns sein läßt! Das ist ein Opfer, das dennoch für mich nicht ohne Süßigkeit ist, denn es ist zu Deiner und meines lieben Onkels Freude, und ich stelle mir vor allem Deine glückliche Heimkehr in unsere Mitte vor. Wüßtest Du, welche Leere

mich Deine Abwesenheit empfinden läßt! Seit ich abends nicht mehr mit Dir spazierengehen kann, finde ich das Ende des Tages weniger angenehm. In der Hoffnung, diese lieben Augenblicke wiederzufinden, entschädige ich mich, indem ich mir vorstelle, Dir nahe zu sein, indem ich glaube, Dich zu sehen, und ich bin zufrieden.
Ich bitte Dich, meinem sehr lieben Onkel tausend Grüße zu sagen.
Ich bin von Herz und Seele,
sehr lieber Vater,
Dein
sehr gehorsamer Sohn Louis.
Friedrichsfelde, den 5. August 1780
Meinem lieben Kameraden S. viele Grüße.
Herr Bärbaum legt sich dir zu Füßen.«

Diese Briefe sind in zierlicher Kalligraphie auf winzigem Format (6,5 × 9,5 cm) niedergeschrieben; zum Teil sind die Briefbogen mit handgemaltem, grüngrotem Rankenwerk umrandet. Das Französisch ist noch holprig, die Akzentsetzung recht beliebig, und daran sollte sich während seines ganzen Lebens nichts ändern.
Bärbaums Kunst des Briefschreibens erprobte sich so recht, wenn es galt, dem König zum Geburtstag zu gratulieren. Das hatte natürlich in der abgezirkelten Hofsprache zu erfolgen, die jede persönliche Note *a priori* ausschloß. Ein solcher Brief – Louis Ferdinand schrieb ihn in Berlin am 24. Januar 1783 – liest sich so:
»Sire, Erlauben Sie, daß bei Gelegenheit des Geburtstages Eurer Majestät ich Ihr die aufrichtigsten Wünsche für Ihr kostbares Wohlergehen darbringe. Wenn es ein Glück gibt, das ich mir glühend wünsche, so ist es das, daß es mir vergönnt sein möge, bald Eurer Majestät dienen zu können, und Ihr durch meinen Eifer, meinen Fleiß und meine Tätigkeit die Hingebung zu beweisen, deren Sie so würdig ist.
Ich bin mit der tiefsten Hochachtung
Sire, Euer Majestät
ergebenster, gehorsamster und
untertänigster Neffe und Diener Louis.«

Selbstverständlich hatten die jungen Prinzen frühzeitig zu repräsentieren. Als im September 1783 der Herzog Friedrich von York in Berlin eintraf, erwartete man, daß der elfjährige Louis Ferdinand an einem dem Herzog zu Ehren gegebenen Fest teilnehme; eine der vielen Verpflichtungen, die den Geheimrat Bärbaum, der die Kontinuität seines Unterrichts zu Recht gefährdet sah, in stille Verzweiflung brachten. Der neue Hauslehrer, Professor Großheim, bekam von seinem Zögling in solchen Fällen die ebenso entwaffnende wie bezaubernde Antwort: »Ich muß jetzt ein bißchen der Prinz sein, die Leute wollen es durchaus so haben.«

Im übrigen legte er es gar nicht darauf an, der Prinz zu sein. Zunächst war er – glauben wir den Anekdoten – ein widerspenstiger Schüler, nicht aus Bosheit, sondern aus Widerspruchsgeist, was den alten Herrn Bärbaum weidlich schwitzen machte. Der neu hinzugezogene Professor Großheim soll geurteilt haben: »Ich fand einen jungen Menschen an ihm, der mit einer ungewöhnlichen Selbständigkeit und Selbsttätigkeit ausgerüstet mir übergeben wurde. Eine für seine Jahre bewundernswürdige seltene Festigkeit war ein Hauptzug in seinem Charakter. Er befolgte auf der Stelle die Weisung des Lehrers, wenn dieser ihn überzeugte. Er handelte niemals ohne Überzeugung. In seinem Gemüte war nichts von der jetzt so alltäglichen Sucht, andern nachzubeten, nachzutun. Groß war das ihm zugeteilte Maß von Tatkraft und unerschütterlichem Willen, aber sollte er handeln, so mußte er zuvor die Gründe wissen, warum es so und nicht anders geschehen müsse; scharfsinnig prüfte er diese Gründe und: wehe dem, der ihm keine zureichenden angegeben hatte: er erlebte das Unglück, das Gegenteil von dem, was er wollte, getan zu sehen.«

Hinzu kam das Bedürfnis des Kindes, Gutes zu tun. Eines Tages teilte ihm die Mutter mit, er werde künftig auf seine alte Kinderfrau Tilling verzichten müssen, da nun der Hauslehrer ihre Stelle versehe. Worauf das Kind die Mutter fragte: »Aber was wird denn mit jener guten Frau?«

»Wieso?«

»Nun, ich meine, sie muß doch leben.«

»Dafür werde ich schon sorgen.«

»Aber auch so, daß sie gar keinen Mangel leidet. Bitte, bitte.«

Nach diesem Gespräch wandte er sich an Frau Tilling: »Du sollst fort, aber sei nicht bange, die Mutter wird für dich sorgen. Und wenn das, was du erhältst, nicht zureicht, so komm nur des Abends und klopfe an mein Fenster. Da will ich dir immer mein Taschengeld hinausreichen!«

Diesem Gespräch war ein anderes vorausgegangen, bei dem ihn die

Kinderfrau gefragt hatte, was Louis Ferdinand einmal als Erwachsener mit dem von ihm ererbten Vermögen des Vaters tun würde. Antwort: »Ich werde solchen Leuten geben, welche gar keines haben!«
»Und wenn ich zu dieser Zeit nicht mehr um Sie wäre, könnte alterswegen nichts erwerben und hätte kein Brot?«
»Ich würde dir schon welches geben. Wenn du einst kein Brot hast, so komm zu mir, ich werde mir ein großes Stück geben lassen, um es dir zu reichen.«
Gewiß, Anekdoten *post festum*, aber in dem, was sie aussagen wollen, sind sie zuverlässig. Umgang mit Geld freilich war in dem knausrigen Haushalt Ferdinands nicht zu lernen. Als sich unter den Domestiken erst einmal die Großherzigkeit des Jungen herumgesprochen hatte, reagierten die Eltern nicht mit vernünftigen pädagogischen Maßnahmen, sondern sie untersagten schlicht allen Angestellten, irgend etwas von dem Kind anzunehmen, sei es nun Geld oder Nahrung. Eines Tages hatte Louis Ferdinand dem Küchenmeister Brot und Braten abgelistet, um es einem der vor Friedrichsfelde postieren Wachen zuzustecken. Der Soldat winkte ab: »Ich darf es nicht annehmen, lieber gnädiger Prinz, es ist mir untersagt.«
»Nicht?« Kurzes Nachdenken. Dann: »Er soll es auch nicht nehmen, ich stecke es Ihm in seine Patronentasche, dann sieht Er es nicht und hat es nicht genommen!«
Sah er eine hungernde Soldatenfrau – und die gab es damals in Preußen genug zu sehen –, so lieh er sich von seinem Diener 8 Groschen: »Geschwind gib, ehe sie fort ist. Ich gebe sie dir von meinem Taschengeld zurück.« Die Frau bekommt ihr Geld mit der Auflage, in einer Woche wieder vorzusprechen, dann habe er wieder Geld: »Sie muß es ja niemandem sagen, denn ich habe das Geld geliehen und meine Eltern sprechen: ich gebe zuviel!«
Und der Zehnjährige sagte einem Freunde: »Ich wünschte wohl, einst jährlich eine Million zu meiner Disposition zu haben, um alles um mich her recht glücklich und sorgenlos zu wissen!«
Über den Unterricht, den dieses Kind erhielt, wüßte man gerne Genaueres, aber die Quellen lassen uns im Stich – bis auf eine. Dabei handelt es sich um ein kleines Heft mit der Aufschrift: *Livre de Lecture et d'extrait pour le P. Louis 1780.* Auf dem Etikett sind Noten und eine Schlachtenreihe eingezeichnet, Abbreviaturen jener beiden Neigungen, die sein ganzes Leben bestimmen sollten.

Dieses Heft unterrichtet uns detailliert über die Lektüre des Prinzen zwischen 1780 und 1787, und man muß sagen, Großheims Unterricht war der schlechteste nicht; was er an Literatur vermittelte, entsprach ziemlich genau dem Geschmack der Aufklärung. Das Französische war die einzige Fremdsprache. Griechisch-lateinische Literatur ist nur in Übersetzungen verzeichnet, also wurden diese beiden Sprachen im Hause Ferdinand nicht gelehrt.

Die dem Kind zunächst vermittelte Lektüre war sorgfältig gewählt; aus der Perspektive von heute muß man sagen: Es war die erste Garnitur. Da stehen gleich zu Anfang verzeichnet *Neues Abcbuch nebst einigen kleinen Übungen und Unterhaltungen für Kinder* (1772) von Christian Felix Weiße, sodann *Der Kinderfreund* (1776) von Friedrich Eberhard von Rochow. Dieses Buch erregte damals viel Aufsehen; genau sechzig Jahre nach seinem ersten Erscheinen wurde die 138. Auflage gedruckt. Das hatte seinen Grund: Rochow ging nämlich erstmals von dem pädagogischen Aberglauben ab, es genüge, dem Landvolk einige Erbaulichkeiten der christlichen Religion zu vermitteln. Rochow hielt es für wichtiger, der bäuerlichen Jugend Sachwissen aus ihrem Alltag in Gestalt kleiner Geschichten mitzugeben. Das war lobenswert, aber man sollte dieses Unternehmen nicht für sehr progressiv halten, denn der Tenor aller Geschichten hieß – in einem Satz bündig formuliert: »Bleibt fromm und redlich [...] fleißig in eurem Beruf und ehrerbietig und gehorsam gegen eure Obrigkeit!« Ein Grundsatz, den die Kinder- und Jugendliteratur jener Epoche stets mit Nachdruck ihren Lesern einbläute.

Unter den ersten 66 Büchern, die Louis Ferdinand gelesen (und durchnumeriert) hat, erscheint außer den zuvor genannten des Joachim Heinrich Campe *Sittenbüchlein für Kinder aus gesitteten Ständen* (mehrfach aufgelegt) sowie das *Leipziger Wochenblatt für Kinder*, gegründet 1772, die erste selbständige Jugendzeitschrift in deutscher Sprache. Im Hause Ferdinand war man offenbar darauf abonniert und ließ die Jahrgänge binden, denn das Büchertagebuch vermerkt: »Dieses Buch besteht aus 9 Bänden.« Die 1778 erschienenen *Unterhaltungen für Kinder und Kinder-Freunde* von Christian Gotthilf Salzmann gehörten zu den populären Schriften dieses tüchtigen Pädagogen, der zwar wie alle anderen Untertanengehorsam predigte, aber einer der ersten Publizisten war, der den Mut besaß, auf die unmenschlichen Zustände der Kinderarbeit hinzuweisen.

Selbstverständlich hatte Louis Ferdinand auch *den* Jugendbuchklassiker seiner Zeit gelesen, den soeben erst (1779/80) erschienenen *Robinson der Jüngere* von Joachim Heinrich Campe mit den Kupfern von Daniel Chodowiecki. Das war eine Bearbeitung von Daniel Defoes *Robinson Crusoe* (1719) für Kinder, und erst in dieser Fassung wurde der Roman, der ja keineswegs für Kinder gedacht war, zum Jugendbuchklassiker. (»Ich halte große Stücke auf Campe; er hat den Kindern gute Dienste geleistet, er ist ihr Entzücken, ihr Evangelium«, sagte Goethe Jahrzehnte später zu Eckermann.) Auffallend ist an Louis Ferdinands Büchertagebuch, daß meist Neuerscheinungen verzeichnet sind; der Büchermarkt wurde offenbar im Hause Ferdinand stets aufmerksam beobachtet.
Die Belletristik hat bei der Erziehung des Kindes kaum eine Rolle gespielt. Abgesehen von dem Roman *Les veillées du château* (1784) der damals vielgelesenen französischen Erfolgsautorin Comtesse de Genlis werden von Dichtungen nur die Dramen der französischen Klassiker Racine, Molière und Voltaire genannt, aber die gehörten damals zum festen Kanon des Literaturunterrichts.
Sonst finden sich verzeichnet die 1775 erschienenen Bände von Johann Andreas Cramer *Christian Fürchtegott Gellerts Leben* und *Christian Fürchtegott Gellerts Briefe* (hingegen keine Poesie von Gellert), dann das 1785 veröffentliche *Moralische Elementarbuch* von Christian Gotthilf Salzmann, dessen Ziel darin lag, »in sechs- bis achtjährigen Kindern dasjenige zu erzeugen, was man gute Gesinnung zu nennen pflegt« (nämlich die des braven Untertanen), ferner *Historisch-kritische Nachrichten von Italien* (1777) von Johann Jakob Volkmann und *Der Philosoph für die Welt* (1775) von Johann Jakob Engel.
Absolut dominierend ist die Geschichtsliteratur. Natürlich steht an der Spitze Plutarch, Lieblingsautor jener Zeit, in der sich der klassizistische Stil entwickelte: 1785 entstand Jacques Louis Davids berühmtes Gemälde *Der Schwur der Horatier*, das gleichsam wie ein Fanfarenstoß die neue Stilrichtung einleitete. Und ähnlich programmatisch wirkt es, wenn es in Schillers *Räubern* heißt: »Mir ekelt vor diesem tintenkleksenden Säkulum, wenn ich in meinem Plutarch lese von großen Menschen.«
Von großen Menschen. Die glaubte man in Plutarchs Lebensbeschreibungen großer Griechen und Römer abgeschildert zu finden, in diesen vergleichenden, essayistischen Kurzbiographien, die Louis

Ferdinand – wie alle Welt damals – natürlich nicht im griechischen Original, sondern in französischer Übersetzung las. Sein Büchertagebuch enthält für 1785/86 den Zusatz, er habe das Werk »*les plusiers fois*« (mehrmals) gelesen. Und nicht nur gelesen: In französischer Sprache füllte er Seite um Seite mit Auszügen aus Plutarch, wobei er über die Lebensgeschichte des Alkibiades notiert: »*Je prefere le grec.*«

Von April 1786 an beginnt der Vierzehnjährige, seine Lektüre zu datieren. Auf Plutarch folgt Cornelius Nepos und des Marschalls Moritz von Sachsen *Les Rêveries ou Mémoires sur l'art de la guerre* (1756), dazu Anekdotisches über Karl XII. von Schweden und Peter den Großen von Rußland, dann wieder Auszüge: aus einer Biographie des Prinzen Eugen von Savoyen in französischer Sprache. Besonders eingehend beschäftigt ihn in den Sommermonaten 1786 das soeben erschienene neunbändige Werk *Elemens d'Histoire générale p. Mr. l'Abbé Millot*, eine Weltgeschichte, aus der er sich für jede Epoche gewissenhaft Auszüge macht. Drei Monate ist er damit beschäftigt, und man spürt den Notizen an, wie sehr er bemüht ist, für sich ein übersichtliches System der Weltgeschichte anzulegen und so sich anzueignen. Daß er als Neffe Friedrichs II. natürlich ausgiebig Literatur über die friderizianischen Kriege studiert – so das dreibändige Werk des britischen Generals Henry Humphry Evans Lloyd *Geschichte des Siebenjährigen Krieges*, das 1783/87 in deutscher Übersetzung erscheint –, ist bei seinem Interesse für alles Historische und Militärische kaum zu verwundern. Erst im Oktober 1786 wendet er sich anderer Lektüre zu. Jetzt ist es – zum zweitenmal – *Der Philosoph für die Welt* von Johann Jakob Engel, das er in der soeben erschienenen zweiten Auflage liest. Und er notiert dazu: »Das was mich *[sic]** am meisten gefällt ist die Bestimmung zum Tode.«

Dieses Buch ist eine Sammlung buntgemischter Aufsätze populärphilosophischer Art, ganz von der Aufklärung geprägt. Neben Abhandlungen über Goethes *Werther* und Lessings *Emilia Galotti* handelt es *Von den Freuden der Erkenntnis* oder *Über die menschliche Glückseligkeit* oder *Proben Rabbinischer Weisheit*, beigesteuert von Moses Mendelssohn. Louis Ferdinands Bemerkung zielt auf den

---

* Die Verwechslung von Dativ und Akkusativ war damals allgemein; sie ist nicht etwa, wie heute gern unterstellt wird, etwas spezifisch Berlinisches. Alle folgenden Zitate sind heutigem Sprachgebrauch angeglichen.

Beitrag *Über den Tod*, den er allein dreimal gelesen hat. Der Tod wird hier als unabdingbarer Kontrapunkt des Lebens vorgestellt, von dem aus alles Leben erst seinen Sinn erhält:
»Alles, alles in der Natur ist nur angelegt auf Verderben, Zerstörung, Vernichtung. Der Engel der Schöpfung geht nun voran und erweckt Leben, damit der Engel des Todes, der hinter ihm dreingeht, zu würgen finde. Hoffnungen von Glückseligkeit, die stets tief in der Zukunft ist, machen uns das Leben nur schätzbar, damit der Schauder vor der Vernichtung uns desto schrecklicher fasse. [...] Tod ist die Bedingung des Lebens; gegründet mit allein seinen Schrecknissen, mit allem ihm vorangehenden Elende, in eben der Natur, worin auch unsre Freuden sich gründen. [...] Das Leben hat also seine Freuden, seine größten überschwenglichen Freuden: wir Undankbaren vergessen den größten Teil derselben bei der Berechnung; eben die Natur, die uns diese gewährt, bringt den Tod unzertrennlich mit sich; es wäre Unsinn, mit der Vorsehung zu hadern, daß sie uns diese Natur gab und keine andre, daß sie den Menschen zum Menschen schuf, nicht zum unsterblichen Engel; die Bitterkeiten des Todes – o wie konnt' ich bis jetzt diesen größten Gedanken vergessen! – sie werden uns durch Aussichten auf ein besseres Leben versüßt, durch Hoffnungen einer Ewigkeit, wovon uns alles versichert, die Erkenntnis unserer selbst, die Erkenntnis der Welt und des Schöpfers. Und wenn nun das alles so ist, wie es ist; wie kann der Mensch noch den Himmel anklagen und in dem Plan seines Lebens nur Spuren einer feindseligen Macht, nicht einer allwaltenden Güte finden?«
Muß man hinzufügen, daß der junge Mensch im Stadium der Pubertät für den Begriff des Todes empfänglicher ist als in jedem anderen Lebensabschnitt? Daß er über den Tod nachzudenken beginnt, ihn zu enträtseln sucht, daß die weltschmerzlichen Empfindungen jenes Alters immer zugleich auch ein gut Teil Todessehnsucht umschließen?
Es ist interessant, daß der Junge zwischen dem 17. September 1786 und dem 11. März 1787 seine Lektüre plötzlich ganz anders wählt. Er liest fünf Dramen Voltaires und vermerkt, daß ihm dessen *Mahomet* am meisten zugesagt habe, wie er jetzt überhaupt beginnt, seine Lektüre zu kommentieren. Er schafft es sogar, Klopstocks *Messias* ganz zu lesen (»dies Buch, welches mir außerordentlich gefällt, scheint mir ein wahres Meisterstück, vornehmlich gefällt mir der 5.

Gesang«), und das in einem Zeitraum von nur siebzehn Tagen. Abschließender Kommentar: »Die vier letzten Gesänge haben meines Erachtens weder soviel Feuer noch sind sie so schön wie die ersteren, überhaupt sind die letzteren Gesänge so sehr gezogen. Unter den achten, die ich diese Woche gelesen habe, gefiel mir der 13. am besten.«

Vom *Messias* geht er über zum *Magazin zur Erfahrungsseelenkunde* (1783) von Karl Philipp Moritz, dann folgt wieder der geliebte *Philosoph für die Welt*. Diesmal hat es ihm das Stück *Der Bienenkorb* angetan. Darin wird recht amüsant geschildert, wie ein (fiktiver) französischer Modephilosoph einem deutschen Besucher eine recht abstruse Theorie entwickelt, die dieser – »ohne den mindesten Argwohn von Ironie, die ihm für einen Deutschen eine viel zu kühne Figur schien«, heißt es von dem Franzosen spöttisch – mit einem noch größeren pseudophilosophischen Galimathias zu übertrumpfen sucht, ganz bewußt und um sein Gegenüber aufs Glatteis zu führen. Am Ende urteilt die französische Gesellschaft über den Deutschen: »Gestehen Sie mir, meine Herren, daß eine so ungeheure Stupidität doch nirgend als jenseits des Rheins erhört ist. Denn hier in Frankreich, dem Himmel sei Dank! sind wir doch eine ganz andere Menschenart; haben doch ganz anders organisierte Gehirne.«

Mit solchen Stücklein suchte man sich damals in deutschen Landen der übermächtigen französischen Vorherrschaft zu erwehren, und es wäre interessant zu wissen, ob der Vierzehnjährige damals sein Vergnügen darin fand, französische Arroganz verspottet zu sehen oder ob es einfach nur der Spaß an der geistreichen Parodie war.

Ovids *Metamorphosen* liest er dann in französischer Übersetzung, und da er bemerkt, er halte die Übersetzung nicht für gut, das Original müsse hübscher sein (»*plus joli*«), darf man schließen, daß er entweder überhaupt keinen Unterricht im Lateinischen bekommen hat oder zuwenig, um Ovid lesen zu können.

Die Eintragungen in das Büchertagebuch enden mit dem 17. 6. 1787. Verzeichnet sind zum Schluß eine Geschichte des Johanniter-Ordens in französischer Sprache (der Vater war Herrenmeister der Johanniter), Voltaires *Henriade* und *Der Brittische Plutarch oder Lebensbeschreibung der großen Männer in England seit Heinrich III. bis unter Georg II.* in drei Bänden (1764/69), aus dem er wieder Auszüge macht, um sich die wichtigsten Gestalten der britischen Geschichte besser einprägen zu können.

»Aus Büchern lernte er wenig«, hat Varnhagen von Louis Ferdinand behauptet, ein gelegentlich nachgeschriebener Satz. Das hier zum erstenmal ausgewertete Büchertagebuch zeigt es anders. Natürlich läßt die Lektüre, die einen Menschen im Alter von acht bis vierzehn Jahren beschäftigt, keine gültigen Rückschlüsse auf den Erwachsenen zu, aber es ist gar keine Frage, daß gerade in diesem Alter der Mensch ganz entscheidende Eindrücke aus Büchern empfängt. Freilich, ein Kenner von Belletristik ist Louis Ferdinand nie geworden; ihn faszinierten die Geschichtsschreibung und die militärwissenschaftlichen Abhandlungen, und dazu wurden die Fundamente in diesen Jahren gelegt.

Der Unterricht, den Louis Ferdinand genoß, und die Möglichkeit, sich durch ausgewählte Lektüre zu bilden, war damals das Privileg einer begüterten Minderheit. Die Masse der Bevölkerung kannte solche Segnungen nicht. Bauern, Arbeiter, Handwerker mußten ihre Kinder mitarbeiten lassen, wollten sie nicht hungern. Kinder – schon sechsjährige – mußten bis zu fünfzehn Stunden am Tag arbeiten. Schulbildung gab es für sie meist nicht, und wenn, dann bedeutete Schule nur den Erwerb einiger Grundkenntnisse in Schreiben, Lesen, Rechnen, dazu vor allem viel Katechismus, und das hieß: Einübung im blinden Gehorsam gegen eine von Gott verordnete Obrigkeit. Dieser Untertanengehorsam wurde den Kindern buchstäblich eingebleut, nämlich mit dem Stock, der dem Lehrer (meist ausgediente, invalide Feldwebel) die Autorität verlieh. Übertreibung? Der Direktor des Königlichen Gymnasiums in Hamm (Westfalen) schrieb 1798:

»Die in den meisten Schulen eingeführte Disziplin gründet sich, außer den gewöhnlichen Ohrfeigen, auf die Allgewalt des Stockes, oder auch je nachdem der Scharfsinn des Lehrers in Erfindung schmerzhafter Strafen geübt ist, auf andere sinnreiche Mittel, den armen Kindern das Leben zur Qual machen, z. E. auf Erbsen neben einen warmen Ofen knien oder dergleichen eines Unmenschen würdige Martern, wobei dann noch wohl der Lehrer, so bald der Schmerz sich in allen Muskeln des Gesichts eines solch armen Geschöpfes ausdrückt und es vor Pein winselt, gewöhnlich der erste ist, der seiner spottet, und die ganze Schule auffordert, einmal die lächerlichen Gebärden des Affengesichts anzusehen! – Und warum wird es so hart gestraft? Weil es vielleicht die Katechismusfrage, oder richtiger, Antwort nicht wußte, oder sonst ein Verbrechen der Art

begangen hatte. In manchen Schulen ist es üblich, daß wenn die Knaben den Katechismus bei aller Mühe sich nicht in den Kopf arbeiten können, sie des sonnabends, wenn er hergesagt wird, die Posteriora entblößen und – um sie desto mehr zu beschimpfen – gerade den Mädchen zuwenden müssen, in welcher aller Schamgefühl empörenden Stellung sie von dem Lehrer gegeißelt werden.«
Ein Jahr später ließ sich ein F. S. G. Sack *(Über die Verbesserung des Landschulwesens, vornehmlich in der Churmark Brandenburg)* zu der Frage vernehmen: »Was soll das Bauernkind lernen, und was soll es nicht lernen?« Schreiben? Ja: »Mehr wegen der Übung im Aufmerken, in Beobachtung von Regeln und in geduldiger Ausharrung bei einerlei Beschäftigung, als wegen des Vorteils, den eine Geschicklichkeit darin dem Landmann bringen könnte. Den Schulzen und den Krüger des Dorfes ausgenommen, sehe ich nicht, wozu die Kunst zu schreiben den Bauern so durchaus notwendig sei.«
Lesen? »Es wird immer nötig bleiben, daß auch auf dem Lande Unterricht im Lesen erteilt werde, und daß, zumal die Knaben, zu einer Fertigkeit darin gebracht werden. Einige der Bauernsöhne sollen dem Staate als Soldaten dienen; andre werden einst als Schulzen oder Gerichtsmänner im Dorfe angestellt werden. Es ist nötig und nützlich, daß alle diese die Geschicklichkeit erlangen, sowohl Gedrucktes als Geschriebenes lesen zu können. Übrigens aber wage ich es, den großen Nutzen zu bezweifeln, welchen das Lesenkönnen dem Landmanne und insbesondere dem weiblichen Geschlechte bringt. Der ganze Bücherkram gehört nicht für diese ehrwürdige, ganz in den Kreis des praktischen Lebens eingeschlossener Klasse.«
Geschichte? »Aber ja nicht Weltgeschichte; nicht Geschichte dieses oder jenes Volks – auch nicht Naturgeschichte, aber Erzählung von dem, was die Regenten des Vaterlandes Großes und Gutes getan haben; von den wohltätigen Einrichtungen, die sie gemacht, von den weisen Gesetzen, die sie gegeben; von der Aufmerksamkeit, die sie auf den Ackerbau angewandt, oder auf die Erweiterung des Erwerbfleißes; von den Städten, die sie erbaut, von den Brüchern, die sie urbar gemacht haben; dann von den tapferen Taten der Vorfahren, wie sie hier und da und dort mutig gegen überlegene Feinde gekämpft, Weib und Kind und Freund beschützt und glorreich gesiegt haben; dann von edlen Handlungen, die im Dorfe oder in der Provinz verrichtet worden und im Andenken erhalten zu werden

verdienen; wie einer seinen alten Eltern Gutes getan; wie ein anderer seinem Nachbar geholfen, wie einer in Feuers- oder Wassersnot mit edler Selbstaufopferung Retter der Gemeinde geworden ist, wie ein anderer durch vernünftige Vorstellungen erbitterte Gemüter beruhiget und durch guten Rat von verderblichen Schritten zurückgehalten hat; wieder ein anderer aber sich durch Verbrechen unglücklich gemacht und durch unvernünftigen Trotz gegen Gesetz und Obrigkeit oft über sein ganzes Geschlecht Verderben gebracht hat u. dgl. Was ein Kind durch Geschichte überhaupt für seine Ausbildung gewinnen kann, das kann es gewiß auch aus dieser speziellen und ihm interessantesten Geschichte gewinnen – und der patriotische Sinn, der ihm zugleich mit eingeflößt wird, ist eine Zugabe, die ihm sein Vaterland werter und seinen Stand noch um so viel ehrwürdiger machen wird.«

Abrichtung also zum Untertanen, der nicht *räsonniert*, sondern *Order pariert*, so der Wortschatz preußischer Staatsraison. Den stärksten Einfluß auf die Kinder hatte man in den Waisenhäusern, den billigen Arbeitshäusern des Staates, zu dessen Glaubenssätzen es gehörte, daß man Kinder zuvörderst vor Müßiggang bewahren müsse – durch harte körperliche Arbeit. Der Pädagoge Salzmann, von dessen zahlreichen Schriften Louis Ferdinand das ein und andere las, hat in seinem 1783 veröffentlichten Buch *Carl von Carlsberg oder über das menschliche Elend* einen besonders krassen Fall des Waisenhausmartyriums geschildert:

»Nie habe ich so ein anschauliches Gemälde vom menschlichen Elende gehabt als in dieser Stube. Ein ganzes Herdchen Kinder, deren Versorger im Grabe moderten, die hier sollen versorget sein und doch so schlecht versorget waren! Alle sahen sie bleich aus, wie die Leichen, hatten matte, viele triefende Augen, kein Zug von Munterkeit war an ihnen sichtbar, einige hatten verwachsene Füße, andere verwachsene Hände, und alle starrten von Krätze, die alles Mark auszusaugen schien. Die Stube war schwarz vom Öldampfe, und an den Wänden flossen die Ausdünstungen herab, die diese Elenden von sich gaben. Sie waren auf ihre Arbeit so erpicht, daß unsere Gegenwart sie gar nicht störte. Und alle ihre Arbeit war Spinnen. Einige, besonders die kleinen, sponnen sitzend, die andern stehend. Mein Herz hätte über den Anblick springen mögen, wie ich sehe, daß so viele Keime, die der Schöpfer gepflanzt, zerknirscht, und diese Elenden in so schreckliche Lagen versetzt wurden, daß sie am Geist und Leibe gebrechlich und klein werden mußten. Unterdessen, daß andere Kinder springen, scherzen und lachen und in der Natur einen Schatz von Kenntnissen sich sammeln, sind diese Elenden an das Rad gefesselt, und der einzige Gegenstand ihrer Betrachtung ist die Spindel.«

Auf die Frage, wie es möglich sei, »eine solche Menge Kinder zu einem so erstaunlichen Fleiße zu bringen«, wird dem Autor gezeigt, mit welchen Methoden man die Waisen zu fleißiger Arbeit anspornt:

»Da öffnete er die Tür zu einem Zimmer, in welchem ich einen Auftritt sahe, vor dem die Menschheit zurückschaudert, und den ich gewiß nicht glauben würde, wenn ich ihn nicht mit meinen eignen Augen gesehen hätte. Fünf Kinder waren hier auf die Folter gespannt. Dreien waren die Arme ausgedehnt und die Hände an eine Stange gebunden, so daß sie in einer Stellung waren, die mit der Stellung des Gekreuzigten eine große Ähnlichkeit hat, und zwei Knaben lagen auf der Erde, so daß der vordere Teil des Körpers durch die bloßen Ellenbogen, der Kopf durch die Hände und der hintere Teil des Körpers durch die entblößten Knie unterstützt wurde. Auf den entblößten Rücken war ein schweres Stück Holz gelegt.

Ich fragte erschrocken, was diese Kinder verbrochen hätten? und erfuhr, daß ihr ganzes Verbrechen darinne bestünde, daß sie ihr bestimmtes Gewicht an Wolle und Baumwolle nicht aufgesponnen hätten. In der Angst rief ich die Waisenväter herbei und fragte, ob sie schon wüßten, was für himmelschreiende Grausamkeiten in ihrem Waisenhaus getrieben wurden? Selbst diese erschraken, versicherten, daß sie von dieser barbarischen Behandlung nichts gewußt hätten, gaben dem Wollenkämmer einen Verweis und befahlen, die Kinder freizumachen. Diese stunden sinnlos da und gingen so wankend wie ein Missetäter, der von der Folterbank ist abgespannt worden. Der Wollenkämmer entschuldigte sich und sagte: Ich kann Ihnen ja immer nicht Garn genug liefern. Wenn ich es nicht so mit den Kindern machen soll, so werde ich sie nimmermehr dahin bringen, daß sie soviel liefern als Sie verlangen.«

Wir wissen nicht, ob Louis Ferdinand von solchen Zuständen gewußt hat, wahrscheinlich ist es nicht. Die herrschende Klasse wurde sehr sorgfältig vor solchen widrigen Eindrücken abgeschirmt. Aber wir wissen, daß schon früh in dem jungen Prinzen das

Mitgefühl für die Entrechteten wach war, und dieser Charakterzug hat das ganze Leben dieses Mannes entscheidend bestimmt. Wo immer er der Not und dem Unrecht begegnete, hat er versucht, durch persönlichen Einsatz zu helfen. Daß die Unmenschlichkeit in den sozialen Gegebenheiten, also im System, sich gründete, das zu erkennen war er freilich nicht imstande, dazu war doch zu sehr der Sohn seiner Klasse, aber darin sah auch der philanthropische Salzmann nicht weiter, obwohl er in seiner Schilderung den Ursachen der Misere nahe genug gekommen war.

Über die Kindheit Louis Ferdinands wissen wir nur wenig. Schloß Friedrichsfelde, damals noch außerhalb Berlins gelegen, bot kaum Abwechslung, vor allem für lebhafte Kinder. Die Briefe, die Hausfreund Schmettau von einer Reise durch England und Frankreich 1783 ins heimatliche Preußen schickte, wurden eifrig gelesen, und als ständiger Besucher erschien ein Herr Michel, einst britischer Gesandter, über den man sich lustig machte, und ein holländischer Ex-Offizier von Kleist, der wenigstens mit den Kindern spielte. Im übrigen aber bestand der Ferdinandsche Hofstaat aus alten Damen. Kein Wunder, daß sich in dieser isolierten Sphäre die Menschen vielfach auf die Nerven gingen. Der Hofkavalier Néale terrorisierte seine Frau dermaßen, daß er sich allgemein verhaßt machte; die Mutter hatte nur Sinn für das Nesthäkchen August, der stets verhätschelt und bevorzugt wurde, und da man die älteren Geschwister zwang, sich mit dem Jüngsten abzugeben, verabscheuten ihn die größeren bald von ganzem Herzen. Luise, die ältere Schwester Louis Ferdinands erinnerte sich später, daß die Sonntage darum »niemals ohne Tränen« für die Kinder vergingen.

Wenigstens Hauslehrer Großheim brachte Verständnis für sie auf und beschäftigte sich viel mit ihnen, was sie ihm auch hoch anrechneten. Die Eltern unternahmen mit den Sprößlingen Spaziergänge, und da im Hause des Pedanten Ferdinand alles aufs genaueste geregelt war, oblag es der Mutter, nachmittags vor dem Tee die Kinder auszuführen, während der Vater abends mit ihnen durch die umliegenden Felder streifte, was er sogar so gern tat, daß – so Luise – »die Befangenheit, die sonst im Verkehr mit unseren Eltern vorherrschte, dabei vollständig verschwand«.

Im Winter las man gemeinsam Tragödien von Racine und Voltaire, zur Freude von Luise und Louis Ferdinand, zum Verdruß von Heinrich, der dabei einschlief. In der Musik hingegen verstanden sich die beiden Brüder: exzellierte Heinrich auf der Geige, so entwickelte sich Louis Ferdinand zum beachtlichen Klavierspieler. Da die Musikgeschichte dem Prinzen einen ehrenvollen Platz gegönnt hat, wäre es wichtig, etwas über seine Ausbildung zu erfahren. Aber die überlieferten Akten aus Ferdinands Haushalt erwähnen nichts von der Existenz eines Musiklehrers; nach dem Etat von 1784/85 wurden vier Musiker besoldet.

Einen gab es in der Familie, mit dem sich Louis Ferdinand aufs beste über Musik verständigen konnte: Tante Amalie. Prinzessin Anna Amalia, die Schwester Friedrichs II., war der Schrecken der Familie. Die alte, ledig gebliebene Dame, kurzsichtig, partiell gelähmt und von strenger Physiognomie, war ob der Schärfe ihrer Zunge allenthalben gefürchtet. Überdies stand sie im Ruf einer orthodoxen, intoleranten und lieblosen Christin, die für die allgemeine Verweltlichung jener Jahre weder Verständnis aufbrachte noch überhaupt aufbringen wollte.

Prinzessin Anna Amalia kannte nur eine Passion: die Musik. Ihr Lehrer war der Bach-Schüler Kirnberger, der sie vor allem im Kontrapunkt unterwies und in strenger Satztechnik, ihr aber auch jegliches Verständnis für neuere Musik verbaute. So urteilte die gallige Dame anläßlich Christoph Willibald Glucks Oper *Iphigenie in Tauris*, Gluck habe »1. gar keine Invention, 2. eine schlechte elende Melodie und 3. keinen Akzent, keine Expression, es gleicht sich alles. [...] Endlich und überhaupt«, schrieb sie an Kirnberger, »ist die ganze Oper sehr miserabel, aber es ist der neue Gusto, der sehr viele Anhänger hat. Indes dank ich ihm, daß Er sie mir geschickt hat. Durch anderer Fehler lernt man die seinigen kennen.«

Das war noch milde. Als ihr aber 1785 der Hofkapellmeister ihres Bruders Heinrich – Johann Abraham Peter Schulz, heute noch als Komponist des Liedes *Der Mond ist aufgegangen* unvergessen – einige Chöre zuschickte mit der Bitte, ihr die Komposition widmen zu dürfen, bekam der arme Mann von der Zweiundsechzigjährigen schonungslos den Kopf gewaschen:

»Ich stelle mir vor, Herr Schulz! daß Er sich versehen und statt seiner Arbeit mir das musikalische Notengekleckere seines Kindes geschickt hat, dieweil ich nicht die allergeringste wissenschaftliche Kunst darin bemerket, hingegen von Anfang bis zu Ende durchgängig fehlerhaft sowohl in dem Ausdruck, Sinn und Verstand der Sprache als auch in dem Rhythmus. Der Modus contrarius ganz hintenangesetzt, keine Harmonie, kein Gesang, die Terze genau ausgelassen, kein Ton festgesetzt, man muß raten, aus welchem es gehen soll, keine kanonische Nachahmungen, nicht den allergeringsten Kontrapunkt, lauter Quinten und Oktaven, und das soll Musik heißen. Gott wolle diejenigen, welche eine solche heftige Einbildungskraft von sich selbst besitzen, die Augen öffnen, den Verstand erläutern und erkennen lehren, daß sie nur Stümper und Pfuscher sind. Ich habe hören sagen, daß das Werk den Meister rühmen müßte, anitzt ist alles verkehrt und verworren, die Meister sind die einzigen, die sich loben, wenn auch ihre Werke stinken, hiermit genug.«

Das war echt Anna Amalia. Diese Prinzessin, die auch etliche – übrigens geradezu graziöse – Militärmärsche komponierte, erwies sich auch als eine Art Totenvogel. Als ihr Bruder Ferdinand 1785 ernstlich erkrankte, ließ sich Amalie in Friedrichsfelde häuslich nieder und versicherte jedem, mit ihrem Bruder sei es nun aus. Um diese Dianose zu stellen, verschmähte es die gläubige Christin nicht, arg heidnische Vorzeichen zu bemühen, und schließlich erklärte sie kategorisch, Ferdinand werde des andern Tages sterben. Als ihr der Bruder diesen Gefallen nicht tat, wurde Anna Amalia ernstlich böse. Hinzu kam, daß man wegen des Zustands Ferdinands auch Bruder Heinrich zu kommen gebeten hatte, den Amalie nicht ausstehen konnte. Als nun Graf Schmettau, der sich über die Alte herzlich amüsierte, ihr Heinrichs Auskunft avisierte, kassierte er von der resoluten alten Dame einen Hagel von Schimpfworten. Der verzweifelte Ferdinand gab Befehl, die Schwester nicht an sein Krankenlager zu lassen.

Dennoch war Anna Amalia beileibe kein Drachen. Diese Frau, die in ihrem Leben wohl nie geliebt worden war (die vielzitierte Episode mit Trenck gehört ins Reich der Fabel) und die ihr Liebebedürfnis hinter Grobheit und Galligkeit verbarg, hatte eine geradezu rührende Neigung: Sie kaufte Kunstreitern und Seiltänzern – »unehrliches Volk« nannte man damals solche Leute – die Kinder ab, um ihnen auf dem Joachimstaler Gymnasium auf eigene Kosten eine christliche Erziehung angedeihen zu lassen. Und zweimal die Woche durften die armen Geschöpfe sich in Anna Amalias Palais verlustieren, und da die sonst so bärbeißige Prinzssin dabei diese Kinder nach Kräften verwöhnte und verzog, tanzten sie ihr bald auf dem Kopf herum.

Nicht nur sie. Ihr bevorzugter Liebling war Louis Ferdinand, der ihr auf der Hausorgel die von ihr komponierten Fugen vorspielen mußte. Dafür durfte der muntere Knabe seine Tante ungestraft »Alte Hexe« titulieren: Sie verwöhnte und verhätschelte den geliebten Neffen, schenkte ihm Bücher und erklärte, er würde einmal ihr Alleinerbe. Übriggeblieben ist von dieser Beziehung nicht mehr als ein Notenblatt, das die Prinzessin am 14. Juli 1780 als Mitbringsel nach Friedrichsfelde brachte, ein Lied *An den Schöpfer* mit der Überschrift »Vor die zwei junge printzen«, womit Heinrich und Louis Ferdinand gemeint waren.

Daß Anna Amalia sich auf ihre Weise der Kinder von Artisten annahm, war eine soziale Regung, die sich die beherrschende Klasse gelegentlich gönnte, wenn auch das Wort *sozial* damals noch nicht im Schwange war. Vor dem Gesetz galt dieses Wort sowieso nicht, wie der Fall Azor beweist, der Ferdinands Haushalt 1785 in Aufregung versetzte.

Ferdinand beschäftigte nämlich einen Kammermohren – sich einen Neger zu halten galt damals als schick, sei es im Haushalt, sei es als Paukenschläger bei der Militärmusik – namens August Heinrich Ludwig Philipp Azor (bis auf Philipp die Namen der Ferdinands-Söhne). Azor war mit einer Deutschen verheiratet, und das war die Ursache folgenden Ungemachs. Am 7. August 1785 mittags zwischen 12 und 13 Uhr traf Azor in der Zimmerstraße zu Berlin auf den Herzogl. Braunschweigischen Kammerherrn Carl Anton von Pennavaire, stellte ihn – nach dessen Aussage – »nicht nur mit dem beschimpfenden Ausdruck *Er* zur Rede«, sondern besaß auch noch die Frechheit, »sogar ohne mir Zeit zu lassen, ihm zu antworten, sich tätlich vermittels eines starken Faustschlags an den Hals an mich zu vergreifen und die gröbsten Schimpfworte zum Beispiel *Niederträchtiger Kerl* auszustoßen«. Das war zuviel. Vor allem hatte sich Azor »erdreistet«, dergleichen »ohne Rücksicht auf die Achtung, die er meiner Geburt und meinem bekleidenden Posten schuldig ist« zu tun.

Die Ursache: Frau Azor hatte ihre Verwandte, die Köchin Pennavaires, besucht und dabei hatte ihr Pennavaire – so seine Aussage – »im Scherz« gesagt, »wie sie darauf gekommen wäre, einen Mohr zu heiraten und fügte hinzu, wie ich glaubte, daß sie sich dafür wohl mit andern würde schadlos halten, und wenn ich sie darum bäte, sie mir ebenfalls einen solchen Gefallen tun würde, worauf sie antwortete:

Nein! das würde sie nicht erlauben«. Diese Flegelei hatte Azor erfahren und darauf mit einer Handlung reagiert, die der Kammerherr nicht nur als »Störung der allgemeinen Straßensicherheit« bezeichnete, sondern die in seinen Augen noch etwas viel Schlimmeres war, nämlich »die gröbste und unverschämteste Verletzung der Achtung, so ein Mann von so niedrigem Stand einem Kavalier, welcher außerdem noch einen ansehnlichen Posten bekleidet, schuldig ist«; dergleichen verdiente »exemplarische Betrafung«.

Dem Hause Ferdinand war der Vorfall sehr peinlich, und man versuchte, den Kammerherrn zu einer gütlichen Regelung zu bewegen, und schlug vor, den Mohren einige Wochen Arrest in der Berliner Hausvogtei absitzen zu lassen. Davon aber wollte Pennavaire nichts wissen. Der Fall ging vor das Kammergericht, und das verurteilte Azor zu einem Jahr Festungshaft. Da aber Azor krank und damit haftunfähig war, konnte er die Strafe nicht antreten. Er kündigte Berufung an und lehnte die mit dem Urteil verbundene Auflage ab, öffentlich zu erklären, »daß es ihm sehr leid tue« und er den Kammerherrn »gebührend um Verzeihung bitte«. Wegen seiner Krankheit hatte er sich der täglichen Observanz durch die Polizei zu unterwerfen. Wie die Geschichte dann weitergegangen ist, wissen wir nicht; die Akte bricht leider vorzeitig ab.

Natürlich ist der Fall Azor keine Affaire von Rang, aber er wirft ein Licht auf die Klassenjustiz jener Zeit. Interessant ist, daß der Kammerherr nicht rassistisch argumentiert. Zwar pöbelt er die Frau Azors an, weil sie mit einem Neger verheiratet ist und daher sexuell unbefriedigt sein müsse (das amerikanische Trauma von der angeblichen sexuellen Überlegenheit des Negers war noch nicht geboren), aber die wahre Ursache des Konflikts liegt darin, daß sich ein Kammerherr von einem standesmäßig Untergeordneten beleidigt fühlt. Die der Frau des Unterprivilegierten angetane Kränkung hat diese selbstverständlich als »Scherz« hinzunehmen. Auch wenn die von Azor geäußerte Vermutung, Pennavaire habe »mit seiner Ehefrau ein unerlaubtes Verhältnis haben wollen und ihr daher unanständige Dinge zugemutet«, so nicht zutraf, war seine spontane Reaktion doch verständlich. Zwar wäre Azor auch nach heutigem Recht nicht straffrei ausgegangen, doch ein volles Jahr Festungshaft galt auch damals als harte Strafe. Aber Gleichheit vor dem Gesetz: Das war damals in Preußen unvorstellbar und sollte es noch lange bleiben.

Am 17. August 1786 starb Friedrich II. Er war es »müde, über Sklaven zu herrschen«, die sein menschenverachtendes Regime doch erst herangezüchtet hatte. Louis Ferdinand beeilte sich, mit einem artigen Brief dem Thronfolger, seinem Vetter Friedrich Wilhelm II., zu gratulieren, worauf ihm schon am 18. August Preußens höchste Auszeichnung, der Schwarze Adlerorden, verliehen wurde.
Mit dem neuen König zog ein munteres Leben in Preußen ein. Dem frauenfeindlichen Vorgänger folgte ein Monarch, dessen Hofleben von freizügiger Mätressenwirtschaft bestimmt wurde. Überall machte sich nun eine Libertinage breit, die nur als exzessive Gegenreaktion auf den lebensfeindlichen Lebensstil des verstorbenen Königs zu begreifen ist. Unter dem neuen König wurde das Leben jetzt, wie es noch nie in Preußen gewesen war: fröhlich und ausgelassen. Hatte Lessing noch zuvor schreiben können, die »Berlinische Freiheit zu denken und zu schreiben« reduziere »sich einzig und allein auf die Freiheit, gegen die Religion so viele Sottisen zu Markte zu bringen, als man will«, so änderte sich auch das, denn der neue Herrscher hatte die Religion wiederentdeckt, genauer: den Mystizismus des Rosenkreuzerordens, dem seine engsten Berater – die Minister Bischoffwerder und Woellner – angehörten, wie auch der König selbst. Künftig bestimmte ein seltsames Gemisch aus verklemmter Frömmigkeit, Mystizismus und großzügig geduldeter Libertinage das Gesicht Preußens, das bedeutet natürlich der herrschenden Schicht. Für die arbeitenden Massen änderte sich nicht viel.
Anna Amalia überlebte den Königsbruder nur um wenige Monate. Im Frühjahr 1787 erkrankte sie plötzlich, aber es schien nichts Ernstes zu sein. Und da die Verwandtschaft die Zählebigkeit der streitbaren Dame kannte, machte niemand sich Sorgen. Am Morgen des 30. März fragte die Prinzessin ihre Kammerfrau, welcher Wochentag sei. Die Antwort »Freitag« verfehlte nicht ihren nachhaltigen Eindruck auf die Kranke, die immer die Meinung verkündet hatte, die Menschen stürben nur freitags. Und als nachmittags um drei Uhr die ganze Ferdinandsche Familie das Krankenzimmer betrat – denn man hatte es doch für richtiger gehalten, die Angehörigen zu benachrichtigen –, tat die Vierundsechzigjährige den letzten Atemzug.
Unberechenbar, wie sie ihr ganzes Leben gewesen war, erwies sie sich auch in ihrem Testament, das sie – wohl in einer Ahnung – einige

Monate zuvor aufgesetzt hatte. Ihr Lieblingsneffe Louis Ferdinand wurde keineswegs Allein- oder Haupterbe: er bekam gar nichts. Und der verhaßte Bruder Heinrich fand sich zu gleichen Teilen bedacht wie der ihr sympathische Ferdinand. Ihre kostbare Musikaliensammlung und Bibliothek vermachte sie dem Joachimstaler Gymnasium zu Berlin, das ihre Artisten-Kinder betreute. Und selbst in ihrem Letzten Willen gab sie eine Probe ihres besonderen Humors. Sie hatte nicht nur Louis Ferdinand, sondern auch dem Herzog von Braunschweig-Oels Hoffnungen auf eine Erbschaft gemacht. Als das Testament verlesen wurde, konnte der Herzog seine Ungeduld so wenig bezähmen, daß er darum bat, den Text weiter vorlesen zu dürfen, da er mit der Handschrift der Verblichenen vertraut sei. Und der Herzog las laut unten am Blattende: »Ich vermache meinem lieben Neffen von Braunschweig...« – und der wendete die Seite – »... meinen ganzen Spanioltabak.«

Schloß Friedrichsfelde schien seinem Besitzer allmählich zu unwirtlich, auch sehnte man sich danach, das Domizil in Berlin aufzuschlagen. Friedrichsfelde wurde daher an den Herzog von Kurland verkauft, und Familie Ferdinand zog 1788 in das soeben vollendete Schloß Bellevue. Dort wurde Louis Ferdinand am 10. September konfirmiert.

In diesen Herbst fiel die erste große Liebe des knapp Sechzehnjährigen. Die Erwählte war Eberhardine Charlotte Justine von Schlieben, seit 1779 Hofdame der Prinzessin Ferdinand und neun Jahre älter als ihr jugendlicher Verehrer. Dieser Altersunterschied hinderte sie aber nicht, im November der Werbung des ebenso hübschen wie temperamentvollen Jungen in jeder Weise zu erliegen. Als einige Monate später die Folgen nicht mehr zu übersehen waren, quittierte das Hoffräulein mit 500 Talern Pension den Dienst und gebar am 4. August 1789 in Kolmar eine Tochter Caroline Henriette. Eine solche Affaire regte damals niemanden auf, in den Kreisen des Offizierskorps und des Adels war dergleichen gang und gäbe. Ob ein General drei Frauen hatte oder ein anderer seine Haushälterin Jahr um Jahr pünktlich mit einem Kind versah, was verschlug's? Der König selbst ging ja mit solchen Beispielen voran, und die Diffamierung des unehelichen Kindes war unbekannt in einer Epoche einer so fröhlich wie fleißig praktizieren Erotik. Nach den letzten Jahren der Herrschaft Friedrichs II., dessen grämliche und erkaltende Aura auf Preußens Gesellschaft wie ein Alp gelegen hatte, glaubten die

Menschen, das Versäumte doppelt und dreifach nachholen zu müssen. Der alte König hatte das kurz vor seinem Ende alles kommen sehen: »Ich werde Ihm sagen«, hatte er seinen Minister Hoym wissen lassen, »wie es nach meinem Tode gehen wird. Es wird ein lustiges Leben bei Hofe werden. Mein Neffe wird den Schatz verschwenden, die Armee ausarten lassen. Die Weiber werden regieren, und der Staat wird zugrunde gehen.« Aber mit dem Zugrundegehen sollte es noch gute Weile haben, und gerade das fiel nicht in die Regierungszeit Friedrich Wilhelms II., sondern in die seines puritanischen Nachfolgers.

Louis Ferdinand avancierte unterdessen zum Hauptmann und wurde am 1. März 1789 im Infanterie-Regiment von Möllendorff (Nr. 25) eingestellt. Im Mai kam Mozart zu Besuch nach Berlin. Anna Amalia hatte das Wunderkind 1763 in Aachen erlebt (»Wenn die Küsse, so sie meinen Kindern, sonderheitlich dem Meister Wolfgang gegeben, lauter neue Louisdor wären, so wären wir glücklich genug«, hatte damals Vater Leopold Mozart gemurrt.) Die Musik des Erwachsenen hätte sie gewiß abscheulich gefunden, im Gegensatz zu ihrem Neffen, dem König. Denn der, ein begabter Cellist, beschenkte Mozart nicht nur mit 100 Friedrichsdor, sondern bestellte für sich sechs Streichquartette und leichte Klaviersonaten für seine älteste Tochter Friederike. Mozart lieferte dann aus Wien drei – nicht sechs – Streichquartette (es sind die »Preußischen«, KV 575, 589 und 590) mit besonderer Betonung des Violoncells und – statt mehrerer – die Klaviersonate D-dur (KV 576). Es ist unwahrscheinlich, daß der musikalisch so hochbegabte Louis Ferdinand Mozart damals nicht kennengelernt haben soll, aber wir wissen nichts darüber. Dafür verzeichnen zeitgenössische Berichte die Teilnahme Louis Ferdinands an einem glanzvollen Kostümfest am 7. August zu Ehren der Prinzessin von Oranien, der Schwester des Königs. In einer im Olymp spielenden Vorführung durfte der Prinz den Götterliebling Endymion verkörpern, eine ihm zweifellos adäquate Rolle. Solche Maskeraden, bei denen sich der preußische Hof zu Olympiern überhöhte, waren sehr beliebt; es war Louis' erster Auftritt in dieser Szenerie, ähnliche sollten später folgen.

Politische Verstimmungen mit Österreich verdüsterten bald die politische Lage. Louis Ferdinand und sein Bruder Heinrich hatten kaum die Masern hinter sich, die sie im Februar 1790 befielen, als der König am 7. April gegen Österreich mobilmachte. Zwei Tage später

wurde Louis Ferdinand zum Oberstleutnant beim Regiment Jung Schwerin (Nr. 26) ernannt. Heinrich war niedergeschlagen, Husten und Fieber waren als chronische Erscheinung nach den Masern zurückgeblieben; an eine Teilnahme am Feldzug war nicht zu denken. Aber wenigstens konnte er seinen Bruder mit Geld unterstützen, denn – bezeichnend genug – Heinrich erhielt bereits die einem königlichen Enkel zustehende Monatsapanage von 600 Talern, während die Eltern Louis Ferdinand diese Summe reduzierten; er bekam monatlich nur 165 Taler und 12 Groschen. Denn dieser Sohn war ihnen eher unheimlich, seine Großzügigkeit gegenüber sozial benachteiligten Menschen mißfiel, und das Ergebnis war, daß er seine Feld-Equipage, deren Aufwand von einem preußischen Prinzen als selbstverständlich erwartet wurde, nicht bezahlen konnte.
Feld-Equipage: Das bedeutete, daß man als Angehöriger des regierenden Hauses standesgemäß aufzutreten hatte, natürlich auch im Feld. Und was hieß standesgemäß? Das bedeutete zunächst einmal Personal, nämlich: einen Kammerdiener – das war der alterprobte Stoltze, der seit Kindertagen um Louis Ferdinand gewesen war –, vier Lakaien, einen Koch, eine Küchenfrau, einen Küchenjungen, vier Packknechte, einen Schirrmeister, drei Reitknechte, zwei Kutscher. In den persönlichen Dienst des Prinzen trat jetzt der Leibjäger Carl Ludwig Ohrdorff. Endlich kam noch der Hauptmann Rahleke hinzu, der für Louis Ferdinand bestimmte »Gouverneur«, ein Mittelding aus Aufpasser und Hofmeister, der auch die spärlichen Finanzen zu überwachen hatte.
Natürlich bedurfte es auch der transportablen Unterkunft für diese Leute. Der Prinz hatte selbstverständlich ein Zelt für sich, ausgestattet mit eisernem Feldbett, eisernem Ofen, zwei zusammenklappbaren Feldtischen, drei Felstühlen, »ein Tabouret Felstuhl mit einer Brille auch zum Nachtstuhl zu gebrauchen«, dazu eine Feldtoilette, »worin alles zum Anziehn nötig, Kaffee-, Tee- und Trinkgeschirr, Leuchter pp«. Das neunzehnköpfige Personal (ohne Rahleke) verteilte sich auf fünf Zelte, dazu kam noch ein Küchenzelt, worin der mit zwanzig Talern monatlich besoldete Koch amtierte (im Salär übertroffen nur von Stoltze, der zwanzig Groschen mehr verdiente). Auf einem vierspännigen Küchenwagen führte der Koch außer einem »kleinen Vorrat von Wein« bei sich Essig, Senf, Kaffee, Tee, Zucker, Mehl, Butter, Graupen, Reis, Sago, Speck, Schinken, Dörrobst und Wachslichter. Die Küchenfrau war zugleich Waschfrau; zu ihrer

Verfügung stand »ein Gefäß zum Waschen«, »eine Maschine um Seife fortzubringen« und »eine Maschine zum Pletten« (Bügeln). Mit dem Küchenjungen teilte sie ein kleines Schlafzelt, woraus man wird schließen dürfen, daß sich der Knabe noch im unschuldigen Alter befand, denn Promiskuität unter den Domestiken schätzte jene Zeit gar nicht. Entlöhnt wurden beide mit monatlich vier Talern, das war auch das Salär der Packknechte. Die Reitknechte bekamen drei Taler mehr, dafür mußten sie aber auch für 27 Pferde sorgen (sechs Reitpferde besaß allein Louis Ferdinand).

Zu den Pflichten des Prinzen gehörte es selbstverständlich, gelegentlich einige Gäste zu sich zu bitten, wenn auch nicht mehr als drei, denn der größere der ausklappbaren Tische war nur für vier Personen bestimmt. Dazu gehörte auch das nötige Tafelgeschirr, und für »nötig» erachtete man 1790: eine Suppenterrine, drei Schüsseln, sechs Suppenteller, zwölf flache Teller, eine Sauciere, eine Butterbüchse, eine Suppenkelle, sechs Löffel, sechs Gabeln, sechs Messer, ein Tablett mit Salz, Pfeffer, Öl, Essig und Senf, drei Wasserkaraffen, zwölf kleine Tischtücher, vierundzwanzig Servietten, sechs Servietten »zum Abtrocknen«, zwölf Wein- und zwölf Biergläser, zwölf Kaffeetassen und ein Korb mit Küchengeräten.

Für den Feldzug wurde das Personal neu eingekleidet. Die beiden Kutscher und die vier Packknechte trugen einen weiten blauen Überrock, darunter eine rote Ärmelweste, Lederhosen, Stiefel und den runden Postillionshut. Die – feineren – Reitknechte trugen auch einen weiten blauen Überrock, aber mit rotem Kragen und gelben Knöpfen, und ihre rote Ärmelweste war mit blauen Rabatten verziert; sie besaßen ebenfalls die strapazierfähigen Lederhosen, und auf ihren runden Hüten schwankten Federbüsche, die ihr erhöhtes Prestige – gegenüber den Packknechten – gebührend betonten. Schließlich verdienten sie ja auch drei Taler mehr. Am feinsten aber waren die Lakaien, obwohl sie einen Taler weniger verdienten als die Reitknechte. Sie trugen eine blaue Livree mit rotem Kragen und roter Weste, Lederhosen, Stiefel und einen Hut mit großer Kokarde und goldener Agraffe. Für die Bekleidung des Personals veranschlagte man monatlich 52 Taler, an Löhnen waren 201 Taler und 12 Groschen aufzubringen, und die Küche verbrauchte 243 Taler.

Für heutige Verhältnisse erscheint dieser Aufwand ganz außerordentlich; damals aber, im Mai 1790, fand man das angemessen. König, Kronprinz, aber auch so mancher Feldmarschall in jener

Epoche zog weit üppiger ins Feld. Denn noch führte man den Krieg bedächtig und nach Regeln, man suchte einander durch kunstvolle Märsche auszumanövrieren, verfolgte einander nicht etikettewidrig nach geschlagener Schlacht, und den Winter verbrachte man im Winterquartier. Da ruhten die Waffen, da begann das gesellige Leben, und zuweilen pflegte man sogar gesellschaftlichen Umgang mit dem Gegner. Wurden im Frühjahr die Straßen wieder passierbar, so konnte der Krieg wieder beginnen. All diese löblichen Gepflogenheiten hatten allerdings schon im Siebenjährigen Krieg gelitten, die gänzliche Zerstörung dieser liebenswürdigen Etikette würde in wenigen Jahren ein Mann vollbringen, der zu diesem Zeitpunkt als französischer Artillerieleutnant in Ajaccio auf Korsika agierte.

Für Louis Ferdinand war der Feldzugsaufwand eine bedeutende finanzielle Belastung, wiewohl er selbst nur 69 Taler aus seiner Apanage beizusteuern hatte. Aber mit den verbliebenen 96 Talern und 12 Groschen monatlich kam man als preußischer Prinz nicht weit. Es war ein Trost, daß wenigstens die Geschwister eng zusammenhielten. Als sie sich am Vorabend von Louis' Ausrücken trafen, schenkte Heinrich dem Bruder 100 Friedrichsdor: »Nimm das! Es ist alles, was ich habe – ich brauche es nicht.« Gerührt lagen sich die Brüder in den Armen. Mit dem Versprechen, sich noch vor dem morgendlichen Ausmarsch zu sehen, trennten sie sich. Aber die Familie beredete Louis Ferdinand, man müsse Heinrichs Gefühle angesichts seines derzeitigen Zustands schonen, und so verließ er Bellevue morgens zwischen vier und fünf Uhr, ohne den Bruder noch einmal zu sehen. Aber als Luise nach dem Abschied ins Schloß zurückkehrte, fand sie Heinrich wach und mit geröteten Augen, und beide Geschwister »weinten lange zusammen«, während draußen die Hufschläge verhallten.

Am 24. Juli beendete die Reichenbacher Konvention die Streitigkeiten zwischen Preußen und Österreich, ohne daß ein Schuß gefallen war, und der König lud Louis Ferdinand am 17. August ein, für vierzehn Tage in Breslau sein Gast zu sein. Heinrichs Gesundheitszustand hatte sich inzwischen so verschlechtert, daß die Eltern am 4. Oktober eine Stafette schickten, Louis Ferdinand solle sofort nach Berlin kommen. Heinrich starb einen Tag später; bis zuletzt hatte er von seinem Bruder gesprochen und dessen Rückkehr ersehnt. Als dieser Berlin erreichte, erfuhr er schon am Stadttor die Nachricht. Auch der alte Prinz Heinrich war zur Beisetzung seines Neffen in

Berlin erschienen, und vielleicht geschah es unter dem Eindruck des Memento mori, daß er dem Neffen Louis Ferdinand die Anwartschaft auf die Stelle eines Dompropstes in Magdeburg (einer seiner Würden) zusicherte, nachdem der König dazu seine Genehmigung gegeben hatte. Das geschah am 15. November. Nachdem die Armee wieder auf Friedensfuß gesetzt worden war, kehrte auch Louis Ferdinand am 20. Dezember zu seinem alten Regiment von Möllendorff zurück.

Im folgenden Jahr kam es zu so ernster Verstimmung mit Rußland, daß ein Krieg ins Haus zu stehen schien. Aber wieder retteten die Diplomaten die angespannte Situation: Die Armeen konnten nach Hause geschickt werden. Louis Ferdinand kehrte am 9. Juni 1791 zurück, frisch ernannt zum Oberst.

Nach seiner Rückkehr zeigte sich Vater Ferdinand auf einmal spendabel: Er reiste mit seiner ganzen Familie unter großem Aufwand nach Aachen und Spa ins Bad. Um das Wohl der fünfköpfigen Familie sorgten sich sechsundzwanzig Domestiken, vom Regierungsrat bis zum Silberburschen (für das Tafelsilber verantwortlich). Man reiste unter dem Namen eines Grafen Valengin, aber natürlich war es kein Geheimnis unter Personen von Stand, wer sich hinter diesem Namen verbarg.

Über Braunschweig, Münster und Düsseldorf erreichte man am 21. Juni Aachen. Seit dem 14. Juli 1789 herrschte in Frankreich Revolution, und Aachen und Spa waren voll von französischen Emigranten. Außer ihnen war dort noch eine fürstliche Gesellschaft zu Gast. König Gustav III. von Schweden, der Kurfürst von Köln, Herzog Albert von Sachsen-Teschen, Herzog Friedrich Eugen von Württemberg, Landgräfin Wilhelmine von Hessen; dazu die Franzosen: Baron de Breteuil, der Minister Ludwigs XVI., Gräfin de Matignon, Prinzessin von Lamballe, Baronin de Montmorency, Marquis de Bouillé, dazu die Familien Mortemart und Caraman, all die »illustren Heimatlosen«, wie Gustav III. sie nannte.

Diese waren in Aachen und Spa anfangs noch guten Muts gewesen. Die Flucht Ludwigs XVI. aus Frankreich galt bei ihnen als eine sowohl beschlossene wie geglückte Sache, und groß war das Entsetzen, als bekannt wurde, daß man den König und seine Familie am 22. Juni in Varennes gestellt und zur Rückkehr nach Paris gezwungen hatte. Courage bewies allein die Prinzessin Lamballe, die dem Hof die Treue halten zu müssen glaubte. Sie war die einzige, die nach

Paris zurückkehrte. Ihr Edelmut nützte nichts: Ein Jahr später gehörte die Gesellschafterin Marie-Antoinettes zu den über tausend Opfern der Septembermorde.
Für Louis Ferdinand bedeutete der Aufenthalt in Aachen und Spa den ersten näheren Kontakt mit den französischen Emigranten. Was er kennenlernte, war eine Gesellschaft zumeist oberflächlicher, dümmlicher und aufgeblasener Menschen, denen es gelungen war, bei ihrer Flucht soviel zu retten, daß sie aufwendig leben konnten, und das taten sie denn auch ausgiebig. Was in ihrer Heimat seit zwei Jahren vorging, begriffen sie nicht. Sie redeten sich vielmehr ein, die »Pöbelherrschaft« würde plötzlich wieder verschwinden, es würde alles wieder ganz wie früher, und dann würde man mit den aufsässigen Bauern und Arbeitern gründlich abrechnen.
Wie und was Louis Ferdinand zu diesem Zeitpunkt darüber dachte, wissen wir nicht. Er dachte vermutlich gar nichts, genoß die erotischen Freizügigkeiten dieser Gesellschaft, suchte seinen preußischen Provinzstil *à la mode* zu verfeinern und wußte von dem, was wirklich in Frankreich vorging, überhaupt nichts. Einige Wochen führte er das Dasein eines Stutzers. Erst am 31. Oktober meldete er sich in Berlin beim König zurück.

Krieg gegen Frankreich

Ein Jahr vor dem Ausbruch der Französischen Revolution erschien in Frankfurt am Main eine von Nicolaus Vogt verfaßte Schrift *Über die europäische Republik*. Darin heißt es:
»Wenn aber der größte Teil des Volkes nicht satt zu essen hat, indes der Fürst den Schweiß seiner Arbeit mutwilligerweise verschwelget, wenn der Fürst über dem unmäßigen Genuß aller Wollüste und bei kindischen Tändeleien die Verwaltung des Staates gänzlich hintansetzt oder das Volk den Bedrückungen und Ungerechtigkeiten seiner Lieblinge und Minister überläßt, dann sollte das Volk doch auch eine Stimme haben: Herr, du bist nicht mehr unser Fürst; wir sind nicht mehr deine Untertanen.«
In diesem Sinne sollte sich das 25 Millionen Menschen zählende französische Volk entscheiden. Deutschlands Intelligenz begrüßte die Revolution enthusiastisch und fast einmütig. Friedrich Gottlieb Klopstock in einer Ode: »Gallien krönet sich / Mit einem Bürgerkranze, wie keiner war! / Der glänzet heller, und verdient es! / Schöner, als Lorbeer, die Blut entschimmert.«
Blut schimmerte jetzt freilich auch in Frankreich; aber denen, deren Gemüt die Ausbeutung und Menschenschinderei ungerührt ertrugen, die sich nun aber über die Hinrichtung von Feudalherren entrüsteten, rief der Göttinger Historiker August Ludwig von Schlözer zu: »Bei dieser Revolution gingen Exzesse vor: und wo läßt sich eine Revolution ohne Exzesse denken! Krebsschäden heilt man nicht mit Rosenwasser. Und wäre auch unschuldiges Blut dabei vergossen worden (doch unendlich weniger als das, was der völkerräuberische Despote Louis XIV. in einem ungerechten Krieg vergoß): so kommt dieses Blut auf euch, Despoten, und Eure infamen Werkzeuge, die Ihr diese Revolution notwendig gemacht habt!«
Joachim Heinrich Campe, der Verfasser des *Neuen Robinson*, war nach Paris geeilt, »dem Geburtsorte und der Wiege der neugebore-

nen französischen Freiheit«, und berichtete in ausführlichen Briefen über die August-Ereignisse des Jahres 1789: »Man fühlt sich hier, auch als bloßer Zuschauer schon, in allen seinen Empfindungen, an allen seinen Kräften und Fähigkeiten – ich weiß nicht wie – zugleich erhöht, zugleich mit veredelt, und wenn ich nicht merklich besser, nicht mit einem merklichen Zuwachs an Gemeingeist, an Mut, Kraft und Trieb zu jeder Handlung, welche Selbstvergessenheit und Aufopferungen erfordert, zu Euch zurückkehrte, so hat die Schule, in der ich mich jetzt befinde, keine Schuld daran.«

Und der sechsundzwanzigjährige Preuße Friedrich Gentz schrieb Ende 1790 einem Freund: »Das Scheitern der Revolution würde ich für einen der härtesten Unfälle halten, die je das menschliche Geschlecht getroffen haben. Sie ist der erste praktische Triumph der Philosophie, das erste Beispiel einer Regierungsform, die auf Prinzipien und auf ein zusammenhängendes konsequentes System gegründet wird. Sie ist die Hoffnung und Trost für so viele *alte* Übel, unter denen die Menschheit seufzt. Sollte diese Revolution zurückgehen, so würden alle diese Übel zehnmal unheilbarer. Ich stelle mir so recht lebendig vor, wie allenthalben das Stillschweigen der Verzweiflung, der Vernunft zum Trotz, eingestehen würde, daß die Menschen nur als Sklaven glücklich sein können, und wie alle großen und kleinen Tyrannen dieses furchtbare Geständnis nutzen würden, um sich für das Schrecken zu rächen, was ihnen das Erwachen der französischen Nation eingejagt hat.«

Diese Rache ließ nicht auf sich warten. Denn als aus Baden und aus der Pfalz gemeldet wurde, die Bauern zögen vor die Schlösser ihrer Unterdrücker, um den Verzicht aller Feudallasten zu erzwingen, als im Sommer 1790 in Sachsen gar Schlösser gestürmt und Gutsbesitzer und Beamte verprügelt wurden, da waren sich die deutschen Fürsten einig, es müsse nun schleunigst gehandelt werden. Zwar hatte man die Bauernaufstände noch unter Kontrolle, aber es blieb ja der Ansteckungsherd Frankreich, wo man den Monarchen nach gescheiterter Flucht in Paris gefangenhielt und – am 3. September 1791 – auf die neue Verfassung hatte schwören lassen, die Frankreich zur konstitutionellen Monarchie erklärte.

Am 27. August 1791 gaben Friedrich Wilhelm II. von Preußen und Leopold III. von Österreich bei einem Treffen in Pillnitz die öffentliche Erklärung ab, worin sie die Wiederherstellung der unumschränkten Monarchie in Frankreich forderten. Daraufhin drohte Paris am 25. Januar 1792 mit Gegenmaßnahmen, falls Österreich und Preußen bis zum 1. März nicht versicherten, sich jeglicher Einmischung in französische Belange zu enthalten. Die Antwort war ein am 7. Februar 1792 geschlossenes Militärbündnis zwischen Österreich und Preußen. Daraufhin erklärte Frankreich am 20. April 1792 den Krieg. Eine österreichisch-preußische Armee überschritt die französischen Grenze.

Ehe uns der Verlauf dieses Krieges und die Rolle Louis Ferdinands dabei eingehender beschäftigt, lohnt ein Blick auf die Beschaffenheit der preußischen Armee, die damals – dank ihrer Erfolge in den drei Schlesischen Kriegen – in Europa einen geradezu legendären Ruf besaß.

So militarisiert der Staat Preußen auch geworden war, seit »Soldatenkönig« Friedrich Wilhelm I. eine beispiellose Aufrüstung betrieben und sein Sohn Friedrich II. der Welt die Schlagkraft seiner Armee bewiesen hatte: Der Soldat wurde in Preußen und anderswo verachtet. Soldat wurde nur der Bodensatz der Bevölkerung: verkrachte Existenzen, denen sonst nur noch als Alternative der Selbstmord blieb; arbeitslose Handwerker oder Lakaien; durch Erbfolge besitzlose Bauernsöhne; fahrendes Volk; Flüchtlinge; von skrupellosen Werbern durch Alkohol und Versprechungen gefügig Gemachte oder sonst zum Wehrdienst Gepreßte (eine allgemeine Wehrpflicht gab es nicht). Kommandiert wurden diese »Asozialen« – nach den Gründen ihrer »Asozialität« fragte niemand – von einem Offizierskorps, das in Preußen fast nur aus Adeligen bestand.

Diese Masse Uniformierter wurde in Preußen mit einer Brutalität behandelt, für die es in Deutschland nur Parallelen in Württemberg oder Hessen gab, wo man die Landeskinder gegen klingende Münze an England verhökerte, um den aufwendigen Lebensstil des Landesvaters bezahlen zu können. So etwas gab es in Preußen zwar nicht, aber barbarisch traktieren – darauf verstand man sich in Berlin. Bei den geringsten Vergehen bezogen die Soldaten Stockprügel oder die Fuchtel (Schläge mit flacher Säbelklinge), größere Vergehen wurden mit Spießrutenlaufen geahndet. Dabei hatte der Delinquent mit entblößtem Oberkörper durch eine Gasse von einigen hundert Soldaten zu laufen, die ihn dabei mit Ruten peitschten, die vorher in Salzwasser getaucht worden waren. Unteroffiziere kontrollierten dabei, ob auch mit Nachdruck zugeschlagen wurde. Einige Male Spießrutenlaufen bedeuteten den sicheren und qualvollen Tod des

Opfers. War ein Knopf schlecht geputzt, ein Rostflecken auf dem Gewehr, hatte der Zopf (vorgeschriebene Haartracht) nicht die richtige Länge, so setzte es Prügel, oder der Offizier strafte mit Ohrfeigen, Faustschlägen und Fußtritten. Krummschließen (in gekrümmter Haltung anketten) oder Eselreiten (stundenlanges Sitzen auf einem hölzernen, in der Oberkante scharf zulaufenden Bock) waren weitere Empfehlungen, um die »Raison« zu sichern.
Bezahlt wurde ein Sold – meist unregelmäßig –, der ohne Nebenverdienst zum Hunger verurteilte, und war der Soldat gar verheiratet, mußten Frau und Kinder betteln gehen, indes sich der Soldat ein Zubrot verdiente mit handwerklichen Arbeiten oder indem er beim Bürger Holz hackte oder Jauche pumpte. Im Krieg blieb die Familie unversorgt, und was aus dem zum Krüppel geschossenen Soldaten wurde, war seine Sache.
Kein Wunder, daß die Selbstmordquote unter diesen geschundenen Kreaturen hoch war. Aber wenn der Selbstmord mißlang, wurde zu Tode gefoltert: Zwölfmal Spießrutenlaufen. Um wenigstens sicher sterben zu können, entwickelten Soldaten in Berlin das Verfahren, Kinder umzubringen, um so als Mörder wenigstens sofort und schnell hingerichtet zu werden.
Desertieren? Das glückte selten. Die Preußen hatten sich dagegen ein treffliches System erdacht. Zwei Soldaten schliefen gemeinsam in einem Bett, jeder für den anderen verantwortlich. Galt da einer als »unsicherer Kantonist« (das Land war in Militärkantone eingeteilt, daher der Name), so durfte sein Bettgefährte ihm die Schuhe wegnehmen und die Tür verschließen. Entkam der andere aber trotzdem, so mußte sein Bewacher »Gasse« (Spießruten) laufen. Das Offizierskorps titulierte die Untergebenen nie anders denn »Hunde, Schweine, Bauernlümmel und Grobzeug« und sorgte dafür, daß getreu die Maxime Friedrichs II. befolgt wurde, wonach der Soldat seinen Offizier mehr zu fürchten habe als den Feind.
Gewiß, daß man Untergebene (der Handwerksmeister die Gesellen und Lehrlinge, der Hausvater die Kinder und die Ehefrau) derb züchtigte und psychisch demütigte, war im 18. Jahrhundert selbstverständlich, und daher war die körperliche Mißhandlung allen Soldaten nichts Ungewohntes. Denn irgendwo mußte sich das geschundene und entehrte Volk gegen den Nächstniederen ja Luft machen. Aber die Mißhandlungen in der preußischen Armee waren so extrem, daß sich sogar Herzog Carl Eugen von Württemberg

(»Schillers Herzog«, der seine Soldaten verkaufte) darüber entrüstete: Wie auch nicht? In Magdeburg ereignete sich 1785 folgende Geschichte:
»Vater und Sohn dienen unter einem Hauptmanne; der sechzigjährige Vater ist Unteroffizier, der einundzwanzigjährige Sohn Gemeiner. Dem Unteroffizier desertiert ein Mann, und er wird degradiert, der Sohn aber in seine Stelle zum Unteroffizier gemacht, und nun wird es ihm übertragen, dem Vater Stockprügel zu geben. Der Sohn wirft sich voller Angst dem Offizier zu Fuß, beteuert, daß er seine Hand nicht an seinen Vater legen könne, verweist ihn auf sein graues Haar, auf seine Unschuld an der Desertation. Mit einem höhnischen Lächeln bleibt der Hauptmann auf seinem Sinne. Endlich ergreift der Sohn mit zitternder Hand den Stock, gibt seinem Vater einen Hieb, stürzt darauf mit dem Stocke zu des Offiziers Füßen und beschwört ihn um seiner Seligkeit willen, ihn des Amtes zu entladen oder ihn selbst statt des Vaters strafen zu lassen. Als der noch auf seinem Sinne besteht, und zwar mit der Miene der Schadensfreude, springt der junge Mensch voll Verzweiflung auf und wirft seinen Stock unwillig vor die Füße des Tyrannen. Der gibt es an, und der junge edle Mann wird erschossen, der Offizier aber nur, und zwar weil er den Unteroffizier seiner Weigerung halber öfter gefuchtelt hatte, als nach den Gesetzen erlaubt ist, der Offizier kommt nur einige Wochen auf die Festung.«
Ungeachtet der Preisentwicklung zahlte man in Preußen 1790 noch den gleichen Sold, der schon 1770 bezahlt worden war: alle fünf Tage acht Groschen. Die dienstpflichtigen Bauern entließ man für elf Monate des Jahres in die Heimat, von 76 Ausländern pro Kompanie wurden 26 beurlaubt. Ihr Sold floß während dieser Zeit in die Privatschatulle des Hauptmanns; in der Kompanie blieben daher nur etwa vierzig Mann. An Exerzieren war also kaum zu denken, aber der Herr Hauptmann – der ebenfalls in seinen Grundbezügen schlechter bezahlt wurde – lebte wenigstens leidlich.
Mit dieser Armee – geprügelt, gedemütigt, unterernährt, unterbezahlt und unzulänglich ausgebildet – zog Preußen gegen das revolutionäre Frankreich ins Feld. Die Folgen blieben nicht aus.
Louis Ferdinand bekam den Mobilmachungsbefehl, der ihn dem Regiment von Woldeck zuwies, am 23. April 1792. Da aber zu diesem Termin die prinzliche Feld-Equipage noch nicht instand gesetzt war – Vater Ferdinand mußte wohl oder übel dreitausend

Taler dazu aus eigener Tasche bezahlen –, wurde es der 21. Mai, ehe der Prinz Berlin verlassen konnte. Als »Gouverneur« begleitete ihn wieder der zum Major beförderte Rahleke. Man reiste über Brandenburg, Magdeburg und Braunschweig. Dort lernte Louis Ferdinand den Kronprinzen Georg von England kennen (der spätere Georg IV.), der damals gerade um Prinzessin Caroline von Braunschweig warb, zunächst aber abgewiesen wurde. Im ersten Brief, den er von unterwegs schrieb, berichtet Louis Ferdinand seiner Schwester: »Als ich am ersten Tage zum Diner komme, eilt ein kleiner Mensch, ganz in Schwarz gekleidet wie der Page in *Marlborough**, auf mich zu, drückt mir die Hände und sagt: *Durchlaucht, Durchlaucht,* macht ein paar Schritte, um dasselbe zu sagen, bis zu dem Zimmer, in dem die Gesellschaft war. Ich, der ihn für einen Kammerherrn hielt, hatte aufrichtig Lust, als Parallele seines Epithetons zu ihm zu sagen: *Kammerherr, Kammerherr;* schließlich erfuhr ich, als ich mittags die Äbtissin fragte, daß es Prinz Georg wäre; ich entschuldigte mich bei ihm, ohne ihm jedoch andere Worte zu entlocken als die erwähnten Phrasen.«

Man ließ sich Zeit. Erst am 21. Juni – einen Monat nach dem Abmarsch aus Berlin – gelangten Prinz und Equipage in Minden an; von dort ging es gemeinsam mit dem Regiment Woldeck, das geduldig gewartet hatte, weiter. Am 9. Juli trafen sie in Koblenz ein. Daß man das militärische Debut des zwanzigjährigen Prinzen aufmerksam beobachtete, ist verständlich. Der Freiherr vom Stein gab diese Prognose: »Er ist ein junger Mensch von Anlagen und großen Vorsätzen, der Kleinlichkeit und Weichlichkeit des Zeitalters wird er aber nicht widerstehen, wenn ihn nicht große Situationen, in welche er in Zukunft kommt, dagegen schützen. Sollte der Krieg lange dauern, so wäre dies gewiß ein Bildungsmittel für diesen jungen Mann, und gibt es bald Friede, so wäre eine Entfernung von Berlin und ein Aufenthalt in der Provinz für ihn sehr nützlich.« Sechs Wochen später ergänzte Stein: »Prinz Louis habe ich auf dem Marsch und im Hauptquartier gesehen, er scheint mir mehr mit seinen Vergnügungen und Zerstreuungen beschäftigt zu sein, als es ein Mann von großen Anlagen und großem Charakter in der gegenwärtigen Situation sein würde; ich fürchte, der widersteht nicht dem Geist der Persönlichkeit und Weichlichkeit seines Zeitalters.«

---

* Gemeint ist die Zeile »Da kam ein schwarzer Page...« aus dem Lied *Marlborough s'en va-t-en guerre.*

Mit Vergnügungen und Zerstreuungen war damals alle Welt beschäftigt, zumal in Koblenz, wo sich die französischen Emigranten konzentrierten und amüsierten. Frankreichs entkommene Adlige hatten sich hier inzwischen recht unbeliebt gemacht. Sie verärgerten die preußischen Soldaten durch ihre Arroganz und durch die deutlich herausgekehrte Verachtung, die sie für alles Deutsche bezeigten, besonders für die deutsche »Pferde- und Schweinesprache« [*jargon de cheval, de cochon*], mit der sie nicht zurechtkamen. Die einheimische Bevölkerung sah die finanzkräftigen Gäste mit geteilten Gefühlen. Natürlich verdiente man an ihnen prächtig und neppte sie, wo man konnte. Da sie eine eigene Emigranten-Armee aufstellten, brachte das eine Hochkonjunktur für die Koblenzer Waffenschmiede mit sich. Die Kehrseite aber war nicht nur eine allgemeine Verteuerung der Lebenskosten, sondern eine Lockerung der Moral, die den biederen Rheinländern zu schaffen machte. Mit den Worten eines deutschen Soldaten: »Hier in Koblenz gibt's vom zwölften Jahr an keine Jungfer mehr; die verfluchten Franzosen haben hier weit und breit alles zusammengekirrt, daß es Sünde und Schande ist.«

Das hatte zur Folge, daß überall dort, wo die Emigranten lebten und leben ließen, die venerischen Krankheiten grassierten und natürlich in Bälde auch die preußische Armee infizierten. Allein in Koblenz will man damals mehr als siebenhundert Frauen registriert haben, die sich die »Emigrantengalanterie« geholt hatten, wie man die Syphilis dort nannte. Die preußische Heeresleitung sah das ungern, und als man eines Tages noch entdeckte, daß republikanische Agenten sich unter die Emigranten gemischt hatten, ließ der Herzog von Braunschweig – er hatte den Oberbefehl über die preußisch-österreichische Armee – alle Refugiés aus den Orten ausweisen, wo preußische Truppen standen; zur größten Erbitterung der Einheimischen, die damit um eine gute Pfründe gebracht wurden.

Alles in allem war dieser Feldzug unpopulär. Das preußische Volk sah nicht ein, warum die Landeskinder für monarchistische Interessen die Haut zum Markte tragen sollten. Die Armee selbst fragte sich, ob man Leben und Gesundheit opfern sollte, um Menschen in ihre alten Privilegien zurückzuversetzen, die man als »Auswurf der Menschheit« sehr schnell hassen gelernt hatte. Und so sah es nicht nur der einfache Soldat, auch der preußische General von Kalkreuth verhehlte nicht in der Öffentlichkeit, wie unsympathisch ihm dieser

Feldzug war. Man konnte sich allenfalls trösten, daß der ganze revolutionäre Spuk in einigen Wochen hinweggefegt sein würde, wenn erst einmal die preußischen Waffen sprächen, und voll dieses Glaubens erließ Herzog Karl Wilhelm Ferdinand von Braunschweig am 25. Juli ein Manifest an die Franzosen, das mit den Worten endet: »Die Stadt Paris mit allen ihren Einwohnern ohne Unterschied soll sich sogleich und ohne Zögern dem Könige unterwerfen und ihn in volle Freiheit setzen; für jede neue Beleidigung der königlichen Familie sollen alle Mitglieder der Nationalversammlung sowie die Staats- und Gemeindebehörden mit ihrem Leben verantwortlich gemacht, die Stadt Paris soll einem militärischen Strafgericht und gänzlicher Zerstörung, die widerspenstige Einwohnerschaft der furchtbarsten Rache ausgeliefert werden.«
Dümmer konnte man wohl kaum handeln, denn diese unbeherrschten Drohungen trugen nun mehr als alles andere dazu bei, Frankreichs Kräfte gegen den äußeren Feind zu einigen. Die unmittelbare Antwort darauf aber war der Tuileriensturm vom 10. August. Von nun an war der König von Frankreich wirklich ein Gefangener.
Am 19. August überschritt die Koalitionsarmee die französische Grenze. Schon am 23. kapitulierte die Festung Longwy, deren Kommandant Lavergne die Übergabe später auf der Guillotine büßen mußte. In Berlin wartete man unterdessen auf Post von Louis Ferdinand. Aber der tat sich an der Front um und überließ die Korrespondenz seinem alten Kammerdiener Stoltze. Der konnte zwar nicht viel von militärischen Operationen berichten, wohl aber von dem, was so täglich um ihn herum geschah. Nach der Kapitulation Longwys schrieb er:
»Es kommen hier alle Tage Fuhren gefahren an, welche man den Bauern in den Dörfer abnimmt: Diese armen Leute sagen, sie sind gezwungen, sich zu verteidigen. Wenn sie denn sahen, daß sie nichts machen können, so bitten sie um Verschonung ihrer Habseligkeiten, und wen sie erst kennen, den lassen sie gerne alles zukommen an Lebensmitteln, was sie nur haben. Unser Jäger holt uns aus einem dieser Dörfer Lebensmittel, welches er ihnen aber alle bezahlt, und wenn sie diesen nur kommen sehen, so schließen sie alles auf und bieten ihm an von allen Lebensmitteln, die er ihnen dann auch gerne bezahlt, und wir sind nur froh, wenn wir es für Geld haben könnten. ›Braver Kamerad‹, ›Bon Ami Allemand‹ sind seine Titel und setzen sich mit ihm hin und essen mit ihm. Diese armen Leute sind von

Natur gut, nur schade, daß sie verwirrt gemacht sind. Sie wissen auch schon recht gut, daß sie von S. K. H. so menschenfreundlich behandelt werden und wünschen Höchstdemselben alle Glückseligkeit, die nur ein Mensch auf Erden genießen kann. Daß sich aber unter diesen Leuten auch noch viele Böse finden, ist auch wahr, und man muß alle Vorsicht gebrauchen, um sie [sic] nicht in die Hände zu fallen, und ich wollte keinem raten, daß er sich irgend in diese Dörfer verfügte, wenn unser Militär nicht aufgeräumt hat. So war ein Fall: Ein Schmied vom Regiment geht nahe an ein Dorf auf ein Erdäpfelfeld, sogleich kommen einige, rufen ihn französisch, er antwortet nicht und läuft davon, er berichtet es an die Reiter, die gleich drüben auf dem Berge halten, diese schicken ein Kommando ins Dorf. Diese heben 20 Mann auf und eine Nationalfahne [*gemeint ist die von der Revolution eingeführte Trikolore*], welche gestern hier durchgebracht wurde. Gestern abend hatten S. K. H. einen alten Bauern im Zelte, es waren noch einige Stabsoffiziere zugegen. Dieser alte Mann hatte auch Schläge bekommen, weil sie in seinem Dorfe auf unsere Leute geschossen hatten. Dieser alte Mann war aber unschuldig, und er wollte gar nicht wieder weggehen, weil er sich vor Schlägen fürchtete: S. K. H. schützten ihn aber, schickten ihn in die Brandwache mit dem Befehle, daß ihm niemand ein böses Wort sagte. Höchstdieselben schickten ihm noch ein Glas Wein und Stück Brot, und der Alte brach in Freudentränen aus und dankte sehr inbrünstig Gott und seinem Beschützer. ›Monseigneur‹, sagte er, ›Sie müßten viele Völker regieren und sie würden glücklich unter Ihnen sein, weil Sie menschenfreundlich sind und die Menschen lieben.‹«

Der Spaziergang nach Paris, von dem man geträumt hatte, ließ sich trotz einiger Anfangserfolge schlecht an. Hatte bis zur Eröffnung der Feindseligkeiten eine unerträgliche Hitze geherrscht, so regnete es sich jetzt ein. Stoltze klagte:

»Es ist fast nicht mehr auszuhalten wegen des schlechten Regenwetters, man bleibt fast im Morast stecken, und wir haben unsere Not, daß wir S. K. H. trocknes Holz anschaffen, sie müssen sich des Tages 5 bis 6 mal trocken anziehen: Aber Höchstdieselben befinden sich recht wohl, weit munterer und stärker als wir alle zusammen. Sie sehen auch so wohl aus, wie sie fast noch nie ausgesehen haben.«

Ahnungsvoll schreibt er einen Tag später nach Berlin: »Man weiß nicht, wie man das Zeug trocknen soll: es fault den Leuten alles vom Leibe, und viel Soldaten haben schon die rote Ruhr. Gott gebe, daß wir bald gut Wetter bekommen, sonst möchte die Witterung wohl der ärgste Feind sein.«

Auch den braven Rahleke hatte es erwischt, er lag mit einer »üblen Diarrhoe« darnieder, und es schien, als sei die Unerträglichkeit der Lage kaum zu überbieten, dabei war es erst der Anfang. Zwar kapitulierte am 2. September auch Verdun (dessen Kommandant Beaurepaire erschoß sich), aber Stoltze irrte sich, wenn er meinte: »Es heißt nun, wenn wir von hier weggehen, so können wir in 14 Tagen in Paris sein. Es sollen noch 2 unbedeutende Örter auf diesem Wege sein, die leicht zu überwinden sind.«

Am Tag nach der Übergabe Verduns fand Louis Ferdinand endlich Zeit, den Eltern persönlich zu schreiben. In einem Brief an die Mutter schildert er die wetterbedingten Strapazen und seine Feuertaufe am Tage vor der Kapitulation:

»Wir kamen bis auf zweihundert Schritt an die Festung heran und überlegten gerade, ob wir uns in ein Gefecht mit den feindlichen Truppen einlassen könnten, wir zogen den Rest der Kompanie des Majors von Spitznas nach, aber es war zu spät. Die Überrumpelung konnte nicht mehr glücken, sie richteten ihre Geschütze aus der Festung auf uns, und wir mußten uns deshalb auf das Dorf Bellevue zurückziehen, wo sie uns weiter unter Feuer nahmen, ohne uns Verluste beizufügen. Das war also das erste Mal, daß ich die Musik der Kanonen hörte. Sie hat in mir nur den Wunsch rege werden lassen, unsere Feinde mir noch näher anzusehen, eine Hoffnung, die ich im Herzen trage und die um so süßer ist, als ich sie mit allen braven Preußen, die nur den Gedanken des Sieges haben, teile.«

Die Schlacht von Valmy am 20. September brachte die Wende. Zwar war sie militärisch gesehen ohne Wert, aber angesichts des sich hier manifestierenden zähen französischen Widerstands (beflügelt durch die revolutionäre Idee) und angesichts der katastrophalen Wetterlage, die mit zur Demoralisation der preußisch-österreichischen Truppen beitrug (vor allem durch die grassierenden Ruhrerkrankungen), befahl die Heeresleitung am 29. den Rückzug.

Goethe, der in Begleitung seines Herzogs (der als General in preußischen Diensten stand) den Feldzug als Schlachtenbummler miterlebte, will damals den berühmt gewordenen Ausspruch getan haben: »Von hier und heute geht eine neue Epoche der Weltgeschichte aus, und ihr könnt sagen, ihr seid dabeigewesen« – ein Satz, der freilich erst dreißig Jahre später *ex eventu* aufgeschrieben wurde.

Die Bekanntschaft mit Louis Ferdinand hatte er einige Tage vorher bei Grandpré gemacht:
»Wir trafen auf einen Husarenposten und sprachen mit dem Offizier, einem jungen hübschen Manne. Die Kanonade war weit über Grandpré hinaus, und er hatte Ordre, nicht vorwärts zu gehen, um nicht ohne Not eine Bewegung zu verursachen. Wir hatten uns nicht lange besprochen, als Prinz Louis Ferdinand mit einigem Gefolge ankam, nach kurzer Begrüßung und Hin- und Widerreden von dem Offizier verlangte, daß er vorwärts gehen sollte. Dieser tat dringende Vorstellungen, worauf der Prinz aber nicht achtete, sondern vorwärts ritt, dem wir denn nun folgen mußten. Wir waren nicht weit gekommen, als ein französischer Jäger sich von ferne sehen ließ, an uns bis auf Büchsenschußweite heransprengte und sodann umkehrend ebenso schnell wieder verschwand. Ihm folgte der zweite, dann der dritte, welche ebenfalls wieder verschwanden. Der vierte aber, wahrscheinlich der erste, schoß seine Büchse ganz deutlich auf uns ab, man konnte die Kugel deutlich pfeifen hören. Der Prinz ließ sich nicht irren, und jene trieben auch ihr Handwerk, so daß mehrere Schüsse fielen, indem wir unseren Weg verfolgten. Ich hatte den Offizier manchmal angesehen, der zwischen seiner Pflicht und zwischen dem Respekt vor einem königlichen Prinzen in der größten Verlegenheit schwankte. Er glaubte wohl, in meinen Blicken etwas Teilnehmendes zu lesen, ritt auf mich zu und sagte: ›Wenn Sie irgend etwas auf den Prinzen vermögen, so ersuchen Sie ihn, zurückzugehen, er setzt mich der größten Verantwortung aus; ich habe den strengsten Befehl, meinen angewiesenen Posten nicht zu verlassen, und es ist nichts vernünftiger, als daß wir den Feind nicht reizen, der hinter Grandpré in einer festen Stellung gelagert ist. Kehrt der Prinz nicht um, so ist in kurzem die ganze Vorpostenkette alarmiert, man weiß im Hauptquartier nicht, was es heißen soll, und der Verdruß ergeht über mich ohne meine Schuld.‹ Ich ritt an den Prinzen heran und sagte: ›Man erzeigt mir soeben die Ehre, mir einigen Einfluß auf Ihre Hoheit zuzutrauen, deshalb ich um geneigtes Gehör bitte.‹ Ich brachte ihm darauf die Sache mit Klarheit vor, welches kaum nötig gewesen wäre: denn er sah selbst alles vor sich und war freundlich genug, mit einigen guten Worten sogleich umzukehren, worauf denn auch die Jäger verschwanden und zu schießen aufhörten.«
Am 22. trafen sie sich in der Nähe von Valmy wieder. Zur deprimierenden Witterung hatte sich inzwischen auch der Hunger

gesellt, denn in den verwüsteten Dörfern war nichts mehr zu holen, und der unzulängliche Lebensmittelnachschub blieb im Schlamm stecken. Goethe traf den Prinzen »im freien Felde auf einem hölzernen Stuhle sitzen, den man aus einem untern Dorfe herausgeschafft; zugleich schleppten einige seiner Leute einen schweren verschlossenen Küchenschrank herbei: sie versicherten, es klappere darin, sie hofften, einen guten Fang getan zu haben. Man erbrach ihn begierig, fand aber nur ein stark beleibtes Kochbuch, und nun, indessen der gespaltene Schrank im Feuer auflodderte, las man die köstlichsten Küchenrezepte vor, und so ward abermals Hunger und Begierde durch eine aufgeregte Einbildungskraft bis zur Verzweiflung gesteigert«.

Unter dem Lebensmittelmangel hatte nicht nur der einfache Soldat zu leiden, sondern auch die »großen Herren«, und man labte sich an einer Delikatesse, als Herzog Carl August von Weimar am 2. Oktober bei Vaux an der Aisne den preußischen Kronprinzen, Louis Ferdinand und Goethe zu einem bescheidenen Linsenessen einlud.

Am 30. Oktober meldete sich Stoltze wieder mit einem Lagebericht aus Trier: »Wir sind gestern abend hier angekommen bei vollen Regengüssen. Auch hatte es den ganzen Tag geregnet. Es ist nun unser 2. Nachtquartier unterm Dache. Morgen marschieren wir wieder von hier weg, und es heißt, auf Koblenz zu. Die Wege sind so schlecht, daß wir täglich seufzen nach dem Orte, wo wir Winterquartier bekommen werden. Viele von unseren Leuten sind krank und wünschen es noch sehnlicher. Der H. v. Rahleke klagt auch noch sehr, aber er reitet doch wieder auf den Märschen, weil ihm die Ärzte die länglichere [sic] Bewegung als ein vorzügliches Heilungs-Mittel angeraten haben. Se. K. H. befinden sich recht wohl. Sie haben jetzt wieder etwas Diarrhoe, aber Höchstdieselben sind recht wohl dabei. Die mehresten Menschen haben diese Krankheit, und es kommt vielfältig vom Wassertrinken und von der nassen Witterung: Wir haben nun vom 19. Juli bis den 28. Oktober unter Zelten zugebracht.«

In diesem Brief bittet er auch um Kleidung für einen neuangeworbenen Kammermohren namens La Grénade. Den hatte man in Verdun entdeckt, wo er sich mit Sticken durchschlug. Stoltze rühmt ihm »eine recht hübsche Figur und eine sehr leidliche Physiognomie« nach, er verstünde sich auf das Frisieren von »Damen und Chapeaus«, spreche »sehr gut französisch und ziemlich gut engländisch, und Deutsch fangt er jetzt erst an zu lernen«. Auch scheine er »von sehr gutem Herzen und Gemüte zu sein«.

Den Leibjäger Ohrdorff und Rahlekes Lakaien Gruner hatten ebenfalls die Ruhr befallen; Ohrdorff mußte man in Luxemburg zurücklassen. Daß diese Leute ordentlich gepflegt wurden, war selbstverständlich. Für den einfachen preußischen Musketier sah das freilich anders aus.

Friedrich Christian Laukhard, ein ehemaliger Theologe, der seine Zuflucht beim preußischen Militär gefunden hatte, hat in seiner Lebensbeschreibung uns detailliert über die entsetzliche Misere informiert, der sich die preußische Armee damals ausgesetzt sah. Er berichtet:

»Nichts nahm unsere Leute ärger mit als der Durchfall, der allgemeine Durchfall und die darauf folgende fürchterliche Ruhr. [...] Die Abtritte, wenn sie gleich täglich frisch gemacht wurden, sahen jeden Morgen so mörderisch aus, daß es jedem übel und elend werden mußte, der nur hinblickte. Alles war voll Blut und Eiter, und einigemal sah man sogar Unglückliche darin umgekommen. – Ebenso lagen viele blutige Exkremente im Lager herum, von denen, die aus nahem Drange nicht an den entfernten Abtritt hatten kommen können.«

Noch schlimmer ging es in den Lazaretten zu. In Longwy verfaulten die Kranken in ihrem eigenen Kot, aufgefressen vom Ungeziefer bei lebendigem Leibe. In Trier lagen 280 Kranke auf offener Straße; es fehlte an Raum. Da in den kalten Oktobernächten täglich dreißig auf dem Pflaster starben, bekam man so allmählich Platz. Das Lazarettpersonal war korrupt, an regelmäßiges Verbinden der Verwundeten war nicht zu denken. Wer von den Kranken und Verwundeten kein privates Vermögen besaß, dem blieb wenig zu hoffen. In der preußischen Armee kursierte der Satz: »Wer in dem Lazarett nichts zuzusetzen hat, muß rein krepieren.« Und das war die lautere Wahrheit. Der Menschenverächter von Sanssouci hatte nie anderes geglaubt oder praktiziert. Sein Nachfolger versuchte zwar die Invalidenversorgung zu reformieren, in dieser aktuellen Situation verschlug das aber gar nichts. Zwar: Friedrich Wilhelm II. war eine eher gemütliche, humanere Natur, den erotischen Affären weit mehr zugetan als den militärischen, auch war er nicht mit jener Lust ins Feld gezogen, mit der sein Onkel dreimal Österreich überfallen hatte. Aber: In der Behandlung des Soldaten änderte sich praktisch

allzuwenig; die Infanterie war immer noch nicht mit Mänteln versehen, und die Menschen kamen aus ihren durchnäßten und faulenden Uniformen überhaupt nicht mehr heraus. Entsprechend waren die Krankheiten, entsprechend die Demoralisation, zumal eine moralische Rückenstärkung aus der Heimat nicht zu erwarten war. Denn in der Heimat dachten viele ähnlich wie Ludwig Tieck, der am 28. Dezember seinem Freunde Wackenroder schrieb:
»Du sprichst ja gar nichts von den Franzosen? Ich will nicht hoffen, daß sie Dir gleichgültig geworden sind, daß Du wirklich Dich nicht dafür interessierst? Oh, wenn ich jetzt ein Franzose wäre! Dann wollt' ich hier nicht sitzen, dann – Doch leider bin ich in einer Monarchie geboren, die gegen die Freiheit kämpfte, unter Menschen, die noch Barbaren genug sind, die Franzosen zu verachten. Ich habe mich sehr geändert, ich bin jetzt nicht glücklich, wenn ich keine Zeitungen haben kann. Oh, in Frankreich zu sein, es muß doch ein groß Gefühl sein, unter Dumouriez zu fechten und Sklaven in die Flucht zu jagen, und auch zu fallen –, was ist ein Leben ohne Freiheit? Ich begrüße den Genius Griechenlands mit Entzücken, den ich über Gallien schweben sehe, Frankreich ist jetzt mein Gedanke Tag und Nacht –, ist Frankreich unglücklich, so verachte ich die ganze Welt und verzweifle an ihrer Kraft, dann ist für unser Jahrhundert der Traum zu schön, dann sind wir entartete, fremde Wesen, mit keiner Ader denen verwandt, die einst bei Thermopylä fielen, dann ist Europa bestimmt, ein Kerker zu sein.«
Im Krieg trat jetzt eine Pause ein. Nachdem es Anfang Dezember gelungen war, Frankfurt am Main, das die Franzosen eingenommen hatten, wieder zurückzuerobern, bezogen die Truppen von Koblenz bis Frankfurt Winterquartiere, und die Kampfhandlungen kamen einstweilen zum Stillstand. Louis Ferdinand war in Frankfurt einquartiert, besuchte das Theater und amüsierte sich bei Komödien wie *Die Quälgeister* (eine Bearbeitung von Shakespeares *Viel Lärm um nichts* von Heinrich Beck) und *Doktor und Apotheker* (das populäre Singspiel von Karl Ditters v. Dittersdorf).
Kammerdiener Stoltze, der nach wie vor den Briefkontakt mit der Familie Ferdinand hielt, wußte am 14. Januar 1793 zu berichten, der erbetene Anzug für den Kammermohren La Grénade sei »recht gut hier angekommen« und als erster habe ihn der Prinz angezogen. Dann wurde La Grénade damit bekleidet, der darin eine propere Figur machte: »Zu Mittage bei der Aufwartung hat ihn alles

bewundert, und alle äußerten großen Beifall!«, schreibt Stoltze. »Sogar unsere beiden Wirtinnen, zwei alte Demoiselles, die eine von 60 und die andere 79 Jahr, die nicht viel von der Welt mehr wissen wollten, scheinen auch ihren Gefallen daran zu haben. Sie lassen ihn bei sich in ihre Zimmer kommen, um ihn zu betrachten, und bewirten ihn mit Kaffee und schicken ihn bei ihren Anverwandten, welches hier sehr angesehene reiche Häuser sind. Diese Leute sehen ihn alle sehr gern, weil, wie sie sagen, er sehr artig und modest wäre.«
Der Frankfurter Müßiggang war nun nicht eben, was sich der Prinz gewünscht hatte. Er wollte etwas erleben, und er hatte im Dezember den König ersucht, sich »zur österreichischen Armee zu begeben, welche sich bei Jülich und Köln befindet, um dort den Operationen beizuwohnen«, denn dort gab es noch einige militärische Aktivität. Aber der König lehnte ab, er fand, es sei »nicht angebracht, daß die Offiziere sich von ihren Korps entfernen«, eine richtige Entscheidung, denn der Frankfurter Frohsinn verführte die Soldaten, die endlich wieder menschenwürdige Zustände kennenlernten, zu einigem Schlendrian.
Der Unterschied zu den früher in Frankfurt einquartierten Franzosen war nicht zu übersehen. Goethes Mutter war zwar froh, die »Neufranken« vom Halse zu haben, zeigte sich aber von den neuen Logiergästen wenig erbaut: »Nur ist mir *unter uns gesagt* die deutsche Einquartierung sehr lästig. Bei den Franzosen, wenn man da Gemeine hatte, hatte man keine Offiziere und umgekehrt. Jetzt habe ich zwei Offiziere und zwei Gemeine, da werden nun statt einer Stube zwei geheizt, das bei dem teuren Holz eine garstige Spekulation ist, ferner hatten die gemeinen Franken Fleisch, Reis und Brot im Überfluß, diese haben nichts als elendes Brot. Die französischen Offiziere wären lieber Hungers gestorben, als daß sie was gefordert hätten, diesen muß man es sogar auf die Wache schicken.« Im übrigen aber: »Jetzt hängt hier der Himmel voller Geigen – alle Tage wird getanzt.«
Die Musik spielte in Frankfurt eine bedeutende Rolle, und Louis Ferdinand stand bald mit führenden Musikern in freundschaftlichem Umgang. Bei seiner Passioniertheit für alles Musikalische und seiner allgemein bekannten Gutherzigkeit (die Vater Ferdinand im fernen Berlin wegen der steigenden Schulden seines Sohnes inständig verfluchte) konnte es nicht ausbleiben, daß man ihn mit Bittgesuchen

aller Art traktierte. Eines Tages bat ein durch Krankheit in Not geratener Musiker den Prinzen um Unterstützung. Es ging um ein Benefizkonzert, zu dem der Prinz einige Friedrichsd'or spenden sollte. Das geschah, aber Louis Ferdinand wußte Besseres: Er werde, so ließ er wissen, selbst in diesem Konzert auftreten und eine Klaviersonate vortragen, dies möge man bekanntmachen.
Natürlich war der Saal brechend voll. Ein preußischer Prinz als Pianist, das mußte man erlebt haben. Der Musiker spielte, der Prinz gab seine Zugabe, und das Haus jubelte. Die Kasse quoll über, und der überglückliche Mann beeilte sich, seinem Gönner zu danken. Die Antwort, die er bekam, war charakteristisch: »Lassen Sie es gut sein, ich bin erfreut, Ihnen nützlich gewesen zu sein; übrigens habe ich auch noch das Vergnügen zu sehen, daß meine Logik nicht unrichtig ist. Das volle Haus befriedigt meine Erwartung; ich setzte nämlich voraus, daß die Leute glauben, ein Prinz müsse alles besser verstehen als andere ordinäre Menschenkinder und folglich auch ein gewaltiger Musikus sein: Sie haben mir Gelegenheit verschafft, mich von der Wahrheit meiner Hypothese zu überzeugen, dafür bin ich Ihnen Dank schuldig, und so lassen Sie uns abrechnen.«
Daß ein Prinz ein höheres Wesen sein müsse: Louis Ferdinand fand das lächerlich genug. Während der vergangenen Kampagne hatte er einmal – es war noch im Hessischen – in einem Bauernhaus um Essen gebeten. Die Bäuerin versicherte, zwar wären Nahrungsmittel vorhanden, aber davon etwas »für so einen vornehmen Herrn« zuzubereiten: »Gott behüte.« Louis Ferdinand, so erzählt uns die Anekdote, bat um Butter, Eier und Mehl, um sich selbst einen Eierkuchen zu bereiten: »Ein guter Soldat muß sich zu helfen und im Notfalle selbst seine Küche zu machen wissen. Ich habe zuweilen zugeschaut, wie die Soldaten bei dieser Gelegenheit verfahren. Her damit, ich backe mir einen Eierkuchen.« Nach vollendetem Werk meinte die Hausfrau, man sollte »doch nicht daran denken, daß so hoher Leute Kind sich auf solche Kleinigkeiten verstände«. Antwort: »Meine gute Frau, ein echter Prinz muß alles verstehen. Er muß im Geheimen Rat präsidieren, eine Armee kommandieren und einen Eierkuchen fabrizieren!« Solche Geschichten erzählte man sich in der Armee, bewundernd.
Rahleke, dem der regenreiche Feldzug gesundheitlich stärker zugesetzt hatte, als er verkraften konnte, wurde am 8. Januar von seinem Gouverneursposten entbunden. An seine Stelle trat ein junger

Stabsoffizier, Friedrich Wilhelm von Bülow, der sich mit dem jungen Prinzen sofort verstand. Allerdings weigerte sich Bülow von vornherein, auch die Rolle eines Buchhalters zu spielen; Louis Ferdinands Schulden interessierten ihn nicht, mochte das Haus Ferdinand, mit dem er gut zurechtkam, selbst zusehen. Das war klug von Bülow, zumal er nicht wußte, daß sein Prinz inzwischen Schulden in Höhe von 70 000 Talern hatte. Der Winter in Frankfurt kostete Geld, schließlich erwartete jedermann von einem preußischen Prinzen standesgemäßes Auftreten, und dazu reichten ihm die bewilligten Mittel nicht aus. Und da andererseits die Großzügigkeit Louis Ferdinands bekannt war, wurde er ausgenutzt, zumal von den Emigranten. Die Bankiers waren spendabel: Eine kleine Schuldverschreibung, vom Prinzen unterzeichnet, und jeder gewünschte Kredit war verfügbar. Da Louis Ferdinand nie gelernt hatte, mit Geld umzugehen, unterzeichnete er alles bereitwillig.

Vom nahen Darmstadt aus machten in diesem Winter 92/93 die Prinzessinnen Luise und Friederike von Mecklenburg-Strelitz in Frankfurt Besuch. Friedrich Wilhelm II. schrieb entzückt nach Berlin: »Wie ich die beiden Engel zum erstenmal sah, war ich so frappiert von ihrer Schönheit, daß ich ganz außer mir war, als die Großmutter sie mir präsentierte. Ich wünsche sehr, daß meine Söhne sie sehen möchten und sich in sie verlieben.«

Die Söhne zeigten sich nicht abgeneigt: Kronprinz Friedrich Wilhelm und sein Bruder Louis verlobten sich mit den Prinzessinnen am 24. April 1793, allerdings Louis ohne rechte Begeisterung. Er hatte sich seinem Bruder aus Bequemlichkeit nur angeschlossen.

Im Frühjahr begann wieder der Krieg. Zwar murrte im Hauptquartier Lombard, Kabinettssekretär des Königs: »Der ganze Feldzug ist verfehlt; die Franzosen Sieger, ohne einen Schuß getan zu haben, ein Teil unserer schönen Truppen ist zugrunde gerichtet, und alle unsere Eroberungen sind verloren« – aber der Krieg ging dennoch weiter.

In Frankreich hatte sich inzwischen die Lage verändert. Am 21. Januar wurde Ludwig XVI. geköpft. Die Erfolge des Herbstfeldzuges hatten Nation und Armee selbstsicherer gemacht, und die Ideen der Revolution beflügelten zusehends die Truppen, indes die Gegenseite sich nur lustlos schlug. Für die Preußen kam hinzu, daß man am 23. Januar die zweite polnische Teilung unterzeichnet hatte und dringend Soldaten brauchte, um den Polen die Segnungen des preußischen Regimes aufzunötigen.

Erste Aufgabe der Alliierten im Westfeldzug war die Rückeroberung von Mainz. Diese Stadt war am 21. Oktober 1792 von den Franzosen eingenommen worden; den regierenden Kurfürsten hatte man zum Teufel gejagt und die erste auf Volkssouveränität beruhende Republik auf deutschem Boden gegründet. Unter Aufsicht der französischen Besatzung etablierten hier deutsche Intellektuelle – der Prominenteste unter ihnen war der Naturforscher und Schriftsteller Georg Forster – eine als »Jakobinerklub von Mainz« bekannt gewordene »Gesellschaft der Freunde der Freiheit und Gleichheit«, die bestrebt war, die Ideen der Revolution der Bevölkerung zu vermitteln und die zur Zeit ihrer höchsten Aktivität 450 Mitglieder zählte. Durch Briefe informierte man über die revolutionäre Praxis auch ausführlich die Bevölkerung der anderen deutschen Staaten. »Es geht wie ein Lauffeuer«, schrieb damals eine Hamburgerin, »und verbreitet sich wie ein Wunder; der langsame Deutshe fängt an zu begreifen, daß auch er es besser haben könnte.«

Ein Mainzer Jakobiner richtete eine *Offenherzige Zuschrift an Friedrich Wilhelm Hohenzollern, damals König aus Preußen*. Schon diese Titulatur war schmerzlich, aber dann lesen zu müssen, »daß man schon die Gesellschaftsorganisation für die Freunde der Freiheit und Gleichheit ausfertige, die sich künftigen Sommer in Deinem Schlosse zu Berlin unter dem Schutze einer zahlreichen Frankenarmee öffentlich versammeln werden« mit der Unterschrift: »König! Dein und aller Könige Feind, der Republikaner Pape, Mitglied der Gesellschaften der Freiheit und Gleichheit zu Mainz, Straßburg, Schlettstadt, Kolmar und Münster, auch Korrespondent der heimlichen Klubs in den preußischen Staaten« – das war zu arg. Die Eroberung von Mainz war daher nicht nur ein militärisches, es war ein eminent wichtiges politisches Problem. Ließ man diese Giftbeule weiterschwären: demokratisches Gedankengut hätte alle Nachbarlande unheilbar verseucht, zeigten sich doch schon in den süddeutschen Staaten bedenkliche Symptome.

Aber Mainz zu erobern erwies sich als schwieriger, als die Alliierten gedacht hatten. Die Kämpfe konzentrierten sich auf den Raum Marienborn, Sitz des preußischen Hauptquartiers. In der Nacht vom 7. zum 8. Mai 1793 kommandierte Louis Ferdinand seine erste militärische Aktion, aber erfolglos. Zwei Mainzer Festungswerke wurden zerstört, aber Bülow meldete deprimiert an Vater Ferdinand: »Ich befürchte, Mainz verdirbt uns diese ganze Kampagne.«

Louis Ferdinand gab die Schuld seinen Vorgesetzten. Erbittert schrieb er an seine Schwester: »Diese verwünschten Generale, die einen übel erworbenen Ruf zu verlieren fürchten, tun bei ihrer Furchtsamkeit und bei ihrem Mangel an wahrer Kenntnis tausend Dinge, die einen Menschen von Ehrgefühl rasend machen können. Kalckreuth hat mich verhindert einen Schlag auszuführen, den ich mit Oberst Rüchel verabredet hatte und wobei ich sechs Kanonen hätte erobern können. Die Soldaten und fast alle Offiziere sind mir außerordentlich wohlgesinnt, ebenso auch die Österreicher, besonders das Infanterie-Regiment Pellegrini, welches ich neulich bei einer kleinen Unternehmung befehligte, und die Wurmser Husaren lassen sich alle für mich in Stücke hauen. Ich habe neulich einem ihrer Offiziere das Leben gerettet, indem ich einen Franzosen tötete, der das Bajonett in den Leib seines Pferdes gebohrt hatte, und an einem anderen Tage habe ich einen gemeinen Husaren gerettet, den ich mit Hauptmann von Trenck vom Regiment des Königs auf unseren Pferden davontrug. Dazu kommt, daß ich ihnen auf ungarisch guten Tag und guten Abend sagen und ungarisch mit ihnen fluchen kann.«
Daß er bei diesem Gefecht selbst in Lebensgefahr geriet, erwähnte er nicht. Aber es sollte noch schlimmer kommen: Die Franzosen beschlossen, durch einen Handstreich den kommandierenden preußischen General Kalckreuth und Prinz Louis Ferdinand gefangenzunehmen.
In der Nacht vom 30. zum 31. Mai wird Louis Ferdinand durch heftiges Geschützfeuer wach. Ehe er sich informieren kann, hört er die Franzosen bereits an seiner Haustür. Er kriecht aufs Dach: Marienborn ist eingeschlossen. Aber ein preußischer Gegenstoß wirft die Franzosen zurück. In der Finsternis entlädt sich ein wütender Geschoßhagel; keiner kann den anderen erkennen. An der Spitze seiner Truppen dringt der Prinz vor: Er fordert eine Gruppe versprengter Franzosen auf, sich zu ergeben. Die Antwort ist eine Kugel, die ihn am Bein verletzt: »Satan! Das sollst du büßen!« brüllte Louis Ferdinand. »Eines schrecklichen Todes mußt du sterben!« Ein Preuße, der den Schützen erwischt, ruft: »Warten Sie, ich will den Hund erwürgen!« Aber der Zorn des Prinzen ist schon verraucht: »Nein, laß es nur bleiben; ich habe mich anders besonnen. Halt ihn nur fest, daß er mich nicht noch ins andere Bein schießt.«
Als man morgens zur Ruhe kommt, zählt man auf seiten der Alliierten neunzig Tote und Verwundete, und um ein Haar wären

auch Herzog Carl August von Weimar und General von Kalckreuth dabeigewesen. Stoltze, der diesen Vorfall wohlweislich verschweigt, meldet am 6. Juni nach Berlin: »Wegen der nächtlichen Überfälle muß des Nachts hier alles munter bleiben, und erst des Morgens, wenn der Tag anbricht, kann man sich niederlegen. Das ist morgens um 3 Uhr.«

Am 2. Juni traf man sich beim Herzog von Weimar zu einem Essen. »Man« das heißt: Louis Ferdinand, Goethe, Kalckreuth und Freiherr vom Stein, der sich damals gerade an der Front umsah und die Gesellschaft am nächsten Tage als Gastgeber bewirtete. Er fand »den Herzog von Weimar, mit sich selbst mißvergnügt, geschäftslos, ennuiert und sich alle Tätigkeit wegraisonnierend. Die Truppen waren brav geblieben. Prinz Louis Ferdinand der einzige von den hohen Häuptern, der Enthusiasmus für das Gute zeigte«. Dabei blieb es. Zehn Tage später schrieb er: »Das untätige, planlose, alle Tätigkeit erschlaffende Klagen der meisten war mir unerträglich, nur beim Prinzen Louis fand ich noch eine mit Bildern großer Tätigkeit angefüllte Einbildungskraft, ein lebendiges und sich lebhaft äußernde Gefühl vom Großen. – Alle übrigen, insbesondere der Herzog von Weimar, schleppten ihre zentnerschwere Langeweile herum und predigten entweder eine alles ertötende, niederdrückende Philosophie oder ergossen sich in bittere Klagen.«

Vor Mainz kam man nicht weiter. Der König ließ attraktive Weiblichkeit kommen, nämlich seine neuen Schwiegertöchter. Goethe: »Gegen Abend war uns, mir aber besonders, ein liebenswürdiges Schauspiel bereitet, die Prinzessinnen von Mecklenburg hatten im Hauptquartier zu Bodenheim bei Ihro Majestät dem Könige gespeist und besuchten nach Tafel das Lager. Ich heftelte mich in mein Zelt ein und durfte so die hohen Herrschaften, welche unmittelbar davor ganz vertraulich auf- und niedergingen, auf das genaueste beobachten. Und wirklich konnte man in diesem Kriegsgetümmel die beiden jungen Damen für himmlische Erscheinungen halten, deren Eindruck auch mir niemals verlöschen wird.« Louis Ferdinand hate seine Frankfurter Freundin eingeladen, die zwanzigjährige Vicomtesse de Contades, zwar verheiratet, aber den Wünschen des Prinzen durchaus willfährig.

Am 14. Juli kam es wieder zu einem heftigen Gefecht mit den Franzosen. Zwischen den Fronten blieb ein österreichischer Soldat verwundet liegen; trotz seiner Hilferufe wagte sich niemand vor: Das französische Feuer war zu heftig. Als Louis Ferdinand die Soldaten aufforderte, ihren Kameraden zu retten, rührte sich niemand. Da sprang er selber vor, lud sich den Verwundeten auf die Schultern und schleppte ihn zu den eigenen Reihen zurück, die um ihn pfeifenden Kugeln des Feindes nicht achtend. Dies war der Tag, der ihm die einmütige Bewunderung der ganzen Armee für immer sicherte. Man ließ eine Medaille schlagen mit dem Bildnis des Prinzen und der Aufschrift: »Österreichs Krieger danket ihm das Leben.«

In allen deutschen Landen wurde Louis Ferdinands Tat populär. Eine Julie Pelzer aus Neu-Brandenburg (Mecklenburg-Strelitz) schickte dem Vater des Prinzen ein Gedicht auf die Heldentat des Sohnes:

> Verehrungswürdiger Greis, du glücklichster der Prinzen
> Und Seligster von allen Gütern hier,
> Sei stolz auf deinen Sohn!! – Germaniens Provinzen
> Wem danken sie den besten Prinzen? – Dir!!!

Sie selbst charakterisierte sich rührend genug:

> Zwar bin ich arm und klein, ein armes Dichter-Mädchen
> Hat nichts, mein edler würdiger Prinz! allhier,
> Als nur mein Saiten-Spiel, mein Strickzeug und mein Rädchen,
> Und kummervoll ernährt dies kaum mir.

Am 16. Juli wurde Louis Ferdinand bei einem Gefecht von einem Kartätschensplitter am Oberschenkel verwundet (seinen Leibjäger Ohrdorff traf ein Bajonettstich); zum Glück blieb der Knochen unversehrt. Er ließ sich notdürftig verbinden und kommandierte die Truppen weiter. Der König befahl, ihn zurückzubringen. Erst jetzt konnte die Wunde einwandfrei versorgt werden; Louis Ferdinand wurde dabei ohnmächtig. Als er wieder zu sich kam, wandte er sich an den Prinzen von Nassau: »Gehen Sie zum König und bestellen sie ihm, da ich doch alles, was in meinen Kräften stand, für ihn getan habe und nun eine Weile zu nichts mehr nutze bin, so lasse ich ihn bitten, mich zur schönen Madame de Contades nach Mannheim zu schaffen.«

So etwas war ganz nach dem Geschmack des Königs. Nachdem er seinen Vetter am 17. Juli zum Generalmajor befördert hatte, ließ er ihn tags darauf auf einem Rheinkahn nach Mannheim bringen, wo der Prinz am 19. Juli nachmittags um vier Uhr eintraf und Quartier im Palais Zweibrücken nahm. Trotz der schmerzhaften Wunde war Louis Ferdinand recht vergnügt. Die Langeweile vertrieb ihm Madame de Contades, die ihn in jeder Weise versorgte, und hieß es plötzlich »Der König!«, so »warf er sich da unter das Deckbett, nahm eine ordentliche Lage ein, sein Kammermohr stellte sich zu Häupten und wedelte mit einem Fächer von Pfauenfedern die Fliegen fort. So fand ihn der König, in ernster Würde Teilnahme und Mitleid empfangend und der ernstesten Unterredung beflissen. Sobald jener fort war, fing das vorige Treiben wieder an.« Auch Goethe, der den Prinzen zwischen dem 1. und 3. August besuchte, fand ihn »ganz wohlgemut auf seinem Sofa ausgestreckt [...], nicht völlig bequem, weil ihn die Wunde am Liegen eigentlich hinderte, wobei er auch die Begierde nicht verbergen konnte, baldmöglichst auf dem Kriegsschauplatz persönlich wieder aufzutreten.«

Am 22. Juli mußte Mainz kapitulieren. Die siegreiche Armee nahm Rache und plünderte gemeinsam mit der Bevölkerung die Häuser der geflohenen Mainzer Jakobiner. Auch das Haus Georg Forsters blieb davon nicht verschont; er selbst war damals schon in Paris. Als Louis Ferdinand davon erfuhr, befahl er sofort eine Ehrenwache vor Forsters Haus; er wollte nicht zulassen, daß der Besitz dieses bedeutenden Mannes vom Mob geschändet wurde. Forsters politische Gesinnung interessierte ihn nicht, hier galt es einzig, Haus und Lebenswerk eines großen Mannes zu schützen.

Am 14. September, als die Franzosen bei Pirmasens zurückgeschlagen wurden, war Louis Ferdinand wieder genesen und mit von der Partie. Seine Sorge galt jetzt hauptsächlich der Festung Landau, die von den Franzosen erbittert verteidigt wurde. Konnte man sie vielleicht durch Kriegslist gewinnen? Vielleicht gab es einen erfahrenen Mann, der imstande war – einmal in die Festung eingeschleust –, den republikanischen *Représentant du peuple* zu beschwatzen und für die konterrevolutionäre Sache zu gewinnen? Der Prinz hatte gehört, es gebe in der preußischen Armee einen ehemaligen Magister der Theologie, der jetzt als Musketier diente und der einer solchen Aufgabe vielleicht gewachsen wäre. Gemeint war Laukard, der vor den Prinzen geholt wurde und mit dem sich nun folgender Dialog entwickelte:

»Guten Tag, Laukhard; ich hab' ein Wort mit Ihm zu sprechen.«

»Bin immer Ew. Hoheit zu Diensten.«
»*Eh bien!* Aber jetzt fordere ich keinen Dienst im eigentlichen Sinne; ich fordre was, das Uns und Ihm großen Vorteil bringen soll. Er kennt Dentzel zu Landau?«
»Ja, Ihre Königliche Hoheit.«
»Glaubt er wohl, dem Manne beizukommen?«
»Ich verstehe Sie nicht ganz.«
»Ich werd mich erklären. Seh Er, Dentzel ist *Représentant du peuple* bei der französischen Rheinarmee; der Mann hat also vielen Einfluß, der dann erst recht sichtbar sein wird, wenn von der Übergabe der Festung die Rede sein soll. Diese Übergabe kann nicht lange mehr anstehen, allein sie wird und muß auf alle Fälle noch viel Blut kosten. Wir haben also einen Plan erdacht, wie wir ohne Blutvergießen zu unserem Zweck gelangen könnten.«
»Das wäre ja herrlich!«
»Ja, sieht Er: Und dazu soll Er nun helfen!«
»Und wenn ich mein Leben dabei aufopfern sollte, gern!«
»Schön! so spricht ein braver Soldat. Laukhard, es ist beschlossen, Ihn nach Landau zu schicken.«
»Nach Landau, mich?«
»Ja, Ihn nach Landau, lieber Laukhard. Sieht er: Er kennt den Repräsentant Dentzel, dieser vermag alles; kann Er ihn gewinnen, so ist Sein und Unser Glück gemacht.«
»Aber auch mein Unglück, Ihre Hoheit, wenn ich entdeckt werde.«
»Ah, Er muß sich nicht fürchten! *Pardieu*, die Franzosen werden Ihm den Hals nicht brechen!«
»Aber die Franzosen sind Vokativusse, Ihre Hoheit; die Kerls spaßen eben nicht viel!«
»Überleg' Er die Sache, lieber Laukhard. Findet Er, daß es nicht geht, *à la bonne heure*, so haben wir gespaßt und alles bleibt *entre nous*. Findet Er aber, daß Er Mut genug hat, die Gefahr nicht zu achten und Sein Glück zu befördern, so entschließe Er sich und sage mir Bescheid. Adieu. Aber alles bleibt noch unter uns.«
Laukhards Mission scheiterte. Der ehemalige Magister erkannte in Landau die Vorzüge der republikanischen Armee gegenüber der gerade von ihm verlassenen preußischen, ihn überzeugten die Ideale der Französischen Revolution, und so entdeckte er sich Dentzel und verließ Landau als freier Mann: Er ging nach Frankreich. Die Festung Landau wurde von den Preußen nicht erobert.

In der Schlacht von Kaiserslautern am 30. November 1793 geriet Louis Ferdinand in ernste Gefahr. Sein Pferd wurde tödlich von einer Kugel getroffen, die dem Reiter die Schärpe und den Schoß des Uniformrocks abriß; der Prinz stürzte, vom Blut des Pferdes überströmt, blieb aber unverletzt.

Ende des Jahres heirateten die Söhne des Königs: Der Kronprinz wurde am 24. Dezember mit Luise von Mecklenburg-Strelitz getraut, sein Bruder Louis einen Tag später mit Luises Schwester Friederike. Louis heiratete mit kaum verhehlter Unlust, aber er hatte nun einmal sein Wort gegeben, und die Staatsräson wollte es so. Louis Ferdinand sah den anmutigen Familienzuwachs mit Vergnügen, er machte beiden Prinzessinnen den Hof, zum Unmut von Luises Oberhofmeisterin, der fünfundsechzigjährigen Gräfin Voß, die am 26. Januar 1794 in ihrem Tagebuch notierte: »Früh kam der Prinz Louis Ferdinand, der wegen Masken-Kostümen mit der Prinzessin sich verabreden wollte; ich kann die Freundschaft mit ihm nicht gutheißen.«

Louis Ferdinand war bald wieder an der Front: Ihm lag daran, den Krieg gegen Frankreich entscheidend zu Ende zu führen; das aber war weder in der Möglichkeit noch im wirklichen Interesse der preußischen Heeresleitung, die sich im Februar 1794 mit einer französischen Delegation in Frankfurt traf. Als dort zwei französische Kuriere ankamen, ließ Louis Ferdinand die Trikolore von ihrem Wagen abreißen, eine so unreife wie politisch unsinnige Demonstration, die ihm einen scharfen Verweis des Feldmarschalls Möllendorff eintrug.

Diese Demonstration war auch insofern so töricht wie unverständlich, als Louis Ferdinand bisher nicht ohne Verständnis für die Belange der Französischen Revolution geblieben war. Denn er, den die französischen Emigranten in ihrem Sinne zu beeinflussen trachteten, hatte aus seiner Sympathie für die Revolution kaum einen Hehl gemacht; er suchte das Gespräch mit den gefangenen Franzosen und »freute sich ihrer oft lebhaften und mutvollen Antworten« (Varnhagen). Das ging so weit, daß ihm der preußische Hauptmann von dem Knesebeck deutlich sage: »Sie haben einige Orleanssche Regungen, aber die taugen nicht« – anspielend auf den Herzog von Orleans, den »roten« Herzog »Philipp Egalité«, der für den Tod Ludwigs XVI. gestimmt hatte, aber dennoch 1793 selbst auf der Guillotine hatte enden müssen. Innerlich also sympathisierte Louis Ferdinand mit der

Revolution, zumindest sah er ihre Notwendigkeit ein, nach außen glaubte er eine Verteidigung des *Ancien régime* schuldig zu sein; man kann freilich auch sagen, der Revolutionskrieg bedeutete ihm eine Art von »höherem Indianerspiel« (um eine Formulierung Thomas Manns zu benutzen), auf das er ungern verzichten wollte.

Im März 1794 fuhr er nach Berlin. »Er war größer und schöner geworden«, schreibt seine Schwester, »und sein ungepudertes Haar und sein äußerst eleganter Reiseanzug verliehen ihm etwas so Fremdartiges, daß ich ihn im ersten Augenblick gar nicht erkannte. Meine Mutter verließ den Ballsaal nur auf einen Moment, um ihn zu umarmen und nach Bellevue zu schicken, wo Louis seinen Vater wiedersah und sehr kühl von ihm aufgenommen wurde. Seine ungeordneten Geldverhältnisse, denen man auf keine Weise abzuhelfen suchte, verstimmten meinen Vater immer mehr gegen diesen Sohn. Louis dagegen befand sich infolge seiner Leidenschaft für Mme de Contades in hochgradiger Erregung, wie er mir selbst sagte. Er erzählte mir viel von der Victomtesse, und ich fand, daß mein Bruder noch sehr an Liebenswürdigkeit und Charme gewonnen hatte.«

Im Schloß Bellevue machten die Geschwister in diesen Tagen die Bekanntschaft eines neuen Besuchers, des Grafen Jan Potocki, »eines nach Berlin gekommenen Polen, der einige Monate bei meinem Onkel Heinrich verbracht hatte und von diesem an meinen Vater empfohlen worden war. Natürlich wurde er gut aufgenommen und gehörte von nun an zu den stehenden Gästen unseres Hauses. Graf Potocki war nicht nur Gelehrter und Mann von Geist, sondern besaß ein sehr schönes Gesicht, wenn auch eine wenig gute Haltung. Sein kränkliches Aussehen ließ ihn älter erscheinen, als er war. Er mochte wohl ungefähr vierzig Jahre zählen. Der Umstand, daß er soeben von einer afrikanischen Reise zurückkehrte, machte jeden begierig, ihn kennenzulernen. Er war ebenso liebenswürdig wie sein Ruf und hatte unnachahmlich komische Ideen, die er auf originellste Weise äußerte. Mich amüsierte er ungemein, und ich freute mich, ihn jeden Abend in unserem Kreis zu sehen, in dem er sich sehr wohl zu fühlen schien. Er interessierte Louis, und meine Mutter lachte über seine Tollheiten«. Es war jener Graf Potocki, der erst in unseren Tagen zu seinem wahren Ruhm fand durch sein phantastisches Geschichtenbuch *Die Handschrift von Saragossa*.

Louis Ferdinands Schulden waren Gegenstand ernster Gespräche.

Herr Stubenrauch, der den Geschäften des Hauses Ferdinand als Kammerdirektor vorstand, räumte ein, dem Prinzen bliebe bei seinen bescheidenen Bezügen gar nichts anderes übrig, als Schulden zu machen, aber damit hatte es auch seine Bewandtnis. Vater Ferdinand war nicht bereit, auch nur einen Taler zusätzlich herauszurücken. Von der auf ihn zurollenden Schuldenlawine des Sohnes machte er sich noch keine rechten Vorstellungen, hatte aber schon die dumpfe Ahnung, es müsse böse enden.

Während des Berliner Aufenthalts gab es eines Tages einen heftigen Zusammenstoß mit Bülow, mit dem sich der Prinz sonst bestens vertrug. Beim Mittagessen in Bellevue kam es zu einem Wortwechsel zwischen Louis Ferdinand und seiner Mutter. Dergleichen beizuwohnen ist für einen Dritten, der nicht nur nicht zur Familie gehörte, sondern dazu auch noch im Range niederer steht (und welchen Wert man Standesunterschieden beimaß, lehrte auf anderer Ebene ja der Fall Azor) – dergleichen also ist für einen Außenstehenden allemal peinlich. Auch wenn wir die Ursache des Streits nicht kennen: Bülow fühlte sich verpflichtet, Prinzessin Ferdinand beizustehen. Louis Ferdinand, der sich von seinem Alliierten unvermutet im Stich gelassen wähnte, reagierte daraufhin mit einer verletzenden Bemerkung; die beiden Männer sprangen auf, und der Prinz ließ sich dazu hinreißen, seinem Gefährten mit einer drohenden Geste unter die Nase zu fahren, als wollte er ihn schlagen. Bülow, gleichfalls von einem hitzigen Temperament, rief daraufhin: »Prinz, unterstehen Sie sich das noch einmal, so greif' ich zum Degen!« Das imponierte dem nun überhaupt nicht, und Bülow zog »zum allgemeinen Entsetzen« blank. Die Anwesenden warfen sich nun zwischen die Kampfhähne; Louis Ferdinand rannte wütend aus dem Zimmer. Minuten später erhielt Bülow von dem tief gekränkten Prinzen eine Aufforderung zum Duell. Doch dann geschah etwas Erstaunliches: Ehe Bülow antworten konnte, ging die Tür auf, und ein weinender Prinz lag an der Brust des Hauptmanns und bat um Verzeihung. Damit war der Frieden augenblicks wiederhergestellt, aber Mutter Ferdinand faßte es nicht. Sie fand diese ganze Szene dermaßen schockierend, daß sie noch Jahre später äußerte: »Wenn ich gekonnt, hätte ich ihm damals gern eine Ohrfeige gegeben!« Ihrem Sohn? Nein, Bülow, denn unausgesprochen verbarg sich in ihrer Bemerkung der gekränkte Standesdünkel. Wie durfte ein simpler Hauptmann es wagen, sich so gegenüber einem Mitglied des Hauses Hohenzollern zu vergessen?

Anfangs Mai reisten beide wieder an die Rheinfront. Der König, der seinen Vetter für einen Tollkopf hielt, den man nicht aus den Augen lassen durfte, schrieb vorsorglich an den Generalfeldmarschall von Möllendorff: »Prinz Louis Ferdinand geht künftigen Donnerstag wieder zur Armee ab, genaue Aufsicht auf ihn zu haben wird alle Zeit nötig sein, und sollten Sie im geringsten bemerken, daß er einen *ton de raisonneur* annehmen und Kabalen anfinge, so müssen Sie nur, nachdem Sie ihn zuvor gewarnt, ihn geradewegs in meinen Namen nach Wesel auf die Zitadelle schicken.«

Möllendorff beorderte den Prinzen an den Frontabschnitt bei Meckenheim, wo es verhältnismäßig friedlich zuging, im Gegensatz zum Abschnitt vor Kaiserslautern, wo Möllendorff selbst stand und wo auch ernsthafter gekämpft wurde. Hier bei Meckenheim war es, wo der siebzehnjährige preußische Kürassier-Kornett Fouqué erstmals Louis Ferdinand begegnete. Fouqué hat zwar seine Erinnerungen erst Jahrzehnte später niedergeschrieben, aber sie geben ganz unmittelbar wieder, wie die Armee damals für den jungen Prinzen schwärmte:

»Ich ritt [...] hinter meinem ehrwürdigen Obristen. [...] Ich verehrte selbigen Obristen, ob er gleich für meine Begriffe von Eleganz einen viel zu langen Zopf am Hinterhaupte trug, dennoch in ehrerbietiger Scheu als einen donnernden Jupiter. Welche Verwunderung nur, als ein hochschlanker Jüngling auf edlem Rosse – soviel ließ sich in den Nachtumrissen erkennen – an den furchtbaren Zeus heranritt und ihn mit »Lieber Obrist!« anredete und ihn ganz unbefangen versicherte, an eben dieser Stelle müsse die Infanterie vorgezogen werden, aber, der liebe Obrist, irre sich! – Ein Wetterstrahl meines Jupiters, dachte ich, müsse alsbald den frevelnden Titanensohn in sein Nichts zurückschmettern. Aber dem geschah nicht also, sondern der liebe Obrist kapitulierte ganz liebreich mit ihm. ›Wer ist der Mensch?‹ flüsterte ich in das Ohr eines Adjutanten und hätte fast hinzugesetzt –, wenigstens in meinem Innern klang es so –: ›hat ihn ein Weib geboren?‹

›Es ist Prinz Louis Ferdinand‹, kam die ganz einfache Antwort zurück, und nun ward mir auf einmal alles klar und meine Seele lauter Glut. Hatte ich ja doch von diesem jungen Achilles des Heeres schon soviel Herrliches vernommen! Seine kühne Fröhlichkeit, seine siegbringende Verwundung vor Mainz im vorigen Jahr, sein allwärts begeisterndes Voranfliegen auf Sieg und Tod! – Früher noch hatte ich ihn einmal in einer Hof-Umgebung erblickt: ich Knabe damals noch, er ein werdender Jüngling nur. Und nun dem edel aufleuchtenden Gestirn so nah in der uns allen so ernst vorbereiteten Nacht! – Hätte nicht mein Obrist und Zeus dazwischen gehalten –, wer weiß: hätte ich nicht an den preußischen Achilles ein paar kühne Worte gewagt, und wer weiß, wie er sie aufgenommen hätte: vielleicht etwas hochfahrend, vielleicht sehr gut! Wie es nun einmal die Art solcher gewitterdurchblitzten jungen Heldenseelen ist. – Aber nein! Auch ohne meinen Zeus hätte ich wohl geschwiegen. Wohlgezogenheit und Stolz hielten mich gleichermaßen von solchen Übereilungen fern. Hin flog mein fürstlicher Stern vorwärts durch die Nacht, und langsam und ernst rückten unsere Reiterschwader nach.«

Kornett Fouqué begegnete seinem Idol noch einmal. Das war, als sein Regimentschef sich vor Meckenheim mit dem Erbprinzen von Hohenlohe besprach:

»Ein Gespräch über die Stellung des Feindes erhub sich, woraus ich wohl abzunehmen vermeinte, wir bestünden hier eigentlich den Feind mehr, um ihn von einer Unterstützung des bei Kaiserslautern vom Feldmarschall Möllendorff angegriffenen Hauptpostens abzuhalten, als um unmittelbar Entscheidendes ins Werk zu richten. Doch wollte der Erbprinz gern den Scheinangriff zu wirklichem Erfolg erhöhen, und dazu war uns vorzüglich das gegenüberliegende Dorf Meckenheim im Wege, durch einen breiten Wiesenbach und schmal überhinführenden Damm von uns getrennt. – ›Ja, wenn wir Meckenheim weg hätten‹ – hieß es ein- oder ein paarmal.

Da erhub sich aus dem schon hochaufgeschossenen Frühlingskorn, worin er bisher schlummernd gelegen hatte, ein hoher schlanker Jüngling mit verwildert dunklem Gehrock und sprach mit tief wohllautender Stimme zum Feldherrn: ›Geben Sie mir das brave Infanterie-Regiment Romberg, und – mein Wort darauf – ich nehme das Dorf!‹ – Lächelnd entgegnete der Feldherr: ›Der mögliche Vorteil ist nicht entscheidend genug, um so gar vieles dranzusetzen, lieber Prinz.‹ – Und unwillig verstummend tauchte die Jünglingsgestalt wieder unter die Frühlingshalme zum Schlummer unter. Es war abermal Prinz Louis Ferdinand gewesen.«

Nachdem Möllendorff am 23. Mai einen Sieg errungen hatte, kam Louis Ferdinand endlich im Juli ins ersehnte Kampfgetümmel. Am 2. bei Duttweiler und am 13. bei Edighofen, diesmal wirklich an der Spitze des Infanterie-Regiments Romberg.

Die Soldaten kannten es von ihm nicht anders. Er ließ sich von ihnen Witze erzählen und Lieder vorsingen, etwa jenes, in dem er selbst vorkam:

> Glaubt ihr Franzosen, wir müssen retirieren,
> Weil ihr Prinz Louis bei Mainz habt blessiert!
> Glaubt nur, so lang das Blut in uns tut wallen,
> So müssen auch alle Kanonen frisch knallen!

Er teilte mit ihnen das derbe Kommißbrot und fand nichts dabei, ihre Feldflaschen an den Mund zu setzen, um einen Schluck Schnaps zu nehmen, und die allgemeine Ansicht war: »Der Prinz Louis ist ein Mensch wie unsereiner, gar nicht so hochmütig, wie sonst wohl die Offiziere gegen uns sind. Aber dafür gehen wir auch alle mit ihm in die Hölle, wenn es sein muß. Führt er uns hinein, so bringt er uns gewiß auch wieder heraus; sollten wir aber auch ja einmal drinne bleibe: je nun, in Gottes Namen! Bleibt er doch auch nicht zurück! Und dann, wenn er etwas hat, so haben wir alle was! Er soll leben!«

Die Kriegsführung verlangte damals von den Offizieren, an der Spitze ihrer Truppen voranzugehen, Generale nicht ausgenommen. Zwar ließ man den höheren Chargen, wurden sie verwundet, eine sorgfältigere Pflege angedeihen als dem einfachen Soldaten, aber die Versorgung der Wunde war darum nicht weniger schmerzhaft. Ob es galt, eine Kugel aus dem Fleisch zu schneiden oder ein Bein zu amputieren: Es geschah selbstverständlich ohne Betäubung, denn Narkosemittel gab es nicht, obwohl das schmerzlindernde Opium bekannt war. Man nannte es »Laudanum«, beliebt als Schlafmittel, in Überdosis gelegentlich von Selbstmördern benutzt. Aber Opium wurde auf den Verbandplätzen nicht verwendet. Wer es konnte, betäubte sich mit Schnaps, und die Glücklichsten fielen in Ohnmacht, wenn der Chirurg die Säge ansetzte. Eine Amputation wurde so vorgenommen:

»Über der Stelle, wo das Bein oder der Arm abgenommen werden sollte, wurde es mit einem Tuche fest zugebunden, natürlich um den zu starken Zudrang des Blutes zu hindern. Nun wurde ein Schnitt rundum bis auf den Knochen geführt, sofort das Fleisch zurückgedrängt und der Knochen durchgesägt. Dann wurden mit einer Zange die Adern hervorgezogen und unterbunden, auch etliche mit einem Eisen zugebrannt, das Fleisch wurde wieder hervorgezogen und

Charpie – gezupfte Leinwand mit Kalk- oder Bleiwasser getränkt – daraufgelegt. Dies alles war eine Arbeit von etlichen Minuten, und die Operation war geschehen.«

Dieser Bericht stammt zwar von 1813, aber 1794 verfuhr man nicht anders. Das Morphium wurde erst 1803 entdeckt, aber es dauerte noch Jahrzehnte, ehe es auf den Verbandsplätzen in Gebrauch kam. Der Krieg näherte sich seinem Ende, er wurde von beiden Seiten immer lustloser und vorsichtiger geführt. Louis Ferdinand hatte deswegen im Hauptquartier mit Möllendorff eine solche Auseinandersetzung, daß er am 21. Oktober 1794 kurz entschlossen den Kriegsschauplatz verließ. Man hielt ihn nicht, war vielmehr froh, den Hitzkopf los zu sein, der immerfort von Krieg redete, wo doch die preußische Generalität endlich Frieden wollte: Kalckreuth und Möllendorff verhehlten das nicht länger. Der letztere verhandelte bereits zunächst auf eigene Faust, dann aber ganz offiziell mit den Franzosen, und der preußische Gesandte Christian Wilhelm von Dohm, der an den entscheidenden Friedensverhandlungen in Basel mit Frankreich beteiligt war, machte aus seiner so frankophilen wie anti-österreichischen Einstellung gar kein Geheimnis. Den Stand der Verhandlungen wird Louis Ferdinand kaum gekannt haben, aber daß der Frieden in Sicht war, behagte ihm nicht. Wir kennen seine Gründe nicht, zu vermuten steht, daß es ihn kränkte, daß Preußen eigenmächtig aus dem Verband seiner Alliierten scherte, es war eine Frage des *point d'honneur* und der künftigen politischen Glaubwürdigkeit dieses Staats als Verbündeter. Und in der Tat: Preußens eigenmächtiger Schritt wurde ihm nicht vergessen.

Aber andererseits: Das preußische Budget, der von Friedrich II. hinterlassene Staatsschatz von 36 Millionen Talern, war erschöpft. Zudem hatte England am 1. Oktober 1794 den Bündnisvertrag gekündigt und alle Subsidien eingestellt. Ob Preußen wollte oder nicht: Es konnte ganz einfach den Krieg nicht länger führen, und die Kriegsunlust seiner Generale erleichterte nur den Entschluß.

Um genau zu sein: Preußen wollte den Krieg auch nicht länger führen, denn inzwischen hatte es auch an seinen Ostgrenzen kämpfen müssen, und mit den Österreichern war das Verhältnis zunehmend spannungsgeladen. Zarin Katharina II. hatte nämlich die Gunst der Stunde genutzt, da Preußen und Österreich militärisch gebunden waren, und sich auf das arme Polen geworfen, das seit 1791 versuchte, seine innere Anarchie zu überwinden. Im Mai 1792 waren russische Regimenter in Polen eingedrungen und hatten in wenigen Wochen einen großen Teil des Landes besetzt. Aber an dieser Beute wollte Preußen selbstverständlich partizipieren. Im Januar 1793 marschierten die Preußen ihrerseits in Polen ein und sicherten sich ihren Anteil. Begründung: Man müsse »jakobinische Umtriebe« abwehren. Österreich zu beteiligen war weder Rußland noch Preußen in den Sinn gekommen, und darob war man in Wien zu Recht verstimmt. Nach den Wünschen des polnischen Volks fragte niemand. Am 23. Januar 1793 wurde die zweite polnische Teilung unterzeichnet: Preußen holte sich jetzt Posen, Danzig, Thorn und deren umliegende Gebiete.

Aber am 24. März 1794 erhoben sich die Polen unter der Führung des Generals Tadeusz Košciusko gegen ihre Unterdrücker. Bis in den November dauerten die Kämpfe gegen Russen und Preußen, dann war Polens Widerstand endgültig gebrochen. Die dritte Teilung Polens vom 3. Januar 1795 tilgte diesen Staat von der Landkarte: Preußen holte sich Warschau und Teile Litauens.

Noch etwas kam hinzu, was den Preußen den Krieg am Rhein unerquicklich machte. Die offiziellen Verlautbarungen berichteten nur von eitel Jubel der »befreiten« Deutschen im linksrheinischen Gebiet, und so sehr redete man sich selbst die »Befreiung« ein, daß der Reichstag sogar einmal erwog, die Bevölkerung gegen die Franzosen zu bewaffnen. Diese Vorstellung entsetzte Möllendorff, der die wahre Stimmung in den umkämpften Gebieten genau kannte: »Daß um Gottes willen nicht die Einwohner bewaffnet werden, das ganze Reich ist verloren, wenn es geschieht, denn wenn ich die Reden höre, die der zweibrücksche, triersche, mainzische und pfälzische Untertan führt und ganz öffentlich über ihre Regierung, Justiz, Ökonomie usw., das ist fürchterlich. Haben sie die Gewalt und Seiner Majestät Truppen sind weg, so bringt man sie nicht wieder in Ordnung, sondern es wird eine französische Geschichte.« Drei Tage später, am 10. Februar 1794, schrieb er seinem König: »Die pfälzischen, mainzischen, trierschen und zweibrückschen Untertanen sowie diejenigen von den sämtlichen Stiftern – Speyer, Worms usw. – sind nichts weniger als gut gesinnt, daher die Bewaffnung und das Aufgebot dieser Leute eine der gefährlichsten Operationen ist.« Die Volksbewaffnung unterblieb. Wozu sollte sich Preußen hier noch ernsthaft engagieren? Die polnische Beute mit weit über einer Million neuer steuerpflichtiger Untertanen war gesichert, die Staatskasse leer, und Aussichten, Frankreich zu schlagen, bestanden längst nicht mehr, denn die französische Armee hatte trotz einiger Niederlagen erreicht, daß nicht ein einziger Ausländer mehr auf französischem Boden satnd.

Prinz Louis Ferdinand wurde am 23. Februar 1795 zum Chef des Regiments Prinz von Baden (Nr. 20) ernannt, das in Magdeburg garnisoniert war. Damit hatte man den Hitzkopf auch endgültig aus Berlin entfernt. Mochte er in der Provinz »ein Mann werden«. Zunächst bezog er Winterquartiere, erst in Daubingen bei Gießen, dann in Lippstadt, und Anfang April erschien er in Osnabrück, wo Dohm amtierte. Der bekam in der Nacht vom 5. zum 6. April von Minister Hardenberg Nachricht, in Basel habe man den Frieden zwischen Preußen und Frankreich unterzeichnet. Die wütende Reaktion Louis Ferdinands befremdete die Umstehenden, denn in seinem Zorn über den Friedensschluß ging der Prinz so weit, lauthals zu wünschen, »daß die Armee sich weigern möge, den Frieden anzunehmen, da er dann selbst sich an die Spitze derselben stellen wolle«.

Die Armee! Die war weit davon entfernt, so etwas wie einen eigenen Willen bekunden zu können, wenngleich sie in der Mehrzahl den Prinzen vergötterte. Aber die Armee gehorchte dem König und den kriegsmüden Generalen; einen Putsch des einundzwanzigjährigen Prinzen hätte sie nie mitgemacht. Den Augen- und Ohrenzeugen des prinzlichen Auftritts in Osnabrück blieb ein schales Gefühl zurück; es war das Dümmste, was Louis Ferdinand in dieser Situation von sich geben konnte.

Folgen hatte dieser Ausbruch nicht unmittelbar, sehr wohl aber mittelbar, denn für die nächsten Jahre ließ man den Prinzen ganz bewußt in der Provinz versauern, dort, wo er gewiß keinen Schaden würde anrichten können.

In Lemgo, Hoya und Hamburg

Magdeburg also. Aber zunächst reiste Louis Ferdinand nach Berlin. Dort war im April 1795 die Familie des polnischen Fürsten Radziwill eingetroffen, deren Sohn Anton bald Eindruck auf Louis Ferdinands Schwester Luise machte, und das durch eine sehr bezeichnende Episode: Der in Berlin befindliche Graf Walicki gab eines Tages ein Frühstück für Prinzessin Ferdinand. »Die junge Gesellschaft«, so berichtete Luise, »amüsierte sich damit, Apfelsinenschalen und verdorbene Früchte über die Spree hinüberzuschleudern, welche die Schifferkinder mit Lebensgefahr herauszufischen versuchten. Der einzige, der sich darüber entrüstete, war Prinz Anton; er eilte hin, um etwas zu holen, womit er sie entschädigen konnte, wodurch er meine gute Meinung über ihn noch verstärkte.«
Die Polen besuchten auch Prinz Heinrich in Rheinsberg, der seine Sympathie für dieses Volk nie verhehlte und die Polenpolitik seines königlichen Bruders stets verachtet hatte, schon deswegen, weil sie ihn hinderte, selbst König von Polen zu werden, was der polnische Adel nicht ungern gesehen hätte. Die Verbindung der Nichte mit den Radziwills – nicht die erste im Hause Brandenburg (der zweite Sohn des Großen Kurfürsten hatte eine Prinzessin Radziwill geheiratet) – war ganz nach Heinrichs Geschmack, und er förderte sie nach Kräften. So kam die Verlobung zustande.
Bei seiner Ankunft in Berlin wurde der neue Schwager von Louis Ferdinand zunächst frostig empfangen, aber schon bald freundeten sie sich an; das musikalische Interesse beider trug entscheidend dazu bei. Der Prinz hatte in Magdeburg Quartier im Frühsommer bezogen; er fand, daß man in dieser »trostlosen und langweiligen Garnison« nur durch die musikalische Beschäftigung seelisch überdauern konnte. Am 26. September hielt er Einzug in das Haus der Magdeburger Dompropstei am Domplatz. Die große Crux allerdings waren die Schulden, und daß diese erheblich sein mußten, hatte die

Ferdinandsche Hausverwaltung voll böser Ahnungen inzwischen ermittelt. Da man den genauen Umfang nicht kannte und Louis Ferdinand selbst natürlich völlig im unklaren darüber war, beschloß die Verwaltung, am 3. August 1795 folgende Anzeige in die deutschen Zeitungen einrücken zu lassen:
»Es werden alle diejenigen, welche an Se. Königl. Hoheit den Prinzen Louis Ferdinand von Preußen einige Ansprüche zu haben vermeinen, hiermit aufgefordert, solche bei mir, dem königl. prinzlichen und Ordens-Kammer-Direktor Stubenrauch in Zeit von 3 Monaten und spätestens im Termin vom 2. Nov. dieses Jahres schriftlich anzuzeigen und Abschriften der darüber sprechenden Urkunden einzureichen, widrigenfalls ein jeder sich selbst beizumessen hat, wenn hiernächst auf die nicht angezeigte Schuldforderung weiter keine Rücksicht genommen wird. Berlin, den 3. August 1795.«

Die monatlichen Einkünfte des Prinzen betrugen damals monatlich 837 Taler (500 Taler Apanage, 109 Taler und 12 Groschen vom Vater, 30 Taler von der Mutter, 197 Taler und 12 Groschen vom Regiment). Der Lebensstil entsprach den Erfordernissen jener Zeit: Die 18 Bediensteten seines Haushalts (Bülow hatte übrigens seinen Abschied bekommen, da der Krieg zu Ende war) kosteten monatlich 206 Taler, dazu kamen die zusätzlichen Kleiderkosten für das Personal in Höhe von 40 Talern und 18 Groschen.

Die Wohnung selbst war für einen Prinzen bescheiden. Sie lag im Erdgeschoß und bestand aus einem Vorraum, einem Eß-, Arbeits- und Schlafzimmer. Es gab dort keine Teppiche, und die Gardinen waren – bis auf zwei aus weißem Musselin – nur aus blau- oder gelbkariertem Leinenbezug, dazu 6 Polsterstühle und 36 Rohrstühle. Als luxuriös mochte gelten, daß Louis Ferdinands Bett von einer grünen Seidendecke überzogen war. Auch das übrige Inventar war schlicht. Aus Porzellan bestanden nur dreißig Kaffeetassen, alles übrige war Fayence. Das Silber beschränkte sich auf je 24 komplette Bestecke und vier Salzfäßchen. Das alles entsprach einem gutbürgerlichen Haushalt, als Luxus konnte das 1795 nicht gelten, trotz des Gläseraufwands von 46 Wein- und 23 Champagnergläsern.

Gutbürgerlich war auch die Küche. Bei einem Mittagessen für vier Personen wurden gereicht:
1. Bouillon mit Klößen
2. Rindfleisch mit Sauce

   a. gegrillte Koteletts
   b. kleine Pasteten mit Kalbsmilch
3. Grüne Bohnen mit glacierter Kalbsnuß
4. Hasenbraten
5. Pflaumenkuchen und Apfelkompott

Die Menge von acht Pfund Rindfleisch, einem Hasen, vier Pfund Kalbsnuß und zweieinhalb Pfund Koteletts entsprach den damaligen Eßgepflogenheiten. Zum Abendessen wurde gereicht:

1. Hecht en fille mit Weinsauce
2. Junge Hühner mit Champignons
3. Blumenkohl in Parmesan
4. Gebratene Lendchen

Wir empfinden ein solches Menü als üppig und die gereichten Fleischmengen als monströs, aber nach damaligen Vorstellungen fand man daran nichts Ungewöhnliches. Auch der Verbrauch von einem Viertelpfund Kaffee und einem halben Pfund Zucker zum Frühstück des Prinzen entsprach bescheidenem Zuschnitt.

Das Haus Ferdinand hatte inzwischen einen Mann gefunden, der bereit war, sich ein wenig um den Prinzen »zu kümmern«, das war Anne Henri Vicomte des Dampmartin, Schriftsteller, Offizier und Emigrant. Dampmartin und Louis Ferdinand hatten sich durch Alexandre de Lameth kennengelernt, der damals in Magdeburg interniert war (Alexandre und sein Bruder Charles waren Mitglieder der Nationalversammlung und konstitutionelle Ratgeber des französischen Königspaares gewesen). Man vereinbarte eine Art Probezeit von zwei Wochen. Dempmartin schreibt:

»Am 15. August trat ich mit Tagesanbruch bei dem Prinzen Louis Ferdinand an: Sein langer Vormittag war in mehrere Beschäftigungen eingeteilt, von denen keine unbedeutend war. Das Studium der transzendentalen Mathematik förderte seine Arbeiten über Kriegskunst, die er leidenschaftlich liebte. Lektüre, die auf Wissenschaften, Geschichte und Philosophie bezog, zeugte von einem guten Geschmack, einem scharfsinnigen Kopf und einer lebhaften Einbildungskraft. Die Pausen, die der Übergang von einem Buch zum andern entstehen ließ, wurden durch die Musik ausgefüllt: weit entfernt davon, durch die den Dilettanten eigne Unfertigkeit ermüdet zu werden, hatte man Mühe, sich zu überreden, daß das Klavier nicht von einem Künstler ersten Ranges gespielt wurde. Ich konnte nur bewundern und mich tief bewegt fühlen. Gibt es wirklich ein

schöneres und interessanteres Schauspiel als das, welches ein auf dem Gipfel irdischer Würden geborener Sterblicher meinen Blicken bot, bei dem sich die Keime der Wohltaten der Natur und die Früchte der Erziehung zeigen und dessen vollendete Reife einen großen Menschen hervorgebracht hätte? Die Gefahren des Krieges, die Fortschritte der Wissenschaft, die Vervollkommnung der Künste und die Gewohnheit der Großmut erfüllten ihn mit glühender Leidenschaft. Acht Stunden mit starker Spannung auf die geistigen Fähigkeiten verwandt, erwarben einen doppelten Anspruch auf Vergnügen und Leibesübungen. Obgleich ich soeben mein einundvierzigstes Jahr erreicht hatte, eine Epoche, in der sich der Mensch seiner ganzen Kraft erfreut, wurde es mir unmöglich, dem Vertrauen, mit dem das Haus Ferdinand mich beehren wollte, zu entsprechen.«
Inzwischen hatte die Annonce ihre Wirkung getan, und Vater Ferdinand wurde fast vom Schlag gerührt. Auf 18 000 Taler hatte Louis Ferdinand selbst seine Schulden geschätzt, es waren aber 115 234 Taler. Es war die alte Geschichte: Der Prinz konnte mit dem ihm zugewiesenen Geld nicht auskommen; selbst Stubenrauch mußte zugeben, daß »zu eignen Ausgaben wenig oder nichts übrig« bleibe. Als Louis Ferdinand zum Weihnachtsurlaub in Berlin eintraf und Onkel Heinrich in Rheinsberg besuchen wollte, konnte er nicht einmal die Postkutsche bezahlen; er ließ anschreiben. Am 18. Januar 1796 fuhr er wieder nach Magdeburg zurück. Die Zeitung berichtete, er lerne neuerdings Griechisch.
Zwei Monate später erschien Louis Ferdinand wieder in Berlin. Luise und Anton Radziwill heirateten am 17. März 1796. Als Wohnung bekamen sie ein Palais in der Wilhelmstraße, das Vater Radziwill den Kindern gekauft hatte (später wurde aus diesem Haus die alte Reichskanzlei). Vater Ferdinand hatte seiner Tochter eine eher dürftige Mitgift beschert; ihr Schwiegervater kompensierte diese Demonstration des Geizes, indem er seinem Sohn eine jährliche Rente von 30 000 Talern aussetzte, eine gewaltige Summe für damalige Verhältnisse.
Armer Louis Ferdinand! Er mußte jenen Berliner Aufenthalt nutzen, um mit einem Schuldentilgungsplan, den Stubenrauch aufgestellt hatte, zu Onkel Heinrich nach Rheinsberg zu fahren. Natürlich wieder auf Pump, den ihm die preußische Post tatsächlich gewährte, obwohl die letzte Rechnung noch offenstand. Onkel Heinrich versprach, den Plan von seinem Verwalter prüfen zu lassen, und ließ

den Neffen mit leeren Taschen zurückfahren. Die Postkutsche wurde auch diesmal nicht bezahlt; und als die Post die Beförderungsgebühren von 40 Talern bei Vater Ferdinand einziehen wollte, verwies der an seinen Sohn, der nicht zahlen konnte. Die preußische Post mußte auf 40 Taler verzichten.

Mitte April war Louis Ferdinand wieder in Magdeburg, wo ihn Anton und Luise Radziwill am 24. besuchten, ein Lichtblick in der Trübnis stumpfsinnigen Garnisonlebens, wo sein einziger Umgang die Familie des Generals von Wedel war, dessen Sohn Heinrich im Regiment des Prinzen diente.

Anfang Juni 1796 war er wieder für einige Tage in Berlin: Der sechsundzwanzigjährige Beethoven, der bereits von sich reden machte, war dort eingetroffen. Er spielte vor dem König und gewann das Vertrauen des Violoncellisten Louis Duport, der als *Superintendant de la musique du Roi* des Königs Berater und Lehrer in der Musik war. Beethoven nutzte die Gunst der Stunde und komponierte in Berlin die beiden Sonaten für Violoncello und Klavier op. 5, die er und Duport dann bei Hofe vortrugen. Der König revanchierte sich dafür mit einer goldenen Dose, gefüllt mit Louisdor.

Weniger erfreulich verlief Beethovens Begegnung mit Friedrich Heinrich Himmel, dem Hofkapellmeister. Der hatte nämlich den Gast aufgefordert, auf dem Klavier zu phantasieren, was Beethoven auch tat. Danach war die Reihe an Himmel, der offenbar nicht gemerkt hatte, mit wem er es zu tun bekam. Himmel also griff fleißig in die Tasten und spielte, bis Beethoven ihn mit der Frage unterbrach: »Nun, wann fangen Sie denn einmal ordentlich an?« Himmel fuhr hoch, »und beide wurden gegenseitig unartig«.

Himmel, so urteilte Beethoven später, »besitze ein artiges Talent, weiter aber nichts; sein Klavierspielen sei elegant und angenehm, allein mit dem Prinzen Louis Ferdinand sei er gar nicht zu vergleichen«. Der hatte sich nämlich auch vor Beethoven auf dem Pianoforte hören lassen, was Beethoven mit einem Kompliment bedachte, das für diesen eingefleischten Republikaner charakteristisch war. Louis Ferdinand, so sagte er, »spiele gar nicht königlich oder prinzlich, sondern wie ein tüchtiger Klavierspieler«.

Waren die Tage mit Beethoven in Berlin für Louis Ferdinand ein Höhepunkt im Verlauf des Jahres 1796, so kam das, was nun folgte, einem Absturz in finsterste Niederungen gleich. Nach dem Frieden von Basel hatten Preußen und Frankreich eine Demarkationslinie für ihre Truppen ausgemacht, die etwa von Bremen aus über Bielefeld bis ins Hessische hinein verlief. Kontrolliert wurde sie preußischerseits von einer Observationsarmee unter dem Kommando des Herzogs von Braunschweig. Und Louis Ferdinands Regiment war dazu ausersehen, seinen Standort in Lemgo in der Grafschaft Lippe zu beziehen. Lemgo, ein verschlafenes Nest von dreitausend Einwohnern, war nun so ziemlich das letzte, was man einem Manne wie Louis Ferdinand zumuten konnte. Eine Ackerbürgerstadt, voll alter Fachwerkhäuser und kostbarer Zeugnisse der Weserrenaissance, versteinerte Langeweile. Wie es in Lemgo zuging, hat uns ein Rheinbundoffizier geschildert, der zwar die Stadt erst 1808 kennenlernte, aber 1796 war es um nichts anders:

»Unter den ersten Familien, welche größtenteils aus Kaufleuten, Predigern und dem am Gerichte angestellten Personale bestehen, herrscht ein sehr steifer, altstädtischer Ton, weshalb ein Fremder wenig Gelegenheit findet, in die Familienzirkel eingeweiht zu werden. Es gibt hier zwar einige ziemlich schöne Mädchen, aber Gott erbarme sich, welch' eine Erziehung! Mehrere Male bin ich in Häuser gekommen, wo eine junge Dame war; traf ich sie unglücklicherweise allein im Zimmer an, so rief sie sogleich in größter Bestürzung nach Papa und Mama, lief zur Tür hinaus und erschien nicht wieder. Will ein junges Mädchen eine Freundin besuchen, die unglücklicherweise an einer der Hauptstraßen wohnt, so schickt es sich nicht, den nächsten Weg dahin zu nehmen, sondern sie geht durch mehrere Nebengassen und womöglich von hinten ins Haus. Ganz notwendig gehört dieses zum *bon ton*, und ich habe daher noch nie etwas von den hiesigen Schönheiten gesehen als auf einem Balle, der kürzlich hier von den Honoratioren gegeben wurde. – Bei dem Herrn Postmeister Eberhardt findet man einen guten Tisch und alle Donnerstag eine Versammlung von Herren, wo ein Spiel gemacht und zu Abend gegessen wird. Auf dem Ratskeller dagegen bei Herrn Seif ist an allen übrigen Tagen der Woche Gesellschaft von sechs Uhr abends an, wo eine Bouteille des berühmten Lemgoer Biers getrunken wird, das einzig in diesem Hause gebraut wird. Gewöhnlich wird hier über Politik gesprochen, und nachdem bis neun Uhr darüber disputiert, setzt sich ein jeder in die Ecke des Zimmers und schläft sanft ein. Um 10 Uhr nimmt alsdann einer nach dem andern Hut und Stock und schleicht ganz leise nach Haus.«

Ehe Louis Ferdinand am 16. Oktober 1796 mit 765 Soldaten seines

Regiments in Lemgo einrückte, hatte es schon Ärger gegeben. Der Magistrat wollte den Prinzen nämlich in das oben erwähnte Eberhardtsche Gasthaus am Markt, gegenüber dem Ratskeller, einquartieren, was dieser sofort ablehnte. Ihm als Angehörigen des preußischen Königshauses gebühre als standesgemäßes Domizil einzig das Lemgoer Stadtschloß der lippischen Fürsten, der 1734 erbaute Lippehof (heute Gymnasium), so ließ er wissen. Damit war er im Recht, und der Magistrat mußte die Räume noch auf eigene Kosten instand setzen lassen, weil das Palais schon seit langem nicht mehr von den lippischen Landesherren benutzt worden war.

Der Prinz war noch keine zwei Wochen in Lemgo, da bahnte sich anderer Ärger an. Am 31. Oktober schrieb er an den Fürsten in Detmold: »Ich habe von neuem in Erfahrung gebracht, daß sich nicht allein in Bösingfeld, sondern auch in mehreren zu Ew. Durchlaucht Landen gehörigen Dörfer jetzt noch sowohl englische als auch andere Werber aufhalten sollen, welche die Leute meines unterhabenden Regiments zur Desertion verleiten und anwerben. Da nun aber diese Werber hierdurch dem Regiment den größten Schaden zufügen, ich also nichts mehr wünschen muß, als sie sobald als möglich entfernt zu sehn, so nehme ich mir die Freiheit, Ew. Durchlaucht ergebenst zu ersuchen, daß zur Hinwegschaffung dieser Leute aus Dero Landen Erforderliche bald möglichst zu verfügen, damit sie dem Regiment nicht noch schädlicher werden als sie es bereits geworden sind.«

Aber nicht nur die Werber wurden dem Regiment schädlich. Jetzt, da die Truppe nicht mehr auf preußischem Gebiet stand, rechnete sich schon mancher Soldat eine gute Chance aus, die ihm verhaßte Armee heimlich verlassen zu können. Dazu bedurfte es natürlich der Hilfe Ortskundiger, die sich diese Hilfe selbstverständlich bezahlen ließen. Am 4. Dezember meldete der Prinz dem Fürsten, er habe einen lippischen Untertan verhaften lassen, der für zwölf Groschen einem seiner Grenadiere als Fluchthelfer habe dienen wollen. Nun ging es erst richtig los, denn Fürst Leopold protestierte mit Recht dagegen, daß sich die Preußen in seinen Landen die Gerichtsbarkeit über seine Untertanen anmaßten.

Louis Ferdinand war das peinlich; er verstand ja die Argumente des Fürsten, war aber selber in seinen Entscheidungen nicht frei, sondern unterstand dem Oberbefehl des Herzogs von Braunschweig. Am 7. Dezember schrieb er nach Detmold:

»Ich kenne die Landesherrlichen Rechte zu gut und schätze Hochdieselben zu sehr, als daß ich nur auf die entfernteste Weise jemand zu nahe treten und Dero Untertanenen in ihrer Freiheit beschränken sollte, wenn nicht gegen die Seine Majestät den König, meinen Herrn, und die gegen das Beste des mir anvertrauten Regiments habende Verbindlichkeiten, um in ihrem augenblicklichen Durchbruch Gefahr oder Schaden abzuwenden, die Ergreifung solcher Maßregeln befähigen, und wenn nicht die an alle Regimenter des in hiesiger Gegend stehenden Korps von des Herrn Herzog von Braunschweig Durchlaucht als kommandierenden General veranlaßten gemessensten Befehle, einen jeden, welcher Soldaten zur Desertion verleiten oder Deserteurs durchzuhelfen sucht, sofort zu arretieren und dann Anzeige zu machen geradehin verordneten.«
Im gleichen Brief machte er darauf aufmerksam, daß man gerade wieder zwei Deserteure samt ihren lippischen Fluchthelfern gefaßt habe, und vierzehn Tage später fing man erneut ein gleiches Ensemble. Am 17. und 18. Dezember hielt sich der Prinz im nur zwölf Kilometer entfernten Detmold auf, um im persönlichen Gespräch mit Fürst Leopold eine Regelung dieser beiden Seiten unangenehmen Vorfälle zu finden. Mehr als eine gewisse Verbesserung der Atmosphäre resultierte daraus nicht, denn es lag ja nicht bei Louis Ferdinand, in dieser Sache ein befriedigendes Abkommen zu treffen.
Aus diesen Unerquicklichkeiten riß ihn plötzlich eine Trauerbotschaft: Prinz Louis, der zweite Sohn des Königs, war am 28. Dezember gestorben, und Louis Ferdinand mußte zur Beisetzung nach Berlin. Friederike, im vertrauten Kreis mit dem Kosenamen »Azelie« zubenannt, die junge Witwe des früh Verstorbenen, kniete bei der Beerdigung mit ihren Kindern vor dem Sarg und betete laut und ergreifend. Louis Ferdinand hatte sich längst hoffnungslos in sie verliebt, aber die ganze neue Situation bot jetzt Hoffnung, und die Witwe ließ auch merken, wie sehr ihr der gutgewachsene Prinz gefiel. Heirat? Louis Ferdinand fragte den Kronprinzen, aber der war skeptisch, ob der König diese Verbindung billigen würde. Jedenfalls fuhr Louis Ferdinand nun täglich nach Schönhausen, wo Friederike wohnte, und die heißblütige Achtzehnjährige wäre allerdings die letzte gewesen, die sich lange geziert hätte. Die endgültige Eroberung der längst überfälligen Festung war leicht, und was die einschlägigen Kampfhandlungen anlangte, die zur Erstürmung nötig

waren, so brauchte ein hinreichend erfahrener Mann wie Louis Ferdinand keinen Vergleich zu scheuen, und die temperamentvolle Friederike, die – populär gesagt – so leicht nichts anbrennen ließ, kam voll auf ihre Kosten.

In Lemgo hatten die Querelen unterdessen wieder angefangen. Am 3. Januar, also während des Prinzen Abwesenheit, hatten die Preußen nämlich die lippischen Fluchthelfer in Lemgo zwölfmal Gasse laufen lassen; zwar waren die Soldaten angewiesen, nur gelinde zuzuschlagen, aber die Opfer waren am Ende der Exekution ohnmächtig zusammengebrochen. Mit Recht beschwerte sich jetzt der Fürst beim Prinzen, man hätte zwischen Urteilsverkündung und Vollzug Zeit lassen müssen, damit er in Berlin dagegen Einspruch hätte erheben können. »Ich bedaure«, schrieb er, »daß ich Ew. Königl. Hoheit gleich anfangs mit so einer unangenehmen Geschichte habe behelligen müssen, ich verlasse mich aber darauf, Sie werden mich fürs künftige beruhigen und für dergleichen sicher stellen; wenn man Ihrer schönen menschlichen Seele so gerne und ganz vertraut, so wird man sicher nicht getäuscht!«

Louis Ferdinand erwiderte auf diesen Brief erst am 21. März 1797 aus Berlin: »Der ganze Vorfall ist mir äußerst unangenehm gewesen, indessen habe ich dabei nicht mitwirken können, weil der regierende Herzog von Braunschweig davon unterrichtet war und ich alles seiner Verfügung überlassen mußte. Jetzt habe ich die Vorkehrung getroffen, daß bei künftigen Ereignissen dieser Art sofort Ew. Durchlaucht davon Anzeige gemacht und die nötige Bestrafung der Übertreter überlassen werden wird, halte mich aber auch überzeugt, daß dergleichen Vorfälle durch Dero zweckmäßige Verfügung werden verhütet werden.«

Erst am 18. Mai, nachdem er die Gunst Friederikes ausgiebig genossen, verließ Louis Ferdinand Berlin, um in das verhaßte Lemgo zurückzukehren. Dort gab es wieder nichts als Ärger. Bei Streitigkeiten hatte ein preußischer Soldat einen Lipper erschossen, Prügeleien zwischen Einquartierung und Einwohnern waren jetzt an der Tagesordnung, und die Preußen benahmen sich wie in Feindesland.

Im Frühjahr kam ein langer Brief von Bülow aus Ostpreußen. Er berichtet von seinen persönlichen Umständen und fährt fort: »Aber nun, gnädigster Herr, was sagen Sie zu den politischen Begebenheiten? Man muß gestehen, daß es dem preußischen Staate nicht an Glück fehlt, denn ich glaube, daß man den Tod der russischen

Kaiserin mit unter die glücklichsten Begebenheiten für Preußen rechnen kann; was wird nicht noch alles beim allgemeinen Friedensschluß geschehen? Sollten nicht noch einige kleinere Staaten ebenso verschwinden wie Polen (als selbständiger Staat) verschwunden ist. Auf die künftige Kampagne in Italien bin ich sehr neugierig, bei der vorigen scheint mir der Erzherzog Carl gegen Jourdan besser wie gegen Moreau operiert zu haben; es scheint, als wenn er sich zeitiger mit der ganzen Masse gegen Moreau hätte wenden müssen, denn dieser war so weit vorgerückt, daß seine ganze Armee hätte müssen aufgerieben werden, wenn der Erzherzog mehr Lebhaftigkeit gezeigt hätte. Man behauptet, daß der General Bellegarde derjenige sei, welcher die Operation entwirft, Ew. Königl. Hoheit werden hierüber besser unterrichtet sein wie ich, der ich von allem so weit entfernt bin.«
Louis Ferdinand konnte das nur mit Bitterkeit lesen. Besser unterrichtet sein! Gewiß, die Siege des neuen französischen Oberkommandieren in Italien – ein junger General namens Napoleon Bonaparte – hatten sich auch in Lemgo herumgesprochen. Im vorigen Jahr seine großen Siege von Montenotte, Millesimo, Dego, Mondovi, Lonato, Castiglione: Österreichs Italien-Armee vernichtend geschlagen. In diesen Tagen – am 18. April 1797 – unterzeichnete der Sieger den Vorfrieden von Leoben.
Bülows Brief schloß: »Nun, gnädigster Herr, habe ich noch eine Bitte; nämlich, daß Sie die Gnade haben, mir gelegentlich Dero Portrait zu überschicken. Ich glaube, da Sie sich verschiedentlich malen lassen, daß Sie etwas noch vorrätig haben werden. Es bedarf freilich nicht Ihres Bildnisses, um mich an Sie zu erinnern, denn Ihr Andenken wird meinem Gedächtnis so wie in meinem Herzen immer unvertilgbar sein, allein die Jahre verändern so vieles, und ich möchte Sie noch gerne immer so sehen, wie Sie damals waren, da ich das Glück hatte, bei Ihnen zu sein; dieser Zeiten und die verschiedenen damaligen Begebenheiten erinnere ich mich sehr oft mit lebhaftem Vergnügen.«
Der Gute. Für den in Lemgo versauernden Prinzen blieb wirklich nur noch die Erinnerung. Portraits »vorrätig«? Bis jetzt waren noch nicht einma die 130 Friedrichsd'or bezahlt, die er seit dem 12.9.1795 dem Miniaturmaler Tielcke in Braunschweig schuldete. Zornig schrieb er an seine Schwester: »Ich lebe hier von Entbehrungen, und ohne Zweifel ist es nicht sehr erfreulich, die schönsten Tage meines

Lebens in diesem verwünschten Dorf zuzubringen, in einer Lage, daß man weder einen Plan für das Glück seines Lebens machen, noch an der Ausbildung der Fähigkeiten arbeiten kann, die man vielleicht besitzt. Nimm dazu noch den Anblick Europas. Hören müssen von glänzendsten Taten und dabei nur Galle destillieren können!«

Mitte Juni besuchte er den Detmolder Hof, wo man über die allgemeine politische Lage sprach. Offenbar etwas behutsamer als im Jahr zuvor: Louis Ferdinand hatte nämlich im November 1796 an den Feiern zur Geburt des lippischen Thronfolgers teilgenommen und dabei ganz unschuldig zum Fürsten Leopold geäußert, Deutschland müsse in ein oder zwei Großmächte aufgeteilt werden; was natürlich bedeutete, daß ein Staat wie Lippe dann gar nicht mehr als selbständiges politisches Gebilde existierte. Die Familie des Fürsten fand diese Bemerkung »besonders impertinent«, weil sie auf einem Fest getan worden war, das den Thronfolger feiern sollte, und besonders taktvoll war sie ja auch wirklich nicht.

Vielleicht lag es daran, daß der Prinz damals noch große staatsmännische Träume hegte: Man wollte ihn zum König von Polen machen! Man: Das waren einmal die Franzosen. Antoine Bernard Caillard, ihr Gesandter in Berlin, hatte schon am 4. August 1796 seiner Regierung mitgeteilt: »Der Prinz Louis Ferdinand ist ein junger Mann, der ganz besonders für die polnische Nation gemacht zu sein scheint, glühend und voll Mut, voll Geist und Offenheit, freundlich und großzügig, übrigens groß und gut gebaut, mit einem schönen Gesicht, in der Blüte der Jugend, und endlich vereint er dieses Zusammenspiel äußerer Vorzüge, die ja viel mehr als man glaubt die Zukunft der Menschen beeinflussen, wenn diese zusammenkommen, um ihre großen Probleme zu diskutieren.« Das hieß nüchtern: Sein Äußeres empfiehlt ihn zum König.

Aber nicht den Franzosen war zuerst diese Idee gekommen, gesponnen hatte sie vielmehr Anton Radziwill. Bei dem hatte der polnische General Woyczinski diesbezüglich in Berlin vorgesprochen, und Radziwill eilte nun zu Prinz Heinrich, der ihm für diesen Plan der richtige Mann zu sein schien. Denn Heinrich, das war bekannt, hatte die drei polnischen Teilungen stets mißbilligt. Konnte er schon nicht König von Polen werden, dann aber wenigstens der Lieblingsneffe. Heinrich setzte sich an den Schreibtisch und arbeitete zu diesem Thema eine Denkschrift aus, die er dem Kronprinzen übermittelte. Aber die preußische Regierung winkte ab. Frankreich sah nämlich in einer preußischen Thronkandidatur die ideale Möglichkeit, einen Keil zwischen Preußen einerseits und Österreich und Rußland andererseits zu treiben, und genau das sah man auch in Berlin. Heinrichs Denkschrift ging zu den Akten.

So blieb Louis Ferdinand nichts anderes, als sich mit den Lemgoer Verhältnissen zu arrangieren. Er suchte das Beste daraus zu machen. So besuchte er die Handwerker der kleinen Stadt, sah ihnen bei der Arbeit zu, ließ sie sich erklären und legte auch gelegentlich selbst mit Hand an. Hier und da traf man ihn in Eberhardts Gasthaus am Markt beim Billardspiel. (Als Eberhardt damals ein Sohn geboren wurde, bat der Gastwirt und Postmeister den Prinzen zum Paten des Kindes, das auf den Namen Louis Ferdinand getauft wurde).

Einmal kamen die Wedels aus Magdeburg zu Besuch, und es gab ein herzliches Wiedersehen. Amüsiert beobachteten Vater und Söhne, mit welchen Methoden der Prinz sein Regiment zu verjüngen suchte. Denn die Überalterung des Offizierskorps war ja die Crux der preußischen Armee, aber Louis Ferdinand war nicht gesonnen, sich für sein Regiment damit abzufinden. Sein Verfahren war dabei so einfach wie grob: Er veranstaltete mit seinen Offizieren exzessive Trinkgelage, bei denen sie aus Rücksicht auf ihren Vorgesetzten schonungslos mithalten mußten, ohne daß aber der Dienst des darauffolgenden Tages darunter leiden durfte. Bei diesem Dienst nun hetzte er die älteren Herrschaften unbarmherzig beim Reiten, Manövrieren und Exerzieren, und diese, solcher Strapazen seit Jugendtagen nicht mehr gewöhnt, waren schließlich so mürbe, daß »ein großer Teil von ihnen den Abschied nahm«, wie Wedel erzählt; genau das hatte der Prinz angestrebt. Das bedeutete zugleich auch, daß sein Regiment in bester Kondition war, und in dieser Beziehung haben selbst die schärfsten Gegner des Prinzen nie etwas zu beanstanden gefunden.

Ein Glück war es, daß das Lemgoer Gymnasium von einem hervorragenden Pädagogen geleitet wurde, dem Rektor Johann Friedrich Reinert. Ihn lernte Louis Ferdinand kennen, und er verstand sich mit dem nur um drei Jahre Älteren sofort. Die beiden diskutierten wissenschaftliche Fragen, und der Prinz ließ sich von ihm im Griechischen unterrichten. Aber außer Reinert gab es niemanden weit und breit, mit dem man ein vernünftiges Wort wechseln konnte, es sei denn schriftlich.

Als Briefpartner kam der Freiherr vom Stein in Betracht, den er aus

dem Rheinfeldzug kannte und der jetzt als Oberkammerpräsident in Minden amtierte. In seiner Beurteilung des Prinzen hielten sich Skepsis und Wohlwollen meist die Waage, so wenn er am 10. Okober 1796 seiner Vertrauten, Frau von Berg, schrieb:
»Ich bin weit davon entfernt, von Prinz Louis eingenommen zu sein. Da ich ihn immer interessant gefunden habe, trotz der Fehler eines jungen Mannes, der leidenschaftlich und von einer unmoralischen Umgebung beeinflußt ist, – wie sollte ich ihm nicht jetzt Gerechtigkeit widerfahren lassen, wo er über viele Möglichkeiten der Betätigung, der Haltung, der Umgebung, der Lebensweise verfügt, die ihm die Achtung all derer eingetragen haben, die ihm nahekommen und des ganzen Armeekorps, dem er augenblicklich angehört. Ich wünschte, daß mehr für sein Glück und seine Entwicklung getan würde, indem man es ihm erleichterte, seine Angelegenheiten zu ordnen und indem man ihm die Möglichkeit gibt, von Zeit zu Zeit Bildungreisen zu machen, die ihm eine genauere Kenntnis von den militärischen und politischen Beziehungen geben würden, die in seinen Aufgabenbereich fallen. Ich habe gewagt, diese Ideen der Madame de Néale zu äußern [*Oberhofmeisterin der Prinzessin Ferdinand*], ihre Antwort scheint mir indessen zu zeigen, daß sie nicht die Zustimmung der Prinzessin gewonnen haben.«
Stein erkannte also durchaus, wie falsch man ein Talent wie Louis Ferdinand behandelte; er versuchte, zwischen ihm und seinen Eltern zu vermitteln, und bat Prinzessin Ferdinand, dem Sohn die Schuldentilgung zu erleichtern. Umsonst. Im Herbst 1796 hatte ihm Louis Ferdinand offenbar einen recht niedergeschlagenen Brief aus Lemgo geschrieben (er ist nicht überliefert), worauf Stein u. a. antwortete:
»Lebt der Mann, der sich durch die Natur zu einer großen und nützlichen Laufbahn berufen fühlt, inmitten der Weichlichkeit der Höfe oder unter kleinen kleinlichen Leuten, so kann er nur dann sich erhalten und diese Charakterstärke entfalten, wenn er sich mit den großen Männern der Geschichte umgibt und sich durch ihre Vorbilder gegen die zerstörenden Eindrücke verderbter und kleiner Umgebungen schützt.
Die despotischen Regierungen vernichten den Charakter des Volkes, da sie es von den öffentlichen Geschäften entfernen und deren Verwaltung einem eingeübten ränkevollen Beamtenheer anvertrauen. Die kleinen verbündeten Freistaaten begünstigen am meisten die Entwicklung der Art, aber machen das Leben des einzelnen stürmisch.

Die Bemerkungen, die Euer K.H. über die Kennzeichen der Schwäche machen, sind sehr richtig; sie ist neidisch und strengt sich an, um herabzuziehen, nicht um zu übertreffen.
Ich bin sehr betrübt über das, was Sie mir von der geringen Wirkung schreiben, die Ihre Schritte in Berlin gehabt haben. Da E. K. H. wie man sagt sich selbst dahin begeben wollen, so wird man, wie ich hoffe, billiger gegen Sie sein. Ich teile Ihre Schmerzen, ich fühle Ihre Lage; aber geruhen Sie sich zu erinnern, daß gleicherweise Friedrich der Große in Ihrem Alter von der Schulfuchserei und dem Geiz erdrückt worden ist und keinen anderen Ton fand als nur in der Einsamkeit und der Liebe zu Wissenschaft und Künsten, welche ihn einem jeden Alter so reichlich darbieten.
Ich empfehle Eurer K. H. Plutarch und werde, wenn Sie befehlen, Ihnen eine gute Ausgabe der Übersetzung von Amyot zu verschaffen suchen.«
Der Plutarch-Empfehlung bedurfte es wahrlich nicht, denn dessen Lebensbeschreibungen hatte Louis Ferdinand gründlich genug gelesen und exzerpiert, aber Plutarch verordnete man damals als seelisches Hausmittel so selbstverständlich wie die Medizin den Aderlaß oder das Purgieren.
Ein Jahr später schrieb ihm Stein nach Lemgo: »Eure K. H. wissen die Einsamkeit zu wohl anzuwenden, als daß man Ihnen nicht Glück wünschen sollte, sich ihr diesen Winter weihen zu können und sich den Studien hinzugeben, die Sie auf die großen und bevorstehenden Ereignisse vorbereiten müssen.«
Diese Ereignisse waren die etwaigen Folgen, die sich aus dem zwischen Frankreich und Österreich geschlossenen Frieden von Campoformio ergeben würden und die eventuell Preußen bedrohen könnten. Aber es geschah nichts, außer daß sich aus Berlin Stubenrauch wegen der Schulden meldete. Da Onkel Heinrich keine Anstalten machte, größere Summen springen zu lassen (denn der war der Meinung, sein Bruder Ferdinand solle erst einmal den Anfang machen), mußte die Verwaltung des Ferdinandschen Hauses endlich tätig werden.
Am 14. März 1797 hatte sich Ferdinand persönlich an König Friedrich Wilhelm II. gewandt. In einem ausführlichen Klagebrief schrieb er, sein Sohn habe »das Unglück gehabt, in ganz beträchtliche Schulden zu geraten«. Ohne die Teilnahme am Feldzug gegen Frankreich – jetzt spielte Ferdinand die patriotische Karte – habe

Louis Ferdinand »auch zu außerordentlichen Ausgaben keine Gelegenheit gehabt, wovon so manche Freunde, die auch bei ihm Hilfe und Unterstützung suchten, vielleicht den stärksten Anteil genommen haben«. Er appellierte nun an des Königs »nachsichtsvolle Güte und immer bewiesene menschenfreundliche Neigung, jedem zu helfen«, ihm bei der Schuldentilgung beizustehen. Großkanzler von Goldbeck und Minister von Struensee möchten die Schulden-Spezifikation auf ihre Rechtmäßigkeit prüfen. Der König kritzelte mit Bleistift unter diesen Brief: »vom departement ihm zu bescheiden gebe ich mier mit fremde Schulden nicht ab.«

Schließlich aber erklärte er sich doch bereit, jährlich viertausend Taler zuzuschießen. Das Studium der die Schulden betreffenden Akten ist so langweilig wie unersprießlich – sofern die Art der Verschuldung nicht Rückschlüsse auf den Lebensstil des Prinzen zuläßt –: Die Finanzierungsfragen hier ausführlich darzulegen, möchte der Biograph sich und seinem Leser ersparen.

Gesagt werden muß aber dies: Stubenrauch schickte am 26. August 1797 dem Prinzen eine Art von Verpflichtungsschein, den der unterschreiben sollte, ein so beschämendes wie demütigendes Dokument. Gewiß, die Schuldenmasse belief sich inzwischen auf 160 340 Taler (stieg also rapide), aber das hatte sich Vater Ferdinand selbst zuzuschreiben. Nicht nur, daß man Louis Ferdinand nie beigebracht hatte, mit Geld umzugehen; auch die vom Vater zur Verfügung gestellte Summe von 109 Talern und 12 Groschen monatlich war erbärmlich. Wenn etwa 527 Taler allein für Anschaffungen für die Regimentsmusik zu Buche standen, so war das keine Privatausgabe, denn dazu war Louis Ferdinand als Regimentschef verpflichtet. Das Regiment selbst aber warf ihm monatlich nur 197 Taler und 12 Groschen ab. Natürlich war die Großzügigkeit des Prinzen nicht unschuldig an der horrenden Summe: Er kaufte etwa – so mal eben – einem armen Emigranten einen Laden für zehntausend Taler, um ihm eine Existenzgrundlage zu schaffen, und wurde natürlich weidlich ausgenutzt.

Aber jetzt sollte er unterzeichnen, »daß ich meine Ökonomie und Haushaltung auf alle Art nach dem gemachten Etat einschränken und mich nach letztem genau richten, auch alle darauf nicht stehenden Kammerleute, Offizianten, Musici, Stallmeister, Domestiken und Stalleute entlassen, alle wegen Musik, Pferde, Jagd und selbst bei dem Regiment bisher gemachten außerordentlichen Aufwand abstellen und meinem Herren Vater wie allenfalls auch Seiner Königl. Majestät überlassen will, danach besonders auch wegen Befriedigung und anderweitigen gefälligen Unterbringung und Versorgung der zu entlassenden Leute die nötigen Verfügungen zu treffen und dem Herrn Hauptmann von Schwedern oder anderen den weiteren Auftrag, den ich demselben schon selbst gegeben habe, nochmals zu tun, wie ich denn zur Verhütung aller Mißverständnisse und Mißbrauchs keinen Personen, die nicht wirklich bei mir in Diensten stehen, weder Pässe noch Bestallungen geben werde.« Und: »Sollte ich wider meinen ernstlichen Vorsatz doch Gelegenheit suchen und finden, neue Schulden zu machen, so muß ich mich unterwerfen, daß Seine Königliche Majestät mich und die Gläubiger jeder rechtlichen Behandlung überlassen und Seine Königliche Hoheit mein Herr Vater auch von den jetzt schon spezifizierten und unbezahlten Schulden nichts weiter berichtigen, sondern mit allen Zahlungen sofort aufhören und von aller weiteren bloß in der Voraussetzung übernommenen Verbindlichkeit befreit sein.«

Der in dieser von Stubenrauch verfaßten Kapitulationsurkunde, die er dem Prinzen am 26. August 1797 nach Lemgo schickte, genannte Hauptmann von Schwedern war Louis Ferdinands neuer Kassenwart; er hatte alle Ausgaben und Einnahmen zu kontrollieren und zu genehmigen, und man findet seinen Namen in den nächsten Jahren in allen (erhalten gebliebenen) Haushaltsbüchern, deren richtige Buchführung er abzuzeichnen hatte. Louis Ferdinands verbitterter Kommentar dazu findet sich in einem Brief an seine Schwester:

»Ich will gar nicht untersuchen, wie weit meine Schulden von Einfluß auf meine öffentliche Verwendbarkeit sein können. Hunderte haben mehr oder ebensoviel wie ich, und man knebelt sie deshalb doch nicht an Händen und Füßen; doch bei uns, wo man alles nur an den kleinen Dingen abmißt, ist wichtiger als alles übrige, bloß um Himmels willen keinen Anlaß zu Klagen zu geben, die die Mißgunst sofort bereit ist, aufzugreifen. Ich gebe ja gern zu, daß Schulden den Ideen der Ordnung abträglich sind und notwendig die öffentliche Meinung über jemanden beeinflussen. Aber wenn der Mensch, der sie einmal kontrahiert hat, nun nicht in der Lage ist, ihnen gerecht zu werden, so wird das Publikum oder doch die, die ihn kennen, wohl [...] zu unterscheiden wissen. Schließlich, wenn man meinen Vater zu der Annahme verleitet, daß er glaubt, meine Schulden zu bezahlen würde nur ein Mittel mehr sein, neue zu erleichtern, so müßte man doch wenigstens einmal versucht haben, mir beizustehen. Aber, sagt Stubenrauch, er hat doch neue gemacht. Das stimmt, oder um es genauer auszudrücken: meine Schulden haben den Herrn gewechselt, ich habe neue gemacht, um dadurch alte bezahlen zu können.«

Am 16. November 1797 starb der König. Louis Ferdinand hatte ihn zuletzt in Bad Pyrmont gesehen, wohin sich der König im August zur Kur begeben hatte. Übrigens war Friederike mit von der Partie gewesen, hatte dort aber so intensiv mit Prinz Adolf von England geflirtet, daß Louis Ferdinand nun sein Interesse an ihr verlor. Seit der Rückkehr von Pyrmont hatte der König gekränkelt, und obwohl seine Familie wußte, daß es ernst um ihn stand, war er in der Todesstunde ganz allein mit einem Diener; die Familie ging Zerstreuungen nach.

Er war ein gutmütiger, musischer Mann gewesen, ergeben den Frauen und der Musik, hatte 1794 das *Allgemeine Landrecht für die preußischen Staaten* erlassen, ein zwar bedeutender Fortschritt in der preußischen Rechtsprechung, wenn auch noch reaktionär genug, die Klassenjustiz blieb bestehen. Nur zwei Dinge erinnern noch heute an Friedrich Wilhelm II.: Das in seinem Auftrag erbaute Brandenburger Tor in Berlin und die Einführung des Abiturs als Abschluß der höheren Schule.

Sein Nachfolger Friedrich Wilhelm III. war so ziemlich das Gegenteil des Vaters. Als erste Amtshandlung ließ er das Neue Palais in Potsdam von Militär umstellen, die Gräfin Lichtenau – seines Vaters Mätresse – verhaften und die an sie gerichteten Briefe des Königs konfiszieren und verbrennen. Die ihr vermachten Häuser in Berlin und Charlottenburg sowie alle Güter wurden ihr genommen, »da dies alles von dem hochseligen König durch Erpressung erlangt sei«.

Sonst war der neue König gar nicht so entschlußfreudig. Er war schüchtern, gehemmt, was schon seine abgehackte, fast nur Infinitive benutzende Redeweise bezeugte; unsicher und von Minderwertigkeitsgefühlen geplagt. Seine musische Begabung beschränkte sich aufs Zeichnen, aber was zeichnete er? Soldaten und Pferde, Landschaften und Statuen, aber durchweg nach Vorlagen, niemals nach der Natur: ängstlich, pedantisch, phantasielos. Sein Lieblingsmotiv waren immer wieder Soldaten, und an nichts konnte er sich so ergötzen wie an Entwürfen für neue Uniformen. Gelegentlich versuchte er sich auch in Gedichten, und da blitzt einmal sogar etwas Humor auf, wenn er seine Generale bedichtet:

> Bei Winning geht es traurig zu,
> Bei Möllendorf nicht besser;
> Und kommt der grobe Götz dazu,
> Dann wird das Unglück größer.
> Bei Larisch mag ich gar nicht sein,
> Da schlägt das Donnerwetter drein.
> Bei Arnim hat man keine Ruh,
> Ach Gott! wie geht's bei Kuhnheim zu.

Als Kronprinz hatte er im Juni 1796 Charakteristiken führender preußischer Militärs niedergeschrieben. Über Louis Ferdinand: »Offener Kopf, von lebhafter Einbildungs- und Fassungskraft, viel Genie und Talent, munter und tätig, persönlich brav und entschlossen. Besitzt Eigenschaften, um eine große Rolle zu spielen. Würde ein sehr schätzbarer Herr sein, wenn er nicht im Gegenteil noch so viel Inkonsequenz und Leichtsinn besäße, der ihm zu mancherlei Lastern Anlaß gibt. Wird sich noch sehr die Hörner ablaufen müssen, bevor er eine gewisse *solidité* bekommt, ohne welche er nur die Hälfte der Achtung erwarten kann, die ihm außerdem zuteil werden müßte. Seine heftige Einbildungskraft läßt öfter seine Gedanken nicht zur Reife kommen, da sich in seinem Kopf in demselben Augenblick so vielfältige Gegenstände kreuzen, wovon der eine immer den anderen verdrängt, ohne daß eine hinlängliche Überlegung an allen gleichen Anteil haben kann. Eben dieser sein feuriger Kopf wird ihm auch im Felde bei manchen Unternehmungen aus Eifer und Begierde nach Ruhm und Ehre weiterführen, als es der Dinge vielleicht angemessen sein könnte. Dieses würde auch bei allen übrigen Gegenständen der Fall sein, wo der Prinz zu wirken Gelegenheit haben sollte, ehe und bevor sein Blut und feuriges Temperament sich nicht in etwas abgekühlt haben wird. Dieserhalb ist es durchaus notwendig, daß man ihm bei solchen Gelegenheiten nie den Zügel schleifen lassen darf, wenn man sich nicht manchen unangenehmen Folgen aussetzen will, die sich in allen Betracht nur allzu leicht aus seinem hitzigen und aufbrausenden Gemüt erwarten lassen.«

Er war also von vornherein gewillt, alles an Louis Ferdinand negativ zu sehen, und diese Optik bestimmte ihr wechselseitiges Verhältnis bis zum Schluß. Um Louis Ferdinand wirklich beurteilen zu können, hätte es erheblich mehr an Vorurteilslosigkeit, Intelligenz und Einfühlungsvermögen bedurft, als diesem schlichten Gemüt zu Gebote standen, zumal ihn seine Frau Luise in seiner Antipathie bestärkte. Luise war natürlich schockiert, als ihr zu Ohren kam, daß ihre früh verwitwete Schwester Friederike eine offenbar recht leidenschaftliche erotische Beziehung zu Louis Ferdinand unterhielt. Wie gering sie den Prinzen einschätzte, dokumentiert ein Brief, den die Kronprinzessin am 18. Juni 1797 aus Berlin an den Hauptmann von Hünerbein richtete, den ehemaligen Adjutanten des so früh verstorbenen Prinzen Louis (Friederikes Ehemann). Offenbar traute sie dem Hauptmann einigen Entschluß zu, den dieser aber offenbar nicht besaß. Der Brief Luises bezeugt auch, wie abschätzig man bei Hofe über die Familie des Prinzen Ferdinand dachte:

»Meine Schwester hat Vertrauen zu Ihnen, lieber Herr von Hünerbein, deswegen wende ich mich zu Ihnen und bitte Sie inständigst, ohne meinen Namen zu nennen, meine Absicht zu erfüllen, die dahin gehet, meiner Schwester die Augen zu öffnen, ihr Wahrheiten aufzudecken, und sie vor dem *Abgrund* zu warnen, vor welchem sie stehet, ohne es zu wissen, da man ihn nicht zu graben anfängt; aber ich fürchte (doch dieses sei zu Ihnen gesagt) man gräbt ihn mit dem Werkzeug, den sie im Herzen trägt. Ich meine (und das Gerücht, welches zuviel sagt, wird schon zu Ihren Ohren gedrungen sein), ich meine den Prinzen Louis Ferdinand.

Ich kann meiner teuren Friederike sagen, was ich will, von dem Charakter, von den Handlungen des oben Genannten, so sagt sie ›man sagt Dir und Deinem Mann alles Schlechte von dem P., weil man weiß, daß er ihn nicht ausstehen kann, und glaubt dadurch, seine Cour zu machen‹.

So edel es ist, immer das beste von seinen Nebenmenschen zu denken, so gefährlich deutet es mir hier, wo es von so traurigen Folgen sein kann. Das Glück meiner Schwester, ja ihre Seligkeit hängt davon ab, hören Sie mich! Herr von Hünerbein, und unterstützen Sie mich. Da Sie nicht zu uns gehören (nämlich nicht zu unserem Hof, sonst gehören Sie zu uns, denn Sie sind gut und edel), da die Sprache, die Sie führen, die ist, die alle Welt von dem P. führt, so wird sie Ihnen glauben und nicht sagen können, was sie mir immer sagt.

Nun fordere ich Ihnen auf, ihr meiner Schwester die Wahrheit zu sagen, und ihr *ihn* zu schildern, so wie er ist. Sagen Sie ihr, daß er wirklich nicht gut ist, und daß, wenn sie ein Schritt in der *famille* tut, so tritt sie in ein Nest von Schlangen und Ottern, die ihr Gift auf sie schleudern werden.

Findet es keinen Ausgang bei ihr, so wird sie doch damit besprützt und der Schein ist gegen ihr. Ich spreche bildlich, Sie verstehen aber doch, was ich sagen will. Die *famille* ist gehaßt hier im Publikum, sie wird *sie* nicht mit ihm aussöhnen, wohl aber wird sie auch die Achung und Liebe des Publ. verlieren, und welch ein Verlust. Sie hat sich diese Liebe durch Tugenden erworben, mit einem Schritt ist sie zertreten. Beherzigen Sie das recht, ich bitte Sie, es liegt so viel daran. Man sagt hier in der Stadt, der F. Hof (*gemeint ist vielleicht der Fürstl. Waldecksche Hof, zu dem Bad Pyrmont gehörte*, Anm. d. Verfassers) hätte die *Lichtenau* bestochen, um die Reise nach Pyrmont zu bewirken, damit P. L., der nur eine oder zwei Meilen davon ist (*nämlich in Lemgo*, Anm. d. Verf.), Gelegenheit hat, sie zu sehen, und zwar unter die Augen des Königs; es bedarf nicht viel, um ihr herumzukriegen, und so wäre denn das Unglück da, das größte, welches geschehen kann.

Denn mit einem Worte, er taugt nichts und würde Friederike unaussprechlich unglücklich machen. Ich sage immer und ich fürchte auch mit Recht, der Tod des P. Louis (*gest. 28.12.1796*, Anm. d. Verf.) ist noch das geringste, was wir beweinen werden, das Schicksal meiner teuren Schwester ist in schwarzen Flor gehüllt und wird uns bittre Tränen kosten. Stellen Sie ihr doch recht vor, welcher Mensch er ist; der Verklärte fehlte aus Kinderei und mit Schonung, dieser fehlt mit Vorsatz und werde nicht schonen; da er eigentlich kein Charakter hat und doch über alles hinaus ist. Bedenken Sie, daß man hier so weit gehet, es schon bestimmt zu sagen, daß sie ihn heiraten wird. Gott! Welch ein Unglück! Ich würde untröstlich sein, denn alsdann ist meine Ruhe hin, ich sehe sie beständig in Gefahren, verdorben zu werden, und die Gewißheit ihrer Glückseligkeit, ihrer Ruhe, ihrer Zufriedenheit ist ungewiß; hingegen jetzt, bleibt sie so, so ist sie ihr gewiß.

Sie können mir vielleicht den Vorwurf machen, ich traue zu wenig meiner Schwester. Bedenken Sie, sie ist 19 Jahr, nicht einen Freund, auf den sie sich verlassen kann und will, und die Welt hat tausend Reize und tausend Verführungen, wer nicht einen Führer hat, der gleitet leichter aus, und die Möglichkeit des Ausgleitens macht mich so traurig, daß ich auch öfters bittre Stunden durchlebe. Noch einmal, nennen sie mich ja nicht, denn sonst glaubt sie nicht so gewiß.«

Das neue Jahr 1798 brachte die Versetzung des Louis Ferdinandschen Regiments nach Hoya an der Weser; der Prinz verließ das ungeliebte Lemgo am 14. Januar. Hoya, wo er auf dem von Behrschen Hofe wohnte, war noch trister. Außer gelegentlich Reiher zu schießen, gab es dort keinerlei Unterhaltung. Im Februar begab er sich darum auf eine Reise längs der Demarkationslinie; das ließ sich militärisch begründen, war aber zugleich auch eine Abwechslung. Er habe sich – so schrieb er der Schwester – »durch die Lektüre von mehr als zwanzig militärischen Schriftstellern, die von Feldzügen in Westfalen gehandelt haben«, vorbereitet, auch »durch die Memoiren unseres Generalstabs, die der Herzog [*von Braunschweig*] mir nacheinander übermittelt hatte, mit den Verteidigungsplänen, die man adoptiert hatte«, mit dem Zweck, das »zu vollenden, was das Studium der Karte und der Geschichte begonnen hatte«. Diesen Plan habe er »schon im vergangenen Jahr« dem Vater mitgeteilt, sei aber keiner Antwort für wert befunden worden, »da es einige Unkosten verursachen mußte, mich instand zu setzen«. Natürlich.

Die Reise verlief über folgende Route: Hoya, Lemgo, Aerzen, Blomberg, Steinheim, Nieheim, Holzhausen, Brakel, Ossendorf, Bredelar, Arolsen, Korbach, Bergheim, Sachsenhausen, Bad Wildungen, Fritzlar, Ried, Kassel. In Kassel wäre es eigentlich seine Pflicht gewesen, als preußischer Prinz und Generalmajor dem Landgrafen Wilhelm seine Aufwartung zu machen. Aber Louis Ferdinand lehnte es ab, den Mann zu besuchen, der seine Truppen für Geld an England verhökerte: »Der Landgraf, übrigens ein Souverain, der von seinen Untertanen *aufs äußerste verachtet wird*, da sie unter einer schrecklichen Armut seufzen, während er Millionen aufhäuft, ein feiger und grausamer Despot – Wiedererbauer einer Bastille, in der er eine neue Art von Folter untergebracht hat – der Mann Deutschlands, der der Verachtung der Philosophen und den gerechten Sarkasmen der Literaten hingegeben ist, konnte kein interessantes Objekt für einen Besuch sein.«

Von Kassel aus reiste er geradewegs nach Hoya zurück. Seinen Reisebericht an die Schwester nutzte er dazu, endlich einmal gründlich Bilanz zu machen:

»Es ist schlimm, daß die Sorge meiner Mutter für mein Interesse und um meinen Ruf, die aus einem so edlen Prinzip entspringt und so

geeignet ist, sie meiner Dankbarkeit zu versichern, nicht mehr zur Klarheit neigt, sich immer nur zu sehr erregt. Die Menschen müssen immer reden, und vor allem von denen, die ihr Rang in den Vordergrund stellt; die Urteile, die sie fällen, beruhen der Hauptsache nach auf Vorurteilen, auf Eigenliebe, und selbst indem sie urteilen, wollen sie oft viel mehr sich selbst durch ihr Urteil ehren, als die Person, über die sie urteilen. Wehe dem, der die kleinen Vorurteile, an denen sie festhalten, die kleinen Ideen, in denen sie leben, verletzt. Die große Menge von Wesen, die diesen Berichten und dem Zufall, der sie gemacht hat, alles verdanken, können dem nicht verzeihen, der dieses zerbrechliche Gerüst verachtet, davon herunterzusteigen wagt, und sich nur durch sich selbst erheben will.
Ein anderes Urteil der Menschen, von dem ich spreche, weil ich darunter gelitten habe, ist, daß sie niemals Geist und Herz gelten lassen. Es gibt keinen Unbedeutenden, der sich nicht an dem, der es nicht ist, rächt – indem er sagt: Er hat viel Geist, aber ein schlechtes Herz. Es ist so schmeichelhaft für einen Idioten, sich sagen zu können: Ich hätte dieselben Erfolge haben können, wenn ich ebenso schlecht wäre. Madame von Wangenheim, die augenblicklich in Berlin ist, hat zu Stein gesagt, ich hätte ein sehr schlechtes Herz – und der Beweis dafür ist, daß ich zu Pferde an ihrem Wagen vorbeigeritten bin, und daß diese junge, schüchterne, furchtsame Frau mich nötigen wollte, zwei Meilen weit einem Wagen mit vier Pferden zu folgen, in dem sie von einer ländlichen Vesper zurückkehrte. Ich habe mich dieser Laune unterworfen, solange der Wagen durch den Wald fuhr – als wir ihn verlassen hatten, bin ich im Galopp zur Seite gesprengt mit einem beträchtlichen Bogen um den Wagen. Jedoch aus Furcht, vier miserable Schindmähren würden von ich weiß nicht welcher Anwandlung ergriffen werden und den Wagen mit sich reißen, stieß die interessante Wangenheim ein paar schrille und durchdringende Schreie aus. Diese so schüchterne Frau ist dennoch in ihren Kombinationen sehr kühn – ein Nichts ist ihr ein Lichtstrahl, um ihr Tageshelle über meinen Charakter zu verbreiten, und sie entscheidet in letzter Instanz, daß ich ein schlechtes Herz habe. – Überbringe ihr meinen Dank dafür, wenn Du sie in Berlin siehst. Eine andere Schuld, die man mir vorwirft, ist die der Volksaufwiegelung – ich behalte es für einen anderen Brief vor, Dir im einzelnen über das zu sprechen, was man unter diesem Namen versteht, und ich muß diesen Abschnitt mit einem Ausspruch des Epiktet enden, den der

große Friedrich in einem Brief an Voltaire zitiert: *Wenn man Schlechtes von dir sagt und es ist wahr, bessere dich, ist es nicht wahr, so lache darüber.* Du verlangst, ich solle mit großer Regelmäßigkeit meinen militärischen Pflichten nachkommen. Entschlossen, jeder Art von Klagegrund über diesen Gegenstand ein Ende zu machen, fehle ich nie einen Augenblick bei der Parade – und das war das einzige, was ich vernachlässigt hatte – denn im übrigen gehen alle Angelegenheiten von der kleinsten bis zur größten durch meine Hände. Wenn ich glauben könnte, daß es meinem Vater Freude macht, würde ich ihm etwas schicken, um ihm zu beweisen, daß, wenn ich je die kleinen Pflichten meines Metiers vernachlässigt habe, ich mich mit ziemlichem Erfolg mit den großen Partien dieser Kunst befaßt habe, damit, wenn das Geschick mir die einzige Laufbahn öffnet, die es für uns Prinzen gibt, ich auf Erfolg rechnen darf.«
Volksaufwiegler sollte er also sein. Das bedeutet, daß er sich offenbar einige Ideen der Französischen Revolution hatte durch den Kopf gehen lassen. Das mußte sich herumgesprochen haben, denn bei einem Abstecher nach Braunschweig schrieb er der Schwester, die alte Herzogin Charlotte (Schwester seines Vaters) habe »von meinem Demokratismus« gesprochen, mit dem Zusatz: »Die regierende Herzogin hält mich für einen Jakobiner.« Er selbst findet sich hingegen »sehr royalistisch«.
Obwohl nur »fünf Meilen von Bremen entfernt«, sei er »dort noch nicht einmal gewesen«, schreibt er der Schwester am 9. 3. 1798. Aber er fuhr später dorthin, und er war Anfang Oktober in Hittfeld bei Hamburg. Bei wem? Vielleicht bei der Herzogin von Montmorency, die damals außerhalb Hamburgs lebte und die für Louis Ferdinand die Nachfolgerin von Madame de Contades geworden war?
Das Verhältnis zu den Eltern war mittlerweile unter dem Gefrierpunkt. Vater Ferdinand war krank gewesen, und während dieser Krankheit hatte sich das Erstaunliche begeben, daß Ferdinand mit einem Male spendabel geworden war. »Man sah ihn nur noch umringt von Kaufleuten«, schreibt seine Tochter, »und sobald man ihm die Unmöglichkeit dieser Ausgaben vorhielt, begann er seine Renten und Kapitalien aufzuzählen.« Weiß der Himmel, was in dem alten Geizhals vor sich ging, nur: Louis Ferdinand erhielt von diesem Geldsegen keinen Groschen.
Am 23. Februar 1799 legte sich Freiherr vom Stein ins Mittel, um Versöhnung zu stiften. Er schrieb an Louis Ferdinand:

»Ich gestehe es Ihnen, gnädiger Herr, daß es mich sehr betrübt hat zu vernehmen, wie weit Sie sich von Ihren Eltern entfernen, wie sehr Sie vernachlässigen, dem Verlangen zu entsprechen, das sie Ihnen bezeigen, sich Ihnen zu nähern; wie viele Briefe blieben ohne Antwort, die geschrieben wurden von einem ehrwürdigen Greis, Ihrem Vater, und die von Ihren eigenen Interessen handelten. Wie ist doch alle Sorgfalt, mit der er sich so angelegentlich um Ihre Affären bemühte, kalt zurückgewiesen worden. Und Sie, gnädiger Herr, der so empfindlich ist für fremdes Unglück, der ihm niemals Beistand verweigert, der dem einfachen Soldaten bewiesen hat, Sie verschließen Ihr Herz gegen das gebieterische Gefühl der Natur, Sie scheiden sich von ihr, und Sie glauben eines Tages einem so zerreißenden Gefühl entgehen zu können, wie das ist, die sorgenden Bemühungen eines Vaters am Rande des Grabes mit Härte zurückgestoßen zu haben.

Folgen Sie, gnädiger Herr, den Eindrücken einer ehrlichen fühlenden Seele, nähern Sie sich einem Vater, den Ihre Kälte tief verletzt hat, mit dem Verlangen, Ihr Unrecht gutzumachen, und mit der Gewißheit, daß jeder Vater vorbeischlägt.

Zu diesen so natürlichen und gebieterischen Gründen treten andere Betrachtungen, von der Redlichkeit eingegeben, weil jeder ehrliche Mann seine Verpflichtungen erfüllen muß. Sie sind zahlreiche Verpflichtungen eingegangen mit ehrenhaften Leuten, die das Interesse, das sie Ihrem Namen, Ihrem Stand, Ihren Talenten entgegenbrachten, dazu trieb, auf Ihrer Seite zu stehen, und mit scheußlichen Wucherern, die Sie ihrer Begehrlichkeit aufgeopfert haben. Die Anständigkeit befiehlt Ihnen, gnädiger Herr, erstere zu befriedigen; die Klugheit rät Ihnen, sich aus den Händen der letzteren zu befreien. Indem sie sich weigern, sich so zu arrangieren, wie Ihr Vater es wünscht und es Ihnen erleichtert, verletzen Sie die geheiligten Pflichten gegenüber dem Besitz der einen, und Sie verschwenden Ihre Mittel, um die Vorteile schmutzigen Wuchers der anderen noch zu vergrößern.«

Und so ging es noch lange weiter. In Minden tönte es also sogar schon genauso wie in Berlin. Als wenn es an Louis Ferdinand gelegen hätte, »den Eindrücken einer ehrlich fühlenden Seele« zu folgen! Der Liebling seiner Eltern war der Jüngste, sein Bruder August, dann kam eine ganze Zeit lang gar nichts, und dann vielleicht er, bei dem man jeden Groschen dreimal umdrehte, falls er ihn überhaupt bekam. Daß seine Eltern ihn, das begabteste ihrer Kinder, nicht mochten, hatten sie ihm ja schon früh genug gezeigt.

Bewähren konnte er sich nun als Regimentschef, und das nicht allein durch gründliches Exerzieren, sondern auch durch die Fürsorge, die er seinen Soldaten angedeihen ließ. Um einen typischen Fall zu nennen: In seinem Regiment diente ein Musketier namens Heinrich Jacob Spaedt aus dem Magdeburgischen (also Preußen). Mit dreizehn Jahren hatte ihn der Vater nach Wolfenbüttel geschickt, »um daselbst die Müller-Profession zu erlernen«. Nach beendigter Lehre war er auf Wanderschaft gegangen, österreichischen Werbern in die Hände gefallen, hatte sechs Jahre in der österreichischen Armee gedient und war 1795 zu seinen Landsleuten desertiert. Nun hatte man nach dem Gesetz diesen Mann zum Wehrdienst in Preußen einberufen, ihn nicht vorgefunden und daraufhin sein bescheidenes Vermögen von 150 Talern als das eines Deserteurs konfisziert. Von diesem Gesetz aber hatte Spaedt nichts gewußt, da er schon als Kind außer Landes gegangen war. Louis Ferdinand vertrat in einer Eingabe an den König die Meinung, man könne diesem Manne, der sich durch »freiwillige Rückkehr zum diesseitigen Regimente und vorzüglich seine nun vierjährige, durch treue, durch eine exemplarische Aufführung und durch Zuverlässigkeit und Brauchbarkeit ausgezeichnete Dienstzeit« hervorgetan habe, nicht wegen Unkenntnis eines Gesetzes büßen lassen. Daher: »Alle diese Umstände, verbunden mit seiner freiwilligen Rückehr, vermindern die Strafbarkeit der Handlung des Spaedt gewiß sehr und berechtigen ihn zu den angenehmsten Hoffnungen auf die Gnade Ew. Königlichen Majestät und auf die gnädigste Willfahrung seines alleruntertänigsten Gesuchs.« Ob diese Eingabe erfolgreich war, wissen wir nicht. Hier zeigt sich an einem sehr charakteristischen Einzelfall, wie sehr der Prinz um Fürsorge und Gerechtigkeit für seine Soldaten bemüht gewesen ist.

Europa kannte damals nur ein politisches Gesprächsthema: Napoleon Bonaparte. Er hatte die Österreicher in Oberitalien geschlagen und sie zum Frieden von Campo Formio gezwungen; er war mit einer Armee nach Ägypten gesegelt und hatte eindrucksvolle Siege über Mamelukken und Türken errungen. Soeben war er – den ihn belauernden britischen Schiffen entschlüpft – wieder in Frankreich gelandet, zu einer Zeit, als diese Nation von allen Seiten hart bedrängt wurde. Wie deutsche Bürger darüber dachten, zeigt ein Brief, den Caroline Schlegel am 28. 10. 1799 an ihre Tochter schrieb:

»Liebes Kind, hast Du gehört? Buonaparte ist in Paris. Aus Ägypten, wo er mit seinen Truppen abgeschnitten war, allein zurückgekehrt. O Kind bedenke, es wird alles wieder gut. Die Russen sind bereits aus der Schweiz vertrieben, die Russen und Engländer müssen in Holland schmählich kapitulieren, die Franzosen dringen in Schwaben vor. Und nun kommt der Buonaparte noch und wird ihnen den Rest geben. Freue Dich ja auch, sonst glaub ich, daß du bloß tändelst und keinen gescheiten Gedanken hegst!«

Die Hoffnungen Carolines waren die Hoffnungen aller Republikaner, die in der Gestalt des dreißigjährigen Generals Bonaparte die Errungenschaften der Revolution garantiert sahen. Andere, wie die Militärs, bewunderten die Leistungen des genialen Feldherrn, so auch Louis Ferdinand. Und wieder andere – vor allem die Dichter – sahen hier einen wiedererstandenen Alexander den Großen, dessen Schlachtenruhm und exotische Heerfahrt ihre Phantasie begeisterte. Und nur einer von ihnen, Christoph Martin Wieland, sah damals weiter als alle zusammen: Er erkannte in diesem jungen Mann den künftigen Diktator Frankreichs. Von diesem Manne sprach die Welt, aber die endete gleichsam vor den Toren Hoyas.

Und Louis Ferdinand hielt es nun nicht länger aus. Er brauchte Großstadtluft, Zerstreuungen, vernünftige Gespräche und Diskussionen, Umgang mit kultivierten Menschen und natürlich vor allem die geliebte Musik. Ende Oktober reiste er nach Hamburg. Grundsätzlich hätte er als Generalleutnant (dazu hatte ihn der König am 20. Mai befördert) das Recht, und warum auch nicht? Sein Regiment hatte am 2. Juni bei einer Truppenbesichtigung in der Nähe von Petershagen glänzend vor dem König abgeschnitten; in den Wintermonaten gab es in der Garnison wenig zu tun, warum sollte der Kommandeur nicht einige Zeit in Hamburg verbringen?

Er betrat Hamburg incognito und pendelte zunächst zwischen Hamburg und Altona hin und her. In Altona gab es besonders viele französische Emigranten, sie alle von der verschiedensten politischen Couleur, denn außer den alten Emigranten der ersten Stunde waren auch jene, die unter Robespierre geflüchtet waren, sattelfeste Republikaner jedenfalls. Das führte dann natürlich zu lautstarken politischen Debatten in den Cafés und auf den Straßen zwischen den verschiedenen politischen Lagern.

Aus diesem Streit suchte sich Louis Ferdinand herauszuhalten. Ihm ging es sowohl darum, interessante Leute kennenzulernen als auch unabhängig zu bleiben. Als erstes versorgte er sich in der »Kunst-, Musik- und Instrumentenhandlung« von Johann August Böhme bei der Börse mit Noten. Schon am 26.10. kaufte er Klavier- und Violinsonaten (op. 24 und 39) von Johann Ladislaus Dussek, Johann Baptist Cramer (op. 15 und 19) und vor allem Werke des damals gefeierten Daniel Steibelt. Später versorgte er sich mit Sonaten zu vier Händen von Mozart, einem Rondo zu vier Händen von Joseph Haydn, dem Klarinetten-Trio B-dur op. 11 und den drei Violinsonaten op. 12 von Beethoven, die soeben erschienen waren. Auch kaufte er bei Böhme »6 Buch Noten-Papier«, denn er wollte jetzt auch endlich selber komponieren. Aus der Rechnung eines Kopisten Goderville geht hervor, daß er diesen Vorsatz auch verwirklichte, denn er kopierte den ersten Satz eines »Konzerts« in Partitur, schrieb die Stimmen eines Rondos aus und berechnete dafür inklusive Papier 30 Hamburgische Mark.

Hamburg war eine musikliebende Stadt mit einer Oper und zahlreichen Konzertveranstaltungen. Da Louis Ferdinand vornehmlich Kompositionen für Violine und Klavier kaufte, muß er einen begabten Partner gehabt haben. In einem Brief an seine Schwester nennt er namentlich seinen Hamburger und Altonaer Bekanntenkreis, und darunter findet sich der Name des damals berühmtesten Violinvirtuosen der Zeit, Jacques Pierre Joseph Rode, zwei Jahre jünger als der Prinz, ein weitgereister Franzose, der sich zwischen 1795 und 1803 mehrfach in Hamburg aufhielt. Am Pferdemarkt 148 wohnte damals der Komponist Anton Reicha, mit dem Louis Ferdinand ebenfalls verkehrte. Und schließlich gastierte dort der gerade frisch aus London eingetroffene J.L. Dussek, einer der namhaftesten Klaviervirtuosen seiner Zeit, mit dem sich Louis Ferdinand rasch anfreundete und der noch eine bedeutende Rolle in seinem Leben spielen sollte.

Zum weiteren Bekanntenkreis zählte der am Dammtor wohnende Publizist Johann Wilhelm von Archenholz, ein ehemaliger preußischer Hauptmann, Verfasser einer vielgelesenen Geschichte des Siebenjährigen Krieges und Herausgeber der angesehenen Monatszeitschrift *Minerva*; der Leiter der Handelsakademie Professor Johann Georg Büsch; der in Altona lebende Physiker, Arzt und Schriftsteller Professor Johann Christoph Unzer; der französische Maler Jean Laurent Mosnier; und schließlich der berühmte französische Schriftsteller Antoine de Rivarol, der in Hamburg-Hamm wohnte und bei dem Louis Ferdinand sich in Literatur unterweisen ließ.

Nach den Jahren des Versauerns in Lemgo und Hoya muß der Prinz in Hamburg geradezu aufgeblüht sein; vor allem bemühte er sich, sein Wissen und seine Allgemeinbildung zu vervollkommnen. Nicht nur daß er bei Rivarol Unterricht nahm, er belegte auch einen Kursus bei einem Chemiker Liebes und nahm fünfzig Fechtstunden bei dem französischen Fechtmeister Durocher, um auch körperlich in Form zu bleiben.

In Berlin wußte von dem Ausflug zunächst niemand. Aber Louis Ferdinand hatte auch noch andere Bekannte in Altona und in Hamburg. Da gab es nämlich den Geheimagenten des französischen Konvents, Pierre Parandier, der sich 1796 in Berlin für Louis Ferdinands Kandidatur für den polnischen Thron verwendet hatte; da gab es den ihm aus Magdeburg bekannten Alexandre Théodore Victor Comte de Lameth und dessen Bruder Charles, die jetzt in Hamburg einen kleinen Handel betrieben. Das waren so überzeugte Republikaner, wie etwa auch der emigrierte General Cyrus Marie Alexandre de Timbrune Valence, Schwiegersohn der Madame de Genlis, der auf Gut Silk im Billetal bei Hamburg wohnte. Dann war da noch Lady Pamela Fitzgerald, Witwe des irischen Lords Edward Fitzgerald, eines der Führer des irischen Aufstands um Wolfe Tone, hingerichtet von den Engländern. Pamela Fitzgerald beschreiben die Zeitgenossen als ein »ganz göttliches Geschöpf, blond« und mit »den schönsten Augen der Welt«. Am Speersort 44 führte Frau Matthiessen einen Salon, den Louis Ferdinand besuchte. Die vierundzwanzigjährige Französin Henriette Matthiessen, eine Nichte der berühmten Erfolgsautorin Madame de Genlis, war verheiratet mit dem Hamburger Kaufmann Conrad Johann Matthiessen. Der hatte 1791 neun Monate in Frankreich verbracht, dort die Sitzungen der politischen Klubs besucht und sich offenbar den Jakobinern angeschlossen. Seiner Frau – von Madame de Genlis als »einer der liebenswürdigsten Menschen, die ich je kennengelernt habe« bezeichnet – sagte man »Talent in der Malerei, der Musik und dem Gesange« nach.

Aber hier lag der Akzent nicht auf der Musik. Was in Berlin aufscheuchte, war vielmehr, daß ein Hohenzollernprinz ganz ungeniert mit »Demokraten« verkehrte, und das hieß, wenn man den damaligen Sprachgebrauch in die Gegenwart transportiert: mit

Linken, mit Roten. Matthiessen und die Professoren Büsch und Unzer hatte man schon früher als »wütende Jakobiner« denunziert, nun kam aber auch noch der höchst verdächtige Pierre Parandier hinzu. Das alarmierte den erzkonservativen preußischen Gesandten von Schultz. Man erinnert sich: »Die regierende Herzogin hält mich für einen Jakobiner«, sie hätte ihm »von meinem Demokratismus« gesprochen, ein preußischer Offizier hatte ihm »orleanistische Neigungen« vorgeworfen, und schließlich war von »Volksaufwieglung« die Rede gewesen. Schon war das Bild komplett: Prinz Louis Ferdinand von Preußen war in Hamburg endgültig zum Jakobiner (heute sagt man »Linksradikaler«) geworden.

Natürlich stimmte das nicht, anders hätte er kaum bei einem so konservativen Geist wie Rivarol Unterricht genommen. Seine Haltung war eher das Goethesche »Mir gefällt's zu konversieren / Mit Gescheiten, mit Tyrannen«, aber es genügt – damals wie heute –, wenn sich einer mit divergierenden politischen Ideen ernsthaft auseinandersetzt, ihn zu denunzieren. Und das tat der preußische Gesandte mit Fleiß. Am 19. November 1799 alarmierte er den König: »Dem Vernehmen nach befinden sich S. König. Hoheit der Prinz Louis Ferdinand von Preußen seit einigen Tagen in hiesiger Stadt, ohne Zweifel mit Vorwissen und Genehmigung Ew. Königl. Majest. und des General-Kommandos der Demarkations-Armee.«

Daraufhin verlangte Berlin am 31. Dezember zu wissen, »ob noch gegenwärtig der Prinz sich dort befinde und was für eine Art von Existenz und Lebensweise derselbe dort geführt hat und noch führe«. Das Datum zeigt, daß man in Berlin dem Aufenthalt zunächst keine sonderliche Bedeutung beimaß, auch war der Umgang Louis Ferdinands dort noch nicht bekanntgeworden. Der hatte aber inzwischen erfahren, daß seine Abwesenheit von Hoya kein Geheimnis mehr war, und da er in Berlin niemandem traute, schrieb er seine Rechtfertigung an die Schwester:

»Welches Unrecht ist in Wirklichkeit mein Aufenthalt? – Ist die geringste Angelegenheit in meinem Regiment vernachlässigt worden – habe ich die geringsten Schulden in diesem Lande gemacht; ist diese Zeit für meine Entwicklung verloren gewesen, oder auch, hätte ich dem Staat besser dienen können; hätte ich für mein Glück gearbeitet, wenn ich mich stumpfsinnig in einem elenden Loch vergrub, um dort die schönsten Jahre meines Lebens aufzuzehren, mir selbst unnütz und den anderen, und welche Vergeltung kann man mir dafür bieten?

Man redet schlecht über mich: Ich habe es Dir im vorigen Jahr geschrieben, und ich wiederhole es noch einmal: Die, die höhere Qualitäten haben als die andern, die durch ihre Fähigkeiten, ihre Vorteile, ihren Rang, mehr im Vordergrund stehen, sind die, die am meisten unter dem Neid, der Boshaftigkeit zu leiden haben. Die Nichtigkeit allein entgeht diesen, und schon vor langer Zeit hat ein alter Philosoph zu einem jungen Manne, als dieser sich beklagte, daß man schlecht von ihm spräche, gesagt: Tröste dich, wenn man nicht mehr schlecht von Dir spricht, hat man auch nichts Gutes mehr von dir zu sagen. Allem Geschwätz preisgegeben, sind Neid und Böswilligkeit auf mich gehetzt, doch so widerspruchsvoll, daß das allein die Falschheit der Urteile beweisen müßte, die Personen, die mich nicht einmal kennen, über mich fällen, die andere, ebensowenig imstande mich zu beurteilen, mich zu schätzen, vor ihnen gehabt haben, und die tausend Dummköpfe wiederholen. Die Öffentlichkeit, die aufmerksamer auf mich ist, da man mir Fähigkeiten zugesteht, beschäftigt sich mit der geringsten meiner Handlungen, und was ihnen bei einer Privatperson einfach erscheint, erscheint ihnen anstößig bei einem Prinzen. Meine politischen Ansichten sind gemäßigt, ich besitze einige Kenntnisse, und das Vergnügen, ein Bonmot zu sagen, macht oft, daß ich es gegen die Dummköpfe anwende, die mir dann die Waffe des Spottes verleumden. Ich habe einige Erfolge gehabt – das, meine Schwester, ist mehr als genug, um mir Feinde zu machen; dazu kommt, daß ich oft in den Formen fehle, weil sie mir unbequem scheinen, oder weil die Lebhaftigkeit meines Charakters sich nicht darin fügen konnte, und die Formen mehr als alles andere es sind, die die Menschen im allgemeinen beurteilen. Hamburg übrigens, das eine große Anzahl aufgeklärter und interessanter Menschen birgt, beherbergt zugleich das Verderben Europas und eine Reihe verbitterter, durch das Unglück heruntergekommener Menschen, die alle die erdrücken und zerreißen, die ihre Meinungen nicht durchaus teilen; oder die mehr als die Menge dem Neid und der Verleumdung ein Ziel bieten. Welches war hier meine Gesellschaft? Von allen Nationen immer die, deren Umgang mich belehren und aufklären konnte, deren Herz ich als gut und ohne Falsch erkannte; ich stand über allem Rangesvorurteil, verachtete den Zwang, lebte wie eine Privatperson, Wohnung, Essen und Heizung für 27 Louisd'or monatlich, mit einem Diener [*Ohrdorff*], ohne Pferde, besuchte nur einen sehr kleinen Zirkel, brachte einen großen Teil meines Tages damit zu, Kompositionsunterricht bei Dussek oder auch Unterricht bei Mr. de Rivarol zu nehmen, dessen brillanter Geist, ungeheure Literaturkenntnisse in der französischen Sprache bekannt sind, oder auch bei Herrn Liebes auf dem Lande, profitierte von einem Chemiekursus und einem Instrumentenkabinett jeder Art, geliebt, geschätzt von denen, die mich kennen und nicht nach lügnerischen Berichten urteilen und wissen, bis zu welchem Punkte sich die Bosheit aller distinguierten Personen bemächtigt; ich habe die Genugtuung gehabt, zu sehen, daß gegen mich voreingenommene Leute zu mir gesagt haben, nachdem sie Gelegenheit gehabt haben, mich näher kennenzulernen: ›Ich bin glücklich gewesen, Sie kennenzulernen, und die Meinung, die ich von Ihnen hatte, ist so durchaus verschieden von dem, was Sie sind, daß es ein neuer Beweis dafür ist, daß man nur dem Verdienst und denen, die Fähigkeiten haben, Laster und Fehler zuschreibt.‹ Wäre ich eine dumme Null, ohne Fähigkeiten, Kenntnisse, ohne gutes Äußere, niemand würde sich mit mir beschäftigen; statt dessen spricht und beschäftigt sich jeder mit meiner tristen Person. Der eine sagt, ich gäbe ein närrisches Geld aus; andere, ich lebte wie ein Flegel; ein anderer, ich hätte einen maßlosen Ehrgeiz; andere, ich hätte überhaupt keinen, ich sei ein wütender Republikaner; ein anderer, ich verkehrte nur mit Aristokraten; es gibt keine Dummheit, die man nicht behauptet, und so widerspruchsvoll, daß es ein Jammer zu hören ist. [...] Über wen habe ich mich am meisten zu beklagen? Über diesen Herrn Schultz, der jetzt den guten Apostel spielt, da er weiß, daß er hier und in Berlin eine der Hauptursachen des mehr oder weniger hohen Preises ist, den man für Klatschereien, die abgeschmackt waren, für lächerliche und absolut grundlose Lügen ausgesetzt hat – daß er es ist und seine Frau, eine alte Schwätzerin, die ihn beherrscht; die schwerwiegend gegen mich gesprochen, geschrieben und gekläfft haben – und das jetzt – da Du mir geschrieben hast, Seine Majestät habe sich erst nach dem öffentlichen Bericht seines Ministers entschieden, was zu tun sei – und da ich ihm habe sagen lassen, warum, ohne mich zu kennen, ohne jemals mit mir gesprochen zu haben, noch ohne sich den Personen, mit denen ich in einer Art von Intimität lebe, genähert zu haben, und die ihn ebensogut eines Besseren hätte belehren können, und ihm das Lächerliche von tausend Redereien über mich, die tatsächlich zu falsch, zu flach sind, als daß ein vernünftiger Mensch sie bis zu sich erheben dürfte – Ich habe ihn gefragt, sage ich, warum unter so schwachem Tatbestand er einen offiziellen Bericht gemacht hat, warum es keine Verleumdung, keine Gemeinheit gibt, die er und seine Frau nicht von mir gesagt haben, ohne mich zu kennen, ohne mit mir gesprochen zu haben, und worüber Personen, denen er sie wiederholt hat, ihm gesagt haben, sie verständen nicht, mit welcher Gier er darin Freude fände, Schlechtes von mir zu sagen. Ich werde Dir die Lösung des Rätsels sagen. Ein paar Scherze über seine Exzellenz, der von einem jungen Hamburger, der sich nicht von einem höchst groben Diplomaten beleidigen lassen wollte, Stockschläge bekommen hat, und andere, die ich über seine Verbündete gemacht habe, da er von einer Megäre, einer Schwätzerin beherrscht wird und untätig und obendrein noch voller Prätension ist, das ist es, was mir seinen Haß zugezogen hat.«

In diesem Brief, dessen verschachtelten Sätzen und Wiederholungen man noch die Erregung anmerkt, mit der sie niedergeschrieben wurden, steht ein Schlüsselwort: »Ich stand über allem Rangesvorurteil, verachtete den Zwang, lebte wie eine Privatperson.« Das war es ja, was man ihm vorwarf: Ein Prinz konnte keine Privatperson sein und hatte nicht »über allem Rangesvorurteil« zu stehen, denn das galt als »demokratisch«. Da er sich inzwischen auch von seiner Schwester nicht mehr verstanden fühlte, schrieb er in einem weiteren Brief:

»Wenn ich mich, meine gute und liebenswürdige Freundin, über die Wichtigkeit beklage, die Du Dingen beimißt, die nicht das Recht haben, Dich zu interessieren, weil sie unter Dir stehen, wie alles Gerede und die, die es nähren, so lasse ich dem liebenswürdigen und zärtlichen Interesse jener Sorgfalt, die der Grund Deiner Befürchtungen ist, deshalb nicht weniger Gerechtigkeit widerfahren; mein Geist ist ebenso gerecht wie mein Herz empfindsam ist, und, über die Wirkung im klaren, schätzt er doch die Ursache mit Dankbarkeit.

Ich will nun, meine Liebe, auf das antworten, was Du mir über meinen Aufenthalt sagst. Wenn die kleinste militärische Arbeit, der ich obliegen muß, vernachlässigt worden wäre, hätte ich ohne Zweifel unrecht. Womit hätte ich denn meine Zeit in Hoya zugebracht, wo niemand aus dem Hause gehen konnte, da alles überschwemmt war? Ich hätte drei weitere Monate der schönsten Jahre meines Lebens ohne eine Annehmlichkeit verbracht, und sie wären für mein Glück wie für meine Entwicklung verloren gewesen, denn man mag wohl studieren, arbeiten, lesen, wenn keine glückliche

Empfindung unser Herz erfreut, wenn nichts die Einbildungskraft neu belebt, die allein das Genie fördert, oder nichts tut. Mit einem empfindsamen Herzen geboren, mit dem nötigen Takt und den Fähigkeiten, um eine angenehme, liebenswürdige und feingebildete Gesellschaft zu schätzen, war es sehr einfach, daß ich eine wählte, die Dir ganz sicher gefallen würde, die interessante Wesen in sich birgt, interessant durch die Rollen, die sie in Europa gespielt haben oder durch ihre Fähigkeiten, ihre Entwicklung oder ihre persönlichen Annehmlichkeiten. Da das Unglück alle Parteien versammelt, das Elend alle Köpfe aufgeklärt hat, habe ich gewißlich die Masse meiner Kenntnisse und Gedanken um vieles vermehrt, als ich Menschen sah, die sich durch ihre eigenen auszeichneten.

Trotzdem hätte ich Altona verlassen, wenn nicht eine Verkettung von Umständen, deren Einzelheiten ich Dir bis zu unserem Wiedersehen vorenthalte, da sie meinen Brief zu umfangreich machen würden, eingetreten wäre. Ich wäre sicher wenigstens zurückgekehrt und lange in mein Kantonnement geeilt, um nur kleine Aufenthalte zu machen, die die Nähe begünstigt, wenn eine peinliche und betrübende Angelegenheit mich nicht wider meinen Willen zurückgehalten hätte. An eine durch persönliche Vorzüge und eine verführerische Zartheit und Anmut ausgezeichnete Frau gebunden, der der Kummer, den sie empfand, die Verfolgungen, mit denen man ihr nachstellte, ein Nervenfieber zuzogen, das sie seit Anfang März an das Bett fesselte, und da das Unglück ihre Festigkeit, die Entwicklung interessanter Eigenschaften die Bande, die mich bei ihr hielten, befestigten, hätte es mich viel gekostet, sie in der Furcht um ihr Leben zu verlassen.«

Diese Frau war nicht die Herzogin von Montmorency, sondern eine Holländerin: Frau de Steen. Wer sie war und woher der Prinz sie kannte, wissen wir nicht. Sie scheint eine gewisse musikalische Begabung gehabt zu haben, denn Louis Ferdinand kaufte ihr für 80 Friedrichsd'or einen englischen Flügel bei der Firma Johann Jacob Heinrich Donner, Fuhlentwiete 28.

Zwar war Louis Ferdinand incognito in Hamburg eingetroffen, aber seine Identität sprach sich bald herum. Das erfuhr auch der fünfzehnjährige Karl August Varnhagen von Ense, der in Berlin Medizin studieren wollte und nun bei dem Prinzen seine Aufwartung machte, weil er sich von einer Empfehlung in Berlin Vorteile versprach.

»Ich hatte den Prinzen als genial rühmen hören und war sehr gespannt, ihn zu sehen. Der große schöne Mann trat aus einem Kabinett hervor, halb angekleidet, mit bloßer Brust; er redete mich freundlich an, fragte nach meinen Studien, ob ich denn Latein wisse, das sei schwer, wie er selbst erfahren, denn er habe es noch nicht lange zu erlernen angefangen; in seinem Benehmen war Güte und Behagen, ein menschlicher Zug, der ihm die Herzen gewann; er antwortete rasch und gebieterisch einem Offizier, der ihm etwas zuflüsterte, tat dann auf dem Fortepiano einige Griffe und wandte sich darauf wieder mir zu, um mir zu sagen, daß er meinetwegen sehr gern an [*den Generalstabschirurgen*] Görcke schreiben wollte. Ich mußte ein zweitesmal wiederkommen, das Schreiben zu empfangen, aber der Prinz hatte es schon abgesandt. Er sagte, er hoffe mich in Berlin zu sehen, und entließ mich mit den besten Wünschen. Er war der erste Prinz, den ich kennenlernte, und wahrlich, glänzender und einnehmender als dieser erste ist mir keiner seitdem erschienen.«
Am 4. Februar 1800 alarmierte Schultz den Vater Ferdinand: »Auf Ew. Königlichen Hoheit höchst verehrliches Schreiben vom 29. v. m. verfehle ich nicht untertänigst zu erwidern, daß des Prinzen Louis K. H. sich gegenwärtig hier befinde und in einem Privathause am Walle ohnweit des Dragonerstalles logiere, in welchem eine emigrierte Französin, Madame de St. Marceau (eine sehr rechtliche Frau, von gewissen Jahren) meublierte Zimmer zu vermieten hat. Keine andere Begleitung hat meines Wissens der Prinz als einen Domestiken, der Heinrich Ordorf heißen soll, und die Ursach, warum derselbe die Befehle Sr. Majestät des Königs sich zum Regiment zu begeben, noch nicht nachleben können, ist, wie ich durch die dritte Hand vernommen, keine andere *als der Geldmangel*, der so groß und dringend sein soll, daß, wie mich glaubhafte Leute versichern, S. K. H. ohne durch eine Summa von wenigstens 6tausend Taler in den Stand gesetzt zu sein, die ungeduldigsten und mißtrauischsten Ihrer hiesigen Gläubiger zu befriedigen, schwerlich selbst beim besten Willen die Stadt Hamburg zu verlassen wagen können.«
Sechstausend Taler Schulden! Ferdinand brach der Angstschweiß aus. Inzwischen hatte sich auch der König persönlich eingeschaltet und am 13. Januar 1800 an Louis Ferdinand geschrieben:
»Mir ist angezeigt worden, daß Euer Liebden sich schon seit geraumer Zeit in Hamburg aufhalten. Ich glaube nicht nötig zu haben, Euer Lbd. zu erinnern, wie wenig es für einen General und

zumal für Sie schicklich sei, sich heimlich von Ihrem Regiment und von der Armee zu entfernen, und sich in Verbindungen einzulassen, die weder Ihrem Charakter, noch Ihrer Geburt angemessen sind. Ich gewärtige daher, daß Euer Liebden sich unverzüglich zu Ihrem Regiment zurückbegeben und nicht wieder durch eine unerlaubte Entfernung von demselben das gute Beispiel in Rücksicht auf Ihre Untergebenen und die Vorschriften des Dienstes verletzen werden.«

Der Prinz beantwortete diesen Brief mit einigen Entschuldigungen und blieb in Hamburg. Jetzt schickte Ferdinand im Einvernehmen mit dem König den Oberstleutnant von Massenbach nach Hamburg mit der Instruktion, er solle – versehen mit etlichen Talern – des Prinzen Schulden in Hamburg bezahlen und den ungeratenen Sohn mit Nachdruck aus Hamburg holen und nach Magdeburg bringen. Christian von Massenbach, Württemberger im preußischen Generalstab, war ein angesehener, wenngleich umstrittener Mann. Er war nicht untalentiert, machte aber seine Begabung selbst zunichte durch eine maßlose Selbstüberschätzung und eine fast schon neurotische Lust, alles und jedes schriftlich festzuhalten und ausgiebig zu kommentieren. In unserem Fall ist das ein Glück. Er hat seine Hamburger Mission in zwei Fassungen beschrieben: Die erste, knapp gehalten, findet sich in seinen 1809 gedruckten Memoiren. Ausführlich hingegen hat er sie in seinen unveröffentlichten Erinnerungen dargestellt, die bis heute unausgewertet geblieben sind. Ich stütze mich im folgenden auf diese unveröffentliche Version, die sensationell genug ist. Entspricht sie den Tatsachen? Das wird sich nie mit letzter Sicherheit ausmachen lassen. Aber: Massenbachs Bericht ist an keiner Stelle unwahrscheinlich, zu grundsätzlichen Zweifeln ist kein Anlaß. Der König habe ihn, so Massenbach, schon im Januar nach Hamburg schicken zu wollen, davon aber abgesehen, weil der Oberstleutnant sich bereit erklärte, zunächst selbst an den Prinzen zu schreiben, aber: »Der Prinz war taub gegen meine Vorstellungen.« Darauf befahl der König, Massenbach solle persönlich nach Hamburg fahren. Und wenn der Prinz sich weigerte, die Stadt zu verlassen? »›Er ist der Prinz vom Hause‹, sagte ich, ›und Generalleutnant der Armee. Wenn er der schriftlichen Ordre E. K. M. nicht Folge leisten will, was für Mittel kann ich in einer Freien Reichsstadt gegen ihn gebrauchen?‹ – ›Die Sache ist *embarrasant*‹, sagte der König; ›*Sie* werden sich schon zu helfen wissen.‹«

Massenbach fuhr also nach Hamburg, und der König gab ihm ein Handschreiben an den Prinzen mit: »Die Entschuldigungen, welche Euer Liebden in Ihrem Antwortschreiben gemacht haben, können weder Ihre Entfernung von Ihrem Posten noch Ihr übriges Betragen rechtfertigen. Da Sie Mir angezeigt werden, daß Sie meine Anweisung, sich zu Ihrem Regiment zu begeben, noch bis jetzt nicht befolgt haben, sondern sich fortwährend in Hamburg aufhalten und die Ihrem Stande und Charakter ganz unangemessenen Verbindungen fortsetzen, so sehe Ich Mich genötigt, ernstlichere Maßregeln gegen Dieselben zu nehmen, und trage Ihnen hiermit auf, sich sogleich mit Überbringer dieses, dem Oberstleutnant von Massenbach, nach Magdeburg zu begeben, daselbst Ihren Aufenthalt zu nehmen, und diesen Ort ohne Meine Erlaubnis keine Nacht zu verlassen. Der dortige Gouverneur und Kommandant haben bestimmten Befehl von Mir erhalten, hierauf zu wachen und Mir bei strengster Verantwortung sogleich anzuzeigen, wenn Euer Liebden diese Verordnung übertreten. In der Erwartung, daß Sie solche nicht aus den Augen setzen werden, bin ich mit Hochachtung Euer Liebden
Berlin, 12. Februar 1800   Friedrich Wilhelm.«

Hier nun Massenbachs Bericht: »Nach vielen Erkundigungen fand ich endlich den Prinzen in einer abgelegenen Straße in einem Hause, das eben nicht zur Wohnung des Sprößlings einer der ersten Familien Europas bestimmt zu sein schien. Nach Mitternacht trat ich vor sein Bett und überreichte ihm bei dem schwachen Schimmer eines kärglichen Lichts den Befehl seines Königs und Herrn. Nachdem er den blauen Brief gelesen, warf er sich mit Ungestüm auf die andere Seite, zog das Couvert über den Kopf und ließ mich stehen.
Ich begab mich in das Nebenzimmer, ließ im Kamin Feuer machen und ging bis zum Anbruch des Tages und bis zum Lever Sr. K. H. im Zimmer auf und ab. Endlich erschien der Prinz in seinen Nachtkleidern und verlangte, daß ich ihm 8 Tage Aufschub geben sollte. ›Nicht 8 Stunden darf ich Ew. K. H. zugestehen.‹ Ich ließ mich endlich zu zwei Tagen bereden. Die große Schwierigkeit war eine Frau von Steen, die der Prinz liebte, und die er mitnehmen wollte. Die Frau war sehr schön, und ich fand es eben nicht unangenehm, die Reise in ihrer Gesellschaft zu machen. Aber die Dame bekam einen gewaltigen Schrecken, als sie vernahm, daß die Reise nach der Veste

Magdeburg ging. In der Verzweiflung, in welche den Prinzen die abschlägliche Anwort seiner Geliebten setzte, erklärte er: daß er mir nicht folgen würde.
Nun war meine Verlegenheit nicht gering; an den Prätor hatte ich keine Requisition [*Massenbach meint, er habe keinen offiziellen Auftrag besessen, sich an den Bürgermeister Hamburgs zu wenden*]; aber ich gab vor, solche in der Tasche zu haben, sagte: ›Sie haben Ihr Ehrenwort gegeben; deswegen habe ich Ihnen zwei Tage zugestanden‹; nahm die Türe in die Hand und wollte mich empfehlen.
Der Prinz hielt mich zurück, lief wie rasend im Zimmer auf und ab, bat noch um einen Tag Aufschub und versprach, dann zu folgen. Ich hatte Geld mitbekommen, die dringendsten Schulden zu bezahlen, unter anderem ein schönes Fortepiano, welches der Prinz der Frau von Steen geschenkt hatte, gewann durch diese Gefälligkeit die schöne Dame, die auf meine eindringlichen Vorstellungen dem Prinzen versprechen mußte, ihn bald in Magdeburg zu besuchen, und so gelang es mir, den Neffen Friedrichs des Großen aus einer Stadt, in welcher er sich mit Matrosen herumgeboxt hat, als von welcher Schlacht man noch Merkmale an seinen Händen sah, wie an den Händen weiland Ritter Don Quixote nach den blutigen Schlachten, die er mit Riesen und Windmühlen kämpfte, so gelang es mir endlich, sage ich, diesen Prinzen auf den Weg von Hamburg nach Magdeburg zu bringen.«
Massenbach hätte allerdings nicht binnen acht Stunden mit dem Prinzen fahren können. Er hatte zwischen dem 15. und 17. Februar genug zu tun, um die Hamburger Gläubiger des Prinzen auszuzahlen. Insgesamt beliefen sich die Schulden auf 1603 Taler und 4 Groschen, von sechstausend Talern konnte also nicht entfernt die Rede sein. Einige Posten: Eine Schneiderrechnung über 89 Mark, eine Schusterrrechnung über zehn Paar Stiefel für Louis Ferdinand, zwei Paar für Ohrdorff; eine Rechnung der Firma Burmester, die Ale und Porter geliefert hatte; 171 Mark für Seifen, Puder, Pomaden und Parfums, geliefert von der Firma J. Marchal et Comp, Valentinskamp 295; Bewirtungsspesen aus dem Zeitraum von Dezember 1799 bis 16.2.1800 für insgesamt 52 Personen (einmal hatte der Prinz zehn Gäste zu Tisch), die der Restaurateur Frecuron (Große Bleichen 376) in Rechnung stellte; unbezahlte Notenlieferungen der Handlung Böhme. Größter Schreck für Massenbach. Der Prinz hatte seine gesamte Feldequipage versilbert.

Am 18. Februar morgens um sechs Uhr brach man auf, eine dreiviertel Stunde später öffneten Hamburgs Stadttore. Massenbach: »Der vielen Schulden halber (die Schulden, die er in Magdeburg gemacht, sollten sich auf 30 000 Taler belaufen) hatte ich in der Stadt einen bedeckten Wagen nehmen müssen, um unbekannt aus dem Tor zu kommen. Bitterlich weinte der Prinz, als er sich in der Vorstadt in den Reise-Wagen setzen und sich von der schönen Steen auf ewig entfernen mußte. Unversiegbar schien die Quelle dieser Tränenbäche zu sein. Auf der zweiten oder der dritten Station wurde starker Punsch gemacht, S. K. H. wurden sehr heiter, sprachen mit vieler Heftigkeit über Krieg, über Politik, über Bonaparte, den er damals wohl leiden mochte, und schliefen endlich ein. Wohl mir! Denn ich war dieser Tränen und der unwichtigen Urteile, die der Prinz über die Ereignisse fällte, sehr überdrüssig.
Aber meine Not sollte bald wieder anfangen. Denn nach seinem Erwachen sprach er von seinem Verhältnis zum Könige, den er einen Feldwebel, einen Stiefeletten-Sergeanten, einen Uniform-Schneider, einen Menschen ohne Phantasie, ohne Genie nannte und über das Unglück der zweiten Vermählung des vorigen Königes, die ihn des Thrones berauben sollte.
›Mein Bruder Heinrich ist tot; und wär ich König! Da hättest du Wunder sehen sollen.‹
›Ja!‹ antwortete ich. ›Saubere Wunder! Eine Provinz auf der andern hätten Sie auf eine Karte gesetzt oder an die Steens verschenkt!‹
›Du bist ein Narr! Ich würde mich ganz anders [be]nehmen, wenn ich König wäre. Die Langeweile bringt mich auf Abwege. Siehe! ich bin ein anderer Heinrich V. von Engelland bin ich. Ein lockerer Bursche als Kronprinz und doch ein künftiger König!‹
Ich konnte gegen diese Vergleichung nichts einwenden. Jeder nachgeborene Prinz eines Königlichen Hauses, den die Natur mit einer lebhaften Phantasie ausgerüstet hat, muß auf Ausschweifungen aller Art fallen, weil er keine seinem Geiste entsprechende Wirkungssphäre hat. Was ist die Beschäftigung mit einem Regimente?
›Laß mich‹, fuhr der Prinz fort, ›laß mich durch irgendeinen Zufall, durch den Tod des Königs und seiner Brüder zum Thron gelangen; – wie jener Heinrich werde ich handeln und meine Lebensweise ändern. Nur die sollen bei mir etwas gelten, die mir jetzt die Wahrheit sagen.‹
›Nun, da werde ich wenigstens Premier-Minister.‹ Lautes Lachen.

Solche nach dem Höchsten stehenden Pläne träumte derjenige, der nach der Festung abgeführt wurde!
Nun wurde er während einiger Stunden ruhig, schlief oder sprach von gleichgültigen Dingen. Dann aber ging es wieder los. ›Es hängt nur von mir ab, Schwager des Königs zu werden. Eigentlich bin ich es schon. Denn zweimal bin [*habe*] ich bei der verwitweten Louis (bekanntlich die Schwester der Königin) in Schönhausen geschlafen [*gemeint ist Prinzessin Friederike*]. Hätte sie mir diesen Genuß nicht gestattet; ich hätte sie geheiratet. Aber sie lag schon ganz aufgedeckt da, als ich durch das Fenster stieg; jetzt ekelt sie mich!‹
›Und das erzählen Sie mir? Wie können Sie so unedel sein, solche Geheimnisse zu verraten?‹
›Glaubst du, daß ich der einzige bin, dem sie ihre Gunst geschenkt hat?‹
›Ich glaube gar nichts! Sie rühmen Siege, die Sie nicht erfochten haben.‹
›Erfochten? Ich brauchte nicht zu kämpfen, sie warf sich mir in die Arme. – Sie ist sehr schön gebaut, ein herrlicher, recht zur Wollust gemachter Körper.‹
›O! verschonen Sie mich mit diesen Gemälden. Ich mag nichts hören.‹
›Aber es macht mir Vergnügen, davon zu sprechen. Immer denke ich an Alonzo von Portugal und seine reizende Gemahlin und an Don Pedro.‹* ›Ich verstehe Sie! Sie sind ein Elender! Sie sind der Abschaum des Menschengeschlechts! Sie müßten in Ketten und Banden gelegt werden; ich werde darauf antragen, daß Sie in die Kasematten zu Küstrin zeitlebens gesperrt werden. Bis jetzt habe ich manchmal Mitleiden mit Ihnen gehabt; jetzt verachte ich Sie.‹
Ich ließ den Wagen halten, sprang heraus, und befahl meinem Bedienten, sich neben den Prinzen zu setzen; ich wollte im zweiten Wagen fahren.
›Um Gottes willen kompromittiere mich nicht!‹

* Pedro II. (1648–1706) entthronte 1667 seinen geistesschwachen Bruder Alfons VII. im Einverständnis mit dessen Gemahlin Maria von Savoyen. Ein Jahr später heiratete er seine Schwägerin und wurde 1683 nach dem Tode seines Bruders König. Louis Ferdinands Anspielung gilt zweifellos Friedrich Wilhelm III. und der Königin Luise, die Louis Ferdinand sehr verehrte; gemeint ist also der Sturz des »geistesschwachen« Königs und Louis Ferdinands Heirat mit Königin Luise. Das war freilich stark.

›Ei! Was! Das *Du* verbitte ich mir. Alles freundschaftliche Verhältnis hört auf; jetzt behandle ich Sie wie einen Gefangenen.‹
Darauf setzte ich mich wieder in den Wagen, aber von diesem Augenblick an wechselten wir kein Wort mehr. In der Mitternacht-Stunde kamen wir in Magdeburg an; ich erwartete den Anbruch des Tages und meldete mich beim Feldmarschall Kalkstein, dem ich das königliche Schreiben übergab.
›Wird er sich bei mir melden?‹ fragte der ehrwürdige Greis.
›Er kann vor Ew. Exzellenz nicht erscheinen; denn er hat kaum einen guten Rock anzuziehen; in Hamburg ist alles vermöbelt [*versilbert*] worden; selbst der Stern des Schwarzen Adler-Ordens.‹
›Ei! Ei! Ei! – Hier ist ein solcher Stern; ich will ihn dem Prinzen schicken.‹
›Wollen Ew. Exzellenz mir ihn geben; ich will ihn dem Prinzen zustellen.‹
Das geschah. ›Das ist ein Ordens-Stern. Damit Sie sich doch melden können.‹
Ich sagte dies mit einem verächtlichen Ton.
›Um Gottes willen, Massenbach, verlasse du mich auch nicht! Verzeihe meinen Wahnsinn. Schwöre mir, keinen Gebrauch von meinen allzu dreisten Äußerungen zu machen!‹
›Diesen Schwur kann ich mir nicht leisten! Meine Pflicht ist es, zu warnen, wo Warnung nötig ist.‹
›Um Gottes Barmherzigkeit willen, schon meiner.‹
›Sie verdienen keine Schonung; bei der ersten Veranlassung stoße ich Ihnen den Degen durch die Brust!‹
Ich nahm die Tür in die Hand; er sprang zwischen mich und die Türe.
›Mache mich nicht unaussprechlich unglücklich! – Habe Erbarmen!!‹
›So will ich Ihre verzweifelten Äußerungen auf die Rechnung des Wahnsinns schreiben, der sich Ihrer bemächtigt hat; und meine Warnungen auf eine Art einrichten, wodurch meine gute Absicht erreicht wird und Sie nicht unglücklich werden, wenn Sie zur Vernunft zurückkehren; aber an den König müssen Sie schreiben und ihn um Vergebung bitten, Ihren Posten bei der Armee verlassen zu haben.‹
Darüber entstand ein neuer Kampf. Er war im Begriff, sich ungebührrende Ausdrücke zu erlauben; ich schlug ihn aber mit Worten nieder,

die wie Keulen waren; entwarf ein kurzes, demutsvolles Schreiben, verlangte, zum ersten Zeichen unserer Versöhnung, daß *er* diesen Brief abschreiben, zum zweiten, daß er sich ankleiden und mit mir zum Feldmarschall gehen solle. Das Abschreiben der Bitte um Vergebung seiner Sünden versprochen, das Melden beim Feldmarschall wollte er bis zum Abend verschieben, um die Blicke der neugierigen Menge zu vermeiden.

Diesen Wunsch trug ich dem gutmütigen Kalkstein vor; er genehmigte ihn.

Ich begab mich zum Prinzen zurück; der versiegelte Brief an den König lag auf dem Tisch.

›Haben Sie ihn wirklich abgeschrieben?‹

›Ja! Auf meine Ehre!‹

Ich traute und reiste nach Berlin zurück. Als ich dem König meinen Expeditions-Rapport abgestattet hatte, fügte ich hinzu: ›Die Moralität dieses Prinzen ist durchaus vernichtet; er ist ein Wüstling, der auf Frauen-Gunst lauert und sich des Genusses rühmt! Es kann eine Zeit kommen, wo er verdient, zeitlebens in die Kasematten von Küstrin eingesperrt zu werden.‹

›Oho! Oho! Sie sind gleich für die härtesten Maßregeln.‹

›Ich wünsche, daß solche Maßregeln nie ergriffen werden müßten.‹

›Genüsse rühmt sich der Prinz? – Etwa in Schönhausen?‹

›Ja!‹

Dem Könige waren also diese nächtlichen Zusammenkünfte bekannt.

Und die Königin fragte mich nach dem Benehmen des Prinzen.

›Er ist ein Chamäleon; bei tugendhaften Frauen nimmt er die Farbe der Tugend an, bis er seinen Zweck erreicht hat.‹

Die Königin wurde blutrot und lenkte das Gespräch auf einen andern Gegenstand.

Das waren die Warnungen, die ich geben zu müssen glaubte.

Die Verachtung, die ich gegen den Prinzen fühlte, wurde in Berlin vermehrt, als mir Zastrow den kurzen Brief zeigte, den Louis Ferdinand an den König geschrieben hatte. Meinen Entwurf hatte er nicht abgeschrieben, also sein Ehrenwort gebrochen.

Ungeachtet die Verachtung, die ich gegen den Prinzen im Herzen trug, wahrlich sehr gerecht war; so wollte ich sie doch nicht offenbaren.

Auch verschwand nach und nach der Eindruck, den seine heftigen

Äußerungen auf mich gemacht hatten; nach und nach wurde ich milder; das Mitleid erwachte wieder; er kam mir wie der verlorene Sohn vor, doch wollte er den ersten Schritt zu Versöhnung mit seinem Vater und mit seiner Mutter nicht tun.
Seine Mutter und seine Schwester drangen in mich, ihm zu schreiben; ich tat es endlich, um einer Reise nach Magedeburg überhoben zu werden.
›Gnädigster Herr!
Bei meiner Rückkunft nach Berlin habe ich es mir angelegen sein lassen, die vielen übeln Eindrücke und nachteiligen Gerüchte, welche Euer Hoheit langer Aufenthalt in Hamburg veranlaßt hat, teils auszulöschen, teils zu widerlegen. In Absicht all dessen, was ich hierüber gesagt habe, beziehe ich mich auf das Zeugnis Ihrer Königl. Hoheit der Prinzessin Luise.
Wenn ich meine Absicht entweder gar nicht oder nur zum Teil erreicht habe, so liegt die Ursache in der Unmöglichkeit, Ihr Betragen ganz rechtfertigen zu können. Ihren Durchl. Eltern habe ich die Notwendigkeit, Ihre Schulden zu bezahlen und Ihr Hauswesen auf eine solide Art einzurichten, mit lebhaften Farben geschildert.
Man hat mir geantwortet, daß man beides schon vor 2 oder 3 Jahren zu tun willens gewesen sei, daß aber Ew. K. Hoheit selbst die größte Schuld hätten, wenn dieses Arrangement nicht zustande gekommen, indem Sie auf keinen Brief geantwortet und die Ihnen vorgelegten Bedingungen nicht hätten eingehen wollen.
Dieser Umstand verändert die Lage der Sache und kann für Euer K. Hoheit nicht anders als nachteilig sein. Es sind die unglücklichsten Folgen vorauszusehen, wenn sich Euer K. H. mit des Königs Majestät und mit Ihren Durchlauchtigsten Eltern nicht aussöhnen und Ihr Betragen nicht von Grund aus ändern.
Die Natur hat Sie mit großen Talenten begabt; demungeachtet werden Sie nie in wichtigen Angelegenheiten gebraucht werden können, weil man auf die Stetigkeit und Zuverlässigkeit Ihres Betragens nicht rechnen kann.
Auf dem Wege, auf welchem Sie seit mehreren Jahren wandeln, ist noch kein großer Mann, kein großer Feldherr gebildet worden. Sie leben in einer beständigen Zerstreuung; Sie machen den Tag zur Nacht und die Nacht zum Tage; die Morgenstunde verschlafen Sie; Ihre Lektüre ist nicht geordnet, ist Stückwerk; daher sind Ihre

moralischen und wissenschaftlichen Grundsätze schwankend und unstet.
Sie deklamieren, aber Ihrem Monologe fehlt es an logikalischem Zusammenhang.
Sie fliehen die Einsamkeit, und nur in der Einsamkeit reift der Mann, der seinem Vaterlande wahrhaft große Dienste leisten und den Ehrgeiz haben will, neben den großen Männern aller Jahrhunderte und aller Nationen zu glänzen.
Ich fürchte, gnädigster Herr, daß einst die richtende, keine Schmeichelei kennende Nachwelt Sie zum Seitenstück Friedrich Wilhelms, des Großen Kurfürsten, hinstellen dürfte.
Dieser entfloh den Reizungen einer wollüstigen Stadt, und Sie – Sie werfen sich mit allem Ungestüm eines ganz sinnlichen Menschen in die Arme der Wollust, die Ihren Körper entnervt und Ihren Geist entadelt.
Ich habe es Ihnen mündlich gesagt, und ich wiederhole es hier: Alle edlen Männer Ihre Vaterlandes trauern um Sie, der Sie mit eigener gewaltsamer Hand die Talente, womit die Natur Sie ausgerüstet hat, zerstören und sich auf solche Art dem Dienste Ihres Königes und Ihres Vaterlandes entziehen.
Ich habe Ihnen hier Wahrheiten gesagt, die Ihr eigener Genius Ihnen sagen muß.
Unglück über Sie, wenn Sie diese Wahrheiten und meine Absicht mißkennen.‹
Ein zweiter Brief an denselben:
›Von Gram und Schmerz gebeugt ist mein Innerstes zerrissen, wenn ich sehe, daß Euer Königl. Hoheit noch keinen Schritt getan haben, sich mit Ihrem Könige und mit Ihren Durchlaucht. Eltern auszusöhnen – sich vielmehr auch selbst in Magdeburg Zerstreuungen überlassen, die wahrhaftig Ihrem Verstande und Ihrem Herzen keine Ehre machen.
Verzeihen Sie diese aufrichtige Sprache einem Manne, der Ihnen von jeher mit ganzer Seele ergeben gewesen ist, und jetzt, auch jetzt, noch ist, der aber die verderbliche Kunst, Prinzen, wenn sie nicht auf dem Wege der Tugend wandeln, durch Schmeicheleien noch mehr zu verderben, als sie es leider schon sind, nicht kennt und nicht kennen will.
Wenn es möglich ist, gnädigster Herr, daß Sie *einen* Freund haben, so bin ich es.

Ich will Ihr Glück, Ihre Zufriedenheit; ich will Sie Ihrem Könige, Ihren Durchlaucht. Eltern, Ihrem Vaterlande wiedergeben.
Aber alles wollen Sie nicht.
Die Vorsehung hat Sie auf einen Punkt hingestellt, wo Sie beides, der Glanz und die Stütze des Throns sein können. Sie hat Sie mit seltenen Gaben ausgerüstet.
Die Vorsehung hat alles getan, um Sie zum glücklichen, selbst zum großen Manne zu bilden.
Ich beschwöre Sie, gnädiger Herr! legen Sie Ihre Hand an das Herz und fragen Sie sich, ob Sie den Erwartungen entsprechen, welche edle Männer gehofft hatten; ob das alles nicht Wahrheit ist, was ich Ihnen in meinem letzten Briefe gesagt habe? Welche unglückbringende Philosophie ist es, die Sie treibt, alle Pflichten, die dem Menschen heilig und ehrwürdig sind, mit Füßen zu treten?
Ist das die Philosophie der Marc Aurele und der Juliane, die Sie studiert haben wollen? Treten Sie auf diese Art in die Fußstapfen dieser großen Männer des Altertums und der großen Männer, welche Ihre eigene Familie aufzuweisen hat?
Können Sie es sich selbst verzeihen, daß sie einen tugendhaften König, der die Liebe seiner Untertanen und die Bewunderung von Europa verdient, nicht so ehren, wie es Ihre Pflicht und Schuldigkeit ist?
Können Sie es vor dem Richterstuhl Ihres eigenen Gewissens und vor dem Richter, vor welchem wir einst alle stehen werden, verantworten, Kummer und Gram über den Herbst der Tage Ihrer Durchl. Eltern und herben Schmerz über eine Schwester zu verbreiten, die Sie zärtlich liebt und welche keine Aufopferung kannte, um Ihnen aus dem Abgrunde des Verderbens, in welches Sie das Irrlicht einer verabscheuungswürdigen sogenannten Philosophie und eines Leichtsinnes gestürzt haben, der wahrhaftig Ihrem Alter nicht mehr angemessen ist, – eine rettende Hand zu reichen.
Man will Ihnen helfen; Sie sind es, der alle Hilfe von sich stößt.
Massenbach.‹

›Bester Freund!
Meinen wärmsten Dank für Deine redlichen und freundschaftlichen Bemühungen, ich war nichts weniger von Deinem Herzen und Deinem für alles Gute und Edle empfänglichen Geiste erwartend.
Schon längst hätte [*ich*] die mir vorgeschlagenen Maßregeln befolgt, allein ich gesteh es Dir offenkundig, sie standen und sind noch mit

meinem Herzen und Verstande im Widerspruch! Mit meinem Herzen, weil ich dann von Zärtlichkeit sprechen müßte, für die ich jetzt keine empfinden kann; meinem Verstande, weil ich mich Leuten überlassen muß, die gewiß von meiner Lage mißbrauchen, die einer jeden edlen liberalen und großmütigen Handlungen unfähig sind, die daher alles kleinlich, halb und unvollkommen tun werden, und dieses, gestehe ich Dir, wäre von keinem Nutzen, und der Zweck würde von allen Seiten verfehlt. Kann ich Vertrauen in meinen Vater haben, da er in den Briefen, die er meinen Adjutanten schreibt, sich auf die härteste, bitterste Art über mich äußert und mir solches zu sagen befiehlt, da ich sehe, daß der – größte Grad von Mikrologismus der einzige Maßstab seiner Anteile und Handlungen, daß die abgeschmacktesten Verleumdungen allein geglaubt werden. Kann ich einem Schmettau trauen, der alle Personen, die mich umgaben, von Hamburg nach Berlin kommen, sie durch ein öffentliches Mädchen mit der er lebt, invitieren und über mein Sujet examinieren läßt? Doch, ich habe geschrieben meiner Schwester wegen und um von meiner Seite alles zu tun, ohnedem ich die Notwendigkeit fühle, aus dieser Lage zu kommen, glaube ich auch das Opfer meiner Eitelkeit und Starrsinns, wenn selbige wider meinen Willen auf meine jetzigen Handlungen einen Einfluß hätten, meiner guten Schwester und Deiner Freundschaft schuldig zu sein. Nur noch ein Wort zur Antwort auf Deine Briefe und in betreff dessen, daß Du mir Friedrich Wilhelm weist. Schlag alte und neuere Geschichte auf und sieh, auf wie verschiedenen Wegen die Männer, die sich vor andern hervortaten, gewandelt sind; schwer scheint es mir daher zu bestimmen, welcher Weg dazu eingeschlagen werden muß; noch eins: die Menschen sind stets ungerecht, wir verlangen, indem wir das Gute von Charakteren preisen, daß sie zuweilen incompatible Dinge miteinander vereinen. Solltest Du noch mehr über das Irrlicht der Philosophie schelten, so muß ich Dir von Brandenburg den Helvétius mitbringen. Glaube nicht, daß ich unzusammenhängend – studiert habe, aber ich gestehe es Dir, zuweilen wird es im jetzigen Augenblick schwer, jetzt, wo die Zeit so mit Begebenheiten und Handlungen überladen ist, jetzt, wo so mancher erntet, der einsähete, das Leben spekulativ zuzubringen. Du sagst mir auch, ich überließe mich hier Zerstreuungen; mit Bedacht, versichere ich Dich, habe ich zufriedener geschienen als ich war, denn was kann ich wohl hier für Geist, Herz, ja selbst für

Imagination finden? Nur der Wunsch, nicht in einer unangenehmen Lage kleinmütig zu scheinen, war das einzige, das ich wünschte. Traurigkeit, glaube, muß man dem Menschen nie zeigen, denn es war Torheit oder Schwäche, solches zu tun, überdies ist mein Leben hier so eingezogen, daß ich nicht weiß, wer über solches noch sprechen kann. Indessen lebe wohl und empfange mit meinem Danke die Versicherung meiner aufrichtigen Freundschaft.

Louis Ferdinand.‹

Die Ferdinandsche Familie wollte mich immer tiefer hineinziehen; ich war der Sache überdrüssig, schrieb an Schmettau, man möchte mich in Ruhe lassen; ich brach kurz ab; Schmettau war mir von jeher ein fataler Mensch gewesen; ich konnte ihn, der auf solchen Wegen sich emporschwingen wollte, wahrlich nicht ehren.«

Beginn der Selbständigkeit

Der Hamburger Aufenthalt des Prinzen und die Begleitumstände seiner Rückkehr nach Magdeburg ließen sich nicht geheimhalten, wenngleich kaum Details bekannt wurden. Auch später kannte man nur die Darstellung, die Massenbach in seinen 1809 veröffentlichten Memoiren gab, ein Bruchteil dessen, was er in der erweiterten zweiten Fassung zu Papier brachte.
Immerhin, der Eindruck war übel genug, davon gibt eine Meldung Zeugnis, die der österreichische Geschäftsträger in Berlin schon am 25. Februar 1800 an die Wiener Regierung schickte: »Der Prinz Louis, erstgeborener Sohn Seiner Königlichen Hoheit des Herrn Prinzen Ferdinand von Preußen, welcher bei der Observations-Armee angestellt war, sich aber meistens in Hamburg aufhielt, wo er viele Schulden machte und sich fast auf eine seiner Geburt ganz unanständige Art betrug, ist auf Verlangen seines Herrn Vaters nach Magdeburg gebracht worden und darf diese Stadt bei Strafe eines strengeren Arrests nicht verlassen.«
Interessant ist der Hinweis, der Prinz habe sich »auf eine seiner Geburt ganz unanständige Art« betragen: Sollte da der politisch inopportune Umgang mit »Demokraten« gemeint sein?
Die Reiseabrechnung Massenbachs sah Vater Ferdinand mit Gram. Die Reise selbst (Potsdam – Berlin – Hamburg – Magdeburg – Berlin – Potsdam) kostete 543 Taler und 23 Groschen; der Transport des Klaviers 10 Taler; 1603 Taler und 4 Groschen hatten zur Schuldenliquidation gedient; 520 Taler übergab Massenbach dem mittellosen Prinzen. Alles in allem mußte Ferdinand 2706 Taler und 11 Groschen bezahlen, und das muß ihm sauer genug gewesen sein.
Hauptmann von Schwedern, der das seit Juli 1799 geführte Haushaltsbuch des Prinzen regelmäßig kontrollierte und abzeichnete, befand sich gerade in Bielefeld, als er von Ferdinand über das Vorgefallene und die getroffenen Maßnahmen informiert wurde. Am

23. Februar erwiderte der biedere Mann, das Schreiben Ferdinands habe ihn »ganz in Traurigkeit versetzt, da ich vermute, daß Höchstdieselben [*nämlich Louis Ferdinand*] sich der gänzlichen Ungnade Sr. Majestät des Königs und Ew. Königlichen Hoheit zugezogen haben. Ich will Se. Königliche Hoheit zwar nicht ganz entschuldigen, allein äußerst hart scheint mir doch die Strafe zu sein; ich habe daher die Hoffnung, daß Ew. Königliche Hoheit dieses so harte Urteil zu mildern suchen werden, wobei ich sogleich versichert bin, daß dies auf den Prinzen die beste Wirkung machen und [*er*] in der Folge sich nie wieder eines dergleichen Fehlers schuldig machen wird.«
Der Hauptmann scheint ein guter Menschenkenner gewesen zu sein. Hätte in dieser für Louis Ferdinand so demütigenden Situation der Vater die Hand ausgestreckt, hätten die Eltern ein klärendes und versöhnendes Gespräch angestrebt, in dem ohne Emotionen auch die leidliche Geldfrage grundsätzlich angesprochen worden wäre: Nach allem, was wir von Louis Ferdinand wissen, hätte das zu einer endgültigen Bereinigung dieses unerquicklichen Verhältnisses zwischen Eltern und Sohn führen müssen. Aber diese Eltern erkannten überhaupt nicht die Situation, in der sich ihr sensibler Siebenundzwanzigjähriger befand, sie spürten nicht entfernt, wie sehr dieser junge Mensch durch das sture preußische Erziehungsreglement vergewaltigt wurde und daß alle seine »Exzesse« nur die Reaktion einer Seele waren, die sich nicht länger verkrüppeln lassen wollte. Sie begriffen es nicht, unfähig, andere Realitäten zu erkennen als nur das ausgegebene Geld.
Nur Luise, die Schwester, verstand die Situation. Massenbach hatte sie um Vermittlung beim Vater gebeten, und zugleich ließen sie des Bruders Briefe erkennen, wie erbittert er von seinen Eltern und dem König dachte. »Sage mir einmal, Schwester, was haben meine Eltern, seit ich existiere, zu meinem Glück beigetragen? Nichts! [...] Ebers wird Dir diesen Brief überbringen. Hoffentlich wird seine Anhänglichkeit an mich nicht ein Grund werden, ihn nun auch zu verfolgen.« – »Meine Gedanken sind wenigstens noch nicht arretiert!«
Luise wußte auch, wieviel ein Gespräch bewirken konnte: »Niemals habe ich wirkliche Beleidigungen, wie so viele sie Louis zugefügt hatten, mit vollkommerem Edelmut verzeihen sehen, als mein Bruder es tat: Ein Reuezeichen, ein Freundschaftsbeweis, dem er Glauben schenkte, genügte seinem Herzen, um sogar jedes empfundene Kränkungsgefühl auszulöschen. Ebenso hatte *ein gutes Wort*

seiner Eltern die Macht, ihn selbst in den erregtesten Momenten zu beschwichtigen. Niemals habe ich ihn einer sanften oder wohlwollenden Bemerkung widerstehen sehen, und wenn meine Eltern (zumal meine Mutter) ihre Herrschaft über ihn nur ausgenutzt hätten, statt eine völlig zwecklose Strenge herauszukehren, würden sie sich und meinem Bruder viele Schmerzen erspart haben.« Louis Ferdinand ließ wissen, daß ihm an einer Aussöhnung mit den Eltern gelegen sei. Der König erlaubte ihm incognito einen Tag in Berlin zuzubringen. Hinter Ferdinands Rücken traf er sich mit seiner Mutter, sprach sich mit ihr aus, und sie gab ihr Wort, sich beim Vater für ihn zu verwenden. Das war schwierig: »Mein Vater neigte dazu, einen einmal gefaßten Groll nicht fahren zu lassen«, schreibt Luise, »und meine Mutter machte bei dieser Gelegenheit die Erfahrung, daß es leichter war, ihn gegen jemand aufzubringen, als diese einmal erweckten Gefühle wieder zu verwischen.«

Am 29. März bewilligte der König vierzehn Tage Urlaub für Berlin. Begleitet wurde Louis Ferdinand von seinem Leibjäger Carl Ludwig Ohrdorff, der nun schon seit zehn Jahren bei ihm war, auch in Hamburg. Ferdinand ließ diesen Mann am 7. April regelrecht verhören und darüber ein Protokoll anfertigen. Man wollte von ihm Details wissen, besonders interessierten natürlich die Schulden. Aber Ohrdorff konnte nichts Belastendes aussagen, er wußte nichts von dem, was man von ihm wissen wollte. Natürlich hatte die Urlaubsbewilligung nicht diesen, sondern einen ganz anderen Grund. Vater Ferdinand, die Schuldenmasse des Sohnes vor Augen, war auf folgenden Einfall gekommen: Louis Ferdinand sollte die vermögende Prinzessin Wilhelmine von Kurland ehelichen; damit würde alles finanzielle Ungemach ein Ende finden (und ihn selbst nichts kosten). Er ließ wissen, daß diese Heirat Voraussetzung für die Versöhnung sei. Nur war Wilhelmine eigentlich dem Sohn des berühmten russischen Feldmarschalls Suworow bestimmt worden, dem Sohn jenes Mannes, den Louis Ferdinand haßte, weil er 1794 den polnischen Aufstand brutal niedergeknüppelt hatte. Entsprechend war seine Reaktion:

»Wilhelmine sollte in Rußland leben? Mit dem Sohn des Mörders von Praga? Sie, die, wie man sagt, Unabhängigkeit und Freiheit liebt, philosophische Ideen hat? Wenn sie ihn liebt, gut, dann wäre nichts weiter darüber zu sagen, und ich würde sofort Schluß machen. Doch wenn sie ihn nicht liebt, dann wär es eine Torheit. [...] Weißt Du,

meine liebe Freundin, daß ich meine Reise nach Leipzig [*wo Wilhelmine wohnte*] als einen ersten Feldzug gegen die Russen auffasse? Ehrenwort! Es wäre zu schön, den ersten Waffengang gegen den Sohn Suworows zu unternehmen!«
Gegen die Heirat hatte er nichts einzuwenden. Anfang Mai fuhr er nach Leipzig: Anton Radziwill war vorausgefahren. Am 7. Mai schreibt Louis Ferdinand an seine Mutter:
»Sie werden dem Brief meines Schwagers entnommen haben, wie die Dinge stehen. Wir wurden von der Herzogin äußerst gnädig und liebenswürdig empfangen, und wir haben diese zwei Tage entweder bei ihr oder in der Gesellschaft verbracht.
Die Prinzessin ist reizend, und soweit ich es beobachten konnte, ist es nicht zuviel gesagt, daß sie mich mit vollem Recht verdient. Sie ist vollkommen, ihr Betragen – sei es in der Gesellschaft oder ihrer Mutter gegenüber – ist einfach und natürlich, begabt mit Zurückhaltung und Demut und ohne sich altmodisch zu zieren. Das wenige, das ich sie habe sagen hören, zeugt von einem genauen und ernsten Geist, schließlich alles Tugenden einer Frau, die nicht gewöhnlich ist. Ihr Äußeres ist reizend, und sie scheint mir in jeder Beziehung wünschenswert. Das ist das, was ich wahrhaft glaube sagen zu können und eine berechtigte Huldigung, die ich ihr unaufhörlich bezeigte. [...] Bis jetzt war ich sehr in Eile, aber ich glaube wahrhaft sagen zu können, daß ich, hätte ich Gelegenheit, die Prinzessin öfters und ausführlicher zu sehen, hoffen könnte, ihr zu gefallen, denn ich habe schon einen markanten Unterschied entdeckt in ihrem Betragen zwischen gestern und heute. Meine liebe Mutter weiß so gut wie ich, wie delikat meine Stellung ist und daß ich Gefahr laufen würde, alles zu verderben, wenn ich auf überstürzte Weise vorginge. Im übrigen gebe ich frei zu, wenn die junge Prinzessin nicht so wäre wie sie wirklich ist, hätte nichts mich vermocht, meine Unternehmung fortzuführen. Jedoch hat sie in jeder Beziehung meine Hoffnungen übertroffen. Anton wird morgen mit der Herzogin sprechen, und erst danach können wir meiner lieben Mutter genauere Nachricht zukommen lassen. Was man wirklich sagen kann ist, daß die Lage der Dinge so günstig zu sein scheint, wie sie es im Augenblick nur sein kann.
So flehe ich denn meinen Vater an, sich nicht zu beunruhigen und daran zu denken, daß nichts auf der Welt irgendwelche Hindernisse bietet.«

Er täuschte sich: Die Hindernisse standen längst bereit. Oberst Köckritz, der Adjutant des Königs, teilte Ferdinand mit – und der schickte den Brief sofort nach Leipzig –, der König würde der geplanten Heirat nicht zustimmen. Ein zweiter Brief kam von der Oberhofmeisterin Voß, die ähnliches wissen ließ. Anton Radziwill war empört: »Diese ganze Geschichte macht mir solchen Kummer und Ärger, daß ich es nicht beschreiben kann«, schrieb er seiner Frau. »Wenn man durch Köckritz ›nein!‹ gesagt hätte, würde ich nicht so platt sein; aber sich mit der Reise nach Leipzig einverstanden erklären, mich zwölf Tage in der Schwebe halten, ohne mir eine Antwort zukommen zu lassen, die eine Ablehnung enthalten hätte, das kann ich schwer verwinden. Dazu nun noch der Brief der Voß! Ich kann alles schlucken, aber nicht solche Demütigungen, wie man sie mir bereitet hat. Dein Bruder tut mir leid. Er quält sich mit der enttäuschten Hoffnung ab, und ich kann ihn mit nichts trösten.«

Am 11. Mai waren sie wieder in Berlin, und am 19. Mai traf der vom König beauftragte Minister Alvensleben im Hause Ferdinand ein, um die gegen die Heirat sprechenden Gründe zu erläutern. Ferdinand war verbittert, denn Köckritz hatte ihm zuerst gesagt, der König hätte gegen eine Reise Louis Ferdinands zur Herzogin von Kurland nichts einzuwenden, und das hatte Ferdinand als indirekte Zustimmung zur Heirat gedeutet. Der König aber war gegen die Heirat »unter vielen andren Gründen auch deshalb«, weil, so sagte Alvensleben, »1. die Herzogin eine höchst intrigante Frau sei, mit welcher er in keiner Verbindung stehen wolle; 2. weil er sich aus der ehemaligen Untersuchung gegen den Fürsten Radziwill erinnere, daß darin die Rede von Erhebung des Prinzen Louis auf den polnischen Thron gewesen, auch daß es in Verbindung mit einer Heirat einer Tochter der Herzogin von Kurland bedenklich sei«.

Eigentlich hatte Alvensleben das alles mit Ferdinand unter vier Augen besprechen wollen, aber da ging die Tür auf, und Prinzessin Ferdinand und Sohn Louis traten ein, »welches natürlicherweise noch mehr Behutsamkeit notwendig machte«. Alvensleben schickte voraus, »den mir bestimmt scheinenden Entschluß des Königs, in diese Heirat nicht zu willigen«, und begründete dann, »ohne jedoch des oben angeführten Hauptgrundes zu erwähnen, weil er unangenehme Rückerinnerung in Absicht der Prinzessin Luise und des Fürsten Radziwill hätte herbeiführen können«. Alvensleben hatte ein ganzes Bukett von Gründen zur Hand, er sprach von »Mißheirat«,

die dieser Ehe entsprossenen Kinder würden »keine Ansprüche auf die preußische Krone und Staaten« haben, verschiedenen Höfen, vor allem dem russischen, würde die Heirat nicht passen; es sei »mit unendlichen Unannehmlichkeiten verbunden, wenn ein preußischer Prinz ein mixter [sic!] Untertan des Kaisers und des Königs werde, wie das doch bei Sagan und Nachod als Eigentum des Prinzen Louis der Fall sein würde«; über ihr Vermögen könne die Prinzessin erst bei vollendetem 24. Lebensjahr [*1805*] verfügen, und überhaupt und endlich sei »wenig Vorteil für den Prinzen Louis von einer solchen Heirat zu erwarten«.
»Jedoch alle meine Vorstellungen fruchteten nichts.« Ferdinand beharrte darauf, Köckritz' ersten Brief als Zustimmung zu interpretieren, Louis Ferdinand erklärte sich bereit, auf die Thronfolgerechte seiner Kinder zu verzichten. Den hübschesten Einfall aber hatte Prinzessin Ferdinand: Sie nahm Alvensleben beiseite und erklärte ihm, der Gesundheitszustand ihres Mannes wäre durch die Aufregung »ganz über den Haufen geworfen«, das »einzige Rettungsmittel« ihres Sohnes Louis sei die Heirat, und da dessen Gesundheit nachweislich vortrefflich war, schob sie die Tochter vor, die doch mit der ganzen Geschichte gar nichts zu tun hatte, indem sie Alvensleben versicherte, auch der Gesundheitszustand Luises sei »der größten Gefahr ausgesetzt«.
Alvensleben gab zu bedenken, der Ruf der Prinzessin von Kurland sei »nicht ganz untadelhaft«, und als das auch nichts fruchtete, bekrönte er seine Argumentation mit der Albernheit, Prinzessin Ferdinand solle auch daran denken, »daß diese Heirat, wenn die königlichen Kinder aussterben sollten, den Staat wegen der dieserhalb entstandenen Kriege 50 000 Menschen kosten würde«. Solche Zukunftsspekulationen beeindruckten Prinzessin Ferdinand am allerwenigsten, aber sie spürte natürlich doch, daß an der Sache nichts mehr zu ändern war, und Alvensleben verließ eine in Tränen aufgelöste Mutter.
Mit der Heirat wurde es also nichts, es blieben die Schulden, und die betrugen im Juni 1800 inzwischen 185 588 Taler. Jetzt ging es an die Rationalisierung von Louis Ferdinands Haushalt in Magdeburg. Schwedern hatte schon im März eine Aufstellung gemacht, nach der bezogen an monatlicher Zahlung:

1. Haushofmeister Knoblauch: 25 Taler
2. Koch La Notte: 20 Taler

3.	Kammerdiener Hoffmann:	20 Taler, 16 Groschen
4.	Leibjäger Ohrdorff:	16 Taler, 16 Groschen
5.	Lakai Nitsche:	13 Taler, 16 Groschen
6.	Lakai Deinert:	10 Taler, 16 Groschen
7.	Friseur Fülleborn:	10 Taler, 16 Groschen
8.	Jäger Donnerhacken:	5 Taler
9.	Eine Küchenfrau:	5 Taler
10.	Reitknecht Andrée:	21 Taler
11.	Reitknecht Giese:	7 Taler
12.	Reitknecht Göritz:	7 Taler
13.	Reitknecht Schaf:	7 Taler
14.	Reitknecht Otto:	7 Taler
15.	Küchenknecht Wilcke:	4 Taler
16.	Schmied Hildebrandt:	8 Taler
17.	Pension für Stallmeiter Morin:	12 Taler
18.	Pension für Kammerdiener Stoltze:	20 Taler

Das Klavierstimmen und Notenschreiben besorgten die Brüder Avées, beides Musketiere von Louis Ferdinands Regiment, für eine Zulage von fünf Talern.

Ferdinand hatte nach Durchsicht dieser Liste die Entlassung von La Notte, Hoffmann, Fülleborn, Donnerhacken und Andrée verlangt, wogegen Schwedern einwandte, daß es sich bei diesen um untadelige Leute handele. Ihre »schleunige Entlassung« werde »ein ungünstiges Vorurteil gegen sie erwecken und ihr weiteres Fortkommen erschweren«, was recht sozial gedacht war. Wenigstens möge man doch La Notte, Hoffmann und Andrée belassen, dies sei der besondere Wunsch seines Sohnes. Schließlich könne sich Haushofmeister Knoblauch nicht auch noch um die Küche kümmern. Nach einigem Feilschen quittierten schließlich sechs Domestiken den Dienst: Hoffmann, Fülleborn, Donnerhacken, Göritz, Otto und Wilcke, das bedeutete eine Einsparung von monatlich 53 Talern und 18 Groschen. Das Haushaltsbuch schickte Schwedern an die Verwaltung des Hauses Ferdinand, wo es gleichfalls für gut befunden wurde. Daß Louis Ferdinand aber außer den Beträgen, die in diesem Buch verzeichnet wurden, Geld aufnahm und ausgab, daran dachte offenbar niemand. Nach der Entlassung von drei Reitknechten wurde auch der Pferdebestand reduziert: Von seinen neun Reitpferden mußte der Prinz drei abtreten.

Mit den sechs war er in Berlin gewesen, und als er nach Magdeburg zurückkehrte, hatte er die Pferde vorausschicken lassen. Auf dem Transport brach durch die Nachlässigkeit der Reitknechte Feuer aus: Drei von den ihm verbliebenen sechs Pferden verbrannten. Als Louis Ferdinand davon erfuhr, galt seine erste Frage den Begleitern, und als er hörte, daß niemand von den Reitknechten zu Schaden gekommen war, meinte er: »Nun, dann ist das Unglück doch gar so groß nicht.« Den Vorschlag, die pflichtvergessenen Leute zum Teufel zu schikken, wehrte er ab: »Nein, sie sind durch das Unglück selbst, durch Schreck und Angst bestraft; auch haben sie genug von der Furcht gelitten und werden es sicher nie wieder tun!« Aber der Verlust der kostbaren Pferde war ihm doch so an die Nieren – richtiger: die Galle – gegangen, daß er ernstlich erkrankte. Das nun rührte Onkel Heinrich, der sich gerade in Berlin aufhielt und von dem Vorfall erfuhr: Spontan schenkte er dem Neffen so viel Geld, daß davon drei neue Pferde gekauft werden konnten. Außerdem versprach er, sich nun endlich um die finanziellen Verhältnisse Louis Ferdinands zu kümmern.

Das wollte auch ein anderer: Im September unternahm Friedrich Wilhelm Herzog von Braunschweig-Wolfenbüttel (später der »schwarze Herzog« genannt) den Versuch, alle Wechselverschreibungen des Prinzen aufzukaufen, »dergleichen sollen unter denen Juden [...] zu haben sein«. Und er fügte hinzu: »Weder Profit noch dem Prinzen zu schaden dient zum Bewegungs-Grund, sondern eine andere Absicht«, wohl die, den Prinzen vor einer allgemeinen Kompromittierung zu bewahren. Das Ergebnis dieser Aktion kennen wir nicht, aber wir wissen, daß sich die Schuldenlage nicht wesentlich veränderte, obwohl Vater Ferdinands Rationalisierungsmaßnahmen auch den Lebensstil betrafen. Haushofmeister Knoblauch wurde vorgeschrieben, bei den Mahlzeiten dürfe pro Person nicht mehr als 16 Groschen ausgegeben werden, Kaffee und Tee für zwei Groschen, und mehr als eine halbe Flasche Wein zu sechs Groschen dürfe niemand trinken. Macht zusammen einen Taler. Was die Beleuchtung anlange, so durfte der Prinz nicht mehr als vier Wachslichter täglich verbrauchen. Im Saal und im Vorzimmer brannten nur zwei Talglichter, zwei weitere draußen in den Laternen, in den Zimmern des Personals und in der Küche acht Talglichter. Macht zusammen vier Wachs- und zwölf Talglichter täglich. Auch die Heizung wurde nicht vergessen. Täglich geheizt werden durften nur zwei Zimmer des Prinzen und vier des Personals. Für Tafel-, Bett- und Küchenwäsche monatlich zehn Groschen, für die Pflege des Kupfergeschirrs acht Groschen. Nichts war vergessen. Oder doch? Die Königin bezog ein monatliches Taschengeld von tausend Talern (die hatte sie schon als Kronprinzessin bekommen), und es dauerte gar nicht lange, da hatte sie 64 000 Taler Schulden gemacht, die der König stillschweigend begleichen mußte. Zwar betrugen Louis Ferdinands Schulden fast das Dreifache, aber er bezog ja auch viel weniger und hatte einen erheblich höheren Repräsentationsaufwand als die Königin, weil er ihn aus eigener Tasche bezahlen mußte, indes die Königin diesen Aufwand von der Staatskasse vergütet bekam.

Im Mai 1800 hatte Louis Ferdinand in Berlin einen neue Bekanntschaft gemacht: Rahel Levin. Sie, die Tochter eines jüdischen Diamantenhändlers, unterhielt einen kleinen Salon in ihrer Dachwohnung in der Jägerstraße zu Berlin, und dieser Salon gehörte zu jenen Formen jüdischer Emanzipation, mit denen sich die Juden aus dem Getto lösten und die Assimilation anstrebten. Alle gesellschaftlich dominierenden Salons wurden damals von Jüdinnen geführt, in Berlin gab es auch den der gerade sechsunddreißigjährigen Henriette Herz, der Witwe eines jüdischen Arztes, sieben Jahre älter als Rahel. »Wissen Sie, wer jetzt noch meine Bekanntschaft gemacht hat?« schrieb Rahel. »Prinz Louis. Den find' ich gründlich liebenswürdig. Er hat mich gefragt, ob er mich öfter besuchen dürfe, und ich nahm ihm das Versprechen ab. Solche Bekanntschaft soll er noch nicht genossen haben. Ordentliche Dachstuben-Wahrheit wird er hören.«

Dachstuben-Wahrheit: Das war ein anderes Wort für den freien Umgang, den man in Rahels Mansardenwohnung pflegte, wo Standesunterschiede nicht zählten, wo Prinz, Adliger, Bürger, Jude ganz selbstverständlich gleich galten. »Ich stand über allem Rangesvorurteil«, hatte Louis Ferdinand aus Hamburg geschrieben, und das galt auch jetzt für die Dachstube. Wenn Rahel den Prinzen mit »Königliche Hoheit« oder »Gnädiger Herr« anredete, so beachtete sie damit nur eine Form der Höflichkeit, mehr nicht. Er selber sagte zu ihr meist »Kleine« oder »Rahel«. Bei ihr verkehrten Gentz, Schleiermacher, Friedrich Schlegel, Dorothea Veit, Alexander und Wilhelm von Humboldt, Ludwig und Friedrich Tieck, der schwedische Legationssekretär Karl Gustav von Brinckmann und viele andere; man traf sich

dort bei Tee und Gebäck zu langwierigen Diskussionen, und seit Louis Ferdinand und Anton Radziwill dort verkehrten, gab es auch Musik zu hören. Graf Hugo von Salm, den Brinckmann mitgebracht hatte, beschreibt einen Abend bei Rahel:
»Noch war alles gespannt, [...] als eine neue Erscheinung auftrat, Prinz Louis Ferdinand. Die ganze Gesellschaft erhob sich einen Augenblick, aber gleich rückte und setzte sich alles wieder zurecht, und der Prinz nahm einen Platz neben Dlle. Levin, mit der er auch unverzüglich ein abgesondertes Gespräch begann. Er schien unruhig, verstört, ein schmerzlicher Ernst verdüsterte sein schönes Gesicht, doch nicht so sehr, um nicht eine liebevolle Freundlichkeit durchschimmern zu lassen, die bei seiner hohen, herrlichen Gestalt und freien gebieterischen Haltung um so wirksamer für ihn einnahm. Ich war vom ersten Augenblick bezaubert; einen so günstig ausgestatteten Menschen hatte ich noch nicht gesehen; ich mußte mir bekennen, in solcher Person und in solcher Weltstellung durch das Leben zu gehen, das sei denn doch einmal ein Gang, der der Mühe wert sei. Solche Heldenfigur gibt in der Tat eine Vorstellung von höherem Geschlecht, Beruf und Geschick, und wirft in das, was uns bisher nur als Dichtung erschien, ein lebendiges Zeugnis von Wirklichkeit.
Brinckmann vergötterte den Prinzen und sprach mit Liebe von seinen menschlichen Eigenschaften, mit Bewunderung von den in ihn gelegten Kräften, die ihn fähig machten, das Größte zu leisten, jeden Entschluß zu fassen, jede Tat zu vollbringen, zu der eine starke Seele nötig. ›Doch leider‹, fuhr er fort, ›ist es auch sein Unglück, einen so hohen Beruf zu haben, den zu erfüllen die Gelegenheit fehlt. Denn was soll er tun? Ein gleich großer, aber nicht so begünstigter Genius erränge sich erst eine Stellung und verwendete *dazu* seine Kraft; dieser aber *hat* seine Stellung und kann nichts erstreben, als was gerade sie *nicht* zugesteht. Nur die Welt der Empfindung ist ihm noch übrig und offen, und hat sein ganzes Wesen sich *dahin* geworfen, er liebt, liebt leidenschaftlich und unbefriedigt, und stellt auch hierin wieder ein eigentümliches und reiches Menschengeschick dar.‹
Der Prinz war aufgestanden und hatte sich die Fremden vorstellen lassen, nämlich die beiden Österreicher und mich, die übrigen waren ihm schon bekannt, und zum Teil, wie Schack, Brinckmann und Gentz, völlig vertraut. Seine Leutseligkeit war vornehm, und doch durchaus menschenfreundlich, ohne den Beigeschmack von Herab-

lassung, der die Gnade der Großen meistenteils so ungenießbar macht. Auch wurde der Prinz durchaus nicht schmeichlerisch behandelt, die herkömmlichen Formen der Ehrerbietung fehlten nicht, allein außer dieser konnte ihn nichts erinnern, daß er mehr sei als die andern. Nach wenigen Augenblicken fand ich mich so unbefangen und behaglich in seiner Gegenwart, als hätte ich ihn schon jahrelang gekannt. Ihn selber schien kein Zwang befallen zu können, er verfuhr und sprach, als ob er unter geprüften Freunden sei.

Diese Freiheit, sich überall ohne Scheu auszusprechen, war allerdings ein köstliches Vorrecht seiner hohen Stellung, aber um dasselbe auszuüben, war doch wieder er selbst erforderlich. Ihn kompromittierte nichts, weil er sich nie für kompromittiert ansah. Was man ihm nachsagte, das kümmerte ihn nicht. In seiner Sphäre wagte sich niemand an ihn, und eine fremde Macht, vor der der Prinz von Preußen sich gebeugt hätte, gab es nicht. So sprach er ohne Zurückhaltung seinen Unwillen und Grimm gegen Bonaparte und gegen die freundschaftlichen Verhältnisse aus, welche die Höfe mit ihm unterhielten. Eine der Anklagen, die er gegen ihn vorbrachte, war in dem Munde eines Prinzen sonderbar; man war überrascht, jenem vorgeworfen zu sehen, daß er die Freiheit untergrabe! Merkwürdiger noch als in diesen Äußerungen erschien mir der Prinz in einigen andern, welche hinter scheinbarer Zerstreuung und Unaufmerksamkeit die feinste Beobachtung und Menschenkenntnis verrieten. So sprach er von seiner Familie, von seiner Schwester, der dem Fürsten Anton Radziwill verheirateten Prinzessin Luise, von seinem Bruder, dem Prinzen August, mit ebenso großer Zuneigung als Offenheit, als ob uns allen dieser Umgang und diese Einsicht wie ihm selber vertraut sein müßten. Seinen Schwager, den Fürsten Radziwill, schien er besonders zu lieben, die gemeinsame Liebe zur Musik wirkte hier mächtig ein. Er vermißte ihn und fragte, ob er schon dagewesen? Auf die Bemerkung, er sei wohl zur Jagd gefahren, lächelte der Prinz. ›Zur Jagd?‹ wiederholte er, ›da kennen Sie meinen Schwager nicht! O ja, er fährt zur Jagd, wenn es sein muß, er macht alles mit; aber alles, was er tut, tut er nur im musikalischen Sinn, und zum Beispiel auf der Jagd ist ihm an Wild und Beute nichts gelegen, sondern seine Jagdlust läuft darauf hinaus, daß er sich mit der Büchse unter einen Baum stellt und dann vor sich hin singt: *La caccia! la caccia!*‹

Die den Fürsten näher kannten, bestätigten eifrig das treffende Gleichnis und bewunderten nur, daß der Prinz, der so wenig achtzuhaben schien auf das, was um ihn vorging, zu dieser Auffassung habe kommen können.
Der Prinz nahm seinen Hut und schickte sich zum Fortgehen an, wir alle taten desgleichen, und eben wollten Brinckmann und ich als die letzten dem Prinzen folgen, als auf der Treppe der Fürst Radziwill uns begegnete und unter freudigen Äußerungen den Prinzen wieder zu dem Salon zurückführte.
Brickmann aber und ich, wir gingen unsres Weges weiter. Als wir auf die Straße kamen, fanden wir den Himmel aufgestirnt, die Luft milde, und es gefiel uns, in der breiten Straße noch zu lustwandeln. Ohnehin war ich von dem erlebten Abend in großer Aufregung und fühlte das Bedürfnis, manches auszusprechen und vieles zu fragen, was mir aufgefallen oder nicht klar geworden war. Wer hätte mir hierbei besser dienen können als mein Begleiter, wo wäre größere Bereitwilligkeit zu finden gewesen!
Wir waren etwas auf dem Gendarmenmarkt umhergegangen, kehrten aber nun in die Jägerstraße zurück, wo der Wagen des Prinzen noch vor dem Hause hielt. In dem Zimmer oben war ein Fenster geöffnet, und Klaviertöne erklangen. Wir standen still und lauschten; der Prinz phantasierte mit genialer Fertigkeit, Dlle. Levin und Fürst Radziwill standen mit dem Rücken gegen das Fenster, und wir hörten einigemal die Stimmen ihres Beifalls. Wie gern hätten wir die unsere hinzugefügt! Das Spiel des Prinzen war kühn und gewaltig, oft rührend, meist bizarr, immer von höchster Meisterschaft. Nach einer halben Stunde hörte er auf, bald nachher fuhr er mit seinem Schwager nach Hause. Die Uhr war halb eins.«
Die häufige Anwesenheit des Prinzen wertete Rahels Salon in der Öffentlichkeit natürlich auf; andererseits wird man den neuen Umgang Louis Ferdinands kaum löblich gefunden haben, denn so etwas schickte sich nicht für einen Prinzen. Der König war schon entrüstet gewesen, daß die Königin sich mit Jean Paul im Park unterhalten hatte. Wer war schließlich Jean Paul? Doch nur ein Bürger.
Louis Ferdinand betrieb jetzt intensiv militärwissenschaftliche Studien. Er arbeitete sie schriftlich aus und schickte die Aufsätze zur Begutachtung an Scharnhorst, der ihm antwortete: »Ich habe sie nicht allein mit sehr großem Interesse, sondern auch mit Belehrung gelesen, und was die Präzision im Vortrage betrifft, so glaube ich,

daß Ew. Königliche Hoheit viele militärische Schriftsteller übertreffen. Dies alles ist meine ungeheuchelte Beurteilung und mein Gefühl der Freude darüber, daß das preußische Haus einen Prinzen hat, der soviel auf die Zukunft verspricht und sich schon als Jüngling einen so großen Fond von gründlichen Kenntnissen erworben hat, den sich unsere erfahrensten Krieger nur selten rühmen können.«

Auch um seine musikalische Fortbildung bemühte er sich jetzt stärker. Seine ersten Kompositionsversuche in Hamburg hatten ihm gezeigt, daß er sich gründlicher in Harmonielehre und Satztechnik ausbilden lassen mußte. Er hatte an Anton Reicha geschrieben, den er aus Hamburg kannte und der jetzt in Wien lebte, hatte ihm »seinen Tisch und seinen Schutz« angeboten und ihm »die erste in Berlin ledig gewordene Kapellmeisterstelle« versprochen, wenn er sich bereit fände, sein Kompositonslehrer zu werden. Aber Reicha lehnte ab.

Dafür lernte Louis Ferdinand den berühmtesten Violoncellisten seiner Zeit kennen, den gleichaltrigen Jacques Michel Hurel de Lamare, der – unterwegs zu einer Rußland-Tournee – in Berlin Station machte. Lamare wohnte einige Zeit beim Prinzen, und sie musizierten viel miteinander. Einmal machte Louis Ferdinand seinem Ärger über Frankreich Luft. »Monsigneur« sagte daraufhin Lamare, »ich habe die Ehre Ew. Königliche Hoheit darauf hinzuweisen, daß es mein Vaterland ist, von dem Sie so sprechen!« Louis Ferdinand war das unangenehm: »Sie haben recht, mein lieber Lamare, es war mein Fehler. Lassen wir dies Thema, und wenden wir uns lieber der Musik zu.« Sie schieden als Freunde und tauschten sogar Ringe miteinander. Lamare fuhr nach Petersburg; beide sahen sich nicht wieder.

In den ungedruckten Erinnerungen des Oldenburgers Ludwig Starklof (1789-1850) findet sich eine Reminiszenz an den Aufenthalt des Regiments des Prinzen und seines Chefs in Oldenburg, die hier erstmals zitiert sei:

»Herbst 1800 hatten wir neue Einquartierung. Das preußische Regiment *Prinz Louis Ferdinand* rückte in Oldenburg, das Regiment Kleist in Bremen ein. Es handelte sich um Differenzen zwischen England und Preußen. Der Prinz Louis Ferdinand machte vollständig den Eindruck eines Fürsten aus größeren Weltkreisen, der kleinstädtische, kleinstaatliche Beschränkung und Rücksichten nicht kennt und vornehm resolut frisch ins Leben hineingreift. Das

Regiment rückte am 21. Mai 1801 wieder ab, nahdem es einige Monate bei uns gestanden hatte. Der Prinz hatte sein Quartier an der Huntestraße im damaligen Hause des Forstmeisters von Heimburg, welches nachher dem Weinhändler Bollmann gehörte. Uns empörte die Brutalität und Unmenschlichkeit, womit die meisten preußischen Offiziere die Gemeinen mißhandelten. Ein so fürchterliches Prügeln hatten wir nie gesehen, nie für möglich gehalten. Die Offiziere fuchtelten darauf los, daß es ein Greuel war. Manche hatten diese Grausamkeit förmlich systematisch und raffiniert ausgeklügelt, sie setzten den Soldaten den Griff des Degens so gewaltsam hinter die Schulter, daß die Klinge nach vorn auf die Brust hinüberschlug. Die Offiziere hatten am Schlagen nicht genug, sie stießen die Leute mit dem Degen unters Kinn, sie bissen sie in die Ohren, stachen sie in die Waden, und was dergleichen Teufeleien mehr waren. Den ganzen Morgen hindurch widerhallte der Exerzierplatz von den Schlägen, in deren Austeilung die Kapitäns, Leutnants, Junkerkorporals miteinander wetteiferten. Die Offiziere waren größtenteils unwissende, hochnasige Edelleute, die jeden Menschen, der nicht Soldat war, mit dem Schimpfname Knote belegten.«

Von der in der preußischen Arme üblichen Brutalität war schon im zweiten Kapitel die Rede gewesen, insofern können uns Starklofs Beobachtungen nicht überraschen. Wohl aber muß es erstaunen, daß dergleichen offenbar auch unter den Augen des Prinzen möglich schien, denn es gibt ausreichend Belege für seine humane Gesinnung gerade gegenüber den einfachen (»gemeinen«, wie man damals sagte) Soldaten. Der Widerspruch ist nicht aufzulösen, es sei denn, der Prinz wäre auf dem Exerzierplatz nicht anwesend gewesen oder hätte sich vorübergehend nicht in Oldenburg aufgehalten. Das aber ist weniger wahrscheinlich, und eine erneute Abwesenheit hätte der König nach den Hamburger Vorkommnissen schwerlich geduldet.

In dieser Zeit war Louis Ferdinand viel zwischen Magdeburg und Berlin unterwegs, und der König hatte nichts dagegen einzuwenden. Die Führung seines Regiments und die ihm in Magdeburg übertragenen Aufgaben erledigte der Prinz zur Zufriedenheit, und er durfte nun so oft in Berlin sein, daß sich der Erwerb eines eigenen Hauses lohnte. Dieses Haus stand an der Weidendammerbrücke, kein Palais, sondern eine bescheidene Stadtwohnung. Von Januar bis März 1802 hielt er sich in Berlin auf, wo er viel mit Gentz zusammen war, dann wieder drei Monate Magdeburg und im Juli zurück nach Berlin.

Am 2. August fuhr er nach Rheinsberg. Prinz Heinrich hatte einen Schlaganfall erlitten, an dem er tags darauf starb. Schon im Juni hatte er einen ersten leichten Anfall hinter sich gebracht und daraufhin geäußert: »Ich liebe Anfälle, die rasch ein Ende machen, aber ich frage nicht nach solchen, die nur die Gesichter verzerren, und möchte nicht der Blödsinnige von Rheinsberg genannt werden.« Nun war er tot, und sein Lieblingsneffe »vergoß heiße Tränen«. Vergessen, daß er seinen Onkel auf so manchem feucht-fröhlichen Abend zu vorgerückter Stunde von dem Schauspieler Gerhard hatte imitieren und parodieren lassen. Vergessen Prinz Heinrichs wunderliche Neigung, Leichen zu inspizieren, sobald ihm gemeldet wurde, dieser oder jener sei gestorben. Unvergessen aber Onkel Heinrichs Hofkapelle, mit der Louis Ferdinand so oft hatte musizieren dürfen, wiewohl ihr Repertoire bei Mozart endete, dessen Musik Onkel Heinrich »höllischen Spektakel« nannte. Unvergessen Heinrichs Bemühungen, dem Neffen den polnischen Königsthron zu verschaffen. Unvergessen seine verständnisvolle Fürsorge für seines Bruders ungeliebten Sohn. Nun war er tot, dieser noble alte Mann, der selbst würdig gewesen wäre, auf Preußens Thron zu sitzen. Zweifellos wäre es unter ihm liberaler zugegangen, und sicher scheint, daß er die brutale Vergewaltigung Polens als König nicht zugelassen hätte.
Am 6. August wurde Prinz Heinrich im Park von Rheinsberg beigesetzt; am Nachmittag versammelte Louis Ferdinand die Dienerschaft im Salon und versprach ihr, ganz im Sinne des Verstorbenen für sie zu sorgen. Niemand brauche Angst um seine Zukunft zu haben.
Dieses Versprechen konnte er geben, denn der Onkel hatte ihn zum Haupterben eingesetzt. Und das führte augenblicklich zu heftigem Zank im Hause Ferdinand. Durfte Heinrich überhaupt Allodialgüter an seinen Neffen vererben? Warum nicht, sie waren ja kein Staatsbesitz. Aber die Familie Ferdinand lärmte wie von Sinnen und rief die Regierung um Hilfe an. Louis Ferdinand, angewidert von diesem Schacher und der sich hier offenbarenden Krämergesinnung, willigte ein, sich in den Besitz der Allodialgüter mit seinem Bruder August zu teilen, und schon war Ruhe. Den Eltern war es nur darum gegangen, dem ohnedies schon in jeder Weise verhätschelten August reichen Besitz auf Kosten des ungeliebten Älteren zu sichern, auf dessen noble Gesinnung sie ja auch sonst nicht umsonst spekuliert hatten. Erster Erbteil: Am 27. September erfolgte Louis Ferdinands

Ernennung zum Dompropst in Magdeburg, deren Anwartschaft ihm ja schon 1790 verliehen worden war und dessen Stiftsordenkreuz er seit dem 20. April 1791 trug. Die Dompropstei – und das war das wichtigste an ihr – warf jährlich 24 500 Taler ab.
Wichtiger war dem Prinzen zu dieser Zeit aber etwas ganz anderes. Auf dem Gut Schricke bei Magdeburg hatte er 1799 die sechzehnjährige Enkelin des dortigen Amtsrates Fromme kennengelernt. Henriette, Tochter eines verstorbenen Berliner Fabrikanten. Er hatte sie im nächsten Sommer dort wiedergesehen, dann auch in Berlin, wo sie bei ihrer Mutter in der Wallstraße wohnte, und sich in sie verliebt. Henriette erwiderte seine Liebe, sie besuchte ihn heimlich in Magdeburg (»Jettchen haucht meinem musikalischen Genie Seele ein und lindert die Langeweile meines Aufenthalts«), und jetzt war sie schwanger: Am 18. März gebar die Zwanzigjährige den Sohn Anton Albert Heinrich Ludwig.
Von Henriette läßt sich nur schwer ein Bild gewinnen. Es existiert kein Portrait, das uns ihr Äußeres zeigt, und die spärlichen schriftlichen Dokumente von ihrer Hand zeigen kaum ihr Inneres. Die Zeitgenossen erwähnen sie nur beiläufig, man erfährt, daß sie hübsch, blond und sanft war, das ist alles. Eine gewisse Bildung muß sie gehabt haben, denn sie korrespondierte mit Louis Ferdinand in französischer Sprache, aber es wäre ihr kaum in den Sinn gekommen, Rahels Dachstube zu besuchen, wenngleich die beiden Frauen sich über ihre gemeinsame Freundin Pauline Wiesel kannten. Bei den geselligen Zusammenkünften im Hause des Prinzen scheint sie sich im Hintergrund gehalten zu haben; doch er liebte sie, und die bevorstehende Geburt ihres ersten Kindes stimmte ihn glücklich.
Auch sonst wurde es im Leben des Prinzen freundlicher. Onkel Heinrich hatte ihm nicht nur vor seinem Ableben 14 000 Taler zum Abtragen der Schulden spendiert und ihn zum Haupterben gemacht: Seine großzügige Geste hatten auch Vater und König milde gestimmt, und Louis Ferdinands erzwungener Erbverzicht tat das übrige: Großversöhnung zwischen ihm, der Familie und dem König. Man genoß die geldgestiftete Harmonie.
So war der Boden gut vorbereitet, um dem König ein neues Gesuch unterbreiten zu können: Es ging um Schricke, wo der Prinz schon verschiedentlich gejagt hatte. Er wollte das Gut kaufen. Der Besitz umfaßte 1144 Morgen Ackerland, 137 Morgen Wiesen und 130 Morgen Forsten. Gefordert wurden 54 000 Taler.

Am 12. März 1803 wandte er sich an den König: »Die angenehme Lage dieses Gutes, dicht an den mir von Ew. Königl. Majestät gnädigst überlassenen Jagdrevieren bei Colbitz, und meine Neigung zur Landwirtschaft lassen mich den Besitz dieses Gutes sehr wünschen, weshalb ich mit dem p. von Alvensleben [*Schrickes Besitzer: Georg Ludolf von Alvensleben-Exleben*], mit Zustimmung seiner Creditoren, über die Überlassung dieses Gutes gegen eine Kaufsumme von 54 000 Rthl in Gold einig geworden bin. Zwar bin ich jetzt noch zur Abbezahlung der ganzen Kaufsumme außerstande, indessen werde ich davon 14 000 Rthl bei der Abschließung des Kontrakts sofort bar bezahlen. Die übrigen 40 000 Rthl aber sind die bisherigen von Alvensleben hypothekarischen Gläubiger, da sie hinlänglich sicher sind, auch fernerhin auf dem Gute als Hypothek stehen zu lassen bereit.« Er bittet um des Königs »gnädigste Einwilligung zur Akquisition dieses Gutes und zur hypothekarischen Sicherstellung jenes Kapitals von 40 000 Rthl«.
Der König forderte daraufhin bei seinem Minister von Recke ein Gutachten an. Der schrieb:
»Der Prinz Louis dürfte – als majorenn, Generalleutnant und Dompropst zu Magdeburg – wohl für emanzipiert zu achten sein und daher der Einwilligung seines Herrn Vaters in den beabsichtigten Ankauf nicht einmal bedürfen. Der Prinz Ferdinand wird es indessen sehr hoch aufnehmen, wenn des Königs Majestät vor Erteilung höchster Einwilligung dessen Meinung zuvor vernehmen, und es wird vielleicht am kürzesten sein, wenn ich dazu den Befehl erhielte, mich deshalb zu erkundigen.
Noch kürzer wäre es, wenn des Königs Majestät dem Prinzen antworteten: Sie erteilten den Konsens in der Voraussetzung, daß der Prinz den Ankauf mit Zustimmung seines Herrn Vaters unternehme. Bei der jetzt im Schwange seienden Unterhandlung wegen der Prinzen Heinrichschen Vorgänge und der *künftigen* Prinzlich Ferdinandschen Sukzession wird es immer ratsam sein, dem Prinzen Louis keine Chance zu geben, und das dürfte auf die letzte Weise vielleicht am ersten vermieden werden.«
Also: Zustimmung ja, aber immer darauf bedacht sein, »dem Prinzen Louis keine Chance zu geben«, was bedeutete, ihn zu gängeln und zu bevormunden, wo immer man konnte. Vater Ferdinand hatte ebenfalls nichts dawider; er spekulierte wohl darauf, daß Haus- und Grundbesitz den Sohn finanziell endlich »solide« machen würden.

Schricke wechselte den Besitzer am 27. April, und es gelang sogar, die Kaufsumme auf 47 000 Taler herunterzuhandeln.
Das Gutshaus selbst war ein bescheidenes Bauwerk aus Holz. Louis Ferdinand ging sofort an dessen Einrichtung, ganz im Geschmack des herrschenden Empire-Stils. Mahagonimöbel mit Bronzebeschlägen, die der Braunschweiger Kunsttischler C. Härder anfertigte, standen in den Zimmern, dazu Alabasterlampen, marmorne Armleuchter mit Bronze und – für 400 Louisd'or – »eine Harfen- und Flöten-Uhr in einem architektischen [sic!] Gehäuse von Mahagoni-Holz, sehr reich mit Feuer vergoldeter Bronze garniert«. An den Wänden hingen kolorierte Kupferstiche (mit militärischen Szenen) in Goldrahmen.
Kaum war Louis Ferdinand Besitzer Schrickes, da kümmerte er sich auch schon um seine Angestellten. Da gab es den Oberförster Krüger, dessen Sorgen er am 28. Mai dem König unterbreitete: »Durch die mir von Ew. Königl. Majestät gnädigst überlassenen Jagd in dem Colbitzer Reviere habe ich den Oberförster Krüger zu Colbitz näher kennengelernt und in ihm, seiner unbegrenzten Rechtschaffenheit und seines großen Diensteifers wegen, einen sehr achtungswerten Mann gefunden.
Seit 16 Jahren hat dieser Mann mit einer Familie von sieben Kindern von den geringen Diensteinkünften von 450 Rthl leben müssen und erst im vorigen Jahre eine Zulage von 300 Rthl erhalten, welche ihn nun instand setzen würde, ohne Nahrungssorgen mit seiner Familie leben zu können, wenn er nicht während jener 16 Jahre eine Schuld von 3700 Rthl contrahieren müßte, deren Verzinsung ihm einen großen Teil seines Einkommens entzieht.
Könnte diese Familie von dieser Schuld befreit werden, so würde sie gewiß ganz glücklich sein und dem p. Krüger bei seinem herannahenden Alter für seine Kinder sich nicht eine so traurige Aussicht für die Zukunft zeigen, da diese nach seinem Tode unfehlbar ganz verarmen müßten.«
Er bat darum, man möge diese Schulden doch aus der königlichen Dispositionskasse bezahlen, aber da kannte er die sparsame preußische Regierung schlecht. Der Oberförster möge zwar »ein sehr rechtlicher Diener sein, aber ein guter Wirt ist derselbe nicht gewesen«, ließ ihm der König antworten. Jedenfalls könne »der Staat nicht für jeden seiner Diener die Schulden bezahlen«.
Zum Besitz der Magdeburger Dompropstei gehörte der etwa 1500

Morgen große Rothenseer Busch, zum Teil altes Überschwemmungsgebiet, zum Teil Hochwald mit reichem Eichenbestand. Diesen Wald nun ließ Louis Ferdinand rigoros abholzen und das Gebiet zur Rodung bestimmen. Der Erlös des geschlagenen Holzes und der Ertrag, den die künftigen Ernten auf dem gerodeten Land abwerfen würden, sollten zur Finanzierung Schrickes dienen. Und nicht nur Schrickes: Am 1. Juni 1803 erwarb er außerdem noch das Rittergut Wettin an der Saale. Wettin, ehemals Stammschloß des Wettiner Fürstenhauses, hatte sich bis 1794 im Besitz der Familie Aus dem Winkel befunden (weswegen es auch in den Akten unter der Bezeichnung Winkel geführt wird); die verkaufte es an den belgischen Emigranten Graf von Merode-Westerloo, dessen Frau es nun für 190 000 Taler an den Prinzen veräußerte. Zum Rittergut Wettin gehörten außer dem Stammsitz und dem Freigut Döblitz noch die Dörfer Döblitz, Neutz, Domnitz, Dalena, Schlettau und Sieglitz mit Diensten, Ober- und Untergericht, dazu Brennerei, Brauerei, eine Mühle und eine Kalkbrennerei. In Wettin war man's offenbar zufrieden, denn der dortige Justitiar Hartmann schrieb dem Kammerrat Avenarius, dem Bevollmächtigten des Prinzen: »Es macht mir ein unendliches Vergnügen, zu erleben, daß das Gut, für welches ich vermöge meiner vieljährlichen Verhältnisse mit selbigem eine gewisse Vorliebe hatte, in die Hände des Prinzen kommt, der von der Nation angebetet wird, und der aus dem Gute dasjenige machen kann, wozu er seiner Beschaffenheit nach fähig ist.«

Zum Verwalter Wettins bestellte er den Oberamtmann Stöcklein; ein weiser Entschluß, denn der Prinz schuldete ihm schon seit 1799 siebentausend Taler; so würde man ins reine kommen. Nimmt man hinzu, daß Louis Ferdinand außer Schricke und Wettin auch noch das kleine Gut Pöthen bei Gommern (in der Nähe Magdeburgs) erwarb, so ist man einigermaßen verblüfft. Wie: War denn nicht eben noch die Rede von einer beträchtlichen, stetig wachsenden Schuldenlast? Die Erklärung ist einfach. Die Schulden waren eine Sache für sich, der Grunderwerb eine andere. Denn diesen finanzierte man mit den Einkünften der Dompropstei, einigem von Onkel Heinrich ererbten Gelde, mit der Abholzung und Rodung des Rothenseer Buschs und mit einem Darlehen von 100 000 Talern. Das hatte der Prinz vom König erbeten, dem er am 30. Januar 1804 schrieb:

»Es kann Ew. Majestät nicht unbekannt sein, wie mein Hochseliger Herr Onkel, des Prinzen Heinrich Königl. Hoheit, die Gnade gehabt, in Ihrem letzten Willen verschiedene Einrichtungen zu meinem Besten und insbesondere zur Bezahlung meiner Schulden zu machen. Der Wunsch indessen, in meiner Familie keinen Anlaß zu Streitigkeiten in Vermögens- und Geldsachen zu geben, hat mir die Pflicht auferlegt, auf den übrigen aus dem Testament erwachsenen Vorteilen Verzicht zu tun, und nur daran zu denken, meine Obliegenheiten gegen meine Schuldner zu erfüllen.«

Nach dieser Einleitung, einem Meisterstück hausinterner Diplomatie, kam er zur Sache: Er bat um ein Darlehen von 100 000 Taler zu vier Prozent Zinsen. Der König gewährte dieses Darlehen sofort, und Louis Ferdinand dankte ihm am 6. Februar für »den neuen Beweis von Gnade«. Friedrich Wilhelm III. war wie sein Onkel Ferdinand der Meinung, daß die Sturm- und Drangzeit des Sorgenprinzen nun wohl endgültig vorüber sei und daß Grundbesitz Vertrauen erweckt, unbeschadet, wie desolat sonst die Finanzen sein mögen, ein Gedanke, der auch uns heute nicht fremd ist.

In Magdeburg hatte er sich jetzt gut eingelebt, er fühlte sich nicht länger beengt, seit er das Wochenende in Schricke oder in Wettin verbringen konnte, vor allem aber, seit ihm Urlaubsreisen nach Berlin endlich großzügiger gewährt wurden. Sein Klavierspiel hatte ihm in Magdeburg sogar einen gewissen Ruf in der Öffentlichkeit verschafft, so daß die damals renommierteste Fachzeitschrift, die in Leipzig erscheinende *Allgemeine Musikalische Zeitung*, am 1. 6. 1803 schreiben konnte: »Überhaupt gibt es unter den Musikliebhabern in M. einige vorzügliche Fortepianospieler, unter denen der Prinz Ludwig von Preußen, Chef eines dasigen Inf. Reg., dem ersten Rang behauptet.« Wie angesehen er in Magdeburg war, berichtet Karl Immermann, der ihn in seiner Kindheit dort gesehen hat: »Der Prinz war für Magdeburg, was Achill für das Lager in der Ebene von Ilium gewesen. Er war Chef eines der bei uns garnisonierenden Regimenter, Dompropst, aber über diese Prädikate hinaus lagen die Zauber, mit denen er auf die Menschen wirkte. Seine Tapferkeit, Bonhommie, seine große Begabung für Musik nicht minder als seine Waghalsigkeiten und forcierten Ritte nach Berlin und selbst seine Schulden, Ausschweifungen und Liebeshändel hatten ihn in alle Lichter romantischer Beleuchtung gestellt.«

Auch den von früher vertrauten Verkehr mit den Wedels hatte er erneuert. Der Sohn Karl erinnerte sich später: »Seine Freundschaft und Gnade für meinen Vater brachte ihn viel in unser Haus, was auch sehr mit den Wünschen seiner Familie übereinstimmte, aber die daraus entstehenden Ausgaben fielen uns zur Last; doch nichts konnte zu kostbar sein, diesem liebenswürdigsten, geistreichsten aller Prinzen zu gefallen.«

Als Louis Ferdinand eines Tages durch Berlin fuhr, erblickte er auf der Straße einen älteren Herrn, dem das Gehen offenbar sauer wurde: Es war sein alter Lehrer Großheim. Sofort ließ er halten und den Professor einsteigen. Aber damit nicht genug: Er setzte im Mai 1803 seinen beiden Hauslehrern eine Pension aus, zahlbar bis an ihr Lebensende: 25 Taler für Geheimrat Bärbaum (der aber schon am 7.12. 1804 starb) und 16 Taler und 16 Groschen für Professor Großheim (der den Prinzen überlebte). Damit versorgte er nun vier Pensionäre, denn sein alter Stallmeister Morin bezog ja schon seit längerem monatlich 12 Taler und desgleichen der redliche Stoltze seine 20 Taler (auch er hat seinen Herrn überlebt).

In seinem Haus an der Weidendammerbrücke, wo er mit Henriette und dem Söhnchen (genannt Loulou) lebte, wenn er in Berlin war, gab es zahlreiche Gesellschaften, die ob ihres hohen Niveaus bald unter der Berliner Intelligenz populär wurden. »Daß ich auf vielen Soirées des Prinzen Louis Ferdinand gewesen bin, wo außer der göttlichsten Musik auch recht angenehme Konversation geführt wurden, habe ich Ihnen, glaube ich, schon geschrieben«, teilte Adam Heinrich Müller am 21.7. 1803 Friedrich Gentz mit, der inzwischen Berlin verlassen hatte, und, nach einem Aufenthalt in London, jetzt sein dauerndes Domizil in Wien aufgeschlagen hatte.

Anfang April war ein alter Hamburger Bekannter nach Berlin gekommen: Jacques Joseph Rode, der berühmte Geiger, der sich – wie seinerzeit Lamare – auf Konzertreise nach Petersburg befand. Rode hatte inzwischen auch politisch Karriere gemacht: *Le premier violon du premier consul* nannte er sich stolz auf seinen Visitenkarten. Aber anders als Lamare, dessen Laufbahn nach seiner Rückkehr aus Rußland erst richtig beginnen sollte, blieb Rode für fünf Jahre als Soloviolinist des Zaren in Petersburg, was sich bei seiner Rückkehr rächte: Rode hat nie wieder so recht Anschluß an das offizielle Musikleben von Paris gefunden, er war zu lange fortgeblieben. Jetzt war er also in Berlin, und es steht zu vermuten, daß auch er – wie Lamare – im Haus des Prinzen musiziert hat.

Wie eine deutliche Markierung nach außen wirkte es für ihn, daß endlich auch die Ära Schwedern ihren Abschluß fand: Der pedanti-

sche Hauptmann, dessen Tätigkeit ihm von keiner Seite gedankt wurde (der Prinz konnte ihn nicht ausstehen), ward am 8. November durch den Stabshauptmann Karl Ludwig von Kleist ersetzt, und der war nun wirklich nur Adjutant, nicht aber bestellter Aufpasser und Haushaltsvorstand.
Die letzten vier Monate des Jahres 1803 hatte Louis Ferdinand in Magdeburg und Schricke zugebracht, im Januar 1804 kehrte er nach Berlin zurück. Und im Januar oder Februar muß es gewesen sein, als er Pauline Wiesel kennenlernte. Sie war, wie schon erwähnt, die gemeinsame Freundin von Rahel und Henriette. Die Fünfundzwanzigjährige war seit vier Jahren mit dem Kriegsrat Wiesel verheiratet, einer mephistophelischen Erscheinung, der das kunstvolle Spiel mit geheimnisvollen Transaktionen und undurchsichtigen Geschäften leidenschaftlicher betrieb als das Spiel der Sinne, wenn man bei diesem seltsamen Mann überhaupt von Leidenschaft sprechen darf. Es scheint seine junge Frau in zweideutigen Situationen fast kupplerisch eingesetzt zu haben, in masochistischer Lust die Rolle des geprellten Teufels spielend, aber man darf nur sagen: Es scheint so. Der Kriegsrat Wiesel wird im zeitgenössischen Urteil zu übel behandelt, als daß man nicht mißtrauisch werden müßte. Persönliche Konturen wachsen einem aus keiner Charakteristik zu. Ludwig Robert, der Bruder Rahels, nennt ihn in einem Akrostichon »elend von Gott und Welt verlassen«, aber gerade Rahel, die unbestechlichste Seele mit untrüglichem Gespür für Menschen, und auch Henriette Mendelssohn, die Tochter des großen Philosophen, haben ihn viel positiver beurteilt. Nachweisbar jedenfalls: Er und seine Frau lebten damals getrennt; er logierte in Gasthäusern, sie lebte bei ihrer Mutter, der Geheimratswitwe César, einer französischen Emigrantin.
Es ist unwahrscheinlich, daß Louis Ferdinand und Pauline sich erst Anfang 1804 kennengelernt haben sollen, denn Pauline war eine der engsten Freundinnen Rahels und in der Dachstube stets mit von der Partie. Sie war in allem das Gegenteil von Rahel: Überaus schön und von eminent erotischer Ausstrahlung, die der intellektuellen Ausstrahlung Rahels entsprochen haben mag. Pauline, hinreißend gewachsen und voll Charme, kompensierte ihre mangelhafte Bildung durch gesellschaftliche Geschmeidigkeit, Einfühlungsvermögen und ihr Äußeres, und Rahel bewunderte insgeheim die ihr versagt bleibenden Erfolge (und Effekte)

als Frau auf dem Parkett des Salons, während Pauline zeit ihres Lebens ihre Anhänglichkeit an die ihr geistig weit überlegene Frau bewahrte, deren Lebensklugheit, Sensibilität und Reife sie nie erlangte.

Über die Beziehungen zwischen Louis Ferdinand und Pauline unterrichtet uns vornehmlich ihr Briefwechsel, wobei von Pauline allerdings nur zwei Briefe existieren, von Louis Ferdinand gut zwei Dutzend, die allerdings von der Nachwelt ängstlich »moralisch« purgiert werden. Genaueres läßt sich heute darum nicht sagen (nicht einmal die Anzahl der Briefe), weil die Originalmanuskripte seit dem Zweiten Weltkrieg verschollen sind. Der Prinz hat seine Privatbriefe fast nie datiert, sie lassen sich nur durch gelegentliche Anspielungen zeitlich einordnen. Ihre Liebe war stürmisch und den Ansprüchen, die Louis Ferdinand an sie stellte, nicht gewachsen. Er schrieb ihr einmal:

»Du beurteilst mich falsch, die erbärmlichen *bonnes fortunes* sind für mich nicht reizend, und o wie sehr oft wünschte ich und wünsche ich noch, nie mehr als *ein* Weib geliebt zu haben! Wie glücklich ist der, dessen erste Liebe sein ewiges Glück machte! Liebe wünschte ich, Liebe ist der einzige Wunsch meines Herzens, das Ideal, nach dem ich strebte. Sanft und wohlwollend ist mein Charakter und feurig brennend jeder oder viele einzelne Züge; die Farbe, das Kolorit, was meine Handlungen tragen, ist deswegen, daß es andern gleicht, nicht dasselbe. Ich habe so hohe, heilige Begriffe von der Liebe, daß sie Dir, daß sie so manchem vielleicht unbegreiflich scheinen würden. Überdem handle ich mit stetem Wunsch, glücklich, höchst glücklich zu sein, ohne jedoch je das Glück meines Lebens auf ein gewagtes, unsicheres Spiel zu setzen. Mein Herz haben die herben Erfahrungen der Welt nicht erkaltet, nicht ist in mir erstorben, diese himmlische Poesie des Lebens, die allein glücklich macht, diese Hoffnung auf Liebe und Freundschaft, und auf alle höheren Gefühle, die edle Menschen auszeichnen – aber, Pauline, bei Gott, bei allem, was Wert für Deine Augen hat, Du kennst mich nicht, wenn der Gedanke, daß ich Frauen leicht liebe, der Wunsch nach Besitz in mir stets rege ist, Dich beherrscht. Ich liebe Weiber, ich finde etwas Sanftes in ihrer Gesellschaft, die Freundschaft der Levi hat einen Charakter, der viel süßer als alles übrige ist, das ist's, was ich lebhaft fühle, der Männer Freundschaft ist so selten, und – sei es immer gesagt – ich bedarf sie nicht. Ich finde es angenehm, mit Frauen umzugehen, und auch der

entfernteste Gedanke an Liebe, an Besitz ist nicht in meinem Herzen.«
In einem anderen Brief: »Pauline, meine liebe Pauline, einziges teure, welchen Namen soll ich Dir geben – welches Gefühl nennen, welches in meiner Brust nicht für Dich ist? Oder vielmehr, wie soll ich das Gefühl nennen, was ich für Dich empfunden – nur stürmisch, zu stürmisch ist es – und doch fühle ich auch auf einer anderen Seite, daß die Liebe nur wirklich ist, wie es in einer von den Elegien von Goethe steht, ohne Ruhe ist.«
Oder: »Du begreifst es, daß uns die Menschen nicht erklären können, und doch, Pauline, ist es so gewiß, daß wir schon lange in uns fortgedacht, gelebt und geliebt haben, als es gewiß ist, daß es nur eines Augenblicks bedurfte, um glücklich miteinander zu sein, um sich zu lieben, zu besitzen, zu verstehen; unser Glück wird sich entweder sehr vermehren, weil unsere beiderseitigen Hoffnungen und Ansprüche aufeinander sich immer mehr bestätigen werden, oder schon wären wir geschieden! Pauline, ich folge meinem Wunsch, meinem Herzen, ich bin und bleibe Dein.
Vetter und Gualtieri sind bis jetzt bei mir gewesen; Pauline, diese alle lieben doch nicht! O Pauline, wenn Du einst mich kennen wirst, und ich die Geschichte Deines Herzens, Du die meine, dann, Pauline, sollst Du mir gestehen, daß wenig Menschen lieben können so wie Louis. Brinckmann ist wirklich göttlich, die Liebenden schreiben der Liebe wegen, der liebt der Briefe wegen. – Große Gefühle sind nicht so geschwätzig, und Wahrheit ist mit Liebe unzertrennlich. Alle diese Menschen, so auch Dein ekliger Gentz, sind so kalt überspannt – Exaltation ist zuweilen die Folge eines heftigen Gefühls, und diese Menschen exaltieren sich, um sich oder andern den Beweis ihres Gefühls zu geben, kein Ausdruck ist wahr, keiner einfach in ihnen. Brinckmann liebt Dich, seine Briefe scheinen mir aber gar nicht so zu sein, daß sie das Gepräge des Wunsches nach Besitz trügen, und das ist erbärmlich.«
Brinckmann, der schwedische Legationssekretär, hatte Pauline lange den Hof gemacht, ohne Erfolg. Nun hatte ihm Louis Ferdinand die letzte Hoffnung genommen. Gentz tröstete ihn aus Wien am 7. März auf eine Weise über den Verlust Paulines, die Louis Ferdinands Adjektiv »eklig« verständlich macht: »Es gibt keinen Enthusiasmus, es gibt keine Leidenschaft, die die Vorzüge dieses liebenswürdigen Geschöpfs [*Pauline*] nicht rechtfertigen. Aber auch ohne die unselige

neue Verbindung [*Pauline mit Louis Ferdinand*], von welcher Sie in Ihren letzten Briefen sprechen, war ihre bürgerliche und moralische Existenz schon so zerrüttet, daß der, welcher der Besitzer ihres Vertrauens oder gar ihrer Liebe ward, auch mehr oder weniger der Genosse ihres Untergangs sein mußte.«

Louis Ferdinand schrieb seiner Geliebten aber auch einige Sätze, die zeigen, wie mühsam oft die Verständigung zwischen ihnen wurde, weil sie geradezu entgegengesetzt dachten und – daher – empfanden, Grund vielfacher, schmerzlicher Zerwürfnisse: »Liebe Pauline, wie sehr ich Dich liebe, wie äußerst interessant Du mir bist, dies wird die Zeit Dich lehren, dies muß der stete Wunsch, Dich zu sehen, beweisen; daß in den Augenblicken, wo Du mich siehst, ich sehr oft verstimmt bin, und wenn ich Dich in Gesellschaft sehe, ich Dir nicht die Ursache meines Betragens erklären kann, ist sehr natürlich. Sprich doch nicht von amüsieren! Ich kenne nichts Trivialeres als diesen Ausdruck. – Kinder, Hofdamen und Fähnriche, die amüsieren sich –, aber ein Mann, dessen Verstand sich beschäftigen, der denken, fühlen, genießen kann, der amüsiert sich nicht.«

Zum Freundeskreis Louis Ferdinands zählte auch der Schweizer Historiker Johannes von Müller, der meist in Berlin lebte; eine unglückliche, häßliche, genußsüchtige Erscheinung, oft der Gegenstand des Spotts in der Prinzenrunde, die ihn vielfach wie eine Art Hofnarr behandelte. Vermutlich wegen seiner kaum auszulebenden homosexuellen Veranlagung, die damals – weit schlimmer als heute – gesellschaftliches Brandmal war. Daß der Prinz sie tolerierte, darf als sicher gelten; daß man aber in seinem Kreis mit Müller vor allem wohl deswegen höchst derbe Narrensprossen trieb, ist wahrscheinlich. Dennoch: Müller verehrte ihn, wie sein Brief vom 4. März bezeugt: »In Ihnen habe ich einen Prinzen kennengelernt, von der Art, wie ich sie immer so sehr in der Geschichte geliebt habe. Ich fürchtete, daß es eine solche nicht mehr gäbe. Von jetzt an werden meine Werke ein neues Leben gewinnen; ich werde an Sie denken, und sie [*die Werke*] werden nach der Natur gezeichnet sein. Ich merke, daß es eine Art Sympathie gibt zwischen den Historikern und denen, mit denen sie sich beschäftigen müssen. Es entsteht daraus eine Art Zärtlichkeit, die dem tiefempfundenen Respekt nicht im Wege steht.«

Und einen Monat später: »Ew. Durchlaucht wollen den Dank genehmigen, den ich Hochdenselben im Augenblicke der Abreise –

weil es einmal sein muß! – für die so angenehmen Eindrücke darzubringen wage, welche die ganze Persönlichkeit Ihrer königlichen Hoheit für immer in mein Herz gegraben haben, Eindrücke, welche eine Wirkung der Anlagen sind, die Ew. Durchlaucht befähigen, dem Helden gleich zu werden, den ich am meisten erhebe in der ganzen Geschichte der Menschheit [*gemeint ist Friedrich II. von Preußen*] – [...] Ich zähle darauf, zurückzukommen und mein Leben unter den Preußen zu beschließen, und ich hoffe lange genug zu leben, um den gemeinen Seelen, die mich durch Anspielen auf einen gewissen Fehler der Alten [*seine Homosexualität*] zu demütigen meinen, zu zeigen, daß ich denselben durch die Tugenden derselben aufzuwägen wüßte – so wie E. D. auch.«

Am 9. März traf Germaine de Staël in Berlin ein. Die geistreiche Tochter des vorrevolutionären Finanzministers Necker reiste schon seit einigen Wochen durch Deutschland, hatte sich einige Zeit in Weimar aufgehalten und die Bekanntschaft Goethes und Schillers gesucht. Jetzt schickte sie sich an, Berlin zu erobern. Ihr vitales, alles gleichsam überrollendes egozentrisches Wesen ging zwar allen weidlich auf die Nerven, aber man bewunderte doch die Intelligenz der Französin: Man schmeichelte sich, einer Nation anzugehören, die das Interesse dieser Frau in so besonderem Maße fand, obwohl man sonst aus Frankreich nur Verachtung und aufgeblasene Herablassung gewöhnt war. Damals war Germaine de Staël noch nicht so angetan von den Deutschen wie später, als sie ihr berühmtes Buch veröffentlichte. Damals teilte sie ihrem Vetter aus Frankfurt a. M. mit: »Alles Materielle ist in Deutschland unerträglich: Betten, Kost, Öfen, alle Eindrücke sind unfreundlich, und wer bei den Deutschen nicht distinguiert ist, gehört, gemessen an unseren Gewohnheiten und Neigungen, nicht ganz zur menschlichen Rasse.«

Am selben Tag schrieb sie an Charles de Villers in Lübeck: »Soll ich Ihnen schon nach zwei Tagen die Eindrücke schildern, die ein Land, das ich noch nicht kenne, auf mich als Französin gemacht hat? In einer kleinen Stadt in einem Gasthof eingekehrt, empfing mich das Hämmern eines Klaviers in einer verräucherten Stube, wo über einem eisernen Ofen nasses Wollzeug zum Trocknen hing. So kommt mir hier alles vor: Ein Konzert in einer verräucherten Stube. In der Seele schlummert zwar Poesie, doch in der äußeren Form gibt es keine Eleganz. Dieser Jean Paul, den ich lese, weil er von Ihnen kommt, schreibt einige großartige Zeilen, und dann folgen Einzelheiten über ihn selbst, die aller Ästhetik Hohn sprechen, und es ist unbegreiflich, wie das so edle und tiefe Empfinden dieser Menschen sie nicht die Grazie entdecken läßt, die doch nur die Harmonie aller Eigenschaften ist. Ich begreife jetzt, warum wir die Deutschen für affektiert hielten, wo sie sich mir hier ganz natürlich zu geben scheinen: Ein merkwürdiger Gegensatz besteht zwischen ihren erhabenen Gedanken und vulgären Formen. Man kommt fast in Versuchung zu glauben, das Gewöhnliche sei das ihnen Natürliche.«

Von den deutschen Intellektuellen schreibt sie: »Es sind so friedfertige und so abstrakt denkende Philosophen, daß sie, bis auf wenige Ausnahmen, fast mit jeder Regierung auskommen können.« Anfang März kam sie nach Berlin, wo sie sehr bald die Bekanntschaft des Prinzen (»der berühmte Prinz Louis«) machte, mit dem sie der gemeinsame Haß auf Napoleon verband: »Das, was ihn hauptsächlich gegen Bonaparte reizte, war dessen Art, alle die zu verleumden, die er fürchtete und selbst diejenigen in der allgemeinen Meinung herabzuwürdigen, deren er sich bediente, um sie in jedem Falle besser in seiner Abhängigkeit zu behalten. Der Prinz sagte sehr oft: Ich will ihm erlauben, zu töten, aber moralisch zu morden, das ist es, was mich empört.«

Am 12. März, also zwei Tage nach dem Geburtstag der Königin, war – wie in jedem Jahr – auch ein Maskenspiel der Mitglieder des Hofes vorgesehen. Thema: Alexander der Große erhält die Tochter des Darius zur Frau. Aufgeführt werden sollte das Ganze im Theater, nicht etwa in einem Palais. Königin Luise sollte die Tochter des Darius spielen, Louis Ferdinand die Rolle Alexanders übernehmen. Dies alles war nicht ohne politischen Beigeschmack. Major Peter von Gualtieri, der Schwager Massenbachs, erfuhr davon und informierte den Oberst. Der war entsetzt: »Wie? Die Königin niederknien zu den Füßen dieses Wüstlings? So wenig kennt man das Gemüt des Prinzen Louis Ferdinand? Um Gottes willen, was für Folgen können daraus entstehen?«

Massenbach aktivierte seinen ganzen Einfluß am Hof und will Erfolg gehabt haben; die Rolle Alexanders sei dem Prinzen Heinrich, dem Bruder des Königs, übertragen worden. Aber Marwitz schreibt in seinen Memoiren, die Rolle Alexanders habe Louis Ferdinand gespielt. Zum Geburtstagsball war auch Madame de Staël geladen. Marwitz, der diese öffentliche Pantomime mißbilligte, sah bei diesem

Fest auch »die berühmte, oder eigentlich berüchtigte Frau v. Staël [...], ein großes, dickes, höchst impertinentes Mensch. Es waren erhöhte Sitze für die Prinzessinnen angebracht, um die Quadrillen besser sehen zu können. Sie schritt aus der Menge keck hinauf und setzte sich zwischen sie. Ob dies nach ihren Begriffen gute Lebensart war, oder ob sie von *einer* Sorte zu sein glaubte, lasse ich dahingestellt sein.«

Am 1. April traf sich Madame de Staël mit Louis Ferdinand zum Essen. »Werden Sie mir glauben«, schrieb sie, »daß dieser verführerische Prinz Louis, der bestimmt Geist hat und eine schöne preußische Figur, nach dem Essen immer mit schwerer Zunge spricht, so daß ich es geflissentlich vorziehe, ihm morgens ein Rendezvous zu gewähren; und das ist der deutsche Lovelace!« Und eine Woche später klagt sie ihrem Vater: »Müller und Prinz Louis und der Herzog von Oels sind fast jeden Abend betrunken.«

Aber sie erlebte Louis Ferdinand auch anders. Eines Morgens, Ende März, wurde sie um acht Uhr geweckt: Der Prinz wünsche sie zu sprechen. Er saß zu Pferde und schien erregt: »Wissen Sie, daß der Herzog von Enghien auf badischem Gebiet aufgehoben, einer Militärkommission überliefert und 24 Stunden nach seiner Ankunft zu Paris erschossen worden ist?«

Sie weigerte sich, diese Nachricht zu glauben: »Welche Torheit! Sehen Sie nicht, daß nur die Feinde Frankreichs solche Gerüchte verbreiten?«

»Wenn Sie an dem zweifeln, was ich Ihnen sage, so werde ich Ihnen den *Moniteur* schicken, worin Sie das Urteil lesen werden.«

Eine Viertelstunde später hielt sie den *Moniteur*, Frankreichs Regierungsblatt, in der Hand, die Ausgabe vom 21. März, und las darin das »Todesurteil gegen einen *gewissen Louis d'Enghien*«.

Sie bekam daraufhin einen Brief des Prinzen mit der Einleitung: »Ein gewisser Prinz Louis von Preußen läßt Frau von Staël fragen...« Das zeigte, wie tief getroffen er war.

Auch Henriette Herz machte die Bekanntschaft Germaine de Staëls. »Frau von Staël gab während ihres Aufenthalts in Berlin an jedem Freitag eine Soirée, aber sie lud jedesmal nur drei Damen dazu ein. Ich gehörte öfter zu den Eingeladenen, und erinnere mich des letzten dieser Abende als eines vorzugsweise geistvollen und anregenden. Die drei weiblichen Mitglieder der Gesellschaft waren diesmal, außer der Wirtin, die Herzogin von Kurland, Frau von Berg und ich.

Besonders geistreich und liebenswürdig erwies sich an diesem Abende Prinz Louis Ferdinand; wie er denn überhaupt einer der liebenswürdigsten Fürsten war. Es ist wahr, daß er bei alledem einen gewissen *ton de corps de garde* nie völlig unterdrücken konnte. Doch machte ihn dieser nicht irgend unangenehm, er diente nur dazu, ihm eine bestimmte, eigentümliche Färbung zu verleihen. So verfuhr er eben an jenem Abende hinsichts meiner auf eine Weise, die, von jedem anderen getrübt, unzart, ja verletzend gewesen wäre, bei ihm jedoch sich wie gemütliche Teilnahme darstellte. Er faßte mich nämlich bei der Hand und führte mich vor die Herzogin von Kurland. ›Betrachten Sie diese Frau!‹ – rief er. ›Und diese Frau ist nie geliebt worden, wie sie es verdiente!‹«

Germaine de Staël brach am 19. April von Berlin auf: Sie hatte soeben die Nachricht erhalten, daß ihr Vater verschieden sei. Sie habe, so wird berichtet, vorher auch noch Pauline Wiesel kennengelernt und zu ihr gesagt: »Ich würde meinen ganzen literarischen Ruhm dahingeben für eines Ihrer Liebesabenteuer.« Wir verbuchen das als liebenswürdige Anekdote, mehr nicht.

Die kritische Französin war noch keine zwei Wochen aus Berlin abgereist, da meldete sich ein neuer illustrer Besucher: Friedrich Schiller. Er traf am 1. Mai in Berlin ein und logierte im Hôtel de Russie. Am 3. Mai besuchte er mit Iffland ein Konzert im Konzertsaal des Schauspielhauses. Auf dem Programm stand auch das Klavierquintett c-moll, op. 1 von Louis Ferdinand; am Klavier saß Johann Ladislaus Dussek, die Bratsche strich der Louis Ferdinand gleichaltrige Franz Xaver Semler, der bedeutendste seines Fachs in Berlin, das Violoncello versah der in Berlin gastierende Bernard Romberg.

»Der vor dem Künstler hergehende Ruf hatte sehr viele Zuhörer hergezaubert«, meldete die *Allgemeine Musikalische Zeitung*. Für Louis Ferdinands Erstling (gewidmet dem Kapellmeister Himmel, erschienen 1803 bei Erard in Paris) hatte das Blatt etwas über sechs Spalten Raum: »Dem Geiste sowie der Aufführung und Schreibart nach hat dies Quintett offenbare Eigenheiten; und die einzigen, dem Rez. bekannten Klavierquintetten, denen es sich in jenen Hinsichten noch am meisten nähert, sind die vortrefflichen (nur leider so wenigen) Mozartschen [*gemeint sind wohl die Klavierquartette KV 478 und 493*]. Charakter und Stil sind durchaus bedeutend – immer ernsthaft, zuweilen erhaben, noch öfter prächtig und glänzend; die

Modulationen sind, diesem ganz angemessen, oft kühn und fremd, überraschend und imponierend; die Passagen (es sind deren viele) sind fast überall neu und immer vom beabsichtigten Effekt; es fehlt nicht an eingewebten, angenehmen und sangbaren Stellen, die durch den Reichtum der Harmonie unterstützt und durch nicht selten kunstreiche Führung sehr anziehend werden; und endlich die Begleitung ist sehr zweckmäßig, und hält das rechte Mittel zwischen Leere und Überladung.«
Nachdem die Sätze detailliert analysiert werden, fährt der Rezensent fort: »Übrigens zeigt sich der Hr. Verf. auch durch dieses Werk (wofür er aber ohnehin bekannt ist) als einen überaus fertigen Klavierspieler; das Werk will jedoch nun auch, besonders der erste Satz, seinen Mann, um ganz und mit Glück bezwungen zu werden: Denn obgleich man nichts darin unausführbar nennen kann, so stößt man doch auf Schwierigkeiten, die auch den geübtesten Spieler stutzig machen und gewiß mehr als einmal angesehen sein wollen. Der Komponist aber, der für Fleiß und Mühe so reichlich entschädigt, kann auch verlangen, daß man sie auf sein Werk verwende. [...] Mancherlei Betrachtungen, auf Veranlassung dieses so schätzbaren Produkts der Muße eines allgemein verehrten Prinzen, liegen jedem an den Schicksalen der Tonkunst Teilnehmenden so nahe, daß wir sie anzustellen unsern Leser selbst überlassen wollen – und dies um so viel lieber, je mehr wir uns immer bemühen zu vermeiden, was auch nur den Schein von Schmeichelei gäbe.«
Einen Tag nach dieser Uraufführung ließ der Prinz den gefeierten Dichter durch Iffland zu einem Essen einladen. Welche Speisen und Getränke ihm angenehm sein würden?
Um halb zwei erschien Iffland am 5. Mai im Hôtel de Russie, um Schiller abzuholen. Der Kreis der Gäste war nicht sehr groß: Johannes von Müller, der Historiker; Friedrich Heinrich Himmel, der Musiker; Gustav von Brinckmann, der Diplomat; August Wilhelm Iffland, der Theater-Intendant. Eine nicht ungeschickte Zusammensetzung, sollte man denken, aber Brinckmann fand dieses Diner »mißglückt, denn er hatte lauter Menschen gebeten, die gar nicht zu Schiller paßten«. Mißglückt war eher die Wahl des Getränks: Schiller hatte einen weißen Burgunder (Montranchet) gewünscht, und mit dem wurde ihm von den geübten Zechern dermaßen »wacker zugetrunken«, daß der Dichter »mit schwerem Kopf« das Haus an der Weidendammerbrücke verließ.

Am 22. August brachte Henriette eine Tochter zur Welt: Blanka. Louis Ferdinand fand wenig Zeit, sich um die Familie zu kümmern, denn gerade jetzt bereitete er seinen ersten Schritt in die Welt der Diplomaten vor. Er reiste nach Wien, Preußen mit dem alten Gegner Österreich endlich auszusöhnen.

Die österreichische Mission

Im August 1804 begleitete Louis Ferdinand den König nach Schlesien zu einer Inspektion der dort stationierten Truppen. Mit dessen Genehmigung reiste er von dort weiter nach Mähren zu den österreichischen Herbstmanövern. Aber nicht sie waren das eigentliche Ziel: Louis Ferdinand ging es jetzt um eine Annäherung an Österreich, an eine Aussöhnung und an eine künftige Allianz, die er auf eigene Faust betreiben wollte.
Die Waffenbrüderschaft mit Österreich im Revolutionskrieg war längst vergessen, die Kumpanei bei der dreimaligen Teilung Polens hatte eher auf gegenseitigem Mißtrauen basiert. Dann war Preußen mit dem Frieden von Basel einseitig aus dem gemeinsam beschworenen Kampf gegen das revolutionäre Frankreich ausgeschieden und hatte auch nicht daran gedacht, nach dem Friedensschluß von Lunéville (9.2.1801) sich mit Österreich über die Frage der Entschädigung (das Deutsche Kaiserreich, das ja auf dem Papier noch existierte, hatte das ganze linke Rheinufer an Frankreich abtreten müssen) zu verständigen.
Österreich war an einer Allianz mit Preußen gelegen und hatte das auch wiederholt seinem alten Alliierten Rußland klargemacht. Preußen sollte nicht länger nur als Räuber Schlesiens betrachtet werden. Gerade jetzt, nämlich am 1. September 1804, hatte sich Wien an Johannes von Müller gewandt und um Vermittlung gebeten. Da Österreich die Niederlande und seine italienischen Gebiete verloren habe und daher nicht mehr wie bisher auf Frankreich Rücksicht nehmen müsse, da außerdem Rußland durch die polnischen Teilungen weiter nach Mitteleuropa vorgerückt sei, scheine eine Allianz zur Erhaltung des europäischen Gleichgewichts vonnöten. Graf Metternich, Österreichs Gesandter in Berlin, förderte diesen Allianzplan, den übrigens schon Anfang 1802 der österreichische Gesandte in Petersburg, Hudelist, empfohlen hatte. Metternich erkannte aller-

dings klar, daß es vor allen anderen der preußische Minister Haugwitz sein würde, an dem alle Pläne scheitern müßten, denn Haugwitz, der ganz auf Frankreich eingeschworen war, besaß das Ohr des Königs. Und nicht allein Haugwitz: Auch die Kabinettsräte Lombard und Beyme sowie Lucchesini, der preußische Gesandte in Paris, verfolgten einen politischen Kurs, der darauf zielte, jede Verstimmung Napoleons zu vermeiden.

Louis Ferdinand selbst war guten Muts. Er rechnete nicht zuletzt auf seine Popularität innerhalb der österreichischen Armee, die er im Rheinfeldzug gewonnen hatte; er wußte auch, daß man in Österreich seine antibonapartistischen Neigungen kannte. Am 8. September 1804, abends um zehn Uhr, traf er in Wien ein. Er wurde mit allen Ehren empfangen. Kaiser Franz, der bei den Manövern weilte, hatte Anweisung gegeben, den Prinzen in Schönbrunn unterzubringen, und Erzherzog Anton mit seiner Stellvertretung beauftragt. Eine Grenadierkompanie sollte die Ehrenwache stellen, und Erzherzog Carl die Wiener Garnison vor Louis Ferdinand defilieren lassen. Aber daraus wurde nichts, denn der Prinz legte Wert auf ein strenges Incognito und lehnte es daher auch ab, in Schönbrunn zu wohnen; er bezog Quartier in der Stadt.

Schon bald nach seiner Ankunft bot sich die Gelegenheit zu einem ersten sondierenden Gespräch mit dem Vizekanzler Graf Ludwig Cobenzl. Der Prinz gab eingangs seiner Besorgnis über Napoelons »Herrscherwillen« Ausdruck und fragte Cobenzl, »ob man hier nicht überhaupt glaube, daß dieser Usurpator auf dem einmal eingeschlagenen Weg fortschreiten werde, da er, selbst wenn er es wolle, nicht mehr einhalten könne?«

Cobenzl antwortete, Napoleon verdanke seine Erfolge einzig der Uneinigkeit Europas, die er geschickt zu nutzen wisse: »Wie demnach eine Einigung der Großmächte das einzige und vielleicht schon ausreichende Mittel sei, ihn in seinem Wege aufzuhalten; wie ich wünschte, daß man in Berlin von diesen Wahrheiten ebenso überzeugt wäre, wie in Wien, und vor allem, daß man uns zustimmte, daß es keineswegs mehr im Interesse Österreichs und Preußens liegen könne, einander zu schaden; wie jede Schwächung eines der beiden Staaten ein echtes Unglück für den anderen bedeutete, ja selbst ein Eroberungszug auf Kosten des anderen, wie aber unglückseligerweise diese unbestreitbaren Grundüberlegungen im preußischen Kabinett verkannt zu werden schienen.«

Darauf Louis Ferdinand: »Graf Cobenzl, Sie kennen uns, Sie waren ja bei uns, Sie wissen, der König hat die rechte Gesinnung, aber man muß ihn schubsen.«
Cobenzl wies darauf hin, allein schon die Gewißheit einer Allianz zwischen Österreich, Preußen und Rußland müsse Napoleon zur Vorsicht zwingen, aber das war dem Prinzen zuwenig: »Das genügt nicht, man muß ihn zwingen, alles wieder auszuspucken, denn solange er mächtig bleibt, wird er danach streben, seine Macht weiter auszudehnen und wird auf so schönem Wege nicht einhalten können.«
Cobenzl meinte, man müsse alles versuchen, was Aussicht auf Erfolg habe: »Das Übel in seinem Lauf aufhalten, heißt schon viel gewinnen; das einmal geschehene Unheil wiedergutmachen, ist schwerer, aber vielleicht nicht unmöglich, wenn man sich einig ist und den rechten Augenblick ergreift, und ich wüßte nicht, was Österreich und Preußen davon abhalten sollte, sich einig zu werden. Wir sind friedliebend und Ihr seid es auch, wir sind weit entfernt von jeder Eroberungsabsicht.«
»Und warum sollten wir keine Eroberung machen?« fragte der Prinz. »Man muß sich nur vorher darüber verständigen und dann nicht weitergehen als verabredet worden.«
Damit endete das erste Gespräch, unterbrochen von einem Essen, das die Erzherzöge Anton und Carl für Louis Ferdinand gaben. Am 11. September trafen sich Cobenzl und der Prinz bei einem Essen, zu dem der französische Botschafter Champagny gebeten hatte. Louis Ferdinands Besuch war nämlich als ein rein privater Aufenthalt in Wien ausgegeben worden; für Champagny war diese Einladung eine höfliche Geste gegenüber einem befreundeten Staat, und vielleicht hat der Botschafter wirklich auch an die offizielle Version geglaubt. Wie auch immer: Bei diesem Essen bot sich offenbar die Gelegenheit zu einem Gespräch unter vier Augen, denn der Prinz, der dem Wein fleißig zusprach, ging diesmal noch stärker aus sich heraus, indem er Haugwitz einen »Intriganten kleinsten Kalibers und unfähig zu großen Entschlüssen« nannte und von Lombard sagte, er »sei ein Spitzbube, den man an Frankreich verkauft habe«. Hardenberg, der soeben Haugwitz als Außenminister abgelöst hatte, sei wohl besser als sein Vorgänger, aber »man müsse abwarten«. Worauf Cobenzl hinwies, gerade die Umgebung des preußischen Königs bestimmte das Vertrauen, das man in die Absichten Preußens setzen würde. Als

sie sich trennten, schien es Cobenzl, »als sei dem Prinzen der Wein ein wenig zu Kopfe gestiegen. Er hatte Mühe, eine begonnene Rede zu Ende zu führen, in der er die Musik mit dem Krieg verglich.«

Als Cobenzl am Abend dieses Tages in seiner Loge im Theater in der Leopoldstadt den Prinzen noch einmal aufsuchte, fand er Louis Ferdinand »wieder ganz er selbst«, also wieder nüchtern. Der Vizekanzler schlug ihm eine gemeinsame Allianz zwischen Österreich, Preußen und Rußland vor.

»Wozu Rußland?« warf Louis Ferdinand ein. »Sind Preußen und Österreich fest verbündet, vermögen sie viel. Sie haben eine glänzende Armee; sind beide Seiten entschlossen, können wir unsere Macht spielen lassen.«

»*Monsigneur*«, sagte Cobenzl, »täuschen wir uns nicht, wir werden es mit einem sehr starken Gegner zu tun haben und bedürfen dringend der Einigung mit Rußland. Können wir übrigens damit rechnen, daß bei Ihnen die Stimmung der ausgezeichneten Gesinnung entspricht, die E. K. H. mir zu bezeugen geruhen, und daß man endlich aufgehört hat, mit einer Eifersucht auf uns zu sehen, die, ich wage es zu sagen, weder mit den augenblicklichen Gegebenheiten noch mit den wahren Interessen Preußens in Einklang steht. Alles, was geschehen ist, mahnt uns zur Vorsicht, um so mehr, als unsere bisherigen Verstöße uns nur ganz unerwünscht in Verlegenheit gebracht haben. Ich würde es kaum wagen, in solcher Offenheit zu sprechen, kennte ich nicht die treue und edle Gesinnung dessen, zu dem zu sprechen ich die Ehre habe und dessen Ergebenheit uns der guten Sache gegenüber mir bewußt ist. Nicht des Kaisers Minister spricht zu Ihnen, *Monsigneur*; als Edelmann, der über die Mittel nachsinnt, mit denen dem Übel zu begegnen sei, wende ich mich an den Militär, der als einer der Tapfersten gegen dies Übel gekämpft hat. So kann ich nicht fürchten, gerade von Ihnen bloßgestellt zu werden.«

Der Prinz sicherte Diskretion zu; »er werde von dem Gehörten nur insoweit Gebrauch machen, als es dem Gemeinwohl und der Annäherung der beiden Höfe diene«.

Darauf Cobenzl: »*Monsigneur* spüren wohl, daß wir nach allem, was wir erfahren und erlitten haben, gar nicht genug auf unserer Hut sein können; daß wir uns nicht mit bloßen Wahrscheinlichkeiten oder halben Lösungen zufrieden geben können, die unsere Bedenken nur verstärken müßten, anstatt sie auszuräumen. Wir glauben, wenngleich isoliert, nicht ohne Verteidigungsmöglichkeiten zu sein, wenn Frankreich uns angreift. Für die gemeinsame Sache können wir aber nichts tun, deshalb liegt ein gutes Einvernehmen mit Frankreich in unserem Interesse, und wir werden darin so weit gehen, wie es die Würde unseres Erlauchten Herrn erlaubt. Ganz anders stünde es zweifellos bei einem festen Bündnis zwischen den Kontinentalmächten, wenngleich man sich auch keine Illusionen darüber machen sollte, was damit erreicht werden könnte. Ein Hinausgehen über das, was die Umstände erlauben, heißt nur das Übel verschlimmern. So wünschen wir uns vordringlich eine Einigung Österreichs, Preußens und Rußlands, um damit Frankreich von weiteren Taten abzuhalten. Dies Zusammenspiel würde keine Einmischung in den augenblicklichen Seekrieg [*zwischen Frankreich und Großbritannien*] verlangen. Sollte indessen Bonaparte die eine oder andere Republik mit Frankreich vereinigen, sei es Italien, Ligurien, die Schweiz oder Batavien [*Holland*], oder dort einen aus seiner Familie zum Regenten machen wollen, wollte er Deutschland neue Gesetze aufzwingen und noch größere Opfer fordern, so würde er damit unmittelbar Europas Unabhängigkeit angreifen, die Ruhe des germanischen Imperiums gefährden und so gleichermaßen gegen die preußischen wie gegen die österreichischen Interessen handeln. Es ist mehr als wahrscheinlich, daß schon die Existenz einen solch engen Zusammenspiels zwischen den drei oben erwähnten Mächten Bonaparte von derartigen Versuchungen abhalten würde, sofern man ihn nur gut davon überzeugt; dafür ist es allerdings nötig, daß ihm keinerlei Hoffnung bleibt, durch die täuschende Macht irgendeines augenblicklichen Vorteils ein solches Zusammenspiel stören zu können, denn dann würde er nicht von dem von ihm bisher verfolgten Wege abweichen. Ist im übrigen ein Zusammenspiel erst einmal erreicht, so kann gewiß gemeinsames Repräsentieren schon viel bewirken, und sollte es soweit kommen, daß die Degen gezogen werden, so hieße das nicht, etwas unternehmen, was über die vereinten Kräfte der drei Verbündeten ginge und infolgedessen nicht mit ausreichender Wahrscheinlichkeit zum Erfolg führte. Jedoch ohne dies Zusammenspiel täte Bonaparte Unrecht daran, nicht die eine oder andere der oben erwähnten Unternehmungen in Angriff zu nehmen, oder, läßt man ihn nur machen, auch alle, eine nach der anderen. Rußland vermag trotz der Unermeßlichkeit seiner Mittel nichts gegen Frankreich ohne die Hilfe Österreichs oder Preußens, und Österreich wird sich

schwerlich engagieren, wenn es sieht, wie der Berliner Hof bei dem System verharrt, dem er seit dem Frieden von Basel huldigt. Daraus hat Bonaparte bisher viel Vorteil gezogen; läßt man ihn machen, wird er daraus weiterhin und so lange wir dem Übel selbst mit einer gänzlichen Vereinigung aller österreichischen, preußischen und russischen Streitkräfte nicht mehr werden steuern können. Wir sehen die Gefahr, wir sind von ihr durchdrungen, wir sind aber überzeugt, daß all unsere Versuche, ihr zu begegnen, ohne das oben erwähnte Bündnis die Lage nur würden verschlechtern können und daß wir höchst unnötigerweise das erste Opfer sein würden. Damit gebe ich Ihnen, *Monsigneur*, die Erklärung für unser Verhalten seit dem Vertrag von Lunéville, bei dem zu beharren wir uns gezwungen sehen, solange es nicht möglich ist, die Verfahrensweise des Berliner Hofes zu verbessern. *Monsigneur*, Sie fragten mich, wozu wir die Russen brauchen. Aus einer Unzahl von Gründen. Zunächst verfügen sie über große Mittel, die zu den unsren hinzugefügt deren Wert erheblich steigern würden; sodann, weil sie schon beinahe mit Frankreich Krieg führen; und endlich, ich will es nicht verschweigen, weil wir diesen gemeinsamen Freund brauchen, nach allem, was sich zwischen Wien und Berlin abspielte, der uns als gegenseitiger Garant dienen soll für ein wohl zu begründetes Vertrauen.«
Louis Ferdinand hatte gegen diese ausführliche Darstellung nichts einzuwenden. Er versicherte dem Vizekanzler, seine Reise habe nur den Zweck, die allgemeine Meinung zu hören, um darüber direkt dem König berichten zu können. Er zeigte sich angetan von den ihm durch den Kaiser und Erzherzog Carl erwiesenen Aufmerksamkeiten und meinte schließlich, es werde wohl »außergewöhnlicher Mittel« bedürfen, »um Preußen zu erwünschter Aktivität anzuregen«. Endlich fragte er Cobenzl: »Wir können damit rechnen, daß wir zugleich von den Franzosen und von den Russen bedrängt werden. Wenn wir dann dazu gezwungen sind, werden wir uns zweifellos für Rußland erklären. Falls uns Rußland nun in einen Krieg gegen Frankreich hineinzieht, können wir dann damit rechnen, daß Sie auch mit von der Partie sein werden?«
Der Vizekanzler erwiderte, zur Beantwortung dieser Frage sei er nicht legitimiert, aber wahrscheinlich werde der Kaiser »nicht zurückbleiben«. Österreich, so erklärte der Prinz, müsse sich im Kriegsfalle an Italien schadlos halten.
Cobenzl informierte Metternich über dieses Gespräch, aber der wies

abkühlend darauf hin, daß der Prinz nur auf eigene Initiative Wien besucht habe, auf den König habe er keinen Einfluß, sein Temperament risse den Prinzen leicht zu Ausschweifungen hin, und der »unmäßige Gebrauch starker Getränke« werde ihn noch ruinieren. Andere knüpften hohe Erwartungen an diesen Aufenthalt, so der schwedische General Freiherr von Armfelt, der an Johannes von Müller schrieb: »Prinz Louis ist im Augenblick zu Wien. Aus solchem Holze schnitzt man sie! Von brauchbaren und großer Dinge fähigen Prinzen kenne ich nur ihn, den Erzherzog Johann, den Herzog von Cambridge und den kleinen Kurfürsten von Württemberg.«

Den Wiener Aufenthalt nutzte Louis Ferdinand nicht nur für politische Gespräche. Er wollte auch Beethoven wiedersehen, den er vor acht Jahren in Berlin kennengelernt hatte. Er sah ihn zunächst auf etwas wunderliche Art wieder. Eine alte Gräfin hatte nämlich eine »kleine musikalische Abendunterhaltung« für den Prinzen arrangiert, bei der auch Beethoven zugegen war. Aber beim anschließenden Essen fand sich der Meister an den Bediententisch versetzt. Beethoven »sagte einige Derbheiten und ging«. Louis Ferdinand war das peinlich. Er revanchierte sich kurz darauf mit einem Essen, bei dem sowohl Beethoven als auch die Gräfin zu seinen Seiten placiert wurden, eine seiner taktvollen Gesten, die Beethoven ihm nie vergaß. Als zwei Monate später sein drittes Klavierkonzert c-moll erschien, trug es die Widmung: »*Composé et dedié A Son Altesse Royale Monsigneur le Prince Louis Ferdinand de Prusse par Louis van Beethoven.*«

Der Prinz verließ Wien am 13. September und traf am 15. in Prag ein, wo jetzt der zweite Teil der Herbstmanöver begann. Auf der Rückreise von Prag machte er in Raudnitz, einem der nordböhmischen Schlösser des Fürsten Lobkowitz, Station. Fürst Franz Maximilian Lobkowitz gleichen Alters wie Louis Ferdinand, gehörte zu den Mäzenen Beethovens. Er hatte seinem Gast eine besondere Überraschung zugedacht: die *Eroica*, Beethovens neueste Symphonie. Louis Ferdinand, so wird erzählt, habe mit »gespannter Aufmerksamkeit« zugehört, »die sich bei jedem Satz steigerte«. Danach habe er sich von Lobkowitz »als besondere Gunst eine unmittelbare Wiederholung« erbeten, und endlich – da sein Aufenthalt nur auf diesen Tag begrenzt war – »nach Ablauf einer Stunde« sich die Symphonie ein drittes Mal vorspielen lassen. Das Wiener Publikum

hat bei der Uraufführung der *Eroica* am 7.4.1805 weniger enthusiastisch reagiert: »Ich gäb noch einen Kreuzer, wenn's nur aufhört!« rief ein Hörer von der Galerie.
Als Quintessenz seiner österreichischen Mission schickte Louis Ferdinand im Dezember eine Denkschrift an den Generaladjutanten des Königs, Oberst von Kleist. Sie ist das bedeutendste politische Zeugnis aus der Feder des Prinzen und wird hier erstmals ungekürzt mitgeteilt:
»Als ich in den letzten Tagen des Novembers Ihren Brief, lieber Kleist, erhielt, machte ich es mir zur angelegentlichsten Beschäftigung, über einen mir so interessanten Gegenstand ein Memoire auszuarbeiten.
Ich fühlte indessen bald, daß es nicht möglich war, bloß analytisch bei dieser Arbeit zu verfahren, und daß alles dasjenige, was ich zur Rechtfertigung meiner Meinung und meines Wunsches eines näheren Vereins zwischen Preußen und Österreich [*sagte*], in Betracht der Erhaltung der Ruhe und Hinderung einer jeglichen fremden Einmischung in Deutschland sein könnte; vielleicht, wenn es auch nicht falsch ausgelegt und mißdeutet, dennoch, da der Willen des Königs über diesen Gegenstand bestimmt zu sein scheint – von meiner Seite nicht verstanden wäre. Hingegen, was ich über den Wunsch eines solchen Vereins und von denen Äußerungen zu sagen hab, die mir hierüber sowohl vom Kaiser, dem Erzherzoge und auf eine ebenso positive Art vom Grafen Cobenzl gemacht worden waren, verlor den Grad von Interesse, den es haben konnte, sobald hier der Gedanke eines positiven Vereins von der höchsten Behörde nicht angenommen wurde.
Ich meinerseits sah und sehe diese Vereinigung als ein über kurz oder lang aus dem Drang der Umstände notwendig entstehendes Resultat an, ob aber auf selbige Namen, oder die in Ihrem Brief, bester Kleist, mir aufgestellten Folgen einer Koalition passen, will ich näher zu beleuchten wagen. Da wo verschiedenes Interesse stattfindet, muß natürlich die Zerspaltung und Auflösung um so eher erfolgen, je weniger absolute Notwendigkeit diesen Verein heischte – dieses war der Fall in der *Ligue de Cambrai* gegen die Venetianer. Dieses war der Fall in der Koalition gegen den unsterblichen Friedrich, wo weibliche und beleidigte Eitelkeit und Mißgunst vielen, die über die Erhebung desjenigen eifersüchtig, den sie als ihresgleichen zu betrachten gewohnt waren, die Waffen in die Hände gab. So war es,

zwar in einer verschiedenen Hinsicht, in den ersten Vereinigungen gegen Frankreich der Fall, obgleich der Gang der Revolution uns bewiesen, daß der Erfolg gewiß sehr verschieden war, wenn ein Mann von großen Talenten und festem Willen an der Spitze dieser gigantischen Unternehmung gestanden und sie mit mehr Weisheit und Energie geleitet, als es damals geschah, wo Manifeste und schlechte Disziplin so sehr gegen uns und kein großer entscheidender Schritt für uns oder vielmehr für die Partei bestimmte, die wir unterstützen wollten, wo keine gewonnene Bataille das unzählige Heer der schwachen und stets nach dem Erfolg urteilenden und auf einen solchen wartenden Menschen hinriß.

Glauben Sie, bester Kleist, daß, wenn der große Gustav, als ihn das Interesse der Protestanten nach Deutschland rief, bei Stralsund oder Anklam wäre stehen geblieben, er je die Oberherrschaft von Deutschland dem arglistigen Ferdinand, seinem Wallenstein und Tilly entrissen hätte? Nur nach den Siegen von Leipzig und am Lech entschied es sich für ihn.

Doch lassen Sie mich wieder zur Untersuchung der Tatsache, die ich zu erörtern beschäftigt war, zurückkehren, und erlauben Sie mir bloß zuzusetzen, daß in dem, was ich über den letzten der Kriege gesagt habe, es mir bei diesen schnell hingeworfenen Zeilen an Zeit und Raum gebricht, alle diejenigen Modifikationen und vergleichenden Ansichten zu untersuchen, die alles dieses in ein deutliches Licht zu stellen im Stande wäre.

Die Vereinigung gegen Ludwig XIV. war keine Koalition – erlauben Sie mir, diesem Worte einen anderen Sinn als den einer Verbindung, eines Vereins vieler oder weniger Schwächeren gegen einen Stärkeren beizulegen. – Es war diese Vereinigung, sage ich, welche Europa damals rettete. Frankreich entwickelte und verfolgte damals das System, das Heinrich IV. schon zwar mit denselben, aber gewiß sehr hohen und edlen Absichten im Innersten trug, was Richelieu verfolgte und [*wozu er*] gleichsam Frankreich nach und nach rüstete, daß zu dieser Ausführung Mazarin beitrug, indem er in der Minorennität Ludwigs XIV. die Parteien nach und nach entweder schwächte oder vereinte, den damaligen Einfluß von Spanien auf Frankreich minderte und endlich einem jungen eitlen herrschsüchtigen Monarchen, dessen erste Schritte als bloßer Herrscher voller Charakter waren, ein Königreich überließ, in welchem selbst dieser Zustand von Gärung, in dem es lange Zeit gewesen, Männer wie

Condé oder Turenne entwickelt hatte, indessen ein großer Teil von Europa entkräftet und erschlafft, die Gefahr kaum ahnend da war. Das Deutsche Reich durch die Folgen des Dreißigjährigen Krieges erschöpft und durch Parteien zerspalten; der Kaiser stets mit dem Kampf gegen die Türken beschäftigt, Spanien nach und nach seiner schönsten Besitzungen beraubt, seine Marine in Dekadenz, in seinen Heeren nur die Überbleibsel jener großen Heerführer, Soldaten und Regenten, die sie beinahe zu Siegern und Beherrschern von dem damaligen interessanten Teil von Europa gemacht hätten. Kein Alba, kein Herzog von Parma, keine Mondagrone mehr.
England, von dem schwachen Karl II. regiert, durch tausend verschiedene Parteien getrennt, alle Gemüter noch gespannt, der König im steten Kampf mit dem Parlament und damit, wie sein Nachfolger Jakob II., beschäftigt, alles zur Wiedereinführung des Katholizismus beizutragen, und selbst ein bezahlter Söldner Louis' XIV., mit ihm und durch Broillon, damaliger Gesandter in Frankreich, einen ordentlichen Traktat abgeschlossen hatte, wie solches aus der tröstlichen Geschichte von dieser Epoche der englischen Geschichte des Dalrymple mit den Belegen, die der Graf Choiseul, Minister der auswärtigen Affaires in Frankreich, zu nehmen erlaubt hat, zu ersehen ist.
Wer rettete Europa damals vor Frankreich, wer war die Seele dieses großen Unternehmens? Wilhelm III. von Oranien. Stets unglücklich, seine Flotte damals von Tourville bei Bantry-Bay [*Beachy-Head*] und Rithalm geschlagen. Jakob in England, England selbst schwankend, unternahm es dieser charaktervolle Mann mit dem Groß-Pensionär Heinsius, Europa auf die Gefahr aufmerksam zu machen und sie zu bekämpfen. Stets unglücklich, aber nie mutlos, gründete er das, was nachmals Eugen und Marlbourough mit mehr Glück ausführten, als endlich die Herrschsucht, der Ehrgeiz und die unzähligen Schmähungen, die ganze Europa von Frankreich erduldet hatte, es von neuem gegen dasselbe bewaffneten und das Schicksal die unsterblichen Sieger von Höchstädt, Turin, Ramillies und Malplaquet an die Spitze der vereinten Armeen stellte, Männer von hohem Gemüt, von edlem, von kleiner Selbstsucht entferntem Herzen. Wie schön, einfach und kraftvoll ist die Rede, womit Wilhelm III. den Kongreß von Haag eröffnet.
Doch nun zur Sache nach dieser langen Digression, der ich mich aber unmöglich erwehren konnte, da sie mir der Sache nicht fremd zu sein

scheint und da sie dartun wird, daß die Lage von Europa viel gefährlicher, Frankreich jetzt mächtiger, sein Machthaber noch viel ehrgeiziger, als es Louis XIV. war, ist. Doch dieses Beweises bedarf es wohl nicht, da Spanien, ganz Italien, die Schweiz, Holland, das ganze Rheinufer ihm gehört, eine Armee im Herzen von Deutschland ist und ein großer Teil der deutschen Fürsten zu den Füßen Napoleons kriecht, Österreich entkräftet, die verschiedenen Interessen ganz zerspalten, Englands und Rußlands Einfluß gewiß dem Interesse von Deutschland mehr schädlich als vorteilhaft, das erstere auf eine andere Art dem Kontinent so schrecklich als Frankreich, das letztere zu entfernt, und dessen Interesse zu wenig bei allem diesem Spiel, stets viel sprechend, viel deklarierend, nicht handelnd und auch zum Teil nicht handeln können, ja vielleicht in der Hoffnung, durch Akquisitionen gegen Süden und Mittag, von dem kalten, eisigen Nordpol wieder ins mildere Europa und das warme Asien hinein zu rücken. Von wem kann Rettung kommen für Deutschland? Von Österreich und Preußen. Denn keins kann wohl allein diesem mächtigen Nachbarn die Spitze bieten, jedes von beiden würde zu einer ebenso verächtlichen Vassalage, welches gewiß beinah ein noch größeres Unglück ist als eine französische Provinz zu sein, herabsinken, wenn eines derselben ganz vernichtet oder geschwächt wäre. Beide haben ja keinen Zwist mehr, können über nichts Krieg führen, ohne daß der mächtige Bonaparte im Süden oder Alexander ihnen, nachdem sie sich beide sattsam geschwächt, sagen: haltet an, jetzt wollen wir es beide entscheiden. Beide haben gleiches Interesse, auch wenn dereinst der Kontinent gerettet, Frankreichs Macht, seines neuen Kaisers Ehrgeiz, der nicht sechs Wochen leben kann, ohne Könige und Prinzen abzusetzen und zu machen, Grenzen gesetzt, auch der schändlichen Raubsucht Englands, seinem Alleinhandel Grenzen zu setzen. Vergebens werden die Minister Englands ihr gesamtes System zu erhalten suchen, das Gesetz der Notwendigkeit, die Unmöglichkeit, ihnen mit Wahrheit zu sagen, daß sie für Selbsterhaltung streiten, wie jetzo, wird Englands Despotie dieselben Schranken zu setzen möglich machen, die der Kontinental-Despot von Frankreich durch einen intimen Verein von Österreich und Preußen vielleicht schon ohne Krieg bewirkt würde. Aber Sie wissen es, Freund, *quid vis pacem para bellum*, das ist ein altes und gewiß wahres Sprichwort. Endlich, auf dem Thron von Österreich ist ein Mann, der Sklave seines Wortes ist, der, obgleich er sein Volk liebt, mit vieler Beharrlichkeit im Unglück sich gezeigt, der über die Lage der Dinge beinahe so denkt, als ich es Ihnen in dieser schnellen Skizze entworfen. Er und sein trefflicher Bruder, der Erzherzog, von dem ich Ihnen ein anderesmal zu sprechen denke, achten und vertrauen in den Charakter des Königs.

Friedrich Wilhelm hat durch treffliche Finanzverwaltung seinen Staat konsolidiert, seine Armee verbessert, sein Charakter ist edel und fest, seine Mäßigung und Ehrgeizlosigkeit in Europa anerkannt. – O gewiß, hierin und in mutvollem Beharren, kraftvollen Entschlüssen, läge der Keim zur Rettung von Europa, dessen Gefahr, hauptsächlich die von Deutschland, sich wohl keiner verhehlen kann. Es sei mir erlaubt, noch zur Unterstützung alles dessen, was ich Ihnen gesagt, die Autorität des großen Friedrichs aufzustellen, der in seinen *Reflexions sur le corps politiques*, die er dem Graf Hertzberg schickt und die im sechsten Teil seiner Werke enthalten ist, nachdem er die stete Tendenz Frankreichs zu einer Universal-Monarchie lange entwickelt, gezeigt, wie das stete *divide et impera* das Gesetz gewesen, was es befolgt, endlich auch sagt, daß, wenn es je seinen Plan, Holland zu erobern und den Rhein zur Grenze zu haben, erreichte, ganz Europa sich gegen dasselbe verbinden [*müsse*], um dieser Gefahr zu entgehen.

Verzeihen Sie endlich diese späte Antwort. Ich hatte ein ziemlich großes Memoire angefangen und wollte es dem König schicken, die weiter hier gerügten Ursachen hielten mich ab; dieser Brief [*wendet sich an einen Mann*], des Charakter und Urteil ich so wie das Ihrige schätze und dessen Freundschaft mir wert ist, ist mehr nun bloß für demselben, *nicht* für den Generaladjutanten des Königs, weil ich sonst bei dieser raschen, der Feder schnell entflossenen Darstellung die Worte mehr gewogen haben würde.«

Henriette, Pauline und Rahel

Am 23. April 1805 wurde zum zweitenmal eine Komposition Louis Ferdinands in Berlin aufgeführt: das *Nocturno F-dur für Klavier, Flöte, Viola, Violoncello und zwei Hörner*. Wie im Jahr zuvor saß wieder Dussek am Klavier, und Möser versah den Violinpart. Die *Allgemeine Musikalische Zeitung* rezensierte das Werk erst nach dem Tode des Prinzen:

»Der allgemeine Charakter bleibt: aber die Phantasie ist nun durch nähere Bekanntschaft mit den trefflichsten Werken andrer Meister, durch ernstes Nachsinnen und Studieren, ja durch vieles Arbeiten selbst, vertieft, hat auch sich selbst zügeln, sich selbst lenken gelernt; die überquellende Kraft stäubt nicht mehr mit Geräusch als leerer, wenn auch angenehm perlender Schaum auf; sie wird zusammengehalten, wird zur rechten Zeit, am rechten Orte verwendet; in alles kommt mehr Bewußtsein, mehr Wahl und folglich mehr Klarheit, Ordnung, Haltung und Würde. [...] Ganz unverkennbar ist hier für die Hauptsache so vieles und so schönes geleistet, daß man ohne Kleinmeisterei und Pedantismus bei verfehlten Nebendingen gewiß wenigstens nicht lange verweilen und sich im Genusse von jeden Hauptursachen nicht stören lassen wird. [...] Man findet hier ein *sehr* lang und *sehr* weit ausgeführtes Larghetto (die Klavierstimme allein ist 17 volle Seiten lang), das nicht wenig neue und anziehende Wendungen der Melodie und Harmonie, vornehmlich aber einen großen Reichtum mannigfaltiger Figuren aufweiset; dann folgt ein ebenfalls ziemlich langes Presto, voll rascher Kraft, Leben und Feuers; hierauf kehrt der Komponist auf einige Momente zu jedem Larghetto zurück, verweilt in einer ausgeschriebenen (sehr wackeren) Cadenza, welche das Presto zurückführt, und in diesem schließt er. Gut vorgetragen macht das sorgsam in sich selbst beschlossene Stück (nur etwas einiges allzuweit Ausgesponnene im ersten Satze abgerechnet) eine treffliche Wirkung.«

Dussek war seit einem Jahr im Dienst des Prinzen, übrigens ohne Gehalt. Er wohnte bei ihm, reiste mit ihm, wurde beköstigt. Und das galt bei Dussek, der den Freuden der Tafel – aber noch mehr denen des Bechers – äußerst zugetan war, nicht wenig. Der gemütliche Böhme, seinem Prinzen in schwärmerischer Verehrung ergeben, war es zufrieden. Er unterwies ihn in der Kompositionslehre, er vervollkommnete dessen Klavierspiel. Aus seinem Londoner Aufenthalt resultierte Dusseks Vorliebe für die englischen Hammerflügel, »die einen so vollen und fortklingenden, klarinettartigen Ton haben, daß sie Ohr und Sinn gefangennehmen und zum Schwelgen in schönen Tönen verleiten« (Otto Tschirch). Louis Ferdinand soll dreizehn dieser Instrumente besessen haben, zwei davon standen in Schricke. Aber nicht allein die Musik beschäftigte den Prinzen in diesem Frühjahr; mehr noch fesselten ihn militärwissenschaftliche Fragen, denn die Expansionspolitik Napoleons veranlaßte Louis Ferdinand, sich intensiver als bisher mit einer Defensivpolitik Preußens zu befassen. Er wurde das Gefühl nicht los, als würde Preußen – dem Napoleon zu diesem Zeitpunkt noch schmeichelte – eines Tages zu einer Konfrontation mit Frankreich gedrängt werden. Er schrieb jetzt viele Blätter voll mit militärtheoretischen Exerzitien und schickte sie Johannes von Müller zur Begutachtung. Diese Studien sind leider nicht erhalten, offenbar hat er sich darin besonders mit einer Reform des inneren Dienstes beschäftigt und mit den Formen der Militärstrafen, denn Müller antwortete ihm am 28. April: »Man wird, wie Sie wohl zeigen, das Unhaltbare aufgeben, alsdann (da wir gewiß nur *einen* Feind haben werden) demselben eine zu großen Angriffen und Fortschritten hinreichende Macht entgegenstellen und (dazu eben dient Ehrgefühl und Vaterlandsliebe) diese so anfeuern, so exaltieren müssen, daß sie auch der Überzahl durch ihren Mut und Geistesgegenwart gewachsen sei.«
Ende Mai 1805 fanden bei Magdeburg große Manöver in Anwesenheit des Königs statt. Das Oberkommando führte der betagte Herzog von Braunschweig. Als Beobachter einer befreundeten Nation nahmen auch Franzosen teil: Marschall Berthier, Napoleons Generalstabschef, und die Generale Kellermann und Rivaud. Sie wurden von ihren Gastgebern auf das artigste behandelt und fanden dafür alles, was sie sahen, preiswürdig. Wie auch nicht? Ein preußischer Augenzeuge lobt die »unübertreffliche Propretät« der Uniformen, und die wurde freilich von keiner Armee der Welt

übertroffen. Nirgends ein Stäubchen, alles blankgewienert, die Knöpfe wie die Gewehrläufe, das Lederzeug mit Kreide geweißt, an den Frisuren saßen die gedrehten Seitenlocken auf Millimeter, und natürlich hatte jeder Zopf die vorgeschriebene Länge. Und welche Farbenpracht: Die himmelblauen, roten oder braunen Husaren, die schwarzen mit dem Totenkopf vor den Flügelmützen; in Schneeweiß glänzten die Kürassiere, sie trugen die gleichen riesigen schwarzen Hüte wie die hellblauen Dragoner; grüne Uniformen trugen die Jäger und Füsiliere, das traditionelle Preußenblau die Grenadiere mit den merkwürdigen kleinen lackierten Blechmützen und den bunten Abzeichen, wodurch sich die Regimenter voneinander unterschieden. Was Wunder, wenn die Bewunderung der Franzosen »über die Truppen, über die Möglichkeit der Haltung und des gleichen Tritts bei dem Paradenmarsch keine Grenzen kannte«. Besonders ein Mann wie Berthier wird sich sein Teil gedacht haben, auch wenn er vielleicht nicht wußte, daß diese Armee aus Sparsamkeit fast nie mit scharfer Munition feuerte und die Gewehrläufe dermaßen polierte, daß ein Jahr später, kurz vor Kriegsausbruch, ein Regimentschef befürchtete, die allmählich dünn geputzten Gewehrläufe würden bei scharfem Feuer zerspringen. Aber wer dachte schon an so etwas? »Am 2. Manöver-Tage ritt der König vor unserm Bataillon, das sich wie ein Brett fortschob; eine Bewegung im ganzen Bataillon und eine Stille wie im Grabe; der König sagte mehreremale ›Bravo, Grenadiers, bravo‹.«

Ende und Höhepunkt des Manövers war wie jedes Jahr die siegreiche Erstürmung des Butterberges bei Magdeburg, darauf legte der Herzog von Braunschweig größten Wert, und selbstverständlich klappte das Unternehmen immer hervorragend. Die preußische Militärmaschine schnurrte hier ab wie ein Uhrwerk, und natürlich fand sie sich selbst jedesmal hinreißend und unbesiegbar. Louis Ferdinand empfand diese Selbstzufriedenheit von Jahr zu Jahr schmerzlicher. So sehr er auch Napoleon haßte: Dem wäre diese Armee nicht gewachsen.

Aber der alte Herzog von Braunschweig wollte seine Ruhe haben. Ihm mißfielen die Reden des Prinzen, den er sowieso nicht mochte, weil in ihnen immer Bemerkungen über militärische Unternehmen aufklangen. Er sei kriegslüstern, verwies er ihn. »Wie soll ich den Krieg nicht wünschen, da er uns sichert?« fragte Louis Ferdinand zurück. »Das Erstürmen des Butterbergs tut's halt nimmermehr!«

Einmal, der Herzog war nicht zugegen, übernahm er selbst das Kommando und versuchte, in die trägen Bewegungen mehr Schwung zu bringen. Das Ergebnis hieß Hilflosigkeit. Louis Ferdinand rief die Stabsoffiziere zusammen: »Aber meine Herren, was exerziert denn der Herzog den ganzen Tag, wenn Sie nichts lernen!«

Die französischen Gäste behandelte er besonders aufmerksam. Denn von ihnen erfuhr er in ausführlichen Gesprächen Struktur, Taktik und Strategie der napoleonischen Armee. Man traf sich zwanglos im Hause des Prinzen, er selber in grüner Hausjacke, was dem Reglement strikt zuwider war. Hieß es dann plötzlich »Der König!«, so sprang er durchs Fenster, um augenblicks in vorschriftsmäßiger Montur zur Tür hereinzutreten; ein Zug, der den Franzosen ob seiner Leichtigkeit und Geistesgegenwart imponierte.

Ähnlich *léger* wurde musiziert. Dussek sollte einen tüchtigen Geiger beschaffen. Er fand ihn in Braunschweig: Louis Spohr, 21 Jahre alt. Der Herzog gab ihm Urlaub, Louis Ferdinand ein eigenes Zimmer, und Spohr schreibt: »Oft schon des Morgens um 6 Uhr wurde ich wie auch Dussek aus dem Bette gejagt und im Schlafrock und Pantoffeln zum Prinzen in den Empfangssaal beschieden, wo dieser bei der damals herrschenden großen Hitze in noch leichterem Kostüm, gewöhnlich nur mit Hemd und Unterhose bekleidet, bereits vor dem Pianoforte saß. Nun begann das Einüben und Probieren der Musik, die für den Abendzirkel bestimmt war, und dauerte bei des Prinzen Eifer oft so lange, daß sich unterdessen der Saal mit besternten und mit Orden behängten Offizieren angefüllt hatte. Das Kostüm der Musizierenden kontrastierte dann sonderbar genug mit den glänzenden Uniformen der zur Cour Versammelten. Doch das genierte den Prinzen nicht im geringsten, und er hörte nicht früher auf, als bis alles zu seiner Zufriedenheit eingeübt war. Nun wurde eilig Toilette gemacht, ein Frühstück eingenommen und dann zum Manöver hinausgezogen.«

Im Juni kam ein langer Brief von Gentz. Sie hatten sich im vergangenen Jahr in Wien, wohin Gentz 1803 übergesiedelt war, nicht getroffen, da Gentz sich gerade auf Reisen befand, aber man hatte ihn über die österreichische Mission des Prinzen und dessen Gespräche in Wien unterrichtet. Eine Allianz zwischen Preußen und Österreich betrieb auch Gentz seit langem, und in Louis Ferdinand sah er denjenigen, der das schwierige Werk des Vermittlers zwischen beiden Staaten übernehmen könnte: »Da ich [...] in mehr oder

weniger vertrautem Verkehr mit den Personen bin, welche das Glück gehabt haben, Ew. K. H. zu sehen und zu hören, so habe ich erfahren, wie Sie die Zeit Ihres Aufenthalts in Wien und im allgemeinen in der österreichischen Monarchie angewandt haben, und wenn ich darüber nicht die genauen und eingehenden Nachrichten hätte, die ich so glücklich war zu erlangen, so würde ich es doch bemerkt haben an der Wirkung, welche Sie überall hervorgerufen haben, an der glücklichen Wandlung, die sich in der Denkungs- und Betrachtungsweise mehrerer der hervorragendsten Personen dieses Landes vollzogen hat, an dem Vertrauen, an dem Mute, an allen den edlen Gefühlen, die unter Ihren Schritten hervorzusprossen begannen, endlich an der neuen Geistesrichtung und der veränderten Stimmung dieses Hofes, einer Richtung, die dank der Kraft und Beredtsamkeit Ihrer ermutigenden Worte noch mehrere Monate angedauert hat und die schließlich die glücklichste Umwälzung hervorgerufen haben würde, wenn Dummheit und Kleinmut nicht zu schnell Mittel gefunden hätten, alle von Ew. Hoheit gepflanzten Keime zu zerstören und uns in unsere alte Nichtigkeit und in unser altes Elend zurückzuschleudern.«
Aber, so fuhr Gentz fort, das Vermittlungswerk könne nur von dem Prinzen geführt werden: »Ich sehe in Ihnen durchaus einen der Männer, welche die Vorsehung in schrecklichen Krisen, wie der gegenwärtigen, erwählt, um die gesellschaftliche Ordnung zu beleben, zu erretten und zu befestigen. Ihre Bestimmung ist groß und schön, der Himmel hat Ihnen alles gegeben, durchaus alles, um sie zu erfüllen: Genie, hohe Geburt, Unerschrockenheit, militärische und politische Talente, alles verführerische Eigenschaften, alles was eine ungeheure Popularität begründen kann und, was die Vollendung und der Gipfel von allem ist: eine erhabene, feurige Seele, die fähig ist, alles zu unternehmen und alles auszuführen. Wenn Sie es wollen, so ist es unmöglich, daß Sie nicht eine gewisse Anzahl von einflußreichen, aufgeklärten, tätigen, unerschrockenen Männern vereinigen, von Patrioten in der alten guten Bedeutung dieses durch die Scharlatane und Verbrecher eines erbärmlichen und schändlichen Jahrhunderts entweihten Wortes. Es ist ebenso unmöglich, daß die Regierung, der Sie durch so viele achtungswerte Bande angehören, nicht schließlich auf Ihren Ruf erwacht und Ihren edlen Anstrengungen Gerechtigkeit widerfahren läßt. Der erste Schritt wäre dann, daß Sie einen Teil Ihrer Begeisterung den Personen an diesem Hofe hier

einflößten. Ich habe gesehen, was Sie alles im vergangenen Herbst getan haben; ich habe Ihr Werk gesehen, und ich habe vor Freude darüber gebebt. Wie sollte man an Ihren ferneren Erfolgen zweifeln, wenn Sie nur das, was Sie haben fallen lassen müssen, wieder aufnehmen können.«

Louis Ferdinand sei von diesem Brief »ungemein ergriffen« gewesen, schrieb Johannes von Müller an Gentz; die Idee einer Vereinigung der Gleichgesinnten habe »sein Gemüt besonders begeistert«. Er selbst, Müller, sei »ganz hierfür eingenommen; selbst wenn alles übel ginge, würde das heilige Feuer, in diesem edlen Bunde aufbewahrt, auflodern und ausbrechen, wenn die Stunde gekommen wäre, auch für die anderswo sich Ansiedelnden Vereinigungspunkt sein und Haltung geben.«

Große Stücke, so schrieb Gentz an Müller, setzte er auch auf Erzherzog Johann in Wien: »Ach! wenn er frei, oder besser, wenn er mächtig wäre! Was würde dieser Prinz leisten! – Dort [*in Berlin*] haben sie auch einen Hauptakteur unter den Prinzen, den Louis Ferdinand, mit dem ich in einigen Wochen zusammenzukommen gedenke. Solche an die Macht zu bringen, das ist eigentlich für uns die wesentlichste Aufgabe. Durch meine unermüdeten Lobreden auf Johann und Louis habe ich doch schon sehr viel gewonnen.«

Auf Erzherzog Johann und Louis Ferdinand setzte auch der Fürst de Ligne, der den um 37 Jahre jüngeren Prinzen geradezu schwärmerisch verehrte: »Die beiden sind dazu geschaffen, aneinander Gefallen zu finden«, schrieb er an Müller und in einem anderen Brief: »Berichten Sie mir ganz besonders, was unser bewundernswerter Prinz tut, ob er unseren Erzherzog Johann gesehen hat, der seiner so würdig ist.«

Louis Ferdinand war zu diesem Zeitpunkt auf Reisen. Er hatte Ende Juli Berlin verlassen, sein Ziel waren die Schlachtfelder Oberitaliens, auf denen Napoleon seine ersten Siege erfochten hatte, als er selber in Lemgo »Galle destillieren« mußte. Die Reise ging über Eger nach Amberg und Sulzbach in Bayern, wo sich Franzosen und Österreicher zwischen dem 17. und 24. 8. 1796 heftige Gefechte geliefert hatten, und von da nach Regensburg, wo der Prinz am 5. August eintraf. Übrigens unter dem Namen eines Grafen von Hohenstein, wie der preußische Legationssekretär Kaufmann von dort meldete. Der Prinz habe sich aber nur wenige Stunden aufgehalten und sei dann nach München weitergereist. Hier blieb er einige Tage,

besuchte den Kurfürsten und fuhr am 13. weiter nach Hohenlinden, wo General Moreau am 3. 12. 1800 die Österreicher unter Erzherzog Johann geschlagen hatte, und informierte sich ferner über »einige interessante Punkte im Inntale«. Denn, so schrieb er von unterwegs: »So nahe an Tirol und dem Oberitalien, habe ich der Tentation nicht widerstehen können, es in einem Augenblicke zu sehen, wo es um so interessanter ist, da es wahrscheinlich bald der Schauplatz eines neuen Krieges werden wird.«
Trient war dann die erste Station in Italien. Von hier aus besuchte er die Schlachtfelder von Primolano und Bassano, auf denen Napoleon am 7. und 8. 9. 1796 die Österreicher geschlagen hatte; besichtigte Venedig, Padua und Vicenza; sah Caldiero und Arcole, die Schauplätze österreichischer Niederlagen zwischen dem 12. und 17. 11. 1796; reiste über Villanova, Verona, Villafranca, Roverbello, Magnano nach Mantua, um dessen Eroberung sieben Monate lang gekämpft worden war, und dessen Befestigungswerke er sich von La Coste, dem dafür Verantwortlichen, erläutern ließ. Über Bussolengo und Pastrengo fuhr er schließlich nach Rivoli: Dort hatte Napoleon am 14. 1. 1797 mit seinem Sieg Österreichs Vorherrschaft in Italien gebrochen und die Kapitulation Mantuas erzwungen.
Louis Ferdinand nutzte die Gelegenheit, sich nicht nur gründlich umzusehen, weil ein neuer Krieg zwischen Österreich und Frankreich unmittelbar bevorstand; er sprach auch mit französischen Offizieren und Generalen, um ihre Meinungen zu hören. Aber wie das so geht, wenn man voreingenommen ist: Man hörte nur das, was man hören will. Louis Ferdinand haßte Napoleon, und so notierte er ausschließlich Negatives über ihn. Er, der bisher den Feldherrn Napoleon bewundert, ihn als Menschen aber verachtet hatte, fängt jetzt an, auch die Leistungen des Militärs geringer zu schätzen. In einem ausführlichen Reisebericht an Oberst von Kleist, den Generaladjutanten des Königs, schreibt er allen Ernstes: »Die Franzosen fürchten einen entscheidenden Entschluß von Preußen, und Bonaparte prahlt gleichsam mit dessen Freundschaft. Eine kraftvolle Maßregel von Preußen würde ihm allein Schranken setzen.« Vielleicht war das ein taktischer Zug, seine Allianzpläne zu befördern, andernfalls aber gefährliche Selbsttäuschung, und ein Vierteljahr sollte genügen, den Prinzen gründlich zu desillusionieren. Interessant hingegen ist diese Beobachtung:
»Polignac, ein guter Offizier, der des Marschall Jourdan seine Nichte

geheiratet, sagte mir: ›*Je suis une créature de Bonaparte, L'Empereur n'apprécie que ceux, qui lui sonrt entièrement dévoués.*‹ [Ich bin ein Geschöpf Bonapartes, der Kaiser schätzt nur die, die ihm völlig ergeben sind.] Dieses ist so wahr, daß der größte Teil aller derer, die er braucht, entweder ihm ganz ergeben, durch Verwandtschaft, Interesse oder Bestechung, oder durch Mangel an Mittel ihm unschädlich sind, die schändlichsten Menschen, die ihm ergeben und seine Schmeichler sind, sie mögen sonst tun, was sie wollen, gleich wie der General Menou und andere, sind ihm lieber als die, die sich durch Talent, Patriotismus und Tapferkeit ausgezeichnet haben. Dieses beweist selbst alle die *nominations* zu *Maréchaux d'Empire*, zu denen außer Masséna kein Mann von Talent ernannt worden. Es werden in der französischen Armee dieselben Intrigen herrschen, die in vorigen Zeiten geherrscht haben, wenn der Kaiser nicht selbst kommandiert, und dieses dürfte im Anfang nicht geschehen. Kein *Maréchal d'Empire* will unter dem andern dienen, jeder isoliert kommandieren.«
So wahr Polignacs Satz ist, so falsch ist, daß Napoleon Schmeichler höher geschätzt habe als talentierte Leute. Falsch ist auch, unter den Marschällen sei nur Masséna begabt. Der Prinz sollte es nicht mehr erleben, daß die verheerendste Niederlage Preußens, die von Auerstedt, dem Marschall Davout zu danken war. Aber vollkommen richtig erkannt ist die konstante Eifersüchtelei der Marschälle, die zum Untergang Napoleons beigetragen hat.
Als Louis Ferdinand Ende September wieder in Berlin eintraf, hatte sich die politische Situation verschärft. Am 8. September war Österreich ohne Kriegserklärung in das mit Frankreich verbündete Bayern eingefallen. Am 25. und 26. September überschritten die ersten französischen Armeekorps bei Mannheim, Kehl, Au und Speyer den Rhein; von Hannover aus setzte sich das von Marschall Bernadotte kommandierte Armeekorps nach Süden in Marsch. Jetzt verlangte das mit Österreich verbündete Rußland das Recht, durch Schlesien zu marschieren. Preußen, ängstlich darauf bedacht, sich aus dem Konflikt herauszuhalten, lehnt ab, und da die Russen sich den Anschein gaben, notfalls den Durchmarsch zu erzwingen, befahl der König am 7. September die Teilmobilisierung, am 22. dann die volle Mobilmachung. Sie war eindeutig als Machtdemonstration gegen Rußland gedacht, während die Armee selbst lieber heute als morgen Rußland und Österreich unterstützt hätte.

In Berlin spricht man offen von Krieg gegen Rußland, da bringt am 6. Oktober ein Kurier die alarmierende Nachricht, daß Bernadottes Armeekorps eigenmächtig das zu Preußen gehörende Gebiet von Ansbach durchquert habe. Daraufhin befiehlt der König seinen Truppen, sich an der österreichischen Grenze zusammenzuziehen. Der Krieg mit Frankreich scheint unmittelbar bevorzustehen. Zar Alexander kommt im Oktober nach Berlin, begeistert begrüßt, er läßt sich – wohlberechnete Geste – auf eigenen Wunsch Louis Ferdinand vorstellen, und am 3. November wird in Potsdam zwischen Preußen und Rußland ein Vertrag geschlossen. Höhepunkt ist eine pathetische Inszenierung: Bei Fackelbeleuchtung schwören Alexander und das preußische Königspaar am Grabe Friedrichs II. Freundschaft. Rußland erhält freien Durchmarsch durch Schlesien, Preußen erklärt sich zur »Vermittlung in Waffen« zwischen den kriegführenden Mächten bereit. Von militärischem Beistand ist aber wohlweislich nicht die Rede.

Louis Ferdinand war Mitte Oktober wieder bei seinem Regiment in Magdeburg. Am 16. schreibt er an den Kabinettsrat Beyme:

»Die jetzigen Umstände und der Wunsch, allen meinen Obliegenheiten und Pflichten ein Genüge zu tun, bestimmen mich, Sie zu ersuchen, Seiner Majestät dem König folgendes Gesuch vorzustellen, welches mich um so mehr interessiert, als mir die Bestimmung dieser Angelegenheiten zur größten Pflicht wird. Sie wissen oder kennen die Verhältnisse, in denen ich mit Mademoiselle Fromme bin, und daß ich Vater von zwei Kindern bin, für deren Glück zu sorgen ich mir zur Aufgabe rechne.

Sie wissen und kennen meine ökonomische Lage, die Schulden, die ich habe, meine Akquisition von Wettin und die Konditionen, die mir bei der Zession des königlichen Amtes in Hinsicht darauf gemacht werden. Mein eignes Vermögen besteht daher nur in dem Geringen, was nach meinem Tode nur von dem, was aus Wettin gezahlt, zurückgegeben, und was aus dem, was aus der Kombination der beiden Ämter außerdem zurückgezahlt oder meinen Allodialerben für Meliorationen vergütet würde, hierzu käme noch allerdings dasjenige, was ich an Mobiliarvermögen besitze; dieses möchte ich gern meinen Kindern lassen und zugleich für ihre Mutter sorgen; da meine Eltern mir die Bezahlung meiner Schulden nach meinem Tode gesichert und dieselben auf ihr Pflichtteil so wie meine Geschwister Verzicht geleistet haben oder es tun werden. Um aber in Hinsicht der

Legalität meiner Handlungen mich den Hausverträgen zu conformieren, die keinem Prinzen erlauben, von irgend etwas von seinem Vermögen oder Konsens des Königs zu disponieren, so ersuche ich Sie, mir die Form bekanntzumachen, in der ich diese [von] ihm fordern oder erbitten kann oder mir selbst hierüber zu beantworten. [...] Empfangen Sie meine Wünsche für das Wohl des Königs, das Wohl des Staates, dem Sie, bei einem so hellen, guten Kopfe, in Ihren Verhältnissen so vieles nutzen können. Möge doch aus dieser Lage der Dinge etwas Würdiges, wirklich Großes, allgemein Beglückendes entstehen, das gewiß, wenn es von uns, von einem gerechten, edlen König, der den Krieg nie suchte, aber auch gewiß nicht als das höchste Übel glaubt [*richtig benutzt wird*], doppelt ersprießlich sein kann.«

Zwei Tage später wendet er sich an seine Schwester: »Ich bezweifle gar nicht, daß die französische Partei nicht das Unmögliche versuchen wird, um Preußen zu lähmen und in seine absolute Bedeutungslosigkeit zurückzustürzen, aus der es sich, dem Anschein nach, herauszuarbeiten bemühte, um die einzige, wahre Haltung anzunehmen, die es aus einer so bedenklichen Lage befreien würde, und Europa Frieden zu verschaffen, indem es dem unsozialen Ehrgeiz des hassenswertesten Usurpators eine Grenze setzt. Aber das soll gesagt sein: dreimal hat es sein Ansehen in Europa verloren, und diesmal wird es unwiederbringlich dahin sein, wenn Österreich umkäme!

Nach allem, was ich höre, fürchte ich, daß man in keinen Krieg eintreten oder ihn mindestens nur schlaff führen wird. Wenn wir die geringe Achtung in Betracht ziehen, die man uns noch zollt, und die der König noch im Herzen des Volkes genießt, so muß man sagen, daß es die Schuld unsrer Verzagtheit wäre, wenn Österreich unterginge. Alle Maßregeln sind schwach, langsam und unbestimmt, wir wissen alle noch nicht einmal, wozu man uns bestimmt hat.

Wie es auch werden mag, ich will jetzt meine Angelegenheiten in Ordnung bringen, um den Kindern und Henriette, falls ich sterbe, etwas zu hinterlassen, damit sie glücklich werden sollen. Ich habe deshalb schon an Beyme um das Einverständnis des Königs geschrieben, damit ich über das, was ich besitze, Verfügungen treffen kann. Ich werde die Eltern, den Bruder und Dich bitten, auf das, was man ›Pflichtteil‹ nennt, zu verzichten, und Vater außerdem darum, meine Schulden abzudecken, von denen ich eine Aufstellung gemacht habe.

Werde ich getötet, wird mein Bruder reich genug sein; und trifft es uns beide, was wird er dann mit seinem Reichtum anfangen? [...] Adieu, meine gute Schwester! Adieu, vielleicht für lange. Du weißt, wie heiß ich den Krieg wünsche, wie betrübt ich war, weil ich mich nicht auszeichnen konnte. Also, was immer mir widerfahren wird, ich werde glücklich sein. Bewahre mir Deine Liebe; mein Herz ist Dir ganz geweiht, und Deinen Händen vertraue ich die Fürsorge für alles an, woran ich hänge und was mir teuer ist.
Bekommen wir Krieg – und wir müssen ihn bekommen –, dann sollst Du gewiß von mir hören. Das schwöre ich Dir. Adieu!«
Die Mobilmachung brachte für ihn auch personelle Veränderungen: Auf Empfehlung seiner Mutter nahm er am 26. Oktober den Chirurgen Johann Ernst Carl Arnd (bisher Arzt im Regiment Möllendorff) in seinen Dienst. Als Gehalt vereinbarte man 30 Taler monatlich bei freier Station. Auch ein neuer Adjutant wurde am gleichen Tage eingestellt: Carl Graf Nostitz, Leutnant im Regiment Gensdarmes. Der vierundzwanzigjährige Offizier aus Merseburg – der seinen Dienst schon früher angetreten hatte – zeigte sich sehr beindruckt, als er Anfang Oktober seinen ersten Abend in Gesellschaft des Prinzen verbrachte. Johannes von Müller war gekommen, General Schmettau (einst einer der unerbittlichsten Kritiker Louis Ferdinands, stets auf seiten der Eltern, inzwischen längst ein enger Freund), man sprach über die derzeitige politische Situation, und Anton Radziwill stieß mit dem Schwager auf ein glückliches Unternehmen an.
»Wir wollen uns mit Ehren betragen«, sagte Louis Ferdinand, »der Erfolg ist aber nicht leicht; darum muß alles dran und einer für den andern stehen. Nun, Nostitz, ich hoffe eine gute Wahl an Ihnen gemacht zu haben, Sie werden mir ein Kriegsgefährte sein, auf den ich in allen Fällen zählen kann.« Und er umarmte seinen Adjutanten und küßte ihn. Beide hatten Tränen der Rührung in den Augen.
Nostitz ging mit nach Schricke. Die letzten Tage vor dem Ausrücken waren der Jagd gewidmet, die der Prinz besonders liebte. Er war ein hervorragender Schütze, stets begleitet vom treuen Ohrdorff. Von diesen Herbsttagen in Schricke erzählt Nostitz:
»Um 10 Uhr des Morgens weckte uns Hundegebell zur Jagd. Nach kurzem Frühstück zogen wir aus, begleitet von Jägern und Jagdliebhabern. Wir lancierten Säue oder jagten sie *par force*, denn auf den Hirsch wurde dies Jahr noch nicht angelegt. Um 5 Uhr zurück und

um 6 Uhr Tafel. Hier erwarteten uns Frauen und die Gesellschaft munterer Männer, welche, während wir auf der Jagd waren, sich versammelt hatten. Ausgewählte Speisen und guter Wein, besonders Champagner, den der Prinz vorzüglich liebte, stillte Hunger und Durst, doch das Mahl, in antikem Stil gefeiert, wurde durch Musik und den Wechsel heiterer Erholung weit über das gewöhnliche Maß verlängert. Neben dem Prinzen stand ein Piano. Eine Wendung, und er fiel in die Unterhaltung mit Tonakkorden ein, die dann Dussek auf einem anderen Instrument weiter fortführte. So entstand oft zwischen beiden ein musikalischer Wettkampf, ein musikalisches Gespräch konnte man es nennen, das alle durch Worte angeregte Empfindungen der Seele in bezaubernden Tönen lebhafter fortklingen ließ.
Unterdessen wechselten Getränke und Aufsätze, auf der Tafel zur freien Wahl hingestellt. Wer nicht aß und trank, warf mit Karten und Würfeln oder führte ein Gespräch mit dem Nachbar. Die Frauen auf dem Sofa, in antiker Freiheit gelagert, scherzten, entzückten, rissen hin und verliehen dem Symposium jene Zartheit und Weichheit, die einer Gesellschaft von Männern unter sich durch ihre Härte und Einseitigkeit abgeht. Die Stunden verflogen uns an solchen Abenden und Nächte hindurch ungemessen, und es geschah wohl, daß wir uns erst des Morgens um fünf, sechs, sieben, auch wohl um acht Uhr trennten, viele von demselben Stuhle aufstehend, auf den sie sich den Abend zuvor niedergesetzt.
Nach einem kurzen Aufenthalt in Magdeburg [...] gingen wir nach Wettin, dem geschichtlich merkwürdigen Schlosse, an alle gewaltigen Grafen und spätere ritterliche Besitzer erinnernd. Eng und unbequem zwischen den dicken Mauern alter Türme und Kastelle wohnend, verbrachten wir auch hier die Zeit mit Feldjagden, welche die berühmtesten in dieser Gegend waren. Der Prinz hing an heftiger Leibesübung, besonders wenn sie mit schneller Entschlossenheit wie mit Geistesblitzen verbunden werden mußte; das Beschwerlichste hierin war ihm während seines Landlebens auch das Liebste. So reiste er auch am liebsten zu Pferde, mit vorgesandtem, bereitstehendem Wechsel. Auf solchen oft unglaublich schnellen Ritten war ich sein ständiger Begleiter.«
Konservative Kreise fanden diesen Lebensstil anstößig. Sie urteilten über den Prinzen so wie jener uns namentlich nicht bekannte Kornett von den Blücher-Husaren, der im Herbst 1805 Louis Ferdinands

Bekanntschaft machte. Er rühmt zwar des Prinzen »seltene Wohlgestalt« und meint: »Sein Gesicht trug den Charakter männlichen Mutes, und aus seinen großen blauen Augen blitzte geistige Lebendigkeit und feuriges Ungestüm.« Aber ihm mißfiel die »Leichtigkeit, weibliche Eroberungen zu machen«, die den Prinzen »zu einem zügelloseren Leben, wie es für ihn zuträglich war«, getrieben habe: »Er hatte stets zärtliche Verhältnisse in Menge.« Vor allem aber erschien ihm die Gesellschaft, mit der sich Louis Ferdinand umgab, alles andere als schicklich und – vor allem – standesgemäß: »Musiker, jüdische Literaten, Poeten und verkommene Genies, ja selbst Komödianten und Leute ähnlichen Schlages, mit denen ein Offizier und nun gar ein königlicher Prinz füglich nicht hätte umgehen sollen, verkehrten nur zu häufig in seinem Palais. Mit diesen zwar amüsanten, aber doch nicht recht ehrenhaften Gesellschaftern, dann einem halben Dutzend Schauspielerinnen und Jüdinnen und einigen der ausgelassenen jüngeren Gardeoffiziere, unter denen der lange Nostitz sich besonders hervorzutun suchte, durchschwärmte der Prinz oft ganze Nächte.«

Im November war Louis Ferdinand wieder in Berlin. Die Nachrichten, die dort vom bayerisch-österreichischen Kriegsschauplatz einliefen, klangen deprimierend. Am 20. Oktober hatte General Mack, Kommandant der Festung Ulm, mit 25 000 Mann die Waffen gestreckt, 12 000 Österreicher kapitulierten zwei Tage später, und nach weiteren zwei Tagen waren die Franzosen in München. Preußens Reaktion war die der Schwäche: Markiges Auftreten sollte die Unsicherheit kaschieren. Die Regierung beschloß, Haugwitz zu Napoleon zu schicken mit diesen Forderungen: Napoleon solle auf die Krone Italiens verzichten, Deutschland, Neapel, Holland und die Schweiz räumen, andernfalls würde Preußen an der Seite Österreichs und Rußlands in den Krieg eintreten. Das Ganze nannte sich »bewaffnete Vermittlung«. Möglich, daß der Eintritt Preußens in den Krieg für Napoleon recht unangenehm hätte werden können, aber das Berliner Kabinett übersah, daß man in Paris Preußen überhaupt nicht für voll nahm. Zwar hatte Laforest, der französische Gesandte in Berlin, am 23. November an Talleyrand geschrieben: »Der Prinz Louis Ferdinand – er gehört zum ersten Rang der Persönlichkeiten, die es sich in den Kopf gesetzt haben, daß Preußen demnächst an die Reihe kommt, wenn es zuläßt, daß Österreich niedergeworfen wird – ist vor wenigen Tagen zurückgekommen von einem Essen bei Hofe,

derart überrascht von den Reden, welche die Königin selbst gehalten hat, daß er sich beeilte, seinen Freunden anzuvertrauen, ihm schiene, der König habe sich endlich zum Krieg entschlossen.« Aber in einer Analyse Preußens, die das Auswärtige Amt in Paris am 25. November aufsetzte, steht zu lesen:
»Von alle heute existierenden Mächten ist sie [*Preußen*] diejenige, welche beim bessern Äußeren und schönsten Aussehen von Festigkeit und Kraft die am weitesten im Verfall vorgeschritten ist.
Preußen befindet sich außerhalb des Prinzips, welches es gegründet hat und welches es existenzberechtigt macht; es entfernt sich alle Tage mehr davon. Es unterhält mit bedeutenden Kosten einen großen militärischen Apparat, aber es läßt durch den Rost der Zeit die Triebfedern zerstreuen, welche die Ruhe entnervt, welche die Bewegungen des Krieges allein erhalten kann. Preußen vergißt, daß es nur ein Staat ist, weil es eine Armee war. Sein Prestige, einige Zeit noch durch frische Erinnerungen und Schaumanöver aufrechterhalten, wird einer gefährlichen und verhängnisvollen Probe eines aufgezwungenen Krieges nicht widerstehen. An dem Tage, an welchem es alle schamvollen Ausflüchte einer ängstlichen Politik, welche den Krieg vermeiden will, vergeblich versucht hat, wird es zu gleicher Zeit um seine Ehre und um seine Existenz kämpfen. An dem Tage, an welchem es eine erste Schlacht verloren hat, wird es aufgehört haben zu bestehen.«
Eine geradezu verblüffend hellsichtige Prognose. Kein Jahr mehr, und sie würde sich erfüllt haben. Haugwitz zu Napoleon zu schicken war das Dümmste, was der stets zaudernde und ängstliche König tun konnte. Denn dieser Mann machte nicht nur aus seiner Sympathie für Napoleon keinen Hehl, er war auch von vornherein gegen diese Mission. Wenn es nach ihm gegangen wäre, hätte sich Preußen von Anfang an still verhalten. Vielleicht das Gescheiteste, aber wie die Dinge jetzt lagen, Preußen entschlossen zum energischen Auftreten, hätte es auf keinen Fall Haugwitz sein dürfen. Der Prinz war zugegen, als man ihn im Kabinett mit seinem Auftrag betraute. Spöttisch verabschiedete er sich von Louis Ferdinand: »Haben Ew. Königliche Hoheit keine Befehle für mich nach Wien?« Eisig antwortete der Prinz: »Herr Graf, hätte *ich* Befehle zu geben, *Sie* würden sie nicht überbringen.« Haugwitz reiste am 14. November, dem Tag, an dem Napoleon in Wien einzog. Und Laforest warnte: »Der Prinz Louis, dessen kriegerischen Geist der König

nicht liebt, und den er bis jetzt sehr auf Distanz gehalten hat, ist die Seele der Ratgeber der Königin und hat bei seinem Souverän einige Gunst wiedergewonnen.«

Aus Österreich waren General Folliot von Creneville und Major Latour in das Haus an der Weidendammerbrücke gekommen und berichteten über den Fall Ulms. Der Prinz hieß Nostitz, den Bericht niederzuschreiben. Am 2. Dezember – nachdem er sein Testament gemacht hatte – begab er sich zur Armee nach Erfurt.

Am 2. Dezember! An diesem Tag zerschmetterte Napoleon die österreichisch-russische Armee bei Austerlitz. Damit war der Krieg beendet. Und Haugwitz? Der war Napoleon ins mährische Hauptquartier nachgereist und vom Kaiser, der natürlich wußte, was der preußische Minister vorbringen würde, nach Wien abgeschoben worden, ehe er auch nur einen Satz sagen konnte. Später, denn jetzt war schließlich Krieg, würde der Kaiser ihn gnädigst anhören. Natürlich tat Haugwitz, was ihm befohlen.

Bei der langwierigen Nachrichtenübermittlung jener Zeit dauerte es lange, ehe man in Preußen unterrichtet war. Schließlich gab es in diesem rückständigen Lande nicht das, was Napoleon in Frankreich längst eingeführt hatte: Ein dichtes Netz optischer Telegraphen, deren bewegliche hölzerne Armee eine Nachricht über weite Räume in wenigen Stunden übermitteln konnte. Das Wort »So schnell schießen die Preußen nicht« wurde zwar erst sechs Jahrzehnte später geprägt, aber Schnelligkeit – die Geheimwaffe Napoleons – war dem schwerfälligen preußischen Apparat ein Geheimnis.

Am 6. Dezember traf der Prinz in Erfurt ein. Von dort schrieb er am 11. an Rahel:

»Hier ward ich mit Liebe, Freude und Vertrauen aufgenommen. Einen frühen Freund, mit dem ich seit vorigem Kriege sehr aufrichtig verbunden war – Blumenstein, ein Franzose oder Elsässer –, fand ich hier wieder – es ist eine Freundschaft, die so eine alte Kameradschaft, Achtung für Tapferkeit, die ersten Gewehrschüsse zusammen gehört zu haben, Verlust gemeinschaftlicher Jugendbekannten, und alle mit der Jugend verbundenen Ideen, erzeugt hat; die sich aber über diese Grenze nicht erhoben, weil die meisten Franzosen über diese kassierten Ideeen nicht erhaben sind. Heute haben wir hier ein Rendezvous der drei verschiedenen Avantgarde-Chefs gehabt, des General Blücher, des General Rüchel und mir, der die des linken Armeekorps kommandiert; morgen geht jeder zu seiner Bestimmung, und am 20. bin ich am Fuße des böhmischen Gebirges, mit meiner aus Preußen und Sachsen zusammengesetzten Avantgarde. Ein Wort gaben wir uns alle, ein feierliches, männliches Wort – und gewiß soll es gehalten werden – *bestimmt* das Leben daran zu setzen und diesen Kampf, wo Ruhm und hohe Ehre uns erwartet oder politische Freiheit und liberale Idee auf lange erstickt und zernichtet werden, wenn er unglücklich wäre, nicht zu überleben! – Es soll gewiß so sein! Der Geist der Armee ist trefflich und würde es noch mehr sein, wenn mehr Bestimmtheit und erregende Kraft von oben wäre und ein fester Willen die schwachen und schwankenden Menschen bestimmte! Was ist dieses erbärmliche Leben, nichts, auch gar nichts! – Alles Schöne und Gute verschwindet, erhaben ist das Schlechte, und die traurige Erfahrung reißt unbarmherzig alle schönen Hoffnungen von unseren Herzen! So muß es in diesem Zeitalter sein, denn so erstarben auch alle schönen menschenbeglückkenden Ideen! Nur das Erbärmliche blieb, nur dieses siegt – warum also sich beklagen, wenn im Kleinen geschieht, woran ein ganzes Zeitalter leidet!«

Dieser letzte Satz war eine Anspielung auf den Kummer, den ihm jetzt Pauline bereitete. Im Trubel des Aufbruchs in Berlin hatte er sie versäumt, weil ihm in letzter Minute eingefallen war, daß er vergessen hate, die Namen seiner Kinder seinem Testament einzufügen. Die daraus resultierende Zeitverzögerung hatte bewirkt, daß er nur noch Abschied von Henriette und den Kindern nehmen konnte, nicht von der Geliebten. Denn als Geliebte galt ihm jetzt nur noch Pauline; Henriette war für ihn nicht mehr als die Mutter seiner Kinder. Ihrer beider Verhältnis war mittlerweile so erkaltet, daß es ein Herr von Quast wagen konnte, Henriette Anträge zu machen. Worauf der Prinz an Rahel geschrieben hatte: »Was ich für Henriette getan, ist bloß, sie frei und unabhängig zu wissen, für ihr Wohl und zu ihrem Besten zu handeln. – Kann, will Hr. von Quant sie glücklich machen, so werde ich mich dessen freuen, glaubt sie es nicht mit ihm sein zu können, so wird sie Ruhe – Glück durch ihre Kinder finden und in einer angenehmen unabhängigen Lage Schutz und zarte Freundschaft genießen. Ich habe daher dem Hrn. von Quast gesagt, in seinem Verhältnis mit Henriette so zu handeln, wie es seinem Herzen und seiner Liebe entspricht, ganz ohne Rücksicht auf mich.«

Die so launische wie egoistische Pauline hatte natürlich nichts

begriffen. Ihr Prinz hatte sich nicht verabschiedet, das Wieso und Warum blieb ihr vollkommen gleichgültig. Sie grollte. In der Muße Erfurts hatte er jetzt endlich Gelegenheit, über sein Verhältnis zu ihr nachzudenken. Als Resultat übermittelte er Rahel:
»Wie es mit meiner Liebe zu Pauline eigentlich ist, wäre schwer, Ihnen zu schreiben, ich weiß nur, daß ich sie unaussprechlich liebe, und alle meine Gefühle erlangen in Einsamkeit und Entfernung mehr Kraft. Oftmals ist mir, als liebte ich sie ewig – lange schon hatte ich sie im Herzen und im Kopfe – ich sah sie wieder! Allein da war es, als wäre eine Mauer zwischen uns, ich suchte und doch fürchtete ich sie – alsdann lernten wir uns kennen. Pauline mißgriff meinen Charakter, ich sah in ihr nur die Fehler, die Exuberanzen, die Auswüchse dieser reichhaltigen Natur, ohne sie eigentlich zu lieben, oder ohne diese Liebe in mir laut werden zu lassen; bis endlich, wie Sie wissen, es auflorderte, ich sie, trotz den Menschen, trotz mir, ja ihrer selbst, liebte, jeden Tag mehr opferte, jedes Opfer mich mehr an sie band und festkettete; rechnen Sie noch hinzu den ans Magische grenzenden Liebreiz, den sie für mich hatte – den Stolz meines Charakters! Wie oft sahen sie mich nicht kalt und resigniert, meiner Liebe bewußt, dasitzen, kalt und gleichgültig, wenn andere, Paulinen herabwürdigend, mich und meiner Liebe vielleicht spotteten. Noch etwas Schönes lag in meinem Herzen, ich habe zuweilen gehofft, die Reliquien von Paulines schöner Natur zu retten – meine heftige, zärtliche Liebe sollte ihr Herz erwärmen – die Ideen des Guten und Schönen beleben, sie sollte wieder an sich selbst glauben, ich dachte, sie sollte das Edle, Gute in mir lieben und erkennen, mein Leben durch Genüsse aller Art verschönern – überdem ist bei ihr die Härte nichts weiter als die Reaktion der tiefsten Gebeugtheit, der Zerrüttung ihres Innern – sie hat nicht den Mut, zu zeigen, daß sie gut ist, nicht den Mut, Gefühle an den Tag zu legen – ich habe sie erröten sehen, wenn sie etwas Gutes und Gefühlvolles sagte, als wenn ein andrer eine Sottise sagt – bloß weil sie fühlt, daß sie das Recht, es zu sagen, verloren hat.«
Rahel hat später gesagt: »Von einer Frau, die er sehr liebte, aber doch nicht in allem Betracht hoch stellen konnte, sagte er mit schmerzlichem Bewußtsein: ›Sie fällt mir nie ein, wenn ich Fortepiano spiele, bei meinen edelsten Stimmungen und Ideen!‹« Wahrscheinlich war damit Pauline gemeint. Obwohl seine an sie gerichteten – publizierten – Briefe alle *ad usum delphini* gekürzt worden sind (die Originale

sind seit dem letzten Krieg verschollen), scheint es doch so zu sein, daß ihre Beziehungen im wesentlichen primär erotisch-sexueller Natur gewesen sind. Louis Ferdinand neigte dazu, die oben zitierte Briefstelle beweist es, Pauline zu stilisieren, in sie etwas hineinzuinterpretieren, was er zwar zu finden hoffte, was aber nicht in ihr angelegt war. Er glaubte wie so mancher Liebende, die Geliebte noch erziehen zu können, und betrog sich dadurch selbst. Die kapriziöse Pauline konnte niemand erziehen, was hier bedeutet: sie verändern. Einen wahren Gesprächspartner hatte er nur an Rahel, nicht an Pauline, noch weniger aber an der faden, blonden Henriette: Bei »Jettchen« gab es weder eine intellektuelle noch sexuelle Bindung. Mutter seiner Kinder, damit war Henriettes Persönlichkeit erschöpft. Aber es überforderte sie auch, indem er sie auf diese Rolle zu beschränken suchte und erwartete, sie würde das Verhältnis zu ihrer Freundin Pauline uneingeschränkt und selbstlos entsagend auf die Dauer hinnehmen. Dieses Verhältnis konnte nur dazu führen, einander völlig zu entfremden. An Pauline schreibt er noch am selben Abend einen Brief, in dem es heißt: »Ich will, vor daß vielleicht das Schicksal uns trennt, vor daß der Krieg beginnt, Dich noch einmal sehen, gelobe mir dann *Glück* und *Lohn* der treuesten Liebe, wenn ich Dich wiedersehe! Pauline, Du *lachtest* und *aßest*, und mit der anderen Hand stießest Du mir den Dolch ins Herz.«

Für Louis Ferdinand war in dieser Situation tröstlich, engen Umgang mit Blücher, Rüchel und dem Fürsten Hohenlohe zu haben (übrigens war auch Massenbach wieder mit von der Partie), und am 15. Dezember traf er sich in Jena mit Goethe, Achim von Arnim, Herzog Carl August von Weimar und dessen Geliebter Caroline Jagemann und ihrem Bruder zum Abendessen. Arnim schrieb darüber an Clemens Brentano (mit dem er soeben den ersten Band von *Des Knaben Wunderhorn* veröffentlichte):

»Der Prinz war herrlich in Hoffnung und Zutrauen, ich trank ihm zu Glück und Sieg und ein schönes Reich im Süden. Nachher bot ich ihm meine Dienste an, wo er mich brauchen könnte. Ich habe das gesagt, ich weiß nicht wie; vielleicht war es der Kerl, der hinter mir steht nach Deiner Ansicht und mir zuweilen aus den Augen sieht; nun laß ich es ruhig seinen Gang gehen. Der Prinz war sehr freundschaftlich; ob es vorübergehen wird wie so manches, was ich in meinem Leben bedeutend glaubte – ich habe getan, was ich nicht lassen konnte! Er hat mich zu sich gebeten in sein Hauptquartier, in ein paar Tagen bin ich dort. Sei so stumm über das, was ich Dir schreibe, wie meine Ahndung über das, was ich eigentlich will. Nach meiner Gemütsart mag ich mich nicht im Gerede der Menschen finden. Wo ich nichts leisten kann, da werde ich auch nicht dabei sein; meine gute Zeit in feindlichen Kantonierungen zu verderben, habe ich auch nicht Lust. Der gute Wille des Prinzen hat auch keinen freien Spielraum.«

An diesem Abend in Jena wurde wacker pokuliert. Herzog Carl August: »Die andern tranken die ganze Nacht ungeheuer viel um die Wette, und Goethe blieb nichts schuldig, er konnte fürchterlich trinken.« Er und Louis Ferdinand zechten noch unter vier Augen weiter, wie Louis Ferdinand an Pauline schrieb:

»Ich habe nun Goethen wirklich kennengelernt; er ging gestern noch spät mit mir nach Hause und saß dann vor meinem Bette, wir tranken Champagner und Punsch, und er sprach ganz vortrefflich! Endlich deboutonnierte [*erschloß*] sich seine Seele; er ließ seinem Geist freien Lauf; er sagte viel, ich lernte viel und fand ihn ganz natürlich und liebenswürdig. Grüß heute die Kleine von mir und sag ihr dies: dann bin ich ihr gewiß unter Brüdern dreitausend Taler mehr wert!«

Die Kleine: damit war Rahel gemeint, die Bewunderin Goethes, mit der er sich einmal über *Egmont* gestritten hatte: »Wie Goethe einen Helden habe *so* schildern können! In einer miserablen Liebschaft mit solchem Klärchen etc.« Den Brief an Pauline wertete »die Kleine« als »meinen größten Triumph in der Welt«, so schrieb sie sechs Jahre später an Fouqué: »Ein großer Prinz, mein Freund, der Vetter meines Königs, der Neffe Friedrichs des Zweiten, der noch von Friedrich selbst gekannt war, mußte mir das schreiben; ohne daß ich je von Goethe mit ihm gesprochen hatte. Es *mußte* der menschlichste Prinz seiner Zeit in seinen eigenen leibhaften Freunden dem größten Dichter huldigen. *Dies* schreib' ich Ihnen *aus Eitelkeit*. Nun aber setzt' ich mich hin und schrieb Louis einen großen Brief, worin ich ihn bat, sich zu erinnern, daß ich nie mit ihm von Goethe gesprochen hätte, nie ihm gesagt, er soll etwas von ihm lesen; jetzt aber möcht' er es tun, und nicht einzelnes, um Goethes Werk kennenzulernen, sondern alles von ihm, um Goethe kennenzulernen, aus ihrem Zusammenhang. Jetzt sei er's wert, denn jetzt liebe er etc.«

Am 18. Dezember verlegte Louis Ferdinand sein Quartier nach Zwickau in Sachsen. Dort bezog er ein Haus in der Schulstraße, in dem schon 1758 Prinz Heinrich und 1762 Friedrich II. gewohnt hatten. In Weimar war man froh, die preußische Einquartierung los zu sein. »Der Herzog [*Carl August*] ist vorigen Sonntag abgereist«, schreibt Charlotte von Stein am 19., »seine Dame [*Caroline Jagemann*] hat ihn bis Jena begleitet. Prinz Louis hat auch einige Mlles. mitgehabt, man erzählt, sie wären nur die Kammerjungfern seiner an die linke Hand getrauten Frau, er hat die possierlichsten Bonmots über die Preußen gemacht.« Das ging noch, wiewohl die Geschichte mit des Prinzen »einige Mlles.« aus den Fingern gesogen war. Aber am 23. schrieb Frau von Stein: »Die Breslauer Preußen sind die gesittetsten gewesen; die wir jetzt haben, betragen sich mitunter schlecht in Gotha, Altenburg und hier. Ein Herr von Nostitz, Adjutant des Prinz Louis Ferdinand, hat auf eine scheußliche und gar nicht zu erzählende Art hier das Dienstmädchen seines Wirts genotzüchtigt, den Kellner vom *Elephanten*-Wirt haben einige Offiziere mit ihren Degens einige Stiche gegeben, weil er nicht gleich ein viertes Bett schaffen konnte, ein anderer Offizier hat der Gräfin Werthern ihren Bedienten mit dem Stock über die Hand geschlagen.«

Noch ehe er nach Zwickau übergesiedelt war, hatte Louis Ferdinand erfahren, was mit Haugwitz geschehen war. Erbittert schrieb er am 19. Dezember an seine Schwester:

»Als ich erfuhr, daß Graf Haugwitz, statt bei Napoleon in Brünn zu bleiben und eine bestimmte Antwort zu verlangen, wie wir sie haben mußten, um einen energischen Entschluß zu fassen, nach Wien gegangen und dort vom 27. November bis zum 2. Dezember geblieben ist, der Einwirkung Talleyrands preisgegeben, nichts hörend als die übertriebenen Berichte der Franzosen, Napoleon die Zeit lassend, einen entscheidenden Schlag zu wagen und uns das bißchen Vertrauen raubend, welches den Russen unsere schwächlichen, langsamen und unsicheren halben Maßregeln noch einflößten, während man das Wiener Kabinett beruhigen und eine kriegerische Haltung annehmen mußte, die uns in den Stand setzen konnte, die Ereignisse zu benutzen und zu entscheiden – da habe ich zu meiner Umgebung gesagt: Das ist eine Nachlässigkeit oder vielmehr eine abscheuliche Spitzbüberei der Partei Lombard, Beyme und Haugwitz. Ich sagte den Streich vorher, und ich äußerte zu Rüchel, Blücher und Scharnhorst, mit denen ich in Erfurt zusammen gekommen war, um wegen unserer Korrespondenz Verabredungen zu treffen, daß ich fürchtete, man habe Rüchel zur Armee des

Herzogs zur Anordnung von Maßregeln in seinem Namen nur geschickt, um ihn von Berlin zu entfernen. Denn diese Partei und der Herzog [*von Braunschweig*] selbst fürchten seine Entschlossenheit, seine Leidenschaft und seine nahen Beziehungen zum König, von dem sie alle die Personen fernhalten wollen, welche anderer Meinung sind als sie. [...] Ist es möglich, daß wir, bei allem unseren Interesse, die Vorgänge in der österreichischen Armee kennenzulernen, es verabsäumt zu haben, jemand in demselben Augenblick dahin zu senden, wo der Kaiser sich zu ihr begab? [...]
Alle militärischen Maßregeln haben notwendigerweise denselben Charakter der Unentschlossenheit erhalten. Da man nicht wußte, wann und wie man Krieg führen oder um welchen Preis man Frieden halten wollte, hat man in den Tag hineingelebt, hat Millionen ausgegeben, zahlreiche Armeen versammelt, deren Unterhalt dem Staat und den Provinzen zur Last fällt, in denen sie stehen, ohne etwas zu tun, hat keinen festen Plan und schmeichelt sich dabei immer noch mit der Hoffnung, daß diese Rüstungen imponieren und daß man so werde davonkommen können. [...] Kurz und gut, man war nicht entschlossen, Krieg zu führen, oder vielmehr Herr Haugwitz, Lombard, Beyme und ihre verwünschte Partei sind entschlossen, ihn zu hemmen soviel an ihnen liegt. Bonaparte, der eine Armee von 140 000 Mann in seiner Flanke hat, erweist uns nicht einmal die Ehre, uns zu beobachten – *er kennt seine Leute*. Jetzt stehen wir nun in den Bergen und warten mit Ungeduld auf den Augenblick, wo wir sie überschreiten können. Wenn Österreich Frieden schließt, wenn Preußen sich ihn von Bonaparte mehr oder weniger aufzwingen läßt, so ist es aus, wir verlieren den Rest von Ansehen, den wir noch besaßen, und der Rest Deutschlands wird Bonaparte zu den Füßen liegen wie Württemberg, Bayern und der Kurfürst von Baden.«
Als Louis Ferdinand diesen Brief schrieb, konnte er noch nicht wissen, was sich zwischen Haugwitz und Napoleon abgespielt hatte. Der Sieger von Austerlitz, wohl wissend, daß Haugwitz nicht gekommen war, um ihm zum Erfolg zu gratulieren, präsentiert jetzt Preußen die Quittung für sein wankelmütiges Verhalten: Der Haugwitz aufgezwungene Vertrag von Schönbrunn vom 15. Dezember 1805 sah vor, daß Preußen Ansbach an Bayern abzutreten habe und das Herzogtum Kleve-Berg an Frankreich; dafür bekam Preußen das – nach wie vor England gehörende – Kurfürstentum

Hannover. Mit diesem Vertrag in der Tasche reiste Haugwitz zurück nach Berlin.

Die Umgebung des Prinzen in Zwickau bestand aus Leutnant Nostitz, Leutnant Möllendorff, Hauptmann Kleist (als Adjutanten), dem sächsischen Rittmeister Thielmann (als Verbindungsoffizier zu den verbündeten Sachsen), dem Ordonnanzoffizier Leutnant Vieth (ebenfalls Sachse) und – natürlich – Dussek. Der war, wie Nostitz abfällig bemerkte, »wenn er nicht Klavier spielte, mit der Pflege seines Bauches befangen, denn dieser sonst interessante Mensch lag ganz in den Banden tierischer Wünsche«. Ständige Gäste waren der preußische Oberst Bogulawski und Hauptmann von Stein, der mit Louis Ferdinand, Kleist und Thielmann zu viert Schach spielte. An Abwechslungen war in dem »verwünschten kleinen Nest« (Louis Ferdinand über Zwickau) nicht zu denken; man tagte beim Prinzen gewöhnlich bis morgens drei oder vier Uhr. Gelegentlich machte er Besuch bei der verwitweten Fürstin zu Schönburg in Lichtenstein oder bei dem nahe Zwickau wohnenden Domherrn von Arnim.

Am meisten vermißte er Pauline, der er am 7. Januar schrieb: »Liebe Seele; alles, sagst Du, hat sich gegen unsere Liebe verschworen! – Laß mich lieber sagen, es stand im Himmel geschrieben, vom Schicksal, von der Natur waren wir bestimmt uns zu lieben. So lebhaft ist dies in meinem Herzen, daß ich es Dir schwöre, den Augenblick, wo Du mich verläßt, vernichte ich mich! Nur sei unsere Liebe nicht klein, sondern sie spreche sich so aus wie es in unseren Herzen ist; dieses Schwanken, dieses erbärmliche, es muß weg aus Deinem Herzen, Deine Liebe muß Deiner und meiner werter noch werden, nicht wahr, Pauline. Übrigens soll *Dein Wille* ganz unsere Lebensweise bestimmen. Dein Glück ist das meine, und nur dasjenige, was Dich, meine Pauline, ganz glücklich macht, kann mich ganz glücklich machen – verhehle mir also nichts, sage und schreibe es mir stets, wie es in Deinem Herzen ist, wie Du es fühlst. Ganz für Dich, meine Pauline, will ich leben, und gewiß soll dieses Jahr nicht enden, ohne daß uns die engsten Bande verbinden. Nur mache bald, Pelle, daß Du von Wiesel geschieden. Liebe Freundin, wie oft denke ich an diesen Augenblick, der uns vereinen wird; meine Phantasie malt ihn stets mit neuen Farben aus; überfallen will ich Dich, einen Abend sollst du mich finden! ich will die Geliebte entkleiden, mit zarten, liebevollen Küssen jedes Glied bedecken, und dann will ich Dich in meinen Armen festhalten in himmlischer, liebevoller Umar-

mung und heiße brennende Küsse und der Liebe süßes Gespräch sollen dann abwechseln, und wenn Dein Auge bricht, Dein Mund nur ›lieber, lieber Louis‹ stammeln kann, oh dann [...] Aber vorher, meine Pelle, kommst Du zu mir, wir werden in einigen Tagen eine Veränderung in unserer Lage haben, dann schicke ich Dir sogleich eine Estafette.
Nun, meine Pauline, etwas über Dich! Die unselige Schwäche, Deine Beschäftigungslosigkeit, und die Gewohnheit, stets in äußeren Dingen Zerstreuung, Amüsement zu suchen, machen, daß Du Dich stets von Strome fortreißen läßt, überdem liegt etwas Behagliches für Dich in dem Gedanken: ›Was ich tue, geschieht nur aus jener Gefälligkeit, jener Leichtigkeit, mich in den Willen anderer zu fügen, die aus der Gutmütigkeit meines Charakters entspringt; wäre dieses nicht, würde ich anders handeln!‹ Durch dieses Raisonnement rettest Du Dich für Deine Augen von dem Vorwurf, ein Leben zu führen, dessen Leere Du fühlst, und zugleich kannst Du auch, der alten Gewohnheit treu, den Tag *so recht tüchtig totschlagen*, ihn mit den Promenaden, *déjeuners*, tausend notwendigen Visiten, Komödie und irgendeiner Soiree, wo Du jemand tribulierst [*quälst*], ausfüllen – und doch wünschte es Dein Herz anders! Allein so ist es mit aller Schwäche, das Wollen und Wissen und das Vollbringen ist zuweilen sehr verschieden. Auch lag es bis jetzt in der steten Notwendigkeit, außer Dir zu sein, Dein Innerstes war durch so vieles zerrüttet und gebeugt – nun ist es anders, nun muß es anders sein!«
Politische Fragen diskutierte er nur mit seiner Schwester, nie mit Pauline oder Henriette, und seiner Schwester schrieb er zwei Tage später:
»Bonaparte hat sich über Preußen nicht getäuscht. ›Glaubt ihr, daß Preußen mir darum den Krieg erklären wird?‹ sagte er zu Ulm mit Bezug auf die Verletzung des Ansbachschen Gebietes, und seitdem hat er sich geäußert: ›Ich kenne Preußen, es wird der Niederlage der andern zusehen und dann über den Leichnam herfallen.‹ Unterrichtet von den in Berlin getroffenen Maßnahmen, beruhigt durch seine Agenten, hat er über unser Heer weder Besorgnis noch Unruhe empfunden.
Aber kurz und gut, die begangenen Fehler sind geschehen, und die Erfahrung beweist sogar, daß niemand dadurch gebessert wird; es nützt also nichts, zu jammern und Vorwürfe zu machen wegen dessen, was nicht mehr zu ändern ist. Jetzt handelt es sich um die

Gegenwart und um die Zukunft. Wenn der Friede mit Österreich Bestand hat, wenn dieser Staat nach der Wiederherstellung seiner Armeen keine günstige Aussichten erblickt, den Krieg von neuem anzufangen und wenn die Österreicher bei Ausbruch des Krieges im Norden nicht einen Sieg über die Franzosen benutzen, um schnell das Verlorene wiederzugewinnen, so werden sie zu einer Macht zweiten oder dritten Ranges herabsinken. Wenn der König die Umwälzung Deutschlands gutheißt, wenn er die Besetzung Hannovers duldet, wenn er nichts tut, um die deutschen Mächte, die ihm noch ergeben sind, zu beruhigen, so wird ganz Deutschland Napoleon zu Füßen liegen, und das Fest, das er seiner Armee verspricht, wird sehr wohl das Fest seiner Krönung als Kaiser des Okzidents und Deutschlands werden können. Kann man in der Tat die Kurfürsten von Hessen und Sachsen tadeln, wenn sie die Partei einer Macht verlassen, deren Allianz weder Vorteil noch Sicherheit bietet, die zu bedeutenden Ausgaben nötigt, ohne daß irgendeine Ehre, ein Vorteil daraus entsteht, und deren schwankender und unsicherer Gang den Feinden keine Furcht und den Freunden kein Vertrauen einflößen kann, während Bonaparte seine Verbündeten zu beschützen und zu bereichern, seine Feinde zu strafen weiß? Dann wird Preußen mit Verdrießlichkeiten und Demütigungen überhäuft einem Zustand verfallen, in welchem seine Armee herabgewürdigt wird und die Federn der Maschine erschlaffen, bis der Augenblick kommt, wo nach Bonapartes Willen seine letzte Stunde schlägt. Dann wird der Krieg unter noch ungünstigeren Aussichten wieder ausbrechen, und einsam und ohne Alliierte wird Preußen fallen wie die anderen gefallen sind, ohne daß jemand für sein Schicksal Teilnahme haben wird, da es selbst für niemandes Schicksal Teilnahme gezeigt und seine feige und schwächliche Politik Europa ins Verderben gestürzt hat.«

Er sah das, was kommen würde, mit bestürzender Genauigkeit voraus, aber was half es? Sein Rat war nicht gefragt, seine Vorschläge unerwünscht. Er sei eben kriegslüstern. Damit speiste man ihn ab. In dieser Situation, verzweifelt über die politische Lage, einsam in einer tristen Kleinstadt, voll Sehnsucht nach Pauline, die ihm nur höchst selten schrieb, warf er sich wieder aufs Komponieren. Bei Breitkopf & Härtel in Leipzig bestellte er »1 Ries* liniertes Notenpa-

---

* Ein Ries = etwa 480 bis 500 Bogen Papier.

pier«. Am 10. Januar 1806 hatte er ein *Andante mit Variationen B-dur für Klavier, Violine, Viola und Violoncello* vollendet, eine seiner vollkommensten Kompositionen, von Beethoven beeinflußt.
Aber er brauchte das Gespräch. Am nächsten Tag schrieb er an Gentz, der sich in Dresden aufhielt, er möge zu ihm kommen. Vom 19. bis zum 22. Januar waren beide in Zwickau zusammen, dann fuhren sie über Altenburg nach Leipzig. Abends ging man ins Theater. Als auf der Bühne in einer Szene zwei Männer zu ihren Waffen griffen, aber ein Geist beschwichtigend »Friede!« rufend zwischen sie trat, war es mit der Beherrschung des Prinzen vorbei. Erregt sprang er in seiner Loge auf und rief laut: »Aha, die Sprache kenne ich: der gute Freund kommt sicher aus Berlin!«
Gentz war von ihm begeistert: »Der Prinz Louis – halten Sie sich nie an das, was die Veräter oder Feiglinge Ihnen gegen ihn sagen werden – ist eine der letzten Stützen, die der allgemeinen Sache bleiben, und einer der bedeutendsten Männer, die Europa gegenwärtig besitzt.«
Noch von Zwickau aus hatte der Prinz Pauline gebeten, zu ihm nach Leipzig zu kommen. Als Antwort erhielt er einen Doppelbrief von Henriette und Pauline gemeinsam, datiert vom 21. Januar:
»Sie haben [...] mich nicht wie einen Freund behandelt«, schrieb Henriette. »Darauf erhebe ich auch keinen Anspruch mehr; ich verzichte von diesem Augenblick an auf jedes Gefühl Ihrerseits. Ich war närrisch und erscheine mir selbst lächerlich, daß ich so lange so blind sein konnte. – Es war so sanft, und ich ließ mich so gern von Ihnen täuschen. [...] Ihren Sinnen bedeute ich nichts mehr und Ihrem Herzen nur noch sehr wenig; warum uns also gegenseitig noch quälen? – Du wirst glücklicher sein, wenn Du nicht mehr ein Geschöpf sehen mußt, das Dir sein Unglück zum Vorwurf macht – und ich kann fern von Dir noch glücklich werden und meine Jugend genießen. Louis, seien Sie großmütig, opfern Sie mich nicht! Setzen Sie mich in den Stand, fern von Ihnen auf anständigem Fuß leben zu können. Dies Verlangen ist nicht unbillig, und ich bin gewiß, daß Du mir meine Bitte bewilligen wirst. Meine mütterliche Liebe spricht bei dem allen nicht mit. Ich würde es für eine Torheit ansehen, wollte ich mich für meine Kinder aufopfern; sie sind ebenwohl die Deinen, Du kannst sie glücklich machen; wenn nicht, so kann ich zu ihrem Glück auch nichts beitragen, und eines Tages würde ich am Ende unter ihren Vorwürfen leiden. – Das ist mein fester Wille: Wenn Du damit nicht einverstanden bist, – mein Entschluß ist gefaßt, ich mag mich

nicht länger mehr der Fürsorge Deiner Schwester anvertrauen. Lieber laufe ich ins Elend und werde Dich niemals wiedersehen, mag daraus werden, was will. Der erniedrigendste Zustand wird mich nicht so erniedrigen wie die Vorstellung, mit jemandem in freier Verbindung zusammenzuleben, ohne dessen Zuneigung zu besitzen. Zürne nicht mit Pauline deswegen, sie hat es nicht verdient.
Verzeihen Sie mir, wenn ich Ihnen einen Strich durch die Rechnung gemacht habe, ich wollte es nicht. Ich habe Pauline zugeredet, abzufahren, doch sie wollte nicht, sei es nun aus Besorgnis, ich könnte ihr Verdruß machen, sei es aus Zartgefühl mit meiner Lage. Schließlich ist das nur eine kleine Verzögerung, denn mein Schicksal wird sich auf alle Fälle ja doch in acht Tagen erfüllt haben. – Ich will Dich nicht wiedersehen, ich schwöre es bei allem, was mir heilig in dieser Welt ist; die Vorstellung, daß ich noch einmal mit Dir zusammenleben könnte, ist mir entsetzlich. Nicht daß ich Dich verachte, nein, Louis, das ist nicht möglich, aber ich liebe Dich nicht, und, was schlimmer ist, ich achte Dich nicht mehr.
Werde glücklich, mache Dir niemals Vorwürfe wegen Deines Verhaltens gegen mich. Du hast mir viel Kummer bereitet, aber ich war auch sehr glücklich.«
Pauline nahm in ihrem Brief Partei der Freundin: »Wie leid tut es mir, lieber Louis, Deinem und meinem Wunsch nicht nachgeben zu können, allein Du wirst sowohl aus meinem als auch aus Jette ihrem Brief die Unmöglichkeit einsehen, und, wenn ich es sagen darf, etwas durch Deine Schuld. Du kennst Jetten und mich genug und weißt, wie sensibel Jette auf jeden kleinsten Betrug ist. Ich habe sie alle Tage gesehen und ihr freilich öfter von der Möglichkeit einer kleinen Reise zu meinem Mann nach Dresden gesprochen.
Dein Brief kam in dem Augenblick, wo Jette mich abholen wollte. Ich fuhr nicht gleich mit, weil ich schon beschäftigt war, meine Vorbereitungen zu treffen. Ich ging dann also später zu ihr und sprach über meine Reise zu meinem Mann. Jette war nicht einen Augenblick durch diese Lage düpiert, sagte mir sehr entschieden, sie wäre auf alles gefaßt und wollte gar nicht auf die Wahrheit drängen, ob ich zu Dir oder zu meinem Mann ginge; nur soviel versicherte sie mich, sobald ich aus Berlin ginge (heute nämlich), ließe sie die Kinder zu Deiner Schwester bringen und würde aller Welt sagen, ich wäre zu *Dir*, um nicht die duppe zu scheinen.
Du hast alles mit Deinem Brief verdorben, mit dem ewigen Verbie-

ten, die Briefe zu zeigen. Du wolltest nicht Jette gestehn, daß Du mich liebtest, und mich wolltest Du auch nicht sehen lassen, auf welche Art Du Jette ewig beruhigtest. Jette hätte bestimmt einen *éclat* gemacht, wenn ich fortgereist wäre, denn sie ist ganz ruhig dabei, nur will sie nicht die duppe in den Augen der Welt erscheinen. Ich rate *Dir* sowie *Jetten*, das Opfer schuldig zu bleiben. Jette hätte bestimmt einen Schritt getan, den sie bereuen würde, was dann zu spät gewesen wäre; sie wollte schon Brancions Bruder holen lassen und ihm die Kinder übergeben. Denke nur nicht etwa, aus Haß gegen *Dich* oder *mich*! Nein, mit der größten Überlegung, weil sie in jedem Fall das Leben nicht mehr führen will. [...] Jette ist sehr gut mit mir, hat nicht den mindesten Haß gegen mich. Noch in diesem Augenblick war ich bei ihr, sie ist ganz ruhig und gesund, aber Deine Falschheit ärgert sie. Du hast ihr ewig noch solche Briefe geschrieben, wodurch sie natürlich glauben mußte, [...] sie wäre Dir die Liebste. Da ich doch weiß, daß Jette Dir nicht solche Briefe schrieb, so hat sie *recht* und Du *unrecht*. Mir tut es leid, Jette diesen Ärger verursacht zu haben, aber alles fällt auf Dich zurück, alles ist Deine Schuld. Einen kann man nur lieben, und solche Rolle läßt sich nicht lange aufrechterhalten. *Jette ist wahr*, das weiß ich; auch kann man mir nichts weismachen. Du hast an allem Schuld mit Deinen dummen, falschen Briefen.«

Louis Ferdinand war wie vor den Kopf geschlagen. Alles hatte er erwartet, nur das nicht. Jetzt konnte nur noch Rahel helfen. Verzweifelt schrieb er ihr aus Leipzig:

»Liebe Kleine, hier, wo ich Paulinen, die mich sehnlichst, ich sie zu sehn wünschte, empfing ich diese beiden Briefe; wie alles dieses mich beugt, meinen Schmerz und die Angst, die ich darüber habe, können Sie leicht erraten, Gott – hier schicke ich Ihnen zwei offene Briefe, einen an Pauline, einen an Jetten, in der Angst und im Schmerz geschrieben, Sie sehen alles darin – so wahr es in meinem Herzen liegt, meine heiße Leidenschaft für Pauline, meine innige Anhänglichkeit an Jette; siegeln Sie sie beide zu und schicken sie hin. – So wahr es ist, daß ich ohne Pauline nicht leben kann, so auch ist der Gedanke, Jettchen ihre Kinder verlassen zu sehn, die mir und Paulinen ein ewiger Vorwurf wären, mir unerträglich – warum bin ich Unseliger nicht tot! – Gott – Schicken Sie mir eine Estafette hier im Hotel de Saxe.

Louis.

Gott, raten Sie zum Guten, schicken Sie mir die Briefe zurück. – Gott, Sie sehn, wie sich so alles verflochten, ich zittere für beide und für beide eine durch die andre. – Wenn sich dieses Band nicht so, wie ich es wünsche, entfaltet, so sind wir alle unglücklich. – – Liebe Kleine, verzeihen Sie! Daß meine liebevolle Zartheit so immer mißkannt wird! Ach, ich wußte es, daß ich das Opfer dieses allen würde! – Pauline ist himmlisch gut und edel, Jettchen, die ich so zärtlich liebe, wie ich es einer Schwester schuldig, wie es mein Herz für die Mutter meiner Kinder fühlt, glaubt mich falsch, sie selbst will mir nur bloß Schwester sein. – O Kleine, beklagen Sie mich! Wachen Sie auch über Pauline – über alles.«
Und Rahel wachte: Pauline kam nach Leipzig, Henriette resignierte und behielt die Kinder.
Am 2. Februar hatte Louis Ferdinand sein Quartier in Zwickau aufgelöst: Der König befahl die Demobilisierung. Die Chance, jetzt noch in den Krieg einzutreten – Österreich hatte Frieden geschlossen, Rußland hingegen nicht – war vertan. »Unsere ganze Armee, aufgelöst und getrennt, wird wieder in ihre traurigen Kantonnements oder Garnisonen zurückkehren«, schrieb er verbittert an seine Schwester. »Welch ein Unterschied von jenem Augenblick, wo sich diese Armee versammelte! So sind denn 11 Jahre Hoffnungen, 11 Jahre geheimer und glühender Wünsche vernichtet! – oder doch wieder vertagt! Mein Herz ist voll Kummer und Bitterkeit. Könnte ich nur meine Uniform ablegen und diesen ganz verwünschten militärischen Prunk: Ich würde dann bei allem, was geschieht, nicht so sehr zu leiden haben.«
Über sein Zusammentreffen mit dem Prinzen hatte Gentz Johannes von Müller berichtet. Der antwortete am 9. Februar: »Sie erfreuen mich durch Ihr Urteil über Prinz Louis' Stimmung, deren ich nicht sicher war; darum weil ich besorgte, sein Hang zum Epikuräismus möchte die scheinbare Unmöglichkeit entscheidenden Wirkens zum Vorwande nehmen, die Heldenkraft ganz abzuspannen.« Wie wenig hatte er von Louis Ferdinand begriffen.
Auf der Reise nach Schricke – Pauline war dorthin vorausgefahren – machte der Prinz Station bei dem Komponisten Johann Friedrich Reichardt in Giebichenstein bei Halle. Man besprach die politische Lage und kam auf Napoleon. Louis Ferdinand faßte sich an beide Ohren und rief: »Ja, wenn Bonaparte ein Gericht Prinzenohren haben will, so sind meine in Gefahr, denn bekommen wird er sie.«

Und wieder flüchtete er sich in die Musik. Bei Breitkopf & Härtel bestellte er Noten, zum Musizieren würde ja nun ausgibig Zeit sein: von Beethoven die drei Violinsonaten op. 30 (1802) und die Kreutzer-Sonate op. 47 (1803), die Waldstein-Sonate op. 53 (1803), von Franz Danzi die vierhändige Klaviersonate op. 9, von Daniel Steibelt die Klaviersonate op. 64 und das Klavierkonzert op. 5. Titus von Möllendorff, sein Adjutant und auch musikalischer Begleiter, muß ein tüchtiger Geiger gewesen sein, wenn er Beethovens Violin-Sonaten meisterte. Für ihn bestellte er noch eigens »4 Stück Pariser Violinbogen« (zu 5 Louisdor).

Außerdem begann er jetzt, sich auch mit Opern-Partituren zu beschäftigen: Bei J. C. F. Rellstab, Berlin, Jägerstraße 18, bestellte er für 65 Taler drei Partituren: *Tarare* von Antonio Salieri (1786) sowie – von Nicolas-Marie Dalayrac – *Azémia ou les Sauvages* (1786) und *Nina ou La Folle par amour* (1787). Daß sich Louis Ferdinand zu diesem Zeitpunkt ausgerechnet mit Opern des französischen Modekomponisten Dalayrac befaßte, entbehrt nicht einer gewissen Pikanterie. Denn, was der Prinz kaum gewußt haben wird: Dalayrac war nächst Paisiello Napoleons Lieblingskomponist, und von ihm stammte auch die offizielle Hymne des Kaiserreichs: *Veillons au salut de l'Empire.*

Wieder in Magdeburg, schrieb er am 21. Februar voll böser Vorahnungen an seine Schwester:

»Ich kann leider nicht zweifeln, daß sich nach und nach alle meine Weissagungen erfüllen werden! [...] Nachdem wir die ganze Zeit hindurch den Plackereien Bonapartes ausgesetzt waren, der, wie Du Dir wohl denken kannst, uns so haßt, daß er unser schwächliches und verachtungswürdiges Betragen verachtet, werden wir nur zwischen erniedrigenden Gemeinheiten und einem beschämenden Abkommen zu wählen haben, das uns in die Arme Frankreichs werfen oder einen Krieg mit ihm oder Rußland zur Folge haben wird, den wir nach Möglichkeit vermeiden werden, und daß aus eben diesem Grunde wir das denkbar Übelste wählen werden. [...] Ich werde Dir eine Denkschrift zeigen, die ich voriges Jahr bei meiner Rückkehr aus Österreich abgefaßt habe, wo ich, vorahnend, des Krieges sicher, mich auf die Notwendigkeit stützte, eine Union zwischen Preußen und Österreich zu befestigen; ich versichere Dir: Rußland kann Deutschland nicht retten. Ein Haufen Soldaten, tapfer, das ist wahr, aber was ist eine passive Tapferkeit – wenn das Genie, oder das

Talent, die Instruktion selbst, nicht darüber verfügt? Mehr als unwissende Generale, militärische Institutionen, auf verschiedenen Kriegstheatern nachgeahmt; um es kurz zu sagen. Leute, die Deutschland ebenso gefährlich sind wie die, deren Opfer es ist. Preußen, Österreich allein genügten; man könnte sich Rußlands bedienen, aber man würde nicht von ihm gerettet werden.«

Der letzte Sommer

Am 11. März 1806 kam ein Brief von Pauline aus Berlin: Sie glaubte schwanger zu sein. Louis Ferdinand antwortete sofort:
»Pauline, der Gedanke, Dich schwanger zu wissen, ein Pfand der heißesten Liebe unter dem liebenden Herzen, rührte mich so unbeschreiblich – obgleich ich jeden Deiner Briefe berechnete und daran dachte – ob endlich der 22. selige Tag herannahte – welcher mich fester, doch gewiß nicht liebender an Dich kettete – doch Pauline, wüßtest Du, wie sehr mein Innerstes schmerzhaft auf alle Art erregt ist – ach bedenke es selbst – Du, die mich heiße Tränen vergießen sahst, selbst in jenem Augenblicke, den Deine himmlische Liebe so unaussprechlich selig ausfüllte, so würdest Du mich mehr schonen, nicht in Augenblicken, wo Du verstimmt bist, an mich schreiben, oder nicht augenblicklichen Empfindungen nachgeben, die Deiner und meiner nicht wert sind. Gott! liebe Pauline – bald – scheint es Dir lieb, und wiederum nicht – noch ein engeres Band zwischen Dir und mir erstehn zu sehn, da dieses hingegen bei mir der seligste, süßeste Gedanke ist. – Ich glaube wohl, Pauline, daß alle Empfindungen in uns nicht stets so aufrecht stehn, und daß hauptsächlich in einer Lage, die stets so verworren wie die unsrige und in der durch nichts klarer als durch unsere Liebe wurde, es Augenblicke von Zweifel, von Mißmut gewisser Art geben kann; aber Pauline, deswegen solltest Du mich nicht kränken durch Mißtrauen und bedenken, daß ich bei einer jeglichen meiner Handlungen Dein Wohl – Dein Bestes, nämlich die Begründung eines ewigen, engen, unzertrennlichen Verhältnisses beabsichtige. Kann ich zwar nicht mit allgewaltiger Kraft – alle Folgen eines so seltsamen Entstehens unseres Zusammentreffens heben, so glaube es, so wahr ich Dich liebe –, so wahr ist, daß Pauline, meine Pauline, mein einziger Gedanke ist – daß sie die stete Gefährtin meines Lebens sein wird, daß alle Opfer, die ich bringe, nur ihr allein im tiefsten Herzen

gebracht sind. Glaube es auch, Pauline, daß nichts in der Welt unser Verhältnis stören wird.«

Zwar hatte er keinen Urlaub, aber er sattelte zwei Tage später das Pferd und blieb vier Tage lang in Berlin, incognito natürlich. Außer für die Schwester und Henriette blieb nur Zeit für Pauline. Wieder zurück, schrieb er ihr am 25. März:

»Liebe Pauline, Deinen lieben seelenvollen herzerfüllenden Brief bekam ich gestern, ich zweifle nicht, daß auch der meinige schon in Deinen Händen ist! Der Deinige hat mein Herz mit den süßesten, sanftesten Empfindungen erfüllt, er hat mit mir geschlafen, oft habe ich ihn wiedergelesen mit immer neuem Vergnügen, und, obgleich ich allein war, hundertmal ausgerufen: Englische, liebe Pauline! und mit brennenden Küssen so manche schöne aus tief und edelfühlendem Herzen aufspringende Stelle bedeckt. Alles Zarte, Feine und Liebevolle, was in Deinem Briefe steht, hat mich doppelt gefreut und um so mehr ergriffen, weil in demselben Augenblick ich Dir beinahe die selbigen Sachen schrieb. Liebe mich stets so, meine Pauline, hänge ewig mir mit treuem Herzen an, und jeder Tag den wir verleben, wird uns inniger noch verbinden. – Morden könnte ich diejenigen, die allein daran schuld sind, daß lange vieles Schöne in Dir erstickt war. Doch es lebt jetzt in der lieberfüllten Brust, in Deinem Herzen, o meine Pauline, so schreibt, so fühlt man nur wenn man liebt, wenn man so liebt wie Du. Ich kann Dir nicht sagen, wie klein, wie erbärmlich mir vieles von allem dem vorkommt, was seit dem Zeitraum, daß wir uns kennen, zwischen uns vorgefallen ist, meine Aufwallung von Zorn – unser Zusammentreffen, dieses verworrene Verhältnis – es ließ sich ein Roman davon schreiben, der für die Kenntnis des menschlichen Herzens interessant – aber doch den meisten Alltagsmenschen ein Problem sein würde. [...]

In Schricke bin ich seit drei Tagen mit Nostitz, Dussek und dem dummen Möllendorff –! ich schlafe in der Stube, wo Du so oft mich besuchtest, nämlich rechts, wenn man im Haus hereinkommt – und jede Nacht war meine Imagination mit Dir, meine Pelle, beschäftigt! – Diese Nacht, nachdem ich vor dem Einschlafen Deinen Brief gelesen – träumte ich, ich sehe Dich wieder, Du warst wie jemand, der eine unaussprechliche Angst ausgestanden hat, und sagtest mir, heute muß es sich entscheiden, ob ich schwanger bin. – Du zähltest die Minuten und wiederholtest mir immer: In achtzehn Minuten, dann ist es ganz entschieden. [...] Liebe Süße, Einzige, anklagen will

ich mich bei Dir – in allem folge ich Deinen Wünschen, nur rasendem Exzeß im Trinken habe ich diese Zeit über gemacht – sonst aber ist meine Gesundheit gut, und heute habe ich den ganzen Tag in der Heide auf der Jagd zugebracht, acht Stück Wildpret geschossen, wovon ich Dir eines mit der Post aus Burg schicken werde. [...] Wohl uns, daß wir die Menschen immer mehr entbehren können. – Glücklich durch einander, durch Gefühle – des Herzens, durch unsern Verstand, müssen wir sie bloß aufsuchen, um nicht zu schwelgen, wie wir es taten! Mit Ungeduld erwarten wir alsdann den Augenblick, wo wir allein und bloß unserer Liebe leben können, wo wir genießen, wie Pauline und Louis nur allein, wie zwei so ausgestattete Wesen nur genießen können. – Ich ende, meine Pelle, um den Brief fortzuschicken. – Ich küsse Dich tausendmal in Gedanken, Du weißt, wie ich küssen kann, den ganzen lieben, himmlischen Leib bedecke ich mit tausend üppigen, brennenden, liebevollen zarten Küssen, auch Dein liebes feinfühlendes Herz, Pauline, bald, ach bald – gibst Du sie mir alle zurück.«
Und als Nachschrift setzte er hinzu: »Ich bin beschäftigt, für Dich etwas zu komponieren«; ein Rondo für Klavier zu vier Händen, das er ihr Anfang April schickte, aber dazu schrieb er, er komponiere noch etwas anderes, »weil ich fürchte, daß dies zu schwer ist«. Das klingt fast naiv, denn Pauline hätte eine beachtliche Pianistin sein müssen, um dieses Werk spielen zu können, ein geistvolles Fünfminutenstück mit einem ebenso witzigen wie stark chromatischen Thema, quirlig und stürmisch.
Offenbar hatte ihn Pauline ermahnt, dem Alkohol etwas mäßiger zuzusprechen, denn er beteuerte ausdrücklich: »Ich *trinke* nicht übermäßig, gewiß nicht einmal so viel als in Berlin.« Seine Trinkfreudigkeit nahm allerdings mittlerweile besorgniserregende Ausmaße an. Seit neuestem hatte er den Champagner entdeckt, von dem er mitunter bis zu zwölf Flaschen täglich verbrauchte.
In diesen Wochen jagten sich seine Briefe an Pauline so sehr, daß er schreiben konnte: »Verzeihe diesen schnell geschriebenen Brief, Du bekommst einen andern, den ich schon angefangen, durch Dussek.« Sein Tagesablauf: »So einfach und dem gewöhnlichen Menschensinn nach trivial – daß es schwer zu beschreiben ist. – Des Morgens um 7 Uhr gehe ich oder reite ich aus – sehe die zu machenden Pflanzungen oder gehe auf die Jagd – dann bin ich bis abends um 9 Uhr in die Brücher – und schieße Schnepfen oder Bekassinen – diniere, sobald

ich zurückkomme, und geh höchst ermüdet zu Bette ohne nach Rogatz zu gehen, aber gewiß nie, ohne Pauline hundert liebende begehrende Wünsche zu zollen! keine Nacht, ohne von göttlichen bezaubernden Ideen geweckt zu werden, denen allein meine Pauline allen Reiz verleiht, deren einziger Zweck sie ist.«
Mitte April genehmigt der König endlich den lang erbetenen Urlaub nach Berlin: »Im Trinken verspreche ich Mäßigung«, schreibt er Pauline, »und das um 12 Uhr zu Bette gehn und Deinen Louis dazu zu bewegen soll Dir nicht schwer werden, liebe, liebe Zauberin – das Aufstehen – und die Morgen mögen wohl schön sein, indessen sich an Deiner Seite zu schmiegen, Dich herzlich liebevoll küssen und drücken, o das ist schöner noch.«
In seinem Überschwang bittet er Pauline, »der lieben, dicken Jette ein paar kräftige Küsse« zu übermitteln. Darauf dürfte Henriette kaum noch Wert gelegt haben, der Brief, den sie ihm nach Leipzig geschickt hatte, sprach das deutlich genug aus. Aber Dinge, die ihm unangenehm waren, hatte Louis Ferdinand schon immer gut verdrängen können. Er liebte die Harmonie, Dissonanzen überspielte er leicht. Er wunderte sich freilich über Henriettes »frostige Zeilen«, die sie ihm schrieb, und beklagte sich allen Ernstes bei Pauline: »Weder die Güte meines Charakters, Nachsicht, Zartheit meiner Aufführung, und den innigen brüderlichen Anteil, den ich an ihr nehme, scheint sie zu erkennen.« Um mit Pauline ungestört beisammenzusein, hatte er durch Nostitz ein Haus am Moabiter Spree-Ufer mieten lassen, Eigentum von Louis von Dorville, dem ehemaligen Hofmarschall der Gemahlin Friedrichs II. Dort verbrachte er jetzt seinen Berliner Aufenthalt.
Die Briefe, die er an Pauline schrieb, berühren mit keinem Wort politische Fragen. Aber die waren bedrohlich genug. Schon jetzt sah man in Deutschland mit Ungeduld und Spannung auf Preußen. Die in Hamburg erscheinende Monatszeitschrift *Minerva*, mit deren Herausgeber Archenholz der Prinz in Hamburg verkehrt hatte, beschäftigte sich in ihrem Märzheft auffallend genug mit den französischen Soldaten. Deutlich an die Adresse Preußens gerichtet, hieß es in einem Artikel:
»Ein einziger, nur zwei oder drei Monat langer französischer Feldzug enthält für die übrigen Mächte Europas Lehren, an denen sie bei ihrer Langsamkeit, fast möchte ich hinzusetzen, bei ihrem Mangel an Energie und Entschluß, jahrelang zu lernen haben

würden, und welche einzustudieren sie daher ohne allen Verzug anfangen sollten. Daß die jetzt kriegführenden Franzosen nicht mehr die Franzosen sind, welche einst bei Roßbach in Haufen und Scharen das Weite suchten, das hat die neueste Tagesgeschichte der letztverflossenen Jahre gelehrt.«
Und ein zweiter läßt keinen Zweifel, an welchen Staat sein Verfasser dachte, wenn er schrieb:
»Zum Schluß noch ein Wort über den Geist des französischen Soldaten, verglichen mit dem des unsrigen, bei jenem herrscht und regt sich der *esprit de chevalerie*; ein unaufhaltsames Streben nach Ruhm, nach Ehre; seine Sitten erhalten diesen Geist; die Behandlung seiner Offiziere nährt ihn, und der Korporalsknüppel darf ihn nicht exerzieren. Lassen Sie uns zu den nordischen Heeren übergehen! Allmächtiger Gott! Welch eine Behandlung des Menschen! Geprügelt wie die Bestien, wird alles Gefühl der Ehre in ihnen erschlagen; so und nicht anders müssen sie behandelt werden, höre ich oft von Offizieren sagen, und die Gebildeten durften es kaum wagen, hierzu im stillen die Achseln zu zucken. Leben wir denn noch in dem Jahrhundert des Barbarismus? oder führt uns eine milde Lebensphilosophie? Ehrt den Menschen in dem Menschen, seid human und schwatzt weniger von Humanität; erkennt, ihr Offiziere der Deutschen, den Bruder im Soldaten; erwerbt seine Liebe, seine Achtung, erweckt in ihm wiederum das Gefühl für Ruhm, für Ehre, und sie werden Bollwerke sein, vor welchen der Gallier so gut wie vormals zurückweicht.«
So die Stimme der Publizistik, die sich im damaligen Deutschland freilich nur in Hamburg so deutlich artikulieren durfte. Die Privatbriefe aber reden eine deutlichere Sprache. Am 25. März hatte Johannes Daniel Falk aus Weimar diese Prognose an Johannes von Müller geschickt:
»Unsere Höfe ahnen kaum, warum Bonaparte Bayern, Baden, Schweiz, Holland, Württemberg usw. souverän gemacht? Haben Sie acht; Figuranten eines neuen Reichstages wird er aus ihnen heranziehen! Das alte Regensburg ist nicht mehr, ein zweites Regensburg unter einem zweiten Karl dem Großen, ein neues, ein französisches wird vortragen, und das Reich wird genehmigen, und es wird wieder das alte sein. Wo von einem Bonaparte die Rede ist, möchte keine Kombination zu kühn scheinen; ein neuer unerhörter europäischer Reichstag, ein neuer europäischer Kaiser ist auf dem Weg. Wir sind

Kants ewigem Frieden und einer großen chinesischen Mauer vielleicht näher als wir selbst glauben.«

Preußen hatte Hannover am 1. April »in Verwahrung genommen«, wie es der preußische König nannte und sich damit England zum Feind gemacht. Und nicht nur England. Zwei Wochen darauf meldete ein österreichischer Geheimagent aus Stuttgart nach Wien: »Die Stimmung gegen Preußen, die ich schon in München bemerkte, hat sich hier allgemein, nur in einem verstärkten Grade, verbreitet. Man hat hier eine Karikatur, die emsig gesucht wird. Der Minister Hardenberg steht auf der einen Seite und reicht dem König einen bloßen Degen, den dieser zurückstößt und sehr freundlich mit der Hand nach einer Schlafmütze greift, die ihm Haugwitz darbietet. Die Karikatur ist nicht sehr fein, aber man kann sich nicht deutlicher ausdrücken.«

Im Juni 1806 spricht man in Berlin schon ganz offen von einem bevorstehenden Krieg mit Frankreich. Hellsichtig genug schreibt eine Berlinerin in einem Brief: »An einen langen blutigen Krieg glaubt man hier nicht, vielmehr ist hier der allgemeine Glaube, daß an keinen Widerstand gegen Frankreich zu denken sei, ehe nicht ein Marlborough oder ein Prinz Eugen aufsteht – sowohl in Rußland, Österreich als hier. – Da hieran dem Anschein nach vors erste nicht zu denken ist, so nimmt man als bekannt an, daß alles Napoleons Winken folgen muß. [...] Die letzte Stunde des preußischen Staates ist schon da, er liegt begraben unter seiner ehemaligen Größe. Daß er dem Namen nach auch verschwinden wird, glaubt man wohl hier mit Recht nicht, da es unter Napoleons Grundsätze gehört, viele schwache Staaten gegen sich zu haben. [...] Übrigens tut man dem König doch wohl Unrecht, ihm alle Schuld der mißlungenen Sache aufzubürden, ich dächte, die beiden Kaiser [*Franz II. und Alexander I.*] hätten reichlich das ihrige dazu beigetragen – nur so erbärmlich nicht wie wir.«

Am 17. Juli erfüllte sich die Voraussage Falks: Sechzehn deutsche Staaten scheiden aus dem Reichsverband aus und unterzeichnen in Paris die Gründungsakte einer *Fédération des souverains du Rhin,* in Deutschland *Rheinbund* genannt. Darin verpflichten sich die unterzeichneten Staaten auch, im Kriegsfall Frankreich ein Truppenkontingent zu stellen. Der bisherige Erzkanzler des Reichs, Dalberg, legt in einem Schreiben an Kaiser Franz II. sein Amt nieder. Der Kaiser zieht daraus die einig mögliche Konsequenz: Am 6. August verzichtet er auf die Krone des Heiligen Römischen Reiches Deutscher Nation; als Franz I. wird er künftig nur noch Kaiser von Österreich sein. So wurde das Deutsche Reich nach tausendjährigem Bestehen still zu Grabe getragen, und es ist eigentlich erstaunlich, wie wenige ihm eine Träne nachweinten.

In Preußen selbst ging es unruhig zu. Im Mai hatte man plötzlich mit einer Invasion Pommerns durch Schweden und Engländer gerechnet und die Truppen alarmiert. Sie durften wieder nach Hause: Schwedische und englische Schiffe ließen sich nicht blicken. Den ungestillten Tatendurst befriedigte die preußische Armee auf ihre Weise: Nachdem ein Husarenoffizier schon im April dem verhaßten Haugwitz die Fenster eingeworfen hatte (natürlich verdächtigte man sofort Louis Ferdinand der Anstiftung, aber der hatte damit überhaupt nichts zu tun), ließen sich die Offiziere des Regiment Gensdarmes etwas Neues einfallen. In Berlin hatte Iffland ein Luther-Drama von Zacharias Werner auf die Bühne gebracht: *Die Weihe der Kraft*. Das Stück wurde damals lebhaft diskutiert, wobei die Konservativen meinten, man dürfe einen geistlichen Nationalheros wie Luther nicht auf die Bühne bringen. Um diese Meinung zu bekräftigen, dachten sich die Gensdarmes-Offiziere einen Mummenschanz aus, der am 24. Juli ablief: Sie brausten auf Schlitten (die auf Räder montiert waren) »abends nach 10 Uhr mit vielen Fackeln und großem Geschrei durch die Straßen der Stadt«, so berichtete Karl Friedrich Zelter an Goethe. »Im Schlitten saß Doktor Luther mit einer ungeheuern Flöte und ihm gegenüber sein Freund Melanchthon. Auf der Pritsche die Käthe v. Bora mit einer Peitsche und knallte durch die Straßen und einer ungeheuern, 10 Ellen langen Schleppe. Auf Reitpferden mit Fackeln saßen die Nonnen des Augustinerklosters, von ihrer Priorin angeführt, sämtlich mit langen Schleppen und ungestalten Masken – so ging der Zug mehrere Stunden lang durch die Straßen zur Ergötzung des schaulustigen Publikums. Diesen burschikosen Spaß nun, für den sich sehr verschiedene Auslegungen anfinden, von welchem mir die die wahrscheinlichste scheint, daß die dramatische Tendenz des *Luther* ohngefähr das ist, was man eine Schlittenfahrt im Sommer nennt, um nur alle Tage neue Gerichte auf seiner Tafel zu haben, hat Iffland so sehr übel genommen, daß er (wie behauptet wird) beim Könige persönlich Klage über dieses Unwesen geführt hat.« Der König, im Augenblick durch die politische Situation deprimiert und gereizt, nahm diese harmlose Provokation außerordentlich erbost auf. Generalleutnant von Elsner, Regimentschef der Gendarmes, erhielt eine scharfe Rüge, ein Rittmeister wurde versetzt, drei Leutnants bekamen vierzehn Tage Arrest. Die Versetzung traf den Rittmeister hart, denn das Regiment Gensdarmes war das allerfeinste der dreizehn preußischen Kürassierregimenter, jedenfalls nach eigener Einschätzung. Seine Offiziere flanierten hochmütig in ihren schneeweißen Uniformen mit roten Abzeichen unterm riesigen schwarzen Zweispitz durch Berlin; hochmögende Junker, denen der Bürger tunlichst aus dem Wege ging. Denn die Herren liebten es, harmlose Bürger anzupöbeln, wußten sie ihre Opfer doch vollkommen wehrlos. Denn wenn es einem kräftigen Zivilisten eingefallen wäre, die Provokation der uniformierten Schnösel mit der Faust zu beantworten, so hätte das nämlich »des Königs Rock« gekränkt, und strenge Bestrafung wäre dem Zivilisten sicher gewesen.

Die Offiziere der Gensdarmes vergötterten Louis Ferdinand, den sie offenbar für ihresgleichen hielten, zumal ja auch Nostitz, der Adjutant, Leutnant dieses Regiments war. Vielleicht hätte sich ihr Enthusiasmus etwas abgekühlt, hätten sie den Satz gehört, den Louis Ferdinand einmal zu Rahel Levin sagte, als sie ihn nach der Beurteilung eines gemeinsamen Bekannten fragte: »Das ist so ein gewöhnlicher Mensch, daß ich Ihnen gar nichts von ihm sagen kann, – der ist nichts als ein preußischer Offizier – kurz, um Ihnen mit eins zu zeigen, was er für ein Mann ist, will ich Ihnen weiter gar nichts sagen, er trägt die Uniform ohne Hemd auf bloßem Leib, damit sie knapp sitzt.« Nichts als ein preußischer Offizier: Der Ungenannte muß Offizier bei den Gensdarmes gewesen sein.

Pauline hatte sich geirrt: Sie war nicht schwanger. Die Enttäuschung darüber ließ die alten Spannungen zwischen den Liebenden erneut aufbrechen. Bitter schrieb ihr der Prinz:
»Du liebtest mich *nie*, Pauline, denn Du lerntest nie an mir ein edles, gutes Herz zu verehren, ich opferte Dir alles, ich liebe Dich mit Deinen Fehlern unaussprechlich. – Noch neulich entstand in mir der schöne Traum, daß auch Dein Herz sich von der Liebe heiligem Feuer beseelt läutern könnte; Du hast ihn zerstört. – Heftig – ungerecht und hart, voller Sinnesreiz, aber nie liebend bist Du – Dein Herz ist tot, und für unendliche Liebe, für Zerstörung in und außer mir gewährtest Du mir nichts. – Deine heiligen Versprechungen, die

Du mir unter Strömen von Tränen tatest, dasjenige, was mir Deine Briefe noch mehr versprachen, alles dieses ist vergessen, ist dahin – gefoltert, gequält, leidend sahest Du mich, wenn bald vielleicht wir scheiden, und jedes Deiner Worte zerriß mein Herz – beharre! O des schändlichen Genusses, das Wesen, was man zu lieben sagt, zu peinigen – meinem Herzen ist er fremd, er soll es ewig bleiben, möge das Deine nie erwachen, Pauline! Entfernt von mir wird sich die Wahrheit wider Deinen Willen Deinen Augen zeigen! – Dann, Pauline, wird Dein Herz fühlen, ohne daß Reizbarkeit, Aufwallung Dich stets hart, herzlos machen und dann! – O Pauline, verdiente ich das für so viel Liebe – ich habe heute abend nicht mit essen wollen – ich schwöre es Dir, Du tatest mir zu wehe, und mein Herz leidet zu sehr, jedes Wort war kränkend, ruhe sanft – und freue Dich Deines Tages – strafe mich recht, daß ich Dich liebe, daß ich hoffen konnte, auch Du konntest mein Herz lohnen, und laß meine süßeste Hoffnung, ein Pfand unserer Liebe zu besitzen – o trügst Du es unter deinem Herzen – gib ihm, diesem Kinde, allen Liebreiz der Mutter, aber das Herz des Vaters.«

Allen, die den Prinzen kannten, war aufgefallen, daß er seit der Mobilmachung im vorigen Jahr ernster war als sonst. Das Ausgelassene, Stürmische, Jungenhafte, das man an ihm kannte, trat ganz zurück. Er traf sich jetzt oft mit Minister vom Stein zu politischen Gesprächen; er diskutierte militärische Fragen mit Generalmajor von Phull, der vor Offizieren, die der Prinz in sein Haus lud, Vorlesungen über Kriegsführung hielt. Übrigens nicht nur Phull: Louis Ferdinand hatte einen ganzen Dozentenstab verpflichtet, der das Offizierskorps seines Regiments unterrichten sollte. Als sich einmal der unterrichtende Ingenieur-Offizier für einen Tag beurlauben ließ, übernahm der Prinz selbst dessen Aufgabe. Er habe sich dabei als vorzüglicher Mathematiker erwiesen und ein beachtliches pädagogisches Talent gezeigt, so wird berichtet.

In die Moabiter Villa, die er jetzt mit Pauline bewohnte (das Haus an der Weidendammerbrücke hatte er Henriette und den Kindern überlassen), kamen oft Johannes von Müller, Alexander von Humboldt und Jean Pierre Friedrich Ancillon zu Besuch. Ancillon, Erzieher des preußischen Kronprinzen, Prediger, Lehrer an der Militärakademie, teilte Louis Ferdinands Haß auf Napoleon; ihn wie auch Luther (!) hielt Ancillon für eine gemeine Natur. Gelegentlich wurden auch Offiziere von des Prinzen Regiment mit eingeladen.

Marwitz, Adjutant des Fürsten Hohenlohe und gelegentlicher Gast, rühmte später die Herzenshöflichkeit des Hausherrn, der ungeachtet seines Standes auch dem jüngsten Leutnant den Vortritt ins Speisezimmer gelassen hatte.

Auch Rahel kam jetzt häufiger zu Besuch. Sie mußte oft die Mittlerin zwischen dem Prinzen und Pauline spielen, wenn sie sich stritten, und vieles, was ihn bedrückte, brachte er mit ihr zur Sprache. »Ich habe nämlich zu Gentz gesagt, Sie wären eine moralische Hebamme und accouchierten einen so sanft und schmerzlos, daß selbst von den peinlichsten Ideen dadurch ein sanftes Gefühl zurückbliebe.« Es fiel ihm schwer, seine Gedanken zu artikulieren; fast immer wollte er mehr sagen, als ihm auszusprechen möglich war. Rahel erlebte einmal, wie Loulou, der dreijährige Sohn des Prinzen, immer wieder um den Tisch lief, an dem sie saßen, und sich mühte, etwas auszudrücken, was nicht so recht gelingen wollte. Der Prinz, so erzählte Rahel später, habe dem Kind eine Weile »mit der größten Innigkeit und Stillschweigen« zugesehen und dann lächelnd zu ihm gesagt: »Es geht dir wie deinem Vater; du sprichst auch mit großer Schwierigkeit.«

Aber heitere Gelassenheit war jetzt nicht der Tenor seines Wesens. Er sah die immer prekärer werdende Situation Preußens, er sah den Krieg kommen, den er wünschte, und von dem er doch wußte, daß ihn Preußen allein nie würde gewinnen können. »Ich wünsche den Krieg, weil er nötig ist, weil er das einzige ist, was uns übrigbleibt, weil die Ehre ihn fordert; aber ich weiß sehr gut, daß wir auch unterliegen können.« Und zu Rahel sagte er: »Ich überlebe den Fall meines Landes nicht; wenn wir solch Unglück haben, sterbe ich.« Das habe er »tausendmal« gesagt, schreibt Rahel, und fährt fort: »Dieser Gedanke war das Ressort seines ganzen Lebens, und in seinen Leidenschaften, in seiner großen Liebe, erlaubte er sich nur alles, weil er dies ununterbrochen dachte und nun alles übrige nicht der Mühe wert hielt.«

Das klingt widersprüchlich und ist doch auflösbar. Im Eingang dieses Buches war von dem Dualismus die Rede, der den Charakter des Prinzen bestimmte. Jener Dualismus nämlich, in einer Zeitwende zu leben und keiner Epoche ganz anzugehören. Sein Umgang mit Bürgern, mit Künstlern und die Aufgeschlossenheit für Ideen, die von der Französischen Revolution freigesetzt worden waren: Dies war die eine Seite. Die andere Seite aber war, daß er zwar von

Standesunterschieden nichts wissen wollte, aber doch ganz das Kind seiner Klasse blieb, der Sohn des *Ancien régime*. Mögen ihm auch republikanische Gedanken nicht unsympathisch gewesen sein: Ein verkappter »Roter«, ein heimlicher »Linker« ist er nie gewesen. Wenn er sich seiner Schwester gegenüber als Royalist bezeichnete, so war das ehrlich, trotz gelegentlicher »orleanistischer Neigungen«. Mochte er auch Massenbach gegenüber andeuten, wie gern er selbst Preußens Thron bestiegen hätte. Es gibt nicht den Schatten eines Beweises dafür, daß er – der Abgott der Armee – jemals sich mit dem Gedanken eines Staatsstreiches getragen hätte. Auch wenn er den König in seiner ganzen Schwächlichkeit, Unentschlossenheit und Ungeistigkeit verachtete: Louis Ferdinand war Legitimist; ihn an der Spitze eines Staatsstreiches oder gar einer Revolution zu sehen bleibt undenkbar.

Er wollte den Fall seines Landes darum nicht überleben, weil er – mehr aus Gefühl denn aus rationalen Erwägungen – an diesem Preußen eines *Ancien régime* hing; der Lebensstil von 1813 wäre nie der seine geworden. Auch sein Ehrbegriff war der des *Ancien régime*. Politische Nüchternheit mußte ihm sagen (und hat es ihm innerlich auch gewiß gesagt), daß Preußen 1806 außerstande war, sich gegen Napoleon zu behaupten. Aber er wollte den Krieg, den er selbst für aussichtslos hielt, um das Gesicht zu wahren, und auch in der Hoffnung, Preußens mannhafter Entschluß würde die andern Staaten an seiner Seite mitreißen. Aber es scheint, als habe er selbst nicht ernsthaft an diese Möglichkeit geglaubt. Ritterlich für eine letzthin verlorene Sache zu sterben als Symbol ungeschmälerter Ehre und damit ein Zeichen zu geben – in diesem Rahmen müssen sich damals seine Gedanken bewegt haben. Die tödliche Auseinandersetzung würde kommen, wenn nicht jetzt, dann doch nicht viel später. Ein Jahr früher hatte Preußen politisch wie militärisch gute Chancen gegen Napoleon gehabt. Eine so kurzsichtige wie zaudernde Politik hatte sie verspielt. Was jetzt folgen würde, war die Abrechnung des mächtigen Kaisers in Paris, der Preußens primitive Politik sofort durchschaut hatte.

Louis Ferdinand lebte dem Tod entgegen, er kostete fast rasend das bißchen Dasein aus, das ihm noch bleiben würde; eine Spielernatur, die zugleich diese Natur auch immer wieder zügelte. Denn es war ein verzweifeltes Genießen, der Rausch war nur noch bitter. Er war kein orgiastischer Mensch; nie verlor er die Gewalt über sich. Auch im

Übermaß, auch in der bacchanalischen Trunkenheit vergaß er nie, daß er der Prinz war, verlor er nie seine Würde, vielfach ist das bezeugt. Er vergaß sich nie, er machte sich niemals gemein, seine innere Vornehmheit bildete eine Grenze, die jedermann respektierte. Als er auf einer Gesellschaft Zeuge wurde, wie ein Jude verspottet wurde, errötete er, schenkte dem Verhöhnten Wein ein und »behandelte ihn geschwind als Gast«. Rahel, die diese Szene miterlebte, war der einzige Mensch, der das sensible Naturell dieses Mannes ganz klar erkannte. Sie hat darüber 1810 an Pauline Wiesel geschrieben und versucht, der Freundin den Charakter des Geliebten zu erhellen:

»Auch über Prinz Louis hatten Sie recht. Sie wissen, wie ich ihn liebte: auch den studier' ich noch nach; ›er hat nichts Generöses‹, sagten Sie oft. Im Augenblick geben, meinten Sie, und allerlei. Aber ich kenne das Prinzip in ihm, was Sie eigentlich kränkte. Ich verstehe alles *nach*. Auch er konnte den Grundwillen, die Grundwünsche seines Wesens nicht gewaltig genug vor seinen Geist führen, um das ein einiges Handlen daraus hätte entstehen können. Von momentanen Zwecken war er oft wie umstrickt; und was er sich vor zehn, fünfzehn, zwanzig Jahren in den Kopf gebläut hatte, und woran sein jetztes Inneres gar keinen Anteil mehr hatte, danach glaubte er noch handlen zu müssen; oder vielmehr, ihm fehlte oft der Mut, zu zeigen, daß er ein ander Inneres hate, andere Sehnsucht, andere Zwecke. So verwirrte er beinah jede seiner Lebensstunden mit dem feinsten, richtigsten und tüchtigsten Gemüte; und muß natürlich der klaren Geliebten minutlich Wunden geschlagen haben. Dies nun brachte Sie wieder in Gärung, und da das Wahre hierüber nie erörtert werden konnte, auch eine Menge Falsches von Ihnen zur Sprache.«

Am 3. August, am Geburtstag des Königs, wurde Louis Ferdinand nach Schloß Charlottenburg zum Mittagessen eingeladen. »Ich hatte den Ärger«, schrieb er an Pauline, »gegenüber den schändlichen Haugwitz zu haben, der mir allen Appetit zum Essen verdarb, der Erbärmliche konnte mir nicht ins Gesicht sehen, denn verachtender und ernster, als ich ihn ansah, ist noch kein Sterblicher es gewesen. Der König sprach furchtsam und zaudernd von London, von England und Rußland und von der isolierten Lage von Preußen.« Solche Einladungen zum Essen mit den Majestäten erfolgten in diesem Sommer häufiger, nicht immer war der Prinz pünktlich um zwei Uhr zur Stelle; oft spielte er – nicht einmal vollständig angekleidet, so wie es ja auch Spohr erlebt hatte – mit Dussek so passioniert an zwei Klavieren, daß er nicht gestört werden wollte; der ihn an den Termin erinnernde Diener wurde »wiederholt hinausgejagt«, und wenn er sich dann im Schloß einfand, wurde meist schon der zweite oder dritte Gang aufgetragen, und der König sagte prononciert: »Muß sehr um Verzeihung bitten, daß ich schon sitze, aber Sie kennen meine Stunde.«

Natürlich ging es in den Tischgesprächen um Politik, wobei Louis Ferdinand seine Ansichten darlegte und sich darob vom König seiner »Kriegslust« verweisen lassen mußte. Die Antwort: »Aus Liebe zum Frieden nimmt Preußen gegen alle Mächte eine feindliche Haltung an und wird deshalb von einer Macht einmal schonungslos überrant werden, wenn dieser der Krieg gerade recht ist. Dann fallen wir ohne Gnade und vielleicht auch noch gar ohne Ehre.«

Im August kam ein französischer Kurier nach Berlin, der während seines Aufenthalts auch die Bekanntschaft des Prinzen machte. Es war der vierundzwanzigjährige Oberleutnant Marcellin de Marbot, der später schrieb, der Prinz sei ihm »mit der größten Liebenswürdigkeit« begegnet: »Man hatte mir zwar gesagt, er sei der grimmigste Hasser aller Franzosen und insbesondere ihres Kaisers; allein bei seiner leidenschaftlichen Neigung für alles Kriegerische mußte ich ihm unaufhörlich über die Belagerung Genuas, über die Schlachten bei Marengo und Austerlitz sowie über unsere Heereseinrichtungen Auskunft geben. Prinz Louis war ein wunderschöner Mann und der einzige von der ganzen königlichen Familie, der in bezug auf Geist, Begabung und Charakter einigermaßen an den großen Friedrich erinnerte.«

Der trinkfrohe und eher phlegmatische Dussek war jetzt auch von der sich überall ausbreitenden Hektik erfaßt worden. Er ging jetzt daran, vier Kompositionen des Prinzen für den Druck vorzubereiten und sie an Breitkopf & Härtel zu schicken: nämlich die Trios As-dur op. 2 und Es-dur op. 3 sowie die Quartette Es-dur op. 5 und f-moll op. 6. Der Prinz bestimmte dazu die Widmungen: op. 3 wurde der Herzogin von Kurland zugedacht (die vor sechs Jahren beinah seine Schwiegermutter geworden wäre), op. 5 der Mutter – Zeichen endgültiger Aussöhnung – und op. 6 dem Musikgefährten der Hamburger Zeit, dem französischen Violinvirutosen Rode. Nur op. 2 blieb ohne Widmung.

Zwei weitere Kompositionen verlegte Werkmeister in Berlin: das Trio Es-dur op. 10 (der Schwester gewidmet) und das Larghetto mit Variationen G-dur op. 11, dessen Widmung den Namen seines Schwagers Anton Radziwill erhielt. Bei diesen beiden Werken konnte er noch Anfang August selbst Korrektur lesen. Dem Maler Carl Haller von Hallerstein saß er am 8. August für ein Poträt, das aber über drei Skizzen nicht mehr hinausgedieh, weil sich jetzt die Ereignisse überstürzten.

Denn in der Nacht zum 6. August traf eine Depesche beim König ein, die verheerend wirkte. Lucchesini, der preußische Gesandte in Paris, teilte darin mit, man habe ihn von englischer Seite wissen lassen, daß sich Napoleon bereit erklärt habe, Hannover an Großbritannien zurückzugeben. Diese Meldung bedeutete – wenn sie den Tatsachen entsprach – die brüske Mißachtung preußischer Souveränität durch den Kaiser Frankreichs. Am 9. August befahl der preußische König die Mobilmachung. Wieder war sie – wie im vorigen Jahr – als Demonstration gedacht, noch war von einem Krieg gegen Frankreich nicht die Rede. Jedenfalls offiziell, aber inoffiziell vestand man den Befehl anders, wie Marbot zu spüren bekam: »Die Offiziere von meiner Bekanntschaft wagten nicht mehr das Wort an mich zu richten oder mich zu grüßen; mehrfach wurden Franzosen von Pöbel tätlich angegriffen; und schließlich trieben die Offiziere des Regiments Gensdarmes die Prahlerei so weit, daß sie ihre Säbel an den Steinstufen des französischen Gesandtschaftsgebäudes wetzten.«

Die Mobilmachung setzte Kräfte in Bewegung, denen der ängstliche König nicht gewachsen war. Er selbst wollte ja nichts anderes, als nachdrücklich mit dem Säbel rasseln, wollte zeigen, welch schmucke Armee ihm im Falle eines Falles zu Gebote stehen würde. Inzwischen hatte eine Gruppe – Louis Ferdinand, sein Bruder August, die Brüder des Königs Prinz Heinrich und Prinz Wilhelm, der Schwager des Königs, Prinz von Oranien, die Generale Rüchel, Schmettau und Phull und der Minister vom Stein – eine Denkschrift an den König ausgearbeitet (verfaßt von Johannes von Müller), die ihm am 2. September überreicht wurde:

»Allerdurchlauchtigster König,

Allergnädigster König und Herr

Der Unterzeichneten ungeheuchelte Verehrung und persönliche Anhänglichkeit für Allerhöchstdieselben und für die in der gefahrvollen Krise von Eurer Majestät regierte Monarchie und der eifrige Wunsch für die Erhaltung der Existenz, Unabhängigkeit und Würde der letztern, ist das einzige Motiv dieser alleruntertänigsten Vorstellung über einen Hauptpunkt gegenwärtiger Lage der Dinge. Wir explizieren uns hierüber mit dem Zutrauen, welches Männern gebührt, die zu jeder Stunde bereit sind, für Eure Königlichen Majestät Person und Staat ihr Leben zu lassen, und welche zu einem König reden, der mit unerschütterlicher Standhaftigkeit das Gute will, sobald es ihm freimütig und klar vorgelegt wird.

Eurer Majestät ist die Lage von Europa und die Gefahr der preußischen Monarchie bekannt! Nicht ohne Entsetzen vermag man sich vorzustellen, wie weit es gekommen ist, seit man einer auswärtigen Macht erlaubt hat, ein deutsches Kurfürstentum mitten im Frieden des Reichs mit Krieg zu überziehen, und wie unerhört schnell das Deutsche Reich fremdem Willen unterworfen ist, seitdem durch Partikular-Konventionen im vorigen Winter das Interesse Eurer Majestät von demselben getrennt wurde! Nicht nur ist hierdurch das von Friedrich dem Großen mit so vieler Weisheit gegründete System, die wichtigsten deutschen Staaten, besonders im Norden der preußischen Monarchie, anzuschließen vernichtet worden; Eure Majestät Allerhöchstselbst sind in dem Fall gewesen, Ihre ältesten, durch so viele Jahrhunderte erprobten und andere so getreue als liebende Untertanen gegen eine immer noch höchst ungewisse Besitzung hinzugeben und sich dabei in einen dem Handel und Finanzwesen höchst verderblichen Krieg einzulassen. Was geschehen, ist *noch nichts* im Vergleich des Bevorstehenden. Ihre nächsten getreuen Alliierten sind in äußerster Gefahr, ohne eigene Rücksicht haben Dero nächsten Anverwandten, ein mit dem Brandenburgischen seit beinahe zweihundert Jahren verbundenes Haus, die wichtigsten Besitzungen duch einen Machtstreich eingebüßt.

Die Augen von ganz Deutschland suchen Eure Majestät! Man kann nicht begreifen, wie das schöne, unüberwundene Heer Friedrichs, das in so vielen großen und schweren Schlachten so herrlich hervorleuchtet und welchem Eure Majestät selber die größte Aufmerksamkeit schenken, für die Erhaltung so heiliger Interessen nicht verwendet wird; Eure Majestät hatten schon einmal den Willen dazu, und mit welcher Ergebenheit, mit welchem rührenden Wetteifer haben die Armee und die sämtlichen Provinzen ihre Bereitwilligkeit zu den größten Aufopferungen gezeigt. Es war eine Zeit, wo allem, was man bisher gesehen, vorgebeugt werden konnte, allein alle Hoffnung ist verschwunden, als der Graf Haugwitz den Auftrag einer Negoziation [*Verhandlung*] erhielt.

Zum zweiten Mal ist nun der Fall einer sehr kostbaren Rüstung – und wahrlich gilt es nun *alles*, denn wenn auch Bonaparte sich einen Augenblick verstellen sollte, entweder weil er nicht eben jetzt mit Preußen Krieg oder weil er nur einschläfern und durch mehrere Alarme ermüden, erschöpfen und alsdann desto schneller vernichten will – so ist es nichts destoweniger gewiß, daß er Preußen in eben dieselbe Dienstbarkeit zu bringen trachtet wie andere unter seinem Joch seufzende Staaten. – Eure Königl. Majestät werden bemerkt haben, und wir können alle denselben auf das teuerste versichern, daß alle preußischen Völkerschaften und alle Korps der Armee in voller Begeisterung dazu bereit sind, für die Ehre Eurer Majestät, für die Fortdauer des glorreichen preußischen Throns in Ihrem Hause und für die fernere Freiheit und Glückseligkeit des gemeinschaftlichen Vaterlandes alles zu wagen und auch das Leben freudig hinzugeben. Mit Unruhe denkt man an die Möglichkeit, auch diese Nationalanstrengung, diesen großen Aufwand, diese allgemeine Erwartung durch die Leichtgläubigkeit oder Heuchlerei eines anderen Unterhändlers und eben desselben Kabinetts getäuscht und vereitelt zu sehen! Bedenkliche Folgen für die innere Ruhe der Monarchie lassen sich eher mit Schrecken voraussehen, als in ihrer weitreichenden Konsequenz ermessen. Dieser wichtige Punkt lähmt die Zuversicht und schwächt die Hoffnungen, nimmt den Mut und läßt (werde es Krieg oder Friede) das Äußerste befürchten. Und das ist es, worüber wir Eurer Majestät unsere Betrachtungen mitzuteilen für pflichtgemäß halten, da Allerhöchstdieselben aus mancherlei Gründen nicht so genau wie wir davon unterrichtet sein können.

Die ganze Armee, das ganze Publikum und auch die bestgesinnten auswärtigen Höfe betrachten mit äußerstem Mißtrauen das Kabinett Eurer Majestät, wie es gegenwärtig organisiert ist. Dies Kabinett, welches nach und nach zwischen Eure Majestät und das Ministerium sich so eingedrungen hat, daß jedermann weiß, es geschehe alles durch die drei oder vier Männer, hat besonders in Staatssachen alles Zutrauen längst eingebüßt. Aller der freche Mißbrauch, welchen Bonaparte von der Friedensliebe Eurer Majestät gemacht hat, wird ihnen zugeschrieben. Die öffentliche Stimme redet von Bestechung; dieses wollen wir ununtersucht lassen, denn auch Vorurteile und andere persönliche Neigungen und Verhältnisse können zu ebenso schlechten Handlungen verleiten wie das Geld! Genug, die allgemeine und auf notorische Tatsachen gegründete Überzeugung ist, daß das Kabinett ganz französisch gesinnt sei, daß es mit Bonaparte auf alle Weise kolludiert [*im geheimen Einverständnis steht*] und entweder den Frieden durch die schändlichste Nachgiebigkeit erkaufen, oder im Kriege äußerst schwache Maßregeln ergreifen, oder wenn Eure Majestät kräftige vorschreiben und ehrenvolle Generals sie auch herzhaft ausführen wollen, dieselben lähmen, wo nicht verraten, und hiedurch über Eure Majestät, über Dero ganzes Haus und getreue Untertanen das äußerste Unglück bringen wird. In allem diesem, wir gestehen es, ist unsere Besorgnis von der des Heeres und des Publikums nicht unterschieden. Wir wollen aber jetzt nicht hiervon sprechen, sondern von der äußersten Notwendigkeit, in der Zeit einer solchen fürchterlichen Krisis, wo es um Euer Majestät Thron und Glück Ihres Hauses und unser aller Existenz zu tun ist, alle Anlässe des Mißtrauens zu entfernen, auf daß jeder mutvoll seine Pflicht erfüllen könne.

Eure Majestät! Unsere Geburt, welche uns die allerheiligsten Pflichten auflegt, die Grade, zu welchen Hochderoselben Gnade und Vertrauen andere von uns erhoben hat und welche uns zu dem feuervollsten Diensteifer verbinden, haben es nicht zugelassen, zu verschweigen, was ganz Preußen, ganz Deutschland und Europa weiß. Eure Majestät haben in Dero Staaten eine Menge der geschicktesten Männer, durch welche diese wenigen, deren Entfernung nötig ist, gar sehr leicht ersetzt werden können. Es ist sogar leicht möglich, den ganzen Gang der Geschäfte zu erleichtern, zu simplifizieren! Aber die Hauptsache ist, daß nur durch die Entfernung des Kabinettsministers Grafen von Haugwitz und der beiden Kabinettsräte Beyme und Lombard Zutrauen, Festigkeit und Ruhe in die Gemüter und eine gegründete Hoffnung des guten Ausgangs der Sachen zu erzielen möglich ist.

Wenn Bonaparte Eure Majestät von besseren Ratgebern umgeben sieht, so wird er soliden Frieden machen und ihn halten, oder man wird Eurer Majestät Reich und Würde gegen ihn zu behaupten wissen! Die Welt ist voll der bereitwilligsten Alliierten, die Furcht nur, durch das Kabinett an Bonaparte verraten zu werden, ist seit mehreren Jahren das einzige Hindernis, welches viele abgehalten hat, Eurer Majestät ihre Gesinnungen mit dem Vertrauen zu entdecken,

wozu Höchstdero persönliche Biederkeit sonst so einladend gewesen wäre. Selbst über Hannover ist eine Übereinkunft mit England nur dann möglich, wenn die Ursachen des Mißtrauens entfernt sind. Zu alledem gibt es durchaus kein anderes besseres Mittel, und wir sind dermaßen davon überzeugt, daß bei dem allerwärmsten Willen, Eurer Majestät aus allen Kräften zu dienen, wir gleichwohl fühlen, daß selbst unsere Dienste nicht hinreichen würden, die besorglichen Übel abzuwenden.
In der Zuversicht, Eure Majestät werden diese wohlgemeinte Äußerung nicht als die einer persönlichen Leidenschaft oder Täuschung, sondern als den von uns aufgefaßten Ausdruck der öffentlichen Stimme mit der Huld aufnehmen, welche durch die vollständigste Hingebung unsererseits für Höchstdero Dienst erwidert wird und Allerhöchstdieselben werden die ganze Liebe Ihrer guten Völker (eine Liebe, die vielleicht nie ein Regent *so* genießen konnte) und den Ruhm des preußischen Namens, welcher jetzt für ganz Deutschland rettend werden kann, durch die Entlassung weniger desapprobierter Personen gern auf ewig erwerben, sichern und befestigen wollen, ersterben wir mit tiefster Ehrerbietung.
Berlin, d. 25. August 1806
Braunschweig, d. 31. August 1806«

Im Klartext hieß das: Das Kabinett des Königs betreibt Hochverrat, und der König ist außerstande, die wirkliche Tragweite der derzeitigen Situation zu erkennen. Diese von Louis Ferdinand inspirierte Denkschrift ist in der preußischen Geschichte einmalig: Fünf Prinzen des königlichen Hauses, ein Minister und drei Generale fordern vom König die Umbildung seines Kabinetts unter schweren Vorwürfen. Verständlich, daß Friedrich Wilhelm III. über diese Eingabe außer sich war. Er reagierte mit Strafversetzungen für die Unterzeichner (eine zu diesem Zeitpunkt absolut unsinnige Maßnahme), ließ seinen Schwager, den Prinzen von Oranien, kommen und attackierte ihn voller Zorn. Louis Ferdinand bekam den Befehl, sich sofort zur Armee zu begeben. Der schrieb am 3. September noch einen ausführlichen Brief zur Lage an Massenbach, in dem es hieß:
»Das Vergessen aller Grundsätze, die bisher das föderative System von Europa erhalten, die unselige Schwachheit aller Fürsten, die dieses an wirklich großen Männern karge Zeitalter unter denen erzeugte, die das Schicksal zum Thron bestimmte, der Mangel an

Regierungsformen, an großen Charakteren; eine traurige Folge der Erziehung und der auf Selbstsucht und Indifferenz hinwirkenden Philosophie, alles dieses bereitete die Ketten, die unserer erwarten. Unsere Schwäche, unsere Kleinheit machte es Buonaparte leicht, Europa zu unterjochen, nachdem es einmal sich von den Grundsätzen entfernt hatte, die sonst seine Ruhe sicherten. Hierzu kamen alle kleinlichen Ansichten, die partielles Interesse und die stets wechselnden Formen der Revolution erzeugten, und daß wirklich wenige noch bemerken, daß Buonaparte der Mann der Revolution ist – daß auch sie ihn mit sich fortreißt und treibt, daß er noch stets alle revolutionären Mittel braucht, und daß, wenn er es auch wollte, er nicht zurückkehren könnte, und jetzo die Revolution mit der Königskrone, sonst mit der Jakobinermütze getrieben wird. [...] Der ganze Staat liegt an einem Übel krank, welches ihm, werde es Krieg oder Frieden, gleich verderblich werden kann. Wir haben keine Regierungsform, kein Gouvernement.«

Tags darauf begab er sich nach Charlottenburg, um sich vom König und von der Königin zu verabschieden. Aber sie weigerten sich, ihn zu empfangen; der Groll über die Denkschrift war zu groß. Daraufhin fuhr er in die Wohnung seiner Schwester und schrieb von dort einen Brief an die Königin, von der er wußte, daß sie seine politischen Ansichten teilte. Er versicherte darin, »er halte die Lage Preußens für so gefährlich, daß er das Heil nur in der Maßregel gesehen habe, die dem König in jener Denkschrift in Vorschlag gebracht worden sei, die ihn in Ungnade gebracht habe. Er und seine Freunde hätten diese jedoch nur aus reiner Anhänglichkeit an den König und dessen Sache unterschrieben«. Der Brief endet mit dem deprimierenden Satz: »Ich werde mein Blut für den König und für mein Vaterland vergießen, ohne jedoch einen Augenblick zu hoffen, es zu retten!«

Abends um neun Uhr war er in Bellevue, um sich von den Eltern zu verabschieden, die zum erstenmal so etwas wie Rührung zeigten. Als seine Mutter Siegeszuversicht bekundete, antwortete er ernst: »Liebe Mutter, denken Sie denn, das könne niemals anders sein, es werde immer getrommelt werden, wenn Sie aus dem Tore fahren? Sie fahren einmal spazieren, und es wird nicht getrommelt, glauben Sie mir's!« Dann fuhr er zu Henriette und Pauline. Seine Kinder hatte er in die Obhut seiner Schwester gegeben. Morgens um drei Uhr brach er vom Haus der Radziwills auf; Luise umarmte den Bruder, sie spürte: Es war das letzte Mal. Anton geleitete ihn zum Wagen. Am 6. September traf er in Dresden ein und suchte abends noch Gentz auf. In der sächsischen Hauptstadt hatte sich eine illustre Gesellschaft eingefunden: Die russische Fürstin Bagration (»die mit dem Prinzen sogleich eine Liebesgeschichte anknüpft«, so Gentzens Tagebuch), Fürst de Ligne, auch seine frühere Liebe Friederike, die einen Prinzen von Solms-Braunfels geheiratet hatte. Josef Grassi malte in diesen Tagen das letzte Portrait Louis Ferdinands.

So merkwürdig es scheinen mag: Napoleon glaubte zu diesem Zeitpunkt noch nicht ernstlich an einen Krieg mit Preußen. Laforest, der französische Gesandte in Berlin, hatte am 16. August Außenminister Talleyrand über die Stimmung in Berlin berichtet und dabei die Aufgeregtheit der jungen Leute beschrieben, aber: »Ich vermute, daß diese Jugend von einigen Personen inspiriert wird, die sich hinter dem Vorhang halten, wie etwa der Prinz Louis von Preußen, der General Rüchel und andere Generale, die einen wie auch immer gearteten Krieg anstreben.«

Noch am 12. September schickte Napoleon eine Note an Talleyrand: Der Gedanke, Preußen würde ihm den Krieg erklären, erscheine ihm »lächerlich«. Und er fährt fort: »Sein Kabinett ist so verächtlich, sein Souverän so schwach und sein Hof dermaßen von jungen Offizieren beherrscht, die alles wagen möchten, daß man auf diese Macht gar nicht zählen kann. Sie wird stets so handeln, wie sie es bereits getan, nämlich rüsten, abrüsten, rüsten, dann, während man sich schlägt, untätig bleiben und sich mit dem Sieger verständigen!«

Am selben Tag schickte er einen Brief an Friedrich Wilhelm III., der zur Beruhigung beitragen sollte. Er betrachte sich mit Preußen als so eng verbündet, daß ihm ein möglicher Krieg wie ein Bürgerkrieg erscheinen müsse. An diesem Bündnis werde er weiterhin festhalten, Krieg zwischen Frankreich und Preußen sei »ruchlos«. Das war insoweit ehrlich, als der Realist Napoleon sich nicht vorstellen konnte, daß sich das zahlenmäßig weit unterlegene Preußen ernsthaft ihm in den Weg stellen würde. Napoleon wollte diesen Krieg nicht, aber er fürchtete ihn auch nicht. Der Sieg war ihm jetzt schon sicher.

Unterdessen ging das Leben in Dresden – trotz großen militärischen Aufgebots – weiterhin seinen friedlichen, von gesellschaftlichen Höhepunkten überstrahlten Glanz. Unter dem Namen einer Madame Uhde war Pauline am 19. September hier eingetroffen. Sie hatte

Loulou, den dreijährigen Sohn Louis Ferdinands, mitgebracht und logierte im Hotel *Stadt Berlin*. Louis Ferdinand selbst hatte sein Quartier im Pfitzingerschen Haus in der Frauengasse. Am 22. trennten sie sich – für immer.
Auch mit Massenbach traf sich der Prinz: »Meine Ansicht, wie der Krieg geführt werden müßte, stellte ich dem Prinzen hin und ermangelte nicht, ihm freimütig zu gestehen, daß ich ihn fähiger hielt, die Reserve als Avantgarde zu kommandieren. *Das* Gute hatte dieser Fürst: *Er hörte wenigstens die Wahrheit. Er stieß denjenigen, der sie ihm sagte, nicht zurück.* [...] Er lebte in Dresden auf seine gewöhnliche epikuräische Weise; Jagd, Musik, die Freuden der Tafel. – Das waren seine Tagwerke; die Nacht schlief er in den Armen seiner Mätresse, der Madame Wiesel, die um alle seine Geheimnisse wußte. Sein hochvertrauter militärischer Geheimrat war ein Herr von Kleist, dessen Präsumtivität in dem umgekehrten Verhältnis seiner körperlichen Größe steht. An dem Herrn von Nostitz hatte der Prinz einen braven, jedoch unerfahrenen Mann zum Adjutanten, der den besten Willen hatte, sich hervorzutun. Ein Herr von Möllendorff dirigierte mit dem Kapellmeister Dussek die musikalischen Belustigungen. Der Ritter, Herr von Gentz, vermehrte zu dieser Zeit die Anzahl der Höflinge des Prinzen.«
Man sprach auch über die Denkschrift. Massenbach, der wie stets alles besser wußte, sagte: »So eingeleitet kann ich den Schritt nicht billigen; es ist in Wahrheit eine revolutionäre Maßregel! Ich habe etwas Ähnliches getan, aber ich habe damit angefangen, Haugwitz, Beyme und Lombard selbst zu veranlassen, die Veränderungen in der Regierungsart vorzuschlagen, die ich für dringend notwendig erachte.« Nur dachte die frankophile Trias nicht einen Augenblick daran, Massenbachs Vorschlägen zu folgen und sich selbst den Abschied zu geben. Wegen des Avantgarde-Kommandos wurde Massenbach nun bei Fürst Hohenlohe vorstellig:
»Der Prinz ist der Mann nicht, der imstande ist, die Avantgarde zu führen; dazu gehört ein guter Soldat; ein Mann, der mit kaltem Blute sieht und hört; ein Mann, der keine Bequemlichkeiten kennt und liebt; der von wenigen, aber soliden Menschen umgeben ist; ein Mann endlich, der nicht in dem Wahne steht, die Avantgarde müsse Bataillen liefern. In diesem Wahne steht der Prinz Louis. Er sieht nicht durch das eine Glas der Vernunft; er sieht nur durch Gläser, die von seiner Eitelkeit, von seinem Hasse gegen Napoleon geschliffen

sind. Er ist von junger, ehrgeiziger Präsumtion, den Krieg nicht kennenden Männern umgeben. Friedrich II. würde dem Prinzen ganz andere Adjutanten zugeschickt haben, wenn er ihm anders ein Kommando anvertraut hätte. Die Herren von Kleist, von Nostitz und von Möllendorff sind die Männer nicht, die sich zu Adjutanten des Prinzen schicken. Es mögen tapfere Männer sein, aber sie besitzen nicht die geringste Kriegserfahrung; keiner derselben hat einen Feldzuge auch nur beigewohnt. Der Prinz wird Unglück über Ew. Durchlaucht, Unglück über die Armee, Unglück über das Vaterland bringen, die erste mißlingende Affäre wird des Prinzen Louis Ferdinand Tollkühnheit herbeiführen.«
»Ich muß Rücksichten nehmen; ich kann einmal nicht anders; ich muß dem Prinzen Louis die Avantgarde geben.«
»O der unglückbringenden Rücksichten! Niemand hat Absichten, alle haben nur Rücksichten. Das ist der Charakter der Zeit!«
»Sie werden wieder bitter!«
»Wie sollte die Wahrheit beleidigen! Geben Sie dem Prinzen Louis die Reserve! Die Reserve ist bestimmt, einen Schlag zu tun! Dazu ist der Prinz Louis geboren! Er ist ein Herr voll Muts; aber dieser Mut bedarf eines Zügels! Und dieser Zügel muß mit fester Hand geführt werden! Dem General Zastrow geben Sie die Avantgarde; dem General Grawert das Corps de Bataille.«
»Ich kann nicht; ich habe dem Prinzen schon mein Wort gegeben.«
»Nun, so werden Ew. Durchlaucht an diese Stunde erinnert werden!«
Am 23. September reiste Louis Ferdinand mit Gentz nach Teplitz; es war der Tag, an dem Laforest seine Pässe verlangte, die damals übliche Form, den Abbruch der diplomatischen Beziehungen zu annoncieren. Der preußische König beantwortete zwei Tage später Napoleons versöhnlichen Brief mit einem Schreiben, das einer einzigen Anklage glich, das empörte Resümee der betrogenen preußischen Hoffnungen. Als »sehr unklug« hat Hardenberg dieses Schreiben später bezeichnet und hinzugefügt: »Höchstens war das die Sprache, die der Sieger führen konnte, nachdem er ihn [*Napoleon*] gedemütigt hatte.« Napoleon vergaß und vergab solche Briefe nicht.
Noch in Dresden hatte Fürst Lobkowitz dem Prinzen durch einen Forstmeister die Einladung zu einer Jagd auf Schloß Eisenberg übermitteln lassen. Dahin brachen Louis Ferdinand und Gentz am

25. von Teplitz aus auf. Schloß Eisenberg, am Südhang des Erzgebirges erbaut, ein mächtiger gelber Barockbau, war schon lange im Besitz derer von Lobkowitz. Das hoch gelegene Schloß, auf drei Seiten dicht vom Wald umschlossen – die Südseite fällt steil ab zur nordböhmischen Ebene – war stets eine Stätte gepflegten Musizierens gewesen. Es wurden dort – so hatte Gentz schon drei Jahre früher geschwärmt – »mit nichts zu vergleichende Opern gegeben«; Gluck hatte dort seine Kindheit und Jugend als Sohn eines Försters in Lobkowitzschen Diensten verbracht.
Aber zunächst hatte auf Eisenberg die Jagd den Vorrang: Louis Ferdinand hielt sich an der Seite des betagten Fürsten de Ligne, seines Bewunderers. Soeben hatte der einen Keiler schwer verwundet; der Prinz sprang vor, um dem Tier den Fang zu geben, aber der Keiler war noch so kräftig, sofort den Prinzen zu attackieren. Rock und Hemd zerfetzten die Hauer, auch die Hand des Jägers wurde verletzt, ehe es dem Prinzen gelang, das wütende Tier zu töten.
»Eure königliche Hoheit werden den kommenden Gefahren ebenso entgehen«, sagte Fürst de Ligne erleichtert, dem die Erziehung des *Ancien régime* gebot, in dieser Situation ein geistvolles Wort zu formulieren.
»Ich werde sie nicht suchen, lieber Freund«, antwortete der Prinz. »Ich werde vorsichtiger sein als früher.«
Man ging zum Schloß zürück. Einer der Jäger hielt sein noch geladenes Gewehr ungeschickt; plötzlich löste sich der Schuß, »und eine Kugel pfeift zwischen dem Prinzen und mir hindurch«, berichtet de Ligne, der natürlich wieder das rechte Wort parat hatte: »Wieder ein gutes Vorzeichen! Das bedeutet, daß man Sie nie töten wird können, wie sehr auch der Feind, der Ihre Tapferkeit und Ihre Talente kennt, danach verlangen mag.«
Zweifellos wurde auf Eisenberg auch noch musiziert. Im Archiv des Schlosses fand sich später das Autograph des *Andante mit Variationen B-dur op. 4*; vermutlich hatte der Prinz selbst die Handschrift mitgebracht und dem Gastgeber geschenkt. Dussek dürfte mitgewesen sein, sicher aber war dort Anton Wranitzky, der Kapellmeister des Fürsten Lobkowitz, und Antonio Casimir Cartellieri von der Lobkowitzer Kapelle. Außerdem: Gentz, de Ligne, Fürstin Bagration, Gräfin Sulkow, Fürst Carl Schwarzenberg und sein Bruder Ernst. Dem Fürsten Schwarzenberg (übrigens Anhänger der Idee einer österreichisch-preußischen Allianz) kaufte der Prinz den

englischen Schimmelhengst *Slop* ab. Am Abend des 26. September speiste die Gesellschaft unter den großen Bäumen auf der Schloßterrasse, dann, um acht Uhr – so Gentz – »stieg der Prinz Louis zu Pferde und ritt das Gebirge hinunter nach Freiberg, um dort sein Kommando zu übernehmen. – Seit dieser Stunde sah ich ihn nicht wieder.«

Am 27. war Louis Ferdinand in Oederan bei Chemnitz und schrieb seiner Schwester: »Erst wenn Preußen Beweise seiner Zuverlässigkeit, seiner politischen Bekehrung gegeben hat, darf es hoffen, Verbündete zu finden, und nur seine militärischen Erfolge werden über das Schicksal Europas entscheiden.«

Das war zwar richtig, aber doch ein recht schwacher Trost: Preußen und das ihm verbündete Kurfürstentum Sachsen konnten nicht mehr als 142 800 Soldaten mobilisieren (ohne die Festungsbesatzungen), Frankreich hingegen 208 563 Mann, außerdem noch 31 187 Rheinbund-Soldaten aus neun deutschen Staaten. Auf wen konnte Preußen noch hoffen? Vielleicht auf das Kurfürstentum Hessen, aber der Kurfürst mochte sich nicht entscheiden. Mit Sicherheit auf Rußland: Aber dort wurden die Armeekorps erst aufgestellt.

Zu schweigen vom Zustand der Armeen. Die Franzosen waren mit warmen Winteruniformen und Mänteln ausgerüstet, sie verfügten über ausreichendes Schuhwerk und wurden bestens verpflegt; der Kampfgeist der sieggewohnten Trupe war trefflich. – Preußischerseits sah es übel aus: Die Soldaten trugen noch ihre leinenen Sommeruniformen, die Infanterie besaß immer noch keine Mäntel; die Organisation der Verpflegung brach zusammen, ehe überhaupt der erste Schuß gelöst wurde, so daß die Soldaten buchstäblich hungern mußten. Und die Moral? Sie drückte am besten ein Lied aus, das die Soldaten sangen; seine erste Strophe lautete:

> Fürs Vaterland zu sterben,
> Wünscht mancher sich.
> Zehntausend Taler erben:
> Das wünsch ich mich!
> Das Vaterland ist undankbar,
> Und dafür sterben? – O du Narr!

Aber die Führung tröstete sich mit einem Wort, das General Rüchel gesprochen haben soll: »Meine Herren, Generale wie der Herr von

Bonaparte einer ist, hat die Armee Sr. Majestät mehrere aufzuweisen.«

Am 28. September um zwei Uhr nachmittags traf Louis Ferdinand in Chemnitz ein. Sein Kammerdiener Louis Uhde schrieb nach Hause: »Gottlob ist der Prinz Königl. Hoheit ungemein wohl und scheint in den Aussichten zum Kriege immer mehr an Frohsinn und Gesundheit zu gewinnen. – Wenn wir den Feind ins Auge haben, kaufe ich mir ein Pferd, um meinen Herrn nie verlassen zu dürfen, denn ich behaupte, daß in einem Augenblick der Not zwei treue Arme *nie* zurückzuweisen sind.«

Am 29. geht es weiter nach Penig. Hier notiert der Prinz in sein seit dem Vortage geführtes Tagebuch: »Was in diesem Augenblick ein Grund sein könnte, selbst die kleinste Schlappe oder eine Rückzugsbewegung zu fürchten, ist die Wirkung, die davon auf den Geist und die Meinung der Armee ausgehen könnte. Alles das würde weniger zu fürchten sein, wenn es nicht sicher wäre, daß bei uns Geist und Energie nicht von oben kommen, sondern daß sie das dürftige Willensprodukt besoldeter Leute, der Dringlichkeit der Umstände und des kriegerischen Geistes der Armee sind. Die Übel, die aus der Schwäche der Regierung oder vielmehr aus dem Geist des Kabinetts entstehen, machen sich bereits überall bemerkbar. Der Wunsch nach Frieden, der sie antrieb, alles zu hemmen, hat sich nur zu sehr den Untergebenen mitgeteilt. Der Krieg war weniger eine Sache des Willens, als die Wirkung des Hingerissenseins, das Ergebnis einmal getroffener Maßregeln, denen andere folgen müssen. Darum also wurde nicht vorgesorgt, nichts berechnet, und daher viele halbe Maßregeln, mit kleinen Gesichtspunkten, kleinlichen Knausereien; daher kommt es, daß, im Augenblick des Losschlagens, es bei der zweiten Mobilmachung der Artillerie hapert und wir nur eine Ambulanz für 200 Verwundete oder Kranke haben. So zerstört man den guten Geist. Dieselbe Dummheit um eines falschen Scheines willen. Man redet weder zum Volk noch zur Armee, während unsere Feinde sicherlich kein Mittel versäumen werden.«

Am 30. September Altenberg, am 1. Oktober Gera. Dies ist der Tag des preußischen Ultimatums an Napoleon, Zeugnis preußischen Größenwahns: Der König verlangt die unverzügliche Räumung Süddeutschlands von den französischen Truppen und fordert Napoleons Antwort bis zum 8. Oktober. – Am 2. Oktober trifft Louis Ferdinand in Jena ein, hier sind fünf Tage Rast vorgesehen. Am 3. ist

Goethe bei ihm, der den Prinzen »nach seiner Art tüchtig und freundlich« fand.

Am Tag zuvor schreibt Louis Ferdinand seinen letzten Brief an Pauline Wiesel, darin heißt es: »Du liebe, unartige Pauline, Du englische Pauline – unendlich schwer war es, Dich zu erziehen und Dich nicht zu verderben – alles schöne, alle Kraft, die in Deinem Wesen liegt, zu entwickeln, dazu gehört ein Geist, wie es wenige gibt! – auch das ist mir gewiß, daß vielleicht eine höchst vollkommene Erziehung Dich zwar zu einem in anderer Art sehr interessanten Wesen würde gebildet haben, aber daß auch vielleicht manches andere in Dir wäre verborgen geblieben, welches nun so seltsame Wendungen und Ereignisse in Deinem Leben in Dir aufgeregt haben, und die Dich dem, der Dich so wie ich liebt, der Dein Wesen so ergriffen, vielleicht noch reizender machen muß. Der unendliche Reiz, den Du für mich hast, ist unbeschreiblich. – Du kennst ja die Wunder unserer Liebe, und so wie wir im Kelche der Wollust tranken, taten es wenige. – Meine Pauline, meine liebe Pauline, ich rechne ganz auf Deine Liebe, sie wird und soll mir Lohn sein, wenn ich zurückkomme und Dich wieder an das Herz drücken werde.«

Am 6. Oktober schreibt ihm Luise: »Der Jäger, der Dir diesen Brief bringt, hat uns durch die Erzählung von der Begeisterung und der Ergebenheit Deiner Truppen für Dich, mein guter Louis, sehr gerührt. Er [*rühmt*] besonders die sächsischen Kürassiere und die [*preußischen*] Schimmelpfennig-Husaren, die ihn auf einem Posten angehalten haben, um auf Deine Gesundheit zu trinken und mit ihm von ihrer Anhänglichkeit an ihren Chef zu sprechen.« Es ist der letzte Brief, den er von seiner Schwester bekommt. Am gleichen Tag schreibt er in sein Tagebuch: »Herr von Massenbach kommt endlich aus dem Hauptquartier zurück mit vielen Diskussionen über die Notwendigkeit, die Pläne zu ändern, nachdem die Franzosen alle Kräfte in Franken vereinigt zu haben scheinen.«

An Plänen mangelt es Massenbach wahrlich nicht. Er war allen Ernstes der Meinung, man könne ihnen »einen gewissen Grad von Genialität nicht absprechen«. Wie »genial« allerdings seine Pläne waren, dafür ein von ihm selbst angeführtes Beispiel: »Die Hohenlohsche Armee mag sich immer bei Hochdorf versammeln; ich werde alle meine Kräfte anstrengen, daß diese Versammlung schnell zustande komme; die Armee kampiert; die Avantgarde wird bis Saalfeld vorgeschoben; der Fürst selbst befindet sich bei ihr; dem

Louis Ferdinand können die Zügel nicht anvertraut werden; ich muß sie ihm entreißen. Von Saalfeld geht die Spitze der Avantgarde über Gräfental vor; von Entfernung zu Entfernung bleiben die *Soutiens* [*Unterstützungen*] stehen. In Coburg müßten wir erfahren, welche Direktionen die feindlichen Kolonnen nehmen. Nach den Nachrichten, welche wir hier einziehen, müßten wir uns richten. Sollte der Feind gegen unsern rechten Flügel, also gegen Eisenach vorrücken, so ziehen wir uns auf Hochdorf zurück. Eben dieses geschieht, wenn er auf unsere Mitte losgehen wollte. Erfahren wir aber, daß starke feindliche Kolonnen über Kronach marschieren, so engagieren wir ein kleines Vorpostengefecht, ziehen uns auf Saalfeld zurück, die Armee erhält Befehle, sofort von Hochdorf aufzubrechen und bei Kahla, Orlamünde, Rudolstadt über die Saale zu gehen und bis Neustadt an der Orla zu marschieren; die Avantgarde geht bei Saalfeld über und setzt sich bei Schleiz. Tauentzien zieht sich auf uns zurück.«
Napoleon und die französische Armee existieren in diesem, am 6. Oktober entworfenen Plan überhaupt nicht. Und wenn von einem Gegner gesprochen wird, dann von einem, der natürlich so höflich ist, nur das zu tun, was zu Massenbachs Plan paßt, dem sein Autor »einen gewissen Grad von Genialität nicht absprechen« zu können glaubt. Schon die Vorstellung, man könne »ein kleines Vorpostengefecht engagieren« und sich dabei ungestört zurückziehen, verrät einen militärischen Dilettantismus, den man einem Generalstäbler eigentlich nicht zutrauen sollte. Wie die Franzosen auf solche »kleine Vorpostengefechte« reagierten, sollten die Preußen schon in den nächsten vier Tagen erfahren. Aber Massenbachs Plan ist geradezu symbolisch: In seiner Dummheit und Arroganz gegenüber dem Gegner ist er das getreue Abbild des preußischen Offizierskorps, vor allem aber des Generalstabs, der jeden Tag seine Pläne aufs neue änderte und seine Energie in stundenlangen Diskussionen erschöpft, während Napoleons Armeen nach exakten Plänen, gestützt auf ein gut fundiertes Nachrichten- und Spionagenetz, heranrückten.
In jenen Tagen hat ein uns unbekannt gebliebener »Begleiter und Kampfgenosse des heldenmütigen preußischen Fürstensohnes« Äußerungen Louis Ferdinands mitgeschrieben, einige bei Tisch hingeworfene Gedanken zu militärischen Fragen; veröffentlicht wurden sie erst 1868. Ob diese Sätze bis in den Wortlaut hinein authentisch sind, werden wir nie wissen. Da sie aber nirgends der Gesinnung des Prinzen zuwiderlaufen, mögen sie hier auch als Dokumente stehen:

»Der Krieg an und für sich ist nicht das höchste Übel der Welt, sonst würde man ihn nicht wählen. Er ist vielmehr ein Gegenmittel gegen weit größere Übel. Allein es gibt Leute, die ihn als das höchste Übel ausschreien, weil er es für ihre Individualität ist.«

»Die moralischen Diplomatiker sagen: Ein König darf den Krieg nicht lieben; er muß nicht ehrgeizig sein. – Wo Kraft ist, da äußert sie sich; wo keine ist, gibt sie sich weder vorher, noch bei der Sache selbst zu erkennen.«

»Das Schicksal einer Armee wird gewöhnlich schon vor ihrem Abmarsche entschieden. Von der weisen, reifen Beurteilung und von der schnellen Entschlußfähigkeit des Kabinetts hängt es ab, gleich die ersten Operationen mit Kraft zu leiten, und diese entscheiden fast immer für den ganzen Feldzug. Es kommt darauf an, sich mit Bestimmtheit und Festigkeit bewußt zu sein; das *will* ich, und das will ich *nicht*; – nie dürfen die Maßregeln *halbe* sein.«

»Pflicht des kommandierenden Generals ist es, seinen Untergebenen genau zu sagen: *Das* verlange ich von euch; habt ihr das getan, so bin ich zufrieden. – Littest du, Husar, bei deinen Patrouillen einen Verlust von einigen Mann, so schadet das nicht; bringst du die verlangten Nachrichten, so hast du deinen Zweck erfüllt; denn du bist *meine Bussole*. – Durch solche Bestimmtheiten wird die höchste Responsabilität etabliert. Ein jeder weiß, was ihm obliegt, und selbst der Unentschlossene wird entschlossen.«

»Hat man eine Unternehmung, so sagt man den Soldaten: *Das* habt ihr zu erwarten, *diese* Gefahr habt ihr zu bestehen. – Dadurch erreicht man den großen Vorteil, den Schrecknissen der Einbildungskraft entgegenzuarbeiten; denn der Soldat weiß, was seiner wartet. Ein großer Fehler ist es, ihm alle Unternehmungen als ein Spiel vorzustellen. Entsteht alsdann Gefahr, so wird er überrascht und kann wohl davonlaufen.«

»Die Schwachköpfigkeit schwebt zwischen zwei Extremen in ihren Betrachtungen. Entweder sieht sie die Dinge wie ein leichtes Puppenspiel an oder als einen unübersteiglichen Felsen. Bestätigung dieses Satzes enthalten die Urteile, welche man über die Franzosen fällt.«

»Der Eigendünkel ist, wie für alle Menschen, so besonders für einen Befehlshaber eine höchst gefährliche Eigenschaft, indem sie ihm die höchste Ansicht über von ihm geleistete Taten gibt und die noch zu leistenden in dem Wahne seiner Kraft als leichte Aufgabe darstellt.«

»Es ist besser, im Kriege die Stärke in den Truppen zu suchen, als in den Hindernissen, die sie decken; zumal wenn man ohne Bewegung dahinter stehen will. Stellungen sind nur unter gewissen Adoptionen und in Erwägung des Operationsplanes gut. Man muß sich aber in ihnen bewegen, wenn man den Feind auf dem Punkte hat, wo man ihn haben will. Man erreicht alsdann den großen Vorteil, sich auf einem vorher ausersehenen und schon bekannten Terrain zu schlagen.«

»Beweglichkeit ist ein vorzügliches Mittel zum Siege. *Daun* bewegte sich in seiner Stellung bei Kolin und siegte dadurch, obgleich mit Hilfe anderer Fehler von preußischer Seite. Die Schlacht von *Austerlitz* scheint nach diesem Grundsatze von *Bonaparte* angenommen worden zu sein.
Die Truppenart, die sich überall bewegen kann, ist aus dieser Ursache die erste. Es ist dies die *Infanterie*. Artillerie ist nur ein Aggregat der Infanterie. – Vielleicht wäre es besser, wenn man die Hauptmasse weniger an ihre Hilfsmasse bände. Darum sollte man nicht so bedenklich sein, hin und wieder eine Kanone stehen zu lassen, wenn man dadurch der Infanterie einen wichtigen Erfolg ein augenblickliches Hindernis benähme.
Mit Recht sagt man: Artillerie bereite den Sieg vor, Infanterie trage ihn davon und Kavallerie verfolge ihn.
Jede Truppenart hat ihren besonderen Zweck. Der der *schweren Kavallerie* ist: am Tage der Schlacht den Feind zu durchbrechen und über den Haufen zu werfen. – Darum schone man sie auch bis zu dieser großen Gelegenheit. Sie sei daher auch auf nichts anderes bedacht – denke nicht daran, Gefangene zu machen. Der zerstreute Feind, den sie hinter sich läßt, wird ihr doch nicht entgehen.«

»Ein guter General muß den Soldaten die größte Sorgfalt für ihre Erhaltung blicken lassen. Dadurch erweckt er Zuversicht und Vertrauen. Er kann alsdann die höchste Anstrengung fordern, weil er sie mit der aufmerksamsten Sorgfalt für die Erhaltung der Soldaten belohnt.

Soll ein Punkt gestürmt werden, so führe man die Truppen mutig und entschlossen der Gefahr entgegen, mitten unter einem Kugelregen. Befindet sich aber auf dem Wege ein Schutz – eine Vertiefung, eine Mauer, Bäume oder Hecken –; so lasse man die Truppen unter diesem Schutze zu Atem kommen – und dann wieder frisch darauf! – Durch solche Maßregeln sieht er Soldat, es liege dem Befehlshaber etwas an ihrer [*sic!*] Erhaltung, und sie [*sic!*] werden dann alle Kräfte aufbieten, dem Momente der höchsten Anstrengung die umfassendste Wirkung zu geben.«

»Wer etwas mit Zuziehung anderer ausführen will, muß alle seine Unternehmungen auf eine stete Aktion und Reaktion der Kräfte seiner Untergebenen berechnen. Auf dieser Berechnung beruhet der Krieg, und nur durch die ununterbrochene Übung und Reibung der Kräfte verschafft er sich Anhänger.«

»Es ist nicht zweckmäßig, zu Missionen, die nur in Überbringung eines bestimmten Befehls oder festen Entschlusses bestehen, Diplomatiker zu werden, deren Wirkungskreis mehr in Verhandlungen über erst zu bestimmende Dinge liegt. – *Bonaparte* schickt in solchen Fällen *Generale*, welche den Willen ihres Herrn mit Würde überbringen, sich aber auch auf keine Auslegungen und Abweichungen einlassen.«

»*Friedrich der Einzige* fehlte nicht selten in den *Formen*. Darum sah man ihn oft schlechte Lager wählen.«

»Ein großer Teil der Menschen, und wohl der größte, wird durch die *vis inertiae [Macht der Trägheit]* regiert.«

»Die *Taktik* ist der *Buchstabe*, die *Strategie* der *Sinn*. Wer ersteren nur malen kann, ohne letzteren auszudrücken – ist der ein Kriegsmann?«

»Es ist nicht gut, die Armeen *nach Karten* zu führen. Sind bei den Entwürfen von Operationsplänen Karten zu gestatten, so nehme man Postkarten, auf denen mit Zahlen bloß steht: Diese Post ist von jener 2 Meilen, jene von einer anderen 2½ Meilen usw. entfernt. Denn *mit den Füßen* werden *die* Feldzüge entschieden.«

«Im Kriege sind die beiden Fragen zu entscheiden: Was *brauche* ich für Mittel? und welche stehen mir zu *Gebote*? – Die Franzosen bedienen sich *aller*, und sie fahren gut dabei!«

»Was ich in meiner Kraft tue, mit vollem Bewußtsein und festem Entschlusse, das ist eine *Handlung*; was ich *geschehen lasse*, ist nur eine *Begebenheit*. Sind also nicht die meisten Ereignisse nur Begebenheiten? Inkonsequenz ist eine Abweichung von meinem Zwecke. Was ich tue, ist gut; das Inkonsequente aber ist das Schlechte.«

»Die Franzosen haben von jeher getrachtet, Spaltungen unter den Mächten hervorzubringen, die sich einander nähern oder sich gegen sie verbünden. – Sie rühmen den preußischen Soldaten und verachten den österreichischen. Sollten wir uns durch diesen anscheinenden Vorzug bestechen lassen?«

»Wir befinden uns in einer steten *Reaktion* von *Schwäche*. In so einer Periode dürfen wir nicht an eine *Befriedigung* unserer *Leidenschaften* denken, sondern nur an *unsere Erhaltung*.«

»Soll ein Staat, soll ein Stamm, soll ein Mann untergehen, so denke er immer an den großen *Cäsar*, der, aller Mittel zur Rettung beraubt, noch darauf dachte, mit Würde zu sterben, indem er sich sterbend in seine Toga hüllte.«

Am 7. Oktober verließ Louis Ferdinand Jena und begab sich nach Rudolstadt. Nostitz hatte er vorausgeschickt; er sollte sich um das Quartier auf der Heidecksburg, dem Rudolstädter Schloß, kümmern. Louis Ferdinand brachte Hauptmann von Kleist, Rittmeister von Bose (vom sächsischen Garde du Corps), Leutnant Titus von Möllendorff, Leutnand Friedrich von Klitzing und natürlich Dussek mit. »Gott sei Dank, endlich hat man sich zu etwas entschlossen«, rief der Prinz dem ihm auf der Landstraße entgegenkommenden Nostitz zu, aber in seiner Stimme lag kein Enthusiasmus. Er glaubte nicht mehr an einen Erfolg der preußischen Armee.
Auf der Heidecksburg, einem hoch über Rudolstadt gelegenen mächtigen Barockschloß, soupierte die Gesellschaft abends im Großen Saal: die Gastgeber Fürst Ludwig Friedrich II. und die Fürstin Caroline, der Prinz von Mecklenburg-Schwerin mit einem Kammer-

herrn, Louis Ferdinand und sein Stab. Nach dem Essen vergnügten sich einige Offiziere im kleinen Weißen Saal beim Tanz mit den Hofdamen, indes der Prinz im Grünen Saal auf dem Klavier Werke von Beethoven und eine Sonate von Dussek vortrug. Diese Sonate habe er »mit so seelenvollem Ton und edel empfundenen Ausdruck vorgetragen«, daß die Zuhörer sehr bewegt gewesen seien, am meisten aber Dussek, der zu dem Konzertmeister Christian Eberwein sagte: »Nun, gefiel Ihnen mein Prinz? Nicht wahr, er gibt seinem Dussek zu raten auf?«
Das Hauptquartier der preußisch-sächsischen Avantgarde befand sich in Stadtilm. Noch dort begab sich der Prinz am nächsten Morgen, um von jetzt ab das Kommando zu führen. In der Nacht zum 9. Oktober traf Hauptmann von Valentini ein, den Fürst Hohenlohe schickte: Louis Ferdinand, so der Befehl des Fürsten, solle am 9. die Avantgarde bei Rudolstadt konzentrieren, um damit »die Posten von Rudolstadt und Blankenburg bis zur Ankunft der Avantgarde der Hauptarmee zu verteidigen, sodann über die Saale in die Gegend von Rahnis und Pößneck abzuziehen, wo er in Gemeinschaft mit dem Gen. Grafen Tauentzien die Avantgarde der sich bei Mittel-Pöllnitz sammelnden linken Flügelarmee bilden sollte – der Fürst beabsichtigte nicht, sich in der am 9. zu nehmenden Aufstellung zu schlagen, sondern nur in 4 Kolonnen an der Saale bereitzustehen, um am 10. nach Mittel-Pöllnitz zu marschieren.« Mit der Ausführung dieses Befehls verging der 9. Oktober. Die Truppen Louis Ferdinands hatten ihre neuen Stellungen in Saalfeld, Hoheneiche, Gräfenthal, Rudolstadt, Stadtremda, Blankenburg, Preilipp, Cumbach und Schwarza. Am Nachmittag ritt der Prinz zur Heidecksburg zurück. Er war noch nicht in Rudolstadt, als ihn die Meldung erreichte, die vorgeschobenen Außenposten bei Hoheneiche und Gräfenthal seien von den anrückenden Franzosen vertrieben worden; nach einem Bericht, den der in Saalfeld weilende Herzog von Coburg bekommen habe, betrage die Stärke der Franzosen, die am 8. Coburg passiert hätten, 16–20 000 Mann.
Louis Ferdinand, der um 19 Uhr auf der Heidecksburg anlangte, traf sofort Maßnahmen, um sich auf die neue militärische Lage einzurichten. Um 21 Uhr schrieb er an den König, er habe seine Avantgarde um Rudolstadt konzentriert und beabsichtige, nach Neustadt an der Orla vorzurücken. Die Franzosen seien im Anmarsch auf Saalfeld. Er schlage vor, einen Teil der anrückenden Hauptarmee in das

Saaletal marschieren und bis Gräfenthal vorgehen zu lassen, um die rechte Flanke der nach Neustadt ziehenden Armee und das in Rudolstadt befindliche Magazin zu sichern.
Diesen Vorschlag machte er auch in einem Brief an Hohenlohe, dem er eine Abschrift seines Briefs an den König beifügte. Da in diesem Brief nicht gesagt wird, daß der Prinz beabsichtige, auf Saalfeld vorzurücken, muß der Entschluß dazu wohl erst später in der Nacht gefallen sein, als feststand, daß die Franzosen Miene machten, sich den Saale-Übergang bei Saalfeld zu sichern.
Die Stimmung auf der Heidecksburg war an diesem Abend gedrückt. Von ihren Fenstern aus konnte man den Schein der französischen Biwakfeuer im Saaletal sehen, und die eintreffenden Meldungen machten deutlich, daß der kommende Tag eine Auseinandersetzung bringen würde, dessen Ausgang für den Prinzen nicht zweifelhaft sein konnte, wenngleich ihm die aus Coburg gemeldete Anzahl der französischen Truppen übertrieben zu sein schien. Er sei »ernst und immer ernster« geworden, schreibt Fürstin Caroline in ihrem Tagebuch. In ihren Räumen phantasierte er ein letztes Mal auf dem Klavier, und sein Spiel habe »den Charakter eines tief bewegten Gemüts« getragen, versicherten jene, die ihm zuhörten.
Um elf Uhr erhob er sich, um sich zu verabschieden – »Der Held der Helden«, wie ihn die Fürstin nannte. »Sie haben jetzt auf einem anderen Klavier zu spielen, Prinz«, sagte sie zu ihm, und er antwortete: »Ja, lauter Dissonanzen.« Und die Fürstin schreibt in ihrem Tagebuch: »Er sagte uns gute Nacht, er nahm meine Hand und hielt sie lange in der seinen, indem er mich schweigend ansah. Noch war Norddeutschland zu retten von dem Joche der Franzosen – ich hielt die Hand dessen, der uns erretten sollte, in der meinigen. Mit welchem tiefen Gefühl drückte ich diese Hand – recht ernst wurde es in meiner Seele. ›Nein, wenn ich zurückgeschlagen würde – das könnte ich nimmermehr ertragen.‹ – ›Versprechen Sie mir, sich nicht in einem Avantgardegefecht so zu exponieren, daß Sie in wichtigen Momenten nicht helfen können‹, antwortete ich ihm.«
Dann zog sich der Prinz in sein Quartier – das grüne Zimmer – zurück, wo er noch bis um ein Uhr Befehle schrieb. Sie trugen schon das Datum: 10. Oktober 1806.

Der 10. Oktober

Angesichts der sich stündlich verändernden Situation erließ Louis Ferdinand am 10. Oktober um ein Uhr morgens den Befehl, die um Rudolstadt konzentrierten Truppen sollten »früh 7 Uhr vor Rudolstadt auf dem Wege nach Saalfeld zwischen Rudolstadt und Volkstedt auf dem linken Ufer der Saale zum Abmarsch bereitstehen«. Von einer Vorbereitung zum Kampf war also keine Rede, im Gegenteil, Hauptmann von Valentini hat später geschrieben, es sei »dem Prinzen ein unangenehmer Gedanke« gewesen, »durch ein Vorpostengefecht im Tale der Saale festgehalten zu werden«. Als Rückzugsstraße kam nur die über Saalfeld führende in Betracht, deswegen sollte der Ort so lange gesichert werden, auch galt es, seine Magazine zu evakuieren.
Des Prinzen an Hohenlohe gerichteter Brief vom Abend des 9. erhielt der Fürst am 10. um 2.45 Uhr durch den sächsischen Leutnant von Egidy zugestellt. Hohenlohe sagte dem Leutnant, der Prinz solle in der gestern »genommenen Position stehenbleiben und nicht angreifen«. Die Gefechte zwischen dem General Tauentzien und den Franzosen seien »ganz zur Avantgarde der ersteren ausgefallen«. So spielte man im preußischen Hauptquartier Krieg: Tauentzien, am 9. bei Schleiz angegriffen, hatte nämlich 566 Tote, Verwundete und Gefangene eingebüßt und sich nach Auma zurückziehen müssen. Der Befehl Hohenlohes erreichte den Prinzen erst, als es zu spät war.
Morgens um 7 Uhr erschien der sächsische General von Bevilaqua auf der Heidecksburg beim Prinzen, meldete die Alarmbereitschaft der Truppe und bat um weitere Befehle. Der Prinz selbst war um 8.30 Uhr in Schwarza und eine halbe Stunde später in Saalfeld. Hier frühstückte er im Eckhaus Obere Straße/Markt mit seinen Adjutanten Nostitz und Klitzing, brach aber schon nach dem Genuß einer Tasse Schokolade auf, da plötzlich die Kampfhandlungen einsetz-

ten. Die Situation der preußisch-sächsischen Avantgarde schien zunächst nicht ungünstig: In Saalfeld und den umliegenden Dörfern waren 5 Bataillone preußischer Füsiliere, 3 Regimenter Sachsen, 2 Kompanien preußischer Jäger, 8 Eskadronen sächsischer und 5 Eskadronen preußischer Husaren zusammengezogen: etwa 9000 Soldaten mit 40 Kanonen.
Die Franzosen, ein Teil des 5. Armeekorps des Marschalls Lannes, verfügten über das 17. Leichte und das 34., 40., 64. und 88. Linien-Infanterie-Regiment sowie 6 Eskadronen der 9. und 10. Husaren. Mit etwa 12 000 Soldaten waren sie zwar dem Gegner zahlenmäßig überlegen, verfügten aber über 26 Kanonen weniger und konnten nur halb soviel Kavallerie einsetzen. Kommandiert wurden sie von General Suchet, dem Prinzen genau gleichaltrig.
Um 10.30 Uhr schickte der Prinz seinen Freund, den Artillerieleutnand Victor de Caraman, nach Blankenhain zum Herzog von Braunschweig und einen sächsischen Leutnant zum Fürsten Hohenlohe mit einem Bericht über die augenblickliche Lage. Er hoffe, Saalfeld zu halten. Um 11 Uhr erschien endlich auch Leutnant von Egidy, der sich schon um 3.30 Uhr auf den Weg gemacht hatte, mit dem Befehl Hohenlohes, Rudolstadt nicht zu verlassen. Da Egidy den Prinzen angeblich nicht finden konnte, übergab er den Befehl einfach an Nostitz. Louis Ferdinand wußte davon mittags noch nichts: »Ich verlasse Saalfeld ungern«, sagte er zu Hauptmann von Valentini. »Wenn wir uns nur so lange behaupten können, bis ich noch eine Nachricht vom Fürsten erhalten hätte, oder bis die Avantgarde der Hauptarmee heran wäre, um diesen Posten zu übernehmen, und ich über die Saale gehen könnte, um mich mit Tauentzien zu vereinigen.«
Um diese Zeit war es klar, daß Saalfeld nicht zu halten war und nur ein Rückzug auf Schwarza in Frage kam. Schon stürzten die ersten Preußen und Sachsen in wilder Flucht durch Saalfeld. Die sächsische Infanterie konzentrierte sich jetzt auf Wöhlsdorf; persönlich griff Louis Ferdinand ein, um die Ordnung unter den zurückweichenden Truppen wiederherzustellen. Den sie attackierenden zwei französischen Husaren-Regimentern stellte der Prinz die sächsisch-preußischen Husaren entgegen. Ihnen gelang es, die erste Welle der Franzosen zurückzuwerfen, aber deren zweiter Angriff zersprengte die alliierte Kavallerie vollkommen.
Bis hierher sind sich die Berichterstatter einig. Was aber dann

geschah, ist bis heute nicht geklärt worden. Nostitz will gesehen haben, daß der Prinz im Reiterkampf plötzlich getaumelt sei und die Zügel ihm zu entgleiten drohten: »Er hatte eine Verwundung im Nacken, fast unmittelbar gefolgt von einem Säbelhieb mitten auf die Brust, erhalten. Mit einer schnellen Bewegung hebe ich ihn vom Pferd und lege ihn quer über meinen Sattelbaum; dann kehre ich um und bemühte mich, mich aus dem Wirrwarr der Kämpfenden loszulösen.« Von französischen Husaren verfolgt und verwundet, will Nostitz schließlich mit seinem Pferd und dem sterbenden Prinzen zusammengebrochen sein.

Ganz anders aber ist die Darstellung, die der französische Wachtmeister Laurent Guindey vom 10. Husaren-Regiment gegeben hat. Er haben den Prinzen nicht als solchen erkannt, sondern ihn für den kommandierenden preußischen General gehalten: »Ich ritt im Galopp, mit dem Säbel in der Hand, auf ihn zu, indem ich ihm zurief: ›Rendez-vous, Général, ou je vous tue!‹ *[Ergeben Sie sich, General, oder ich töte Sie.]* Er antwortete mit fester Stimme: ›*Non, coquin!*‹ *[Nein, Schuft]* und versetzte mir dabei einen Hieb mit dem Säbel ins Gesicht. Da ich sah, daß er sich tapfer verteidigte und sich durchaus nicht ergeben wollte, griff ich ihn mutig an, fest entschlossen, ihn nicht aus meinen Händen zu lassen, versetzte ihm mehrere Hiebe, die er mit Fertigkeit abwandte, nur einen Stich mit dem Säbel in die Brust sowie einen Säbelhieb hinten am Kopfe, vermochte er nicht abzuwehren.« Er selbst sei daraufhin von preußischen Husaren angegriffen und verwundet worden und habe den Prinzen etwas später bereits tot am Boden gefunden.

Diese Version will auch der französische General Colbert 1826 von dem damaligen Wachtmeister Roboly gehört haben, der vorgab, gemeinsam mit Guindey den Prinzen gestellt zu haben: »Wir verfolgten den Feind, welcher in Unordnung zurückging. Einer meiner Kameraden, der Wachtmeister Guindey, und ich erblickten einen Offizier, der uns den Eindruck machte, als wenn er wohl ein Oberst sein könnte. Er suchte sich dem Gewühle zu entziehen, als Guindey zu mir sagte: ›Fasse du ihn von links, von der anderen Seite der Hecke; wir wollen sehen, ob wir ihn nicht einkreisen und gefangennehmen können.‹ Einige Augenblicke darauf erreichte ihn Guindey, als er im Begriffe war, über einen Graben zu setzen. Es war der Prinz. ›Ergeben Sie sich, mein Herr Oberst‹, rief er ihm zu. Der Prinz verteidigte sich durch Degenhiebe, von denen einer die Backe des Unteroffiziers (*Wachtmeisters*) traf. Dieser antwortete durch einen Stich, der des Prinzen Brust durchbohrte und ihn sofort entseelt zu Boden streckte.«

Wilhelm von Humboldt ließ sich 1808 in Rudolstadt diese Fassung erzählen: »Kettelholdt behauptet, den *maréchal de logis* [*Wachtmeister*], der ihn getötet und den er [*Louis Ferdinand*] verwundet, mit blutigem Kopf gesehen, und zwei Husaren, die dabei gewesen, gesprochen zu haben. Nach der Erzählung dieser ist er von sechs Husaren umstellt gewesen. Der *maréchal de logis* hat ihn aufgefordert, sich zu ergeben. Er hat mit einem Hieb geantwortet, und in demselben Augenblick hat ihn jener in den Leib gestochen. Zugleich hat er auch von hinten einen Hieb in den Kopf bekommen und ist vom Pferd gestürzt, wo dann noch alle andern auf ihn losgehauen. Daß er der Prinz sei, hat keiner gewußt. Nach andern Erzählungen ist sein Pferd beim Setzen über eine Hecke gestürzt, und er hat sich noch zu Fuß verteidigt.«

Johann Jakob Rühle von Lilienstern: »Erst als alle Bemühungen vergeblich waren, den Strom der Flüchtlinge zu hemmen, als er sich der augenscheinlichsten Gefahr ausgesetzt sah, dem Feinde in die Hände zu fallen, schien ihm die Wichtigkeit seiner Person recht lebhaft vor die Seele zu treten, denn er bedeckte mit dem Hute den Stern auf seiner linken Brust und suchte sich so dem Getümmel zu entreißen. Bei der Schnelligkeit seines vortrefflichen Pferdes würde es ihm auch höchstwahrscheinlich gelungen sein, wenn das Pferd nicht unglücklicherweise beim Übersetzen über einen Zaun mit einem Fuße hangen geblieben wäre. Er war eingeholt, empfing einen tiefen Hieb in den Hinterkopf, und als er trotzdem einen französischen *maréchal de logis*, der ihn aufforderte, sich zu ergeben, die Antwort mit dem Degen gab, versetzte ihm dieser einen tödlichen Stich in die Brust, wodurch ihm die Besinnung geraubt wurde.«

Ein Saalfelder Bürger, der den Tag als Zwanzigjähriger erlebte, hat später im Alter die Begebenheiten des 10. Oktober aufgezeichnet. Darin behauptet er, der Prinz sei in einem Hohlweg am Ortsausgang von Wöhlsdorf von »mehreren andrängenden französischen Reitern umschlossen und zum Gefecht genötigt« worden. Den tödlichen Degenstoß habe ein Dragoner dem Prinzen versetzt.

Nach anderem Bericht soll der durch eine Schußwunde tödlich verletzte Prinz von dem preußischen Husaren Caspar Gisza (vom Regiment Schimmelpfennig) aufgefangen worden sein »und starb derselbe in seinen Armen«. Gisza wurde dafür 1810 das Militärische Ehrenzeichen II. Klasse verliehen. Ausgezeichnet wurden ferner der Schimmelpfennig-Husar Conrad Aswend »wegen Verteidigung S. Königl. Hoheit Prinz Louis Ferdinand von Preußen«.

Rätsel über Rätsel. Wie der Prinz wirklich ums Leben gekommen ist, wird sich vermutlich nie entschlüsseln lassen. Der französische Militärarzt Gallernat hat die Leiche am Morgen des 11. Oktober in der Saalfelder Johanniskirche untersucht: »Ich habe an ihm die Schönheit des Gesichts bewundert, die Ruhe der Physiognomie, die Entwicklung der Brust, verbunden mit einer regelmäßigen Form der Glieder, deren starke hervortretende Muskeln auf viel Stärke und Kraft schließen lassen.« Gallernat stellte sechs Verletzungen durch Säbelhiebe fest (also keine Schußwunde), davon tödlich ein Hieb in den Hinterkopf, der ins Gehirn drang, und ein Stich zwischen die zweite und dritte Rippe, der einen Teil des Brustbeins spaltete.

Vom Saalfelder Schloß aus hatten die Bewohner ängstlich die Kampfhandlungen verfolgt. Hofdame Amalie von Uttenhoven notierte in ihrem Tagebuch: »Von weitem erkannte ich diesen liebenswürdigen Prinzen, der sich durch seinen edeln Anstand und seine stolze Haltung auszeichnete, und indem ich seiner ansichtig wurde, zerstreuten sich meine Befürchtungen für ihn, ich hielt seine Niederlage für unmöglich, denn sein Anblick belebte sein Vertrauen auf seinen Glücksstern und schien gleichsam seinen Sieg zu gewährleisten.«

Aber dann sah sie gegen Mittag die sich auflösenden preußischsächsischen Truppen durch Saalfeld fliehen: »Bald darauf sprengte ein französischer Adjutant herein und meldete die Ankunft des Marschalls Lannes und seiner Offiziere, welche sich im Schlosse einquartieren wollten. Er befahl ein Souper von dreißig Gedecken. Die Fürstin Reuß und ich waren genötigt, unsere Zimmer zu verlassen, um diesen Herrn Platz zu machen, und eine halbe Stunde später füllte sich der Hof mit Wagen, Pferden und Dienern des Marschalls, der nicht lange auf sich warten ließ. Er trat bei dem Herzog ein, und während er sich mit demselben unterhielt, kam ein Adjutant, ihm die Orden des Prinzen Louis Ferdinand mit der traurigen Meldung von dessen Tode zu überbringen. Für sein Vaterland kämpfend, hatte der edle Prinz den Tod einer schmachvollen Gefangenschaft vorgezogen. Der Graf Mensdorff überbrachte uns mit Tränen in den Augen diese Trauerkunde; wir beweinten alle

den unglücklichen Prinzen, aber niemand nahm so lebhaften Anteil an seinem Geschick als ich. Er war der Freund meines Vaters, er war die Ehre und der Ruhm des preußischen Heeres, das ihn anbetete.«
Marschall Lannes hatte bis zu diesem Augenblick noch nichts vom Tode Louis Ferdinands gewußt. Erst Graf Mensdorff-Pouilly konnte ihm die überbrachten Orden identifizieren und damit ihren Träger. »Teufel, das ist gut! Das wird eine große Sensation bei der Armee machen!« rief Lannes überrascht.
Da die französischen Soldaten die Leiche des Prinzen als erstes ausgeplündert und bis auf die Unterwäsche ausgezogen hatten, ließ sich der Tote zunächst nicht identifizieren. Chirurg Gallernat sah sie noch am 11. morgens um 6 Uhr auf dem Schlachtfeld liegen. Graf Mensdorff-Pouilly ließ sich von den Husaren, die dem Marschall die Orden überbracht hatten, zu dem Toten führen, den er sofort als den Prinzen identifizierte. Daraufhin wurde die Leiche zum Saalfelder Schloß gebracht.
»An meinem Fenster sitzend und in tiefes Nachdenken über die jüngste Vergangenheit versunken«, schreibt Amalie von Uttenhoven, »niedergebeugt von Schmerz und Kummer, wurde ich durch die Fürstin von Reuß aus meinen düsteren Betrachtungen gerissen, die gekommen war, mich in den Fernen des Schlachtfeldes auf eine Tragbare aufmerksam zu machen, auf welcher man einen unglücklichen Verwundeten herbeitrug. Plötzlich sahen wir die Bahre von einer Kompanie Soldaten umgeben, die sie begleitete und deren Musikkorps einen fröhlichen Siegesmarsch aufspielte. Sie nahmen ihre Richtung auf das Schloß zu, traten in den Hof und setzten ihre Bürde in der Mitte desselben nieder. Großer Gott! Welch ein Anblick! Ich erkannte den Prinzen Louis Ferdinand, diesen jungen stolzen Fürstensohn, den Ruhm des preußischen Heeres, kaum noch strahlend wie das Gestirn des Tages, jetzt bleich und vom Tode entstellt. Ich sah den Neffen des großen Friedrich entblößt und nur mit einigen Lumpen bedeckt. Ach! niemals, niemals werde ich diesen schrecklichen Anblick vergessen.
Der Marschall Lannes und seine Offiziere wohnten diesem gräßlichen Schauspiele bei, und der erstere befragte den Grafen Mensdorff, der hinzutrat und die entseelte Hand seines Freundes drückte, ob dies der preußische Prinz sei, den er gekannt habe? Der Graf, seinen Tränen gebietend, antwortete: ›Ja, dieser mit Wunden bedeckte Leichnam ist der des angebeteten Prinzen, mit dem ich mich noch

tags vor seinem ruhmreichen Falle so freundschaftlich unterhalten habe.‹
Die Soldaten, welche ihn hergebracht hatten, wollten ihn jetzt verlassen, aber der Graf stellte ihnen vor, daß die Ehre ihnen gebiete, die Leiche des Helden nur vor dem Altar Gottes niederzusetzen, und er selbst führte sie an und begleitete den Trauerzug seines gefallenen Freundes. Jetzt ertönte auf des Grafen Geheiß ein Trauermarsch, der Zug setzte sich über den Schloßhof wieder in Bewegung. [...] Bleich und abgespannt kehrte ich in das Zimmer der Prinzessin Sophie zurück, und beide von demselben Gefühle der Trauer gedrückt, beweinten wir bitter den liebenswürdigen Prinzen.«

Die Todesnachricht

Das Gefecht von Saalfeld hatte die preußisch-sächsische Armee 1800 Tote, Verwundete und Gefangene gekostet. Von den 40 Kanonen konnten die Franzosen 34 erbeuten; ihre eigenen Verluste beliefen sich auf 172 Tote und Verwundete. Aber viel schwerer als die militärische Niederlage wirkte der moralische Schock, der besonders die Preußen völlig verstörte.

Oberst von Massenbach befand sich am Mittag des 10. Oktober gemeinsam mit dem Fürsten Hohenlohe auf Erkundungsritt auf den Höhen von Hummelshain:

»Indem der Fürst [...] im Begriff war, selbst zum General Tauentzien zu reiten und ihm zu seiner glücklichen und ehrenvollen Rettung Glück zu wünschen, begann eine heftige Kanonade in der Gegend von Rudolstadt und Saalfeld.

Der Fürst schien aber auf nichts zu merken und ritt nach Osten, indessen die Kanonen südwestlich donnerten. Ich konnte nicht anders glauben, als daß der Prinz Louis sich trotz aller Warnungen und trotz aller Befehle mit seiner Avantgarde engagiert habe; der Heftigkeit der Kanonade zu folgen, *mußte* es ein sehr ernsthaftes Gefecht sein. Meine Pflicht war es, dem Fürsten meine Besorgnis mitzuteilen und ihn zu bitten, seine Visite beim General Tauentzien auf andere Zeit zu verschieben und zu sehen, was der tollkühne Louis begonnen habe. Der Fürst fertigte einen seiner Adjutanten zum General Gr. Tauentzien ab und ließ diesem General sagen, was er zu tun habe; er selbst kehrte um, um sich schnell nach Rudolstadt zu begeben. Die Kanonade wurde immer heftiger. Dreiviertel des Weges nach Kahla mochten wir zurückgelegt haben, als sich der Schall zu entfernen schien und endlich ganz aufhörte. Wir ritten langsamer und vermuteten einen für uns glücklichen Ausgang. Wir kamen in Kahla an, um frische Pferde zu nehmen und uns selbst durch einige Speisen zu stärken; denn wir hatten gewaltig geritten und waren ermüdet. Da stürzte in das Zimmer, worin alle Adjutanten und Ordonnanzoffiziere versammelt waren, um sich an die Tafel zu setzen, ein Mensch in einer grünen Strickjacke, die Verzweiflung war auf seinem bleichen Gesicht! Man brachte ihn schnell in ein Nebenzimmer. ›Er ist tot‹, stammelte er. ›Wer? – Wer denn?‹ – ›Mein Prinz!‹ – ›Der Prinz Louis?‹ – ›Ja!‹ – ›Der Mensch war der Büchsenspanner des Prinzen.«

Der preußische Leutnant Friedrich Graf von Pückler schreibt in seinem Tagebuch:

»Gegen Mittag hörten wir, wiewohl schwach, Kanonendonner und sahen sogar zuweilen den Rauch, der sich in den Bergen emporhob. Da wir nun sogar das Bataillonsfeuer hörten, dies nie gesehene, erhabene Schauspiel uns fesselte, unsere Herzen gewaltsam emporhob, so blieben wir beobachtend bis zum Abend zusammen, den Kämpfenden Glück wünschend und froh, als die Landleute versicherten, die Sache müsse, nach dem Schall zu urteilen, gutgegangen sein. Doch nur zu bald wurden wir dieses frohen Wahnes beraubt, denn ein sächsischer Flüchtling, der den 11. frühmorgens zuerst in mein Haus geriet, brachte durch seine Erzählung des unglücklichen Gefechts bei Saalfeld unser vorher ruhiges Dorf in Aufruhr. Alles stürzte zusammen, um selbst zu hören, und unglaublich war der Eindruck, den die Erzählung vom Tode des Prinzen Louis Ferdinand selbst auf die gemeinen Soldaten, deren Abgott er war, machte.«

Friedrich Gentz kam am 11. Oktober vormittags um 11 Uhr in Weimar an:

»Die Straßen waren förmlich mit Truppen, Bagagewagen und Pferden vollgestopft, und mitten darunter Offiziere jedes Ranges, Generäle und Leute aus des Königs unittelbarem Gefolge, die hier zu finden ich nicht erwartet hatte. In einem wirren Haufen hatten sich die Wagen verrannt. Ich sah den Kabinettsminister Lombard, der blaß und bewegt auf mich zukam, und mich fragte, ob sein Bruder mit in meinem Wagen gekommen sei. Hierauf trat er ganz nahe an den Kutschenschlag und sagte: ›Wissen Sie es schon, was sich hier ereignet hat? Wir haben eine Schlacht verloren und Prinz Louis ist gefallen.‹ Darauf war ich nicht gefaßt; es überstieg alle meine Berechnungen. Ein solches Unglück wäre schon an und für sich groß genug gewesen; allein in diesem Augenblick sah ich es, von den düstersten Vorbedeutungen überwältigt, als den Vorläufer noch anderen Mißgeschickes an. [...]

Graf Haugwitz erwartete uns um 8 Uhr in einem Gasthof zum Diner. [...] Nach dem Diner kam Kapitän Kleist, erster Adjutant des unglücklichen Prinzen Louis. Er lieferte uns detaillierten Bericht über das Gefecht bei Saalfeld, aber keinen über des Prinzen Tod, da er während des Gefechts kurze Zeit vor dem stattgefundenen Unglück von ihm getrennt worden war. Das melancholische Ende dieses Prinzen erregte, so wunderbar es auch war, im allgemeinen nur wenig Interesse. Unter denen, welche ihn hätten am meisten bedauern sollen, waren einige, deren persönliche Berechnungen dergleichen Gefühle erstickten, während andre wieder durch die unvorsichtige Gewagtheit seines Benehmens zu sehr afficiert waren, um an den Tribut zu denken, welchen sie so vielen seltnen Eigenschaften und so heldenmütiger Hingebung schuldig waren. Ja, einige erfrechten sich sogar unanständiger, grausamer Worte gegen den ruhmreich Gefallnen.«

Der französische Oberleutnant Marbot, der den Prinzen im August in Berlin kennengelernt hatte, sah ihn am 11. Oktober in Saalfeld als Toten wieder: »Sorgfältig von allen Blutspuren gereinigt lag er nackt bis zum Gürtel, dagegen noch mit Lederhosen und Stiefeln bekleidet wie im Schlafe auf einem Marmortisch. Er war wirklich schön! Unwillkürlich drängten sich mir traurige Gedanken über die Unbeständigkeit alles Irdischen auf beim Anblick der Leiche dieses jungen Mannes, der an den Stufen eines Throns geboren und noch vor kurzem so sehr geliebt, so umworben und so mächtig war!«

Carl von Clausewitz schrieb am 12. Oktober an seine Verlobte: »Der Tod des Prinzen hat fast der ganzen Armee Tränen gekostet.«

Charakteristisch war die Reaktion Friedrich Wilhelms III., die der Rittmeister von Alvensleben mitteilt: »So rückten wir sorglos immer weiter, als plötzlich das unglückliche Gefecht bei Saalfeld die Szene veränderte und die Sache einen ernsthaften Charakter annahm. Flüchtige Sachsen kamen an, und die Truppen rückten näher aneinander. Plötzlich erschien der König, ritt bei unserm Regimente vorüber und äußerte sich über den verewigten Prinzen Louis gegen den Oberst von Winning: ›Hat wie ein toller Mensch gelebt, ist wie ein toller Mensch gestorben, die Scharte nur klein, muß aber ausgewetzt werden.‹«

Hermann von Boyen, Offizier im Gefolge des Königs: »Wir mochten noch ein Drittel des Weges unter zunehmenden Zweifeln zurückgelegt haben, als uns endlich versprengte Soldaten die Nachricht von dem unglücklichen Gefecht bei Saalfeld und dem Tode des Prinzen Louis Ferdinand brachten, dem unglücklicherweise die Ausführung einer Kriegsaufgabe zugeteilt war, die mit seinem persönlichen ungestümen Mute im entschiedenen Widerspruch stand. Der dadurch erlittene Verlust hätte sich, so unangenehm wie er auch war, noch immer ertragen lassen, aber in moralischer Hinsicht brachte er in der Armee einen sehr nachteiligen Eindruck hervor. Die Meinung des Heeres hatte mit Recht auf die schönen Eigenschaften des Prinzen Louis Ferdinand viel vertraut, und dies war nun auf einmal zertrümmert.«

Am 13. Oktober – die Leiche des Prinzen hatte man inzwischen einbalsamiert und vor dem Altar der Saalfelder Johanniskirche aufgebahrt – vermerkte Amalie von Uttenhoven in ihrem Tagebuch: »Ohne Vorwissen der übrigen verfügte ich mich nach der Kirche, allein von zwei Dienern und einer Gärtnerin, die meine Blumen trug, begleitet. Auf dem Weg begegnete ich mehreren verwundeten Preußen und Sachsen und teilte meine kleine Barschaft an sie aus; dann verdoppelte ich meine Schritte der Kirche zu. Mit unaussprechlichen Gefühlen trat ich zu dem noch offenen Sarg und bekränzte das schöne Haupt des Prinzen mit einer Lorbeerkrone, einer Krone, die er so wohl verdient hatte. Sein reizender Mund schien zu lächeln, er war durch den Tod nicht entstellt, der Adel seiner Züge war geblieben.

Indem ich eine Locke seines Haares abschnitt, erblickte ich plötzlich die tödlichen Wunden, die er auf der Brust erhalten hatte, und die Schere entsank meiner Hand.

Diese Locke werde ich stets als ein bitteres, aber kostbares Andenken bewahren. Vom Schmerz überschüttet, sank ich vor dem Sarg in die Knie, und rief den Himmel mit Inbrunst an, das Leben meiner Brüder zu bewahren.

Plötzlich traf der düstere Ton einer Glocke mein Ohr; mich erhebend, gewahrte ich eine Anzahl Soldaten, welche den Sarg umgaben, und von denen mehrere ihren Prinzen mit den Zeichen großen Schmerzes betrauerten.

Was aber am meisten meine Aufmerksamkeit erregte, war ein alter französischer Offizier, welcher Ströme von Tränen vergoß. Von diesem Anblick lebhaft ergriffen, hörte ich mich von ihm mit den von einem traurigen Blick begleiteten Worten angeredet: ›Ich beweine in ihm einen meiner tapfersten Waffengefährten.‹

Nachdem ich den Sarg mit Blumen überschüttet hatte, warf ich, von innerer Bewegung einer Ohnmacht nahe, scheidend einen letzten wehmütigen Blick auf den, welchen ich mein ganzes Leben betrauern werde, und legte mein mit meinen Tränen getränktes Taschentuch auf seine Wunden.«

Am Morgen des 13. Oktober traf die Nachricht in Berlin ein. Die Eltern nahmen sie ohne sonderliche Bewegung auf. Vater Ferdinand war der Meinung, sein Sohn habe sich den Krieg und seinen Tod selbst zuzuschreiben, das war alles; die Mutter schien zwar »betrübt«, wie Luise Radziwill berichtet, »aber hauptsächlich voller Angst und Sorge um August«. Nur die Schwester beweinte den Bruder und mußte sich noch von der Mutter sagen lassen: »Warum weinst du? Du hast gewiß etwas gehört! Etwas Trauriges über August!?« Und die Tochter erinnerte die Mutter daran, daß sie über den Tod ihres Bruders Louis Ferdinand weinte, den für die Eltern schon jetzt Vergessenen.

So gleichgültig die Eltern den Tod ihres Sohnes hinnahmen, so stark war die Anteilnahme der Berliner Bevölkerung. Karoline Sack, Tochter des Hofpredigers Friedrich Samuel Sack, in ihrem Tagebuch: »Montag d. 13. Oktober mittags kam die Nachricht hier an, daß Prinz Louis Ferdinand in einer unglücklichen Affaire geblieben sei. Dies erregte große und allgemeine Bestürzung... Obgleich jeder Vernünftige diesen Vorfall für nichts Entscheidendes hielt, so konnte man sich doch tausend banger Ahndungen nicht erwehren, die ein so großes Opfer und ein so unglücklicher Anfang dieses wichtigen Kampfes erregen mußte.«

Der Schriftsteller Garlieb Merkel, Herausgeber der Zeitschrift *Der Freimütige* in Berlin:

»Anfangs wollte niemand daran glauben. Auf Märkten und Gassen, in den Klubs und Kaffeehäusern sah man große Haufen stehn, und wer in ihnen zu Worte kommen konnte, bewies die Unmöglichkeit des Ereignisses. Mit immer wachsender Überzeugung hörte man ihn an, bis etwa jemand hinzutrat, der noch einen Umstand des Vorganges zu dem schon Bekannten hinzufügte, der alle Beweise vom Gegenteil zu Boden schlug. Traurig und schweigend schlich dann die Versammlung auseinander. – Als die Gewißheit von dem Tode des Prinzen sich nicht bestreiten ließ, brach eine allgemeine Trauer aus: Es galt für ein National-Unglück. Alte Frauen, die den Prinzen nie mochten gesehn haben, zerrauften auf offener Gasse ihr

graues Haar darüber; und ernste, feste Männer, die mit dem Prinzen in keiner Verbindung getanden, sprachen mit Händeringen von seinem Verlust.«
Der bayerische Gesandte in Berlin, François Gabriel de Bray: »Bestürzung und Trauer über diesen Verlust sind allgemein, denn der Prinz galt für einen der tapfersten und tüchtigsten Generale der Armee; er ist der erste Prinz des königlichen Hauses, der auf einem Schlachtfelde geblieben ist.«
Henrich Steffens erfuhr die Nachricht in Halle: »Daß eine große Schlacht bevorstand, war durch die Stellung der preußischen und französischen Heere entschieden; man lauerte in banger Erwartung auf Nachrichten. Da erscholl zuerst unbestimmt, dann immer gewisser, zuletzt in den Zeitungen, die Nachricht von dem unglücklichen Gefecht bei Saalfeld. Prinz Louis Ferdinand war geblieben. Dieser durch seine Genialität ausgezeichnete Prinz bildete ein Hauptmoment der kriegerischen Begeisterung. Die Tollkühnheit, mit welcher er sich dem Feinde entgegengestürzt und ein Gefecht gesucht hatte, erfüllte uns mit banger Ahnung. Hatte er verzweiflungsvoll den Tod gesucht, um nicht Zeuge einer erwarteten allgemeinen Niederlage zu sein? In unheilschwangeren Zeiten wird ein jedes äußere Ereignis innerlich durchlebt. Die Verzweiflung, die, wie wir vermuteten, Prinz Louis Ferdinand und seine Schar in den Tod gestürzt hatte, ergriff uns selber.«
In Glogau traf die Trauerbotschaft am 14. Oktober ein: »Lange vor dem 10. Oktober, schon den 3. d. M., erscholl die allgemeine Sage, der Prinz Louis sei geblieben, und diese Sage pflanzte sich ununterbrochen fort, bis endlich den 14. jenes unglücklichen Monats die traurige Bestätigung eintraf. Hatte die Fama eine prophetische Kraft, oder ließ die Gegenwart schon auf die Zukunft schließen? Hatte der Feind den vorteilhaftesten Angriffspunkt schon bestimmt, oder verkündete der Zufall diesen Schlag voraus? Wer mag dies entscheiden? Genug, wir wußten den Tod des beweinten Prinzen früher als er eintrat, und vielleicht geschah dies an mehreren Orten. Die Szene seines Todes ward so rührend erzählt, daß jeder Fühlende bewegt ward. Ach, es war das erste große Opfer aus dem Heldenstamm Friedrichs II.« – So der Schriftsteller Carl Friedrich Benkowitz.
Achim von Arnim gab am 17. November 1806 aus Danzig seinen Angehörigen diesen Bescheid:
»Heute, als ich den Pfarrturm bestieg und in die weite Welt sah aus

der Stube des Türmers, da schlug ich mir vor die Stirn: Was ist denn geschehen? Vier Fürsten, Prinz Ludwig, Herzog von Braunschweig, Eugen von Württemberg und Hohenlohe, umfassen wie die vier Aussichten meines alten Türmers den ganzen Umkreis des Unglücks. Alles andre liegt darin wie die Dutzend kleiner Dörfer, mehr ist nicht zu sehen, alles übrige ist wüst. Mit ihnen ist das alte Rittertum untergegangen, ein neues mag beginnen! Aber welches bringt die eine herrliche Natur jenes besten Fürsten hervor, der sich seinem Unglück opferte? Mit des Prinzen Ludwig Tode hört für mich jede mögliche Wirksamkeit auf. Er fiel nicht ungewarnt, sein guter Geist trieb ihn über die Brücke des Lethe; es war dieselbe Saale, an der so viele schöne Jugend erwachsen und untergegangen. Er fiel mit schönen Hoffnungen für sein Land, sah seine Treuen um sich, kurz der Feind ehrte ihn im Tode. Der Herzog von Braunschweig flieht geblendet wie ein schnöder Verräter seines Volks, der Herzog Eugen von Württemberg wie eine Vogelscheuche und närrischer Kauz, Fürst Hohenlohe ist mit allen Rodomontaden gefangen.«
Fürst Charles de Ligne kehrte von einer Jagd zurück – »während welcher meine Gedanken stets bei dem Prinzen geweilt hatten« –, als ihm die Nachricht überbracht wurde. »Ich benütze den ersten Augenblick, wo man nicht mehr weint, um mich den Lebenden zu widmen. Ich verstelle, Gott weiß wie, mein Gesicht. Bei meinem Eintritt in das Schloß tun die beiden Christinen [*seine Tochter und seine Enkelin*] das gleiche und empfangen mich an der Tür. Trotz aller Heuchelkünste bemerkt einer an dem anderen, daß er um das Geheimnis weiß, und wir fallen uns weinend in die Arme.«
Carl von Clausewitz schrieb über den Tod Louis Ferdinands an Archenholz, den Herausgeber der *Minerva* in Hamburg, und der druckte den Brief im Januar-Heft 1807 ab:
»So unangenehm es war, die Kampagne mit einem unglücklichen Gefecht eröffnet zu sehen, so war doch bei weitem der größte Verlust, den wir dabei erlitten, das Leben eines Prinzen, der schon lange die Augen von ganz Europa auf sich gezogen hatte und Eigenschaften besaß, die auf die Erscheinung eines zweiten Condé in der Geschichte die größte Hoffnung machte.
Es gibt wenig Menschen, derem ganzen Wesen die Natur den Heldencharakter so deutlich aufgeprägt hätte, und selten gehen aus ihrer Hand so reich, ich möchte sagen, so *prächtig* ausgestattete Menschen hervor. Eine unglaubliche Kühnheit, eine Verachtung aller

Gefahr, wie ich sie nie gekannt habe, sprach sich in seiner Lebensweise, selbst im Schoße des Friedens aus. Alle diese Eigenschaften erhoben seine körperliche Schönheit zur wahren Zierde und legten ihr Gehalt und Bedeutung unter. Darum nahete sich ihm der Veteran mit Vertrauen, und der Jüngling sah mit Enthusiasmus zu ihm auf. Wenig Offiziere der preußischen Armee durften sich so einer Herrschaft über unsere Gemüter bewußt sein, wie er sie genoß.
Sein Tod war übrigens gewiß sein eigenes Werk; denn er würde sich haben retten können, weil er erst blessiert wurde, nachdem alles aufgegeben werden mußte. Er wollte nicht ohne Sieg zurückkehren. – Wie viel habe ich dieser Aufopferung seiner selbst schon tadeln – ja, habe ich nicht darüber schon *witzeln* hören! – Wie wenig kennen diese Leute die menschliche Natur! – Den Tadel will ich ertragen, aber den Spott – wo die Natur in geheiligten Zügen zu unserm Herzen spricht, muß jeder edle Mensch seinen Blick von der Frivolität des Spottes wenden. – Das Gefühl, was diesen Helden auf den Todesplatz fesselte, mußte es ihn nicht, unter glücklichern Umständen, zur Größe führen?«
In einem Brief vom 27. März 1807 aus Königsberg an Bettina Brentano kam Achim von Arnim noch einmal auf den Eindruck zurück, den ihm die Erscheinung Louis Ferdinands gemacht hatte: »Der Tod des unsterblichen Prinzen, dessen Natur mich anzog, schnitt im Beginne des Krieges das einzige Band ab, welches mich wahrscheinlich sonst an eine mir verhaßte Kriegsverfassung hingezogen hätte; vielleicht hätte seine Nähe mir alles überstrahlt. Er liegt unter Lorbeeren, von einer edlen Fürstin gewunden, er pflegte zu sagen: ›Mein Körper versagt mir keine meiner Phantasien‹ – so ist ihm auch diese nicht versagt worden; er erlebte nichts von dem Jammer seines Hauses.«
Der Jammer seines Hauses: Napoleon und sein Marschall Davout zerschmetterten die preußische Armee am 14. Oktober 1806 in der Doppelschlacht von Jena und Auerstedt; die Reste des Blücherschen Korps kapitulierten am 7. November in Ratekau, nachdem schon am 28. Oktober das Hohenlohesche Korps bei Prenzlau die Waffen hatte strecken müssen; die meisten preußischen Festungen ergaben sich kampflos. Als Arnim seinen Brief schrieb, standen die Franzosen in Polen und Ostpreußen: Noch vier Monate, und das Preußen Louis Ferdinands war ausgetilgt.
Und wie reagierte Napoleon auf den Tod des von ihm gehaßten

Prinzen? Aus Auma übermittelte er am 12. Oktober dem preußischen König seine persönliche Anteilnahme am »ruhmreichen Tod des Prinzen Louis«. Offiziell nahm er am gleichen Tag Stellung im 2. Bulletin der großen Armee: »Wenn er auch in der letzten Zeit seines Lebens nicht der beste Bürger war, so ist doch sein Ende glorreich und verdient beklagt zu werden. Er ist gestorben, wie jeder gute Soldat wünschen sollte, zu sterben. Zwei seiner Adjutanten sind an seiner Seite getötet worden [*ein Irrtum*]. Man hat Briefe aus Berlin bei ihm gefunden, aus welchen man sieht, daß es die Absicht des Feindes war, ohne Verzug anzugreifen, und daß die Kriegspartei, an deren Spitze dieser junge Prinz und die Königin standen, immer noch fürchtete, daß die friedlichen Gesinnungen des Königs und die Liebe, die er zu seinem Volke hat, ihn zu Ausgleichungen bewegen möchten, durch welche ihre grausamen Hoffnungen vernichtet werden könnten. Man kann sagen, daß die ersten Streiche des Kriegs einen seiner Urheber getötet haben.«

Preußischerseits hat man Napoleon diesen Nekrolog nie verziehen; man war der Meinung, er schmähe den Prinzen damit über das Grab hinaus. Nun wäre eine Laudatio Napoleons auf seinen Feind wohl kaum zu verlangen gewesen, und daß es ja Louis Ferdinand war, der diesen Krieg glühend gewünscht hatte – wer wollte und könnte das bestreiten? Viel anstößiger ist der burschikose Kommentar der französischen Armee in einem Lied, das die Soldaten damals über den Tod des Prinzen sangen, das aber in Preußen offenbar nie bekannt geworden ist:

> *C'est le prince Louis-Ferdinand,*
> *qui se croyait un géant!*
> *Ah! l'imprudent!*
> *Un hussard, bon là,*
> *Lui dit: N'allez pas si vite,*
> *Ou bien sinon ça,*
> *Je vous lance une mort subite,*
> *A la papa.*

(Das ist der Prinz Louis Ferdinand, / Der sich für einen Riesen hielt! / Ah! Der Unverschämte! / Ein Husar, recht tüchtig, / Sagt ihm: Nur nicht so schnell, / Sonst schicke ich Sie mit einem tödlichen Stoß / Rasch ohne Umstände hinüber.)

Das preußische Offizierskorps hat den Waffengefährten tief betrauert. »Ein helleuchtendes Meteor am militärischen Sternenhimmel«, charakterisierte Ludwig von Reiche den Prinzen, »die Freude und die Hoffnung der Armee, die ihn mit Stolz den ihren nannte. [...] Alle, die den Prinzen näher kannten, waren hingerissen und entzückt von seiner Liebenswürdigkeit und seinen eminenten Talenten.«
Karl von Wedel, der ihn aus der Magdeburger Zeit kannte: »Trotz seiner schonungslosen Urteile über die Höchsten der Welt, wodurch er Verhältnisse aufdeckte, die besser verborgen geblieben wären, war er höchst leutselig gegen jedermann, der ihm achtungswert erschien. Jede Art des Wissens trieb und erfaßte er mit Eifer und Leichtigkeit, dagegen erlaubte er sich den leidenschaftlichen Genuß jedes Vergnügens, den er aber immer mit einem Anstrich von Größe ausführte. Mit einem Wort, er war ein Fürst in allen Verhältnissen des Lebens.«
Friedrich August Ludwig von der Marwitz kommt zu einem ähnlichen Urteil: »Es war ein Herr, wie es sonst, und namentlich in Frankreich, mehrere gegeben hat, aber wie wohl, seit die Welt sich so ganz ins Flache gewendet, keiner wieder geboren werden wird. Er war groß, schön wie Apollo, geschickt in allen Leibesübungen, ein gewandter und dreister Reiter, einer der stärksten Schläger im Fechten, im Ringen und Voltigieren (was man jetzt Turnen nennt), dabei so außerordentlich stark, daß ich gesehen habe, wie er drei Finger in die Läufe von drei Infanterie-Musketen steckte und sie so mit einem Male aufhob! [...] Wenn er erschien in der sehr schönen und prächtigen Uniform seines Regiments, sei es zu Fuß, sei es zu Pferde (und nie auf einem andern als dem allerschönsten), so war es nicht anders, als wenn der vornehmste Herr in der Welt, der schönste und der Kriegsgott selbst sich sehen ließ.«
Sein Leben war abgeschlossen gewesen, seine Existenz in den Jahren nach 1806 ist nicht vorstellbar. Luise Radziwill schrieb ein Jahr nach dem Tod ihres Bruders an Stein:
»Er hätte in dieser Welt zuviel zu dulden gehabt, und was ich täglich erfahre, läßt mich empfinden, daß die Schmerzen, die Gott uns schickt, oft Wohltaten sind, die wir in unserer Verblendung beweinen. Ihm könnte ich nur aus Eigennutz zu leben wünschen. Er fehlt mir an jedem Tage, in jedem Augenblicke meines Lebens, und doch fühle ich, daß er viel glücklicher als wir ist.«

Der Nachlaß

Die Nachricht vom Tode des Prinzen hatte nicht nur Trauer und Tränen hervorgerufen. Jetzt meldete sich die Schar der Gläubiger, die befürchten mußten, in den Kriegs- und Nachkriegswirren um ihr Geld zu kommen.
Da verlangte etwa der Berliner Musikalienhändler Rellstab 65 Reichstaler für gelieferte Noten, die Hamburger Weinhandlung de Romance 144 Friedrichsd'or für »gelieferte feine Weine«, der Prager Glashändler Steigerwald 410 Dukaten für »eine ansehnliche Glasbestellung von brillandiert-geschliffenen Tafel- und Dessert-Service«, der Berliner Kunsttischler Wichmann 194 Preußisch Courant für »einen großen Trimaux [*Trumeau*] und einen reichen Stuhl«, und der Frankfurter Buchhändler Wilmans begehrte 130 Taler in Friedrichsd'or »für gelieferte Bücher, Kupferstiche«. Auch die Magdeburger meldeten sich. Für den gewesenen Dompropst hatte man »das gewöhnliche Trauer-Geläute in der Dom-Kirche veranlaßt«, wofür man aus Berlin 59 Reichstaler, 16 Groschen und 10 Pfennige haben wollte.
Und das war erst der Anfang. Die Nachlaßverwaltung konnte vorerst alle Supplikanten nur mit einem Schemabrief vertrösten, »indem die Schulden-Last die Aktiv-Masse übersteigt«. Das lag vor allem daran, daß man an die Besitzungen Louis Ferdinands nicht herankam. Die französischen Militärbehörden hatten auf ausdrückliche Anweisung Napoleons den gesamten Besitz des Prinzen beschlagnahmt zugunsten des französischen Domänenfonds, aus dem der Kaiser seiner Generalität die Dotationen zahlte.
Am 3. und 4. April 1811 kam der Magdeburger Besitz unter den Hammer (»Tische, Stühle, Schränke, dann Bücher, Karten, das Necessaire, das Zelt, Schabracken, Zaumzeug usw.«). Vom 8. bis 12. April versteigerte man dann den Schricker Hausrat; Inventare wurden nicht gefertigt, Käufer und Preise sind nicht bekannt.

Schricke selbst wurde 1820 für 42 000 Taler verkauft; Wettin – zunächst Dotation Napoleons an seinen Großmarschall Duroc – fiel 1814 an den preußischen Staat.

Während so das Erbe in alle Winde zerstreut wurde, bemühte sich Vater Ferdinand – erstaunlich genug – um die Leiche des ungeliebten Sohnes. Er bat darum, man möge sie von Saalfeld nach Berlin überführen, natürlich »ohne großen Aufwand«. Napoleon fand nichts dagegen einzuwenden, und der König genehmigte daraufhin die Bitte am 20. 12. 1810. Nicht so schnell ging es mit den sächsischen Staaten. Für die Überführung waren nämlich gleich vier Staaten zuständig: die Herzogtümer Sachsen-Coburg, Sachsen-Gotha und Sachsen-Weimar und das Königreich Sachsen; für den Transit verlangten die einen den »ausdrücklichen Totenpaß«, die anderen Pässe für die lebenden Begleiter des Leichnams.

Am 21. März 1811 wurde der Tote in der Königlichen Familiengruft im Berliner Dom beigesetzt, nachdem ein festlicher Trauerkondukt mit militärischen Gepränge die Stadt durchzogen hatte. Die *Königlich Privilegierte Berlinische Zeitung* meldete am 26. März alles haarklein ihren Lesern und lieferte dazu einen köstlichen Druckfehler: Der Hofprediger Storck, so hieß es da, habe »in *Ab*wesenheit sämtlicher Königlicher und übriger Prinzen« eine lange Rede gehalten, es sollte aber – wie aus den anderen Zeitungen hervorgeht – eindeutig *An*wesenheit heißen. Aber *Ab*wesenheit, wie glaubhaft: Konnte die Königliche Familie doch froh sein, den einzig Intelligenten und damit Unbequemen unter soviel fürstlicher Mittelmäßigkeit und Beschränktheit endlich los zu sein.

Nur die Schulden war man damit noch nicht los. König Friedrich Wilhelm IV. zeigte in einem Schreiben vom 18. 8. 1843 an seine Minister Sayn-Wittgenstein und Stolberg, nach welchen Grundsätzen bei der Regulierung verfahren werden sollte: »Es ist überhaupt Meine Absicht, den ursprünglichen Gläubigern des Prinzen, soweit sie noch am Leben und einer Gnadenbezeigung würdig sind [*sic!*], sowie, wenn sie sich in dürftigen Umständen befinden, teils fortlaufende Unterstützungen, teils Aversional-Quanta, je nachdem das eine oder andere zweckmäßiger erscheint, zu gewähren.«

Ein Jahr später stand die Schuldenhöhe fest: 325 498 Taler. Aber es dauerte noch dreizehn Jahre, dann, am 6. August 1857, erfolgte die endgültige Schuldenregulierung in einem Liquidationsprozeß, in dem 144 Gläubiger abgefunden wurden.

Doch nicht alle. Einundfünfzig Jahre nach dem Tod des Prinzen waren die meisten Gläubiger längst hinweggestorben, und ihre Erben waren oft über die gültigen Forderungen nicht informiert. Aber genau darauf hatte der preußische Staat auch spekuliert. Seine vielgerühmte Sparsamkeit beruhte nicht zuletzt darauf, die Untertanen um das Ihre zugunsten der Staatskasse zu prellen (siehe auch den hier geschilderten Fall des Musketiers Spaedt); so hatte schon Friedrich II. seine Beamten betrogen, die er gern um Gotteslohn arbeiten ließ, so betrog man hundert Jahre später die Gläubiger des Prinzen Louis Ferdinand.

Und wer nicht rechtzeitig zur Stelle war, ging überhaupt leer aus. So erwies sich 1846, daß Massenbach mitnichten alle Hamburger Schulden beglichen hatte. Denn der Gastwirt Peter Christopher Gottlieb Martz, Hamburg, Große Reichenstraße 77, Inhaber eines der feinsten Hamburger Restaurationsbetriebe, hatte dem Prinzen am 16. 2. 1799 (offenbar war er für wenige Tage damals in Hamburg) 2200 Mark, dänisch, geliehen. Jetzt, 47 Jahre später, meldeten sich die Nachkommen, die eine autographe Schuldenverschreibung des Prinzen vorweisen konnten, beim preußischen Staat. Der machte es sich einfach: Obwohl die Rechtmäßigkeit der Forderung nicht zu bestreiten war (und auch nicht bestritten wurde!), erklärten die Behörden, die Frist zur Einsendung solcher Forderungen sei längst verstrichen (obwohl sie erst elf Jahre später den Liquidationsprozeß abschlossen). Die Familie ließ nicht locker: Noch die Enkel verlangten ihr Geld. Schließlich, nach hundert Jahren, erklärten sie sich 1899 resigniert bereit, dem preußischen Staat – inzwischen Deutsches Kaiserreich – den Schuldschein des Prinzen als Autograph für 30 Mark zu verkaufen, und so geschah es dann auch. Mit diesem kleinen abgegriffenen, zerfallenden Stückchen Papier ging die Schuldenregulierung des Prinzen Louis Ferdinand von Preußen wirklich zu Ende. Ein volles Jahrhundert hatte es gedauert.

Henriette Fromme heiratete später einen Kriegsrat Alberts (und nicht Herrn von Quast). Sie starb 1828 in Königsberg, erst 45 Jahre alt. Ihre Kinder Ludwig (Louis) und Blanka (Blanche), die im Hause Radziwill aufwuchsen, erhob der König 1810 in den Adelsstand, darum hatte Louis Ferdinand in seinem Testament gebeten. Der König gab ihnen den Namen »von Wildenbruch«, den schon früher ein illegitimer Hohenzollernsproß getragen hatte: Der Sohn des

Markgrafen Friedrich Wilhelm von Brandenburg-Schwedt (Friedrich Wilhelm Georg Erhardt) hatte ihn 1755 erhalten; 1807 war er kinderlos in Ostpreußen gestorben, der Name war also jetzt frei.
Blanka heiratete 1826 den Major a. d. Friedrich Erhard von Roeder und starb 1887 in Breslau. Ludwig heiratete 1837 Ernestine von Langen und nach deren Tod 1860 Flora Nicolovius (verw. Cabrun). Er brachte es bis zum preußischen Generalleutnant und bevollmächtigen Minister. Aus der ersten Ehe hatte er sechs Kinder, von denen das fünfte – der 1845 geborene Ernst – der zur wilhelminischen Zeit hochgeschätzte Dichter Ernst von Wildenbruch war. Der letzte Wildenbruch – das sechste Kind Ludwigs – starb 1930 bei einem Verkehrsunfall in Berlin. Mit ihm erlosch der Name.
Pauline Wiesel ging 1808 nach Paris und heiratete dort 1828 – drei Jahre nach dem Tod ihres Mannes – den französischen Garde-Hauptmann Vincent. Sie starb 1848 in St. Germain en Laye bei Paris, siebzig Jahre alt. Die Totenfrau, welche die letzte Waschung vornahm, soll gesagt haben, noch nie habe sie an einer Frau einen schöneren Körper gesehen. Rahel, die wie stets das Richtige traf, hat von ihrer Freundin gesagt: »Pauline war das Ideal eines Weibes, das die Männer verdienen, wenn sie es erstreben, nichts durch sich selbst als schön und heiter, alles andere von dem Manne empfangend, der sie liebte, und darum von jedem Manne, den sie liebte, angebetet wie sein Spiegelbild, sein anderes Ich.«
Rahel selbst heiratete 1814 den um vierzehn Jahre jüngeren Karl August Varnhagen von Ense. Sie starb 1833, 62 Jahre alt.
Ferdinand, der Vater des Prinzen, starb 1813; die Mutter sieben Jahre später. Wenige Wochen nach dem Tode ihres Sohnes hatten sie seinen Erzfeind Napoleon in ihrem Hause empfangen. Luise, die Schwester und Vertraute Louis Ferdinands, starb 1836, drei Jahre nach dem Tode ihres Mannes, des Fürsten Anton Radziwill. Carl Graf von Schmettau, mit großer Wahrscheinlichkeit der Vater des Prinzen, wurde am 14. Oktober 1806 als preußischer Generalleutnant in der Schlacht von Auerstedt schwer verwundet und erlag seinen Verletzungen am 18. Oktober 1806.
Johannes von Müller, der sich bis 1806 als Erzfeind Napoleons verstanden hatte, erlebte nach der Besetzung Berlins durch die Franzosen sein Damaskus in einem Gespräch mit dem französischen Kaiser. Als Staatsrat und Generalstudiendirektor des von Napoleon geschaffenen Königreichs Westfalen starb er 1809 in Kassel.

Carl von Nostitz, einer der Adjutanten des Prinzen, trat zunächst in österreichische, dann in russische Dienste, avancierte zum Generalleutnant und Grafen und starb 1838.

Johann Ladislaus Dussek wurde 1808 Konzertmeister von Napoleons Außenminister Talleyrand und starb 1812 in St. Germain en Laye, dem Sterbeort Pauline Wiesels.

Laurent Guindey, für seine Tat am 10. Oktober 1806 mit dem Kreuz der Ehrenlegion ausgezeichnet, fiel am 30. Oktober 1813 in der Schlacht bei Hanau als Adjutant-Major der berittenen Garde-Grenadiere. Seine Leiche »wurde abends auf dem Schlachtfelde aufgefunden, ganz bedeckt mit Säbelhieben, mitten unter einem halben Dutzend bayerischer Chevaulegers, denen er sein Leben teuer verkauft hatte« (Charles Parquin). So starb er wie der Prinz: Allein in einem Reitergefecht. Er ist nur 29 Jahre alt geworden. Sein Geburtsort Laruns bei Pau setzte ihm 1903 ein Denkmal mit dem falschen Vornamen Jean-Baptiste.

Der Nachruhm

Schon bald nach dem Tode des Prinzen bemächtigte sich die Publizistik seiner wie einer fast mythischen Person. Als erste Veröffentlichung erschien 1807 *Vertraute Briefe über die inneren Verhältnisse am preußischen Hofe seit dem Tode Friedrichs II.*, verfaßt von Georg Friedrich Willibald Ferdinand von Cölln. Sein Tenor: »Bei Tage Champagner, des Nachts schöne Mädchen, zur Abwechslung Musik und Jagd, unter dies teilte er sein Leben. Die Menschen sah er als Produkte an, für seinen Genuß zu verbrauchen. Moralität war nicht in ihm.«
Kurz darauf versuchte das Buch *Anekdoten und Charakterzüge aus dem Leben des Prinzen Louis Ferdinand von Preußen* eine Ehrenrettung des Prizen, ausdrücklich gegen Cölln gerichtet. Aber schon die ein Jahr später erscheinende *Gallerie preußischer Charaktere* (anonym wie die beiden Vorgänger, der Verfasser der Gallerie war Friedrich Buchholz) nannte den Prinzen einen Catilina, unterstellte ihm den Plan eines Staatsstreiches im Falle des Sieges über Frankreich und charakterisierte ihn – wie Cölln – als moralisch verkommenes Kraftgenie.
Friedrich von Cölln, preußischer Kriegs- und Domänenrat, trat nach der Niederlage von 1806/07 als schonungsloser Kritiker Preußens auf und machte sich durch seine zum Teil überzogenen Angriffe auf Adel und Armee viele Feinde, nicht zuletzt durh seine Zeitschrift *Neue Feuerbrände*. Darauf wurde in Kiel eine Gegenzeitschrift mit dem beziehungsvolle Namen *Löscheimer* gegründet, deren erstes Heft 1807 erschien und in ihrem Beitrag Louis Ferdinand verteidigte. (Die *Minerva* besorgte das in ihrem Januarheft 1807).
Mit diesen Veröffentlichungen begannen die Publikationen über Louis Ferdinand. Da der Wert der Sekundärliteratur in den folgenden Anmerkungen beurteilt wird (wo nicht, findet sie sich in der Bibliographie verzeichnet), werfen wir zunächst einen Blick auf die

Stimmen, die sich mit Louis Ferdinand als Komponisten beschäftigen.
Schon am 29. Oktober 1806 widmete die *Allgemeine Musikalische Zeitung* in Leipzig dem Prinzen diesen Nachruf:
»Der Tod Sr. Königl. Hoheit, des Prinzen Louis Ferdinand von Preußen, obschon allen unsern Lesern aus politischen Blättern bekannt, muß doch auch hier wenigstens mit einigen Zeilen erwähnt werden, da dieser Prinz von jeher ein so großes musikal. Talent, eine so ausgezeichnete Virtuosität als Komponist und ausübender Musiker, und eine so lebendige, tätige Achtung gegen wahrhaft ausgezeichnete Künstler bewiesen hat, als dies – wenigstens vereinigt – noch nie an einem Manne seines Standes bemerkt worden ist – ohne daß er darum, wie jedermann weiß, für Wissenschaften oder seinen militärischen Beruf gleichgültiger geworden wäre. Schreiber dieses, der sich seiner persönlichen Bekanntschaft rühmen kann und dem kaum einige der jetzt lebenden berühmtesten Klavierspieler fremd sind, fand sein Spiel, in Kompositionen von großem, leidenschaftlichem, kräftigem Charakter, erstaunenswert und nur von sehr wenigen übertroffen. Alles, was die jetzige Kunstsprache mit dem Ausdruck *großes Spiel* – sowohl im Ausdruck als in Besiegung der größten Schwierigkeiten gewisser Art – bezeichnen will, besaß er in seltenem Grade, in seltener Vollkommenheit. Seine neuern Kompositionen sind sämtlich – wenigstens, soweit sie öffentlich bekannt worden sind – in demselben Charakter geschrieben und verlangen dieselbe Spielart, wenn sie ihre volle, kräftige Wirkung tun sollen. Was von ihm vor verschiedenen Jahren, z. B. bei Erard in Paris, herausgekommen [*bei Erard wurde nur op. 1 veröffentlicht*], achtete er in der letzten Zeit wenig, ohngeachtet es bekanntlich überall mit vielem Beifall aufgenommen worden war; er wünschte jene frühern Arbeiten durch die Suiten Quartetten und Trios (sämtlich mit vorherrschendem Pianoforte), die er dem Verleger dieser Blätter zur Bekanntmachung anvertraute und die eben, als er seinem Tode entgegenging, herauskamen – vergessen zu machen.«
Als diese Zeitschrift am 19. 8. 1808 Dusseks musikalischen Nekrolog *Elégie harmonique sur la mort de S. A. R. le Prince Louis Ferdinand de Prusse, en forme de Sonate pour le pianoforte* rezensierte, schrieb der verantwortliche Redakteur (wahrscheinlich Rochlitz):
»Er [*Louis Ferdinand*] fragte durchaus nicht, ob die Wissenschaft welcher er sich jetzt ergab, schwierig oder leicht, trocken oder

unterhaltend, mit seinen übrigen Neigungen zu vereinigen oder nicht, ob sie ihm im Kreise seiner eigentlichen Tätigkeit vorteilhaft oder gleichgültig sei: War er überzeugt, was ihm jetzt vorkomme, sei der Anstrengung eines edlen Geistes überhaupt würdig, so ergriff und so trieb er es mit Eifer, mit Penetration, mit Beharrlichkeit, bis er dahin war, es im ganzen zu übersehen, und dann beliebt' es ihm, es auch vollends im einzelnen zu erschöpfen, so daß seine Ärzte oft besorgt waren und seine Lehrer ihm kaum folgen konnten. Ferner: So sehr er das Vergnügen und den Wechsel darin, so sehr er auch den Wechsel in seinen – fremdartigen Beschäftigungen liebte, so fest verharrte er bei solch einer einmal erwählten Wissenschaft, bis er zu jener Stufe darin gekommen war, und während dieser Zeit gab er sich ihr ganz, gab er sich ihr allein hin und mit allen seinen Kräften, all seiner Zeit, all seiner Liebe, und es war an keinen Wechsel zu denken. Endlich – denn da ich hier für ein musikalisches Blatt schreibe, muß ich hierauf zu kommen eilen – endlich schien es, als ob er in den letzten Jahren, vornehmlich durch leidenschaftlichen Anteil an den Angelegenheiten seines Vaterlands und Deutschlands überhaupt, durch gewaltsames Drängen seiner Kräfte nach diesem Punkte, ohne eigentlichen oder doch ihm genügenden Wirkungskreis dafür, durch Einsicht in die Nichtigkeit des gewöhnlichen Lebens auch in sogenannten höheren Verhältnissen, wie nicht weniger in die Nichtigkeit des Treibens der meisten ihm nahen Wissenschaftler etc. es schien, sag' ich, als sei er dadurch in einen so gewaltsamen Zwiespalt mit sich selbst gesetzt worden, daß sich sein inneres Wesen gleichsam in zwei aneinander entgegenstrebende, einander bekämpfende, einander wechselseitig besiegende und von neuem entflammende Teile zerlegte: Das böse Prinzip riß ihn tief in betäubende sinnliche Zerstreuungen, das gute zog ihn mächtig zu *der* Kunst hin, die es weniger als irgendeine andere Beschäftigung des Geistes und Herzens mit der Erde zu tun hat – zur Tonkunst. Jetzt mußte er eine Welt zerstören und dann schöner neu zu schaffen versuchen, oder sich selbst aufreiben und den bessern Teil seines Wesens entbinden. Das Schicksal und die über seine äußere Bestimmung entscheidenden Männer gaben ihm Gelegenheit zum letztern, und er widerstrebte nicht.«

Kompositionen Louis Ferdinands wurden 1807 in Mannheim und 1808 in Prag gespielt: Die Kritik nannte die Werke »schwülstig«. Günstiger war dieser Musik der Boden Wiens, wo mit der Person

und den Werken des Prinzen ein wahrer Kult getrieben wurde, wovon sich Johann Friedrich Reichardt während seines Aufenthalts im Winter 1808/09 überzeugen konnte. Er verzeichnet sechs Konzerte, in denen Kompositionen des Prinzen gespielt wurden, darunter zwei im Hause des Fürsten Lobkowitz, »in welchem der Erzherzog Rudolph, Bruder des Kaisers, mehrere der schwersten Sachen vom Prinzen Louis Ferdinand und von Beethoven auf dem Fortepiano mit vieler Fertigkeit, Präzision und Zartheit spielte«. Erzherzog Rudolph, ein Schüler Beethovens, schrieb auch ein Trio für Klavier, Klarinette und Violoncello mit Variationen über ein Thema Louis Ferdinands (aus dessen Oktett op. 12). Auch Bearbeitungen wurden vorgetragen. So berichtet Reichardt unter dem 22. 1. 1809:
»Frau von Pereira und Fräulein von Kurzbeck hatten mir und einigen anderen echten Musikfreunden einen ausnehmend großen Genuß bereitet. Ihr jetziger Klavierlehrer, der vortreffliche Instrumentenmacher [*Johann Andreas*] Streicher, der die würdige Tochter [*Nanette*] des genialen Augsburger Stein, auch eine brave Klavierspielerin, zur Frau hat, und dessen Äußeres schon den denkenden und fühlenden Künstler verrät, hatte für die beiden kunstreichen Damen das herrliche Quartett aus f-moll von unserem verewigten Prinz Louis Ferdinand mit vieler Kunst und Geschicklichkeit für zwei Fortepiano gesetzt und die sehr schweren Sätze mit der größten Sorgfalt lange mit den Damen eingeübt. So hörten wir nun an einem schönen, hellen Morgen in Streichers Wohnung, auf zwei der schönsten Fortepianos dieses Meisters, von schönen, kunstvollen Händen jene höchst geniale Komposition mit einer Vollendung vortragen, wie man selten etwas hört. Die zarten Kunstseelen gingen mit so vielem Geist und Gefühl in die sublimen und schönen Gedanken und Phantasien des Komponisten ein und übten die größten Schwierigkeiten mit so vieler Präzision und Rundung aus, daß sie wahrlich eine ganze Welt voll Musik um uns her zauberten. Nur sehr wenige, ganz auserwählte Kunstfreude nahmen teil an dieser hohen Lust und das erhöhte sie noch. Die schöne, gefühlvolle Fürstin Kinsky, die ihr eigenes vortreffliches Instrument dazu hergeschickt hatte, mit ihrer Schwester und ihrem Schwager, die Frau von Henikstein und der Fürst Lobkowitz machten das ganze edle Publikum aus. Nur selten genoß ich ein so schönes Kunstwerk in so ganz vollendeter Darstellung, und ich kann wohl sagen, mir war

bei der Rückfahrt in dem offenen Wagen des Fürsten Lobkowitz unterm reinen, sonnenhellen Himmel recht himmlisch wohl. Die großen und lieblichen Gedanken, der tiefmelancholische Charakter der ganzen Komposition, oft von den reinsten Sonneblicken durchströmt, in denen sich ein Himmel öffnet, tönten noch so hell, so tief in meinem Innern nach; der Geist des edlen Prinzen, den ich gerade dieses Quatuor, in dem seine ganze bessere Seele so glühend lebt, so oft mit Entzücken vortragen hörte, umschwebte mich so rein, so hell, daß ich die hohe Macht seines Genies und seinen unersetzlichen Verlust tiefer als je empfand, und sich die hohe Lust in innige Wehmut auflöste.«

Die Berliner hörten Louis Ferdinands Trio op. 3 am 2. Februar und am 20. April 1809.

Einen Marsch und Chor auf den Tod des Prinzen vertonte Bettina Brentano im März 1810: »Ich finde die Komposition sehr rührend und angemessen; ich werde Dir die Stimmen dazu schicken, Du wirst viel Freude mit verbreiten, denk ich«, schreibt sie selbstbewußt an ihren Freund Achim von Arnim, der ihr am 8. April antwortete: »Der Marsch und das Chor auf den Prinz Louis ist recht schön unabhängig von den Worten gedacht, aber der Marsch besonders hat wenig, so viel ich aus unvollkommenem Vortrag schließen kann, von einem eigentlichen *Trauer*marsche.«

Im April 1810 trägt die zwölfjährige Henriette Paradis ein Trio des Prinzen in Wien vor, ein Jahr später hört man dort das Quintett op. 1. Anfang September findet im Hause von Andreas Streicher eine Feier zum Andenken Louis Ferdinands statt, bei der die Quartette op. 5 und op. 6 in der Streicherschen Bearbeitung für zwei Klaviere vorgetragen werden. Eine dieser Bearbeitungen wird am 23. 2. 1813 in Wien öffentlich aufgeführt. Dort spielt man am 21. 12. 1817 auch ein »Andante und Rondeau«, wohl das Larghetto op. 11.

Goethe machte die Bekanntschaft mit der Musik des Prinzen am 28. Oktober 1823, als eines der Quartette in seinem Hause aufgeführt wurde, deren Klavierpart die von dem Dichter verehrte polnische Pianistin Maria Szymanowska betreute. Goethes Urteil kennen wir nicht.

Erst Ende Dezember 1831 wird wieder Musik des Prinzen öffentlich gespielt: Das vielbewunderte Quartett f-moll op. 6 hört man in einer Berliner Matinée gemeinsam mit Beethovens Trio op. 3 in Es-dur. Die Kritik war tief beeindruckt: »Nahe verwandt ist der Genius des

verewigten Prinzen dem Beethovens, nur etwas tiefere Schwermut noch und weniger Reichtum der Phantasie, dagegen aber ein hochstrebender, unbefriedigter Feuergeist gibt sich kund. Daß auch hier so früh die Fackel des geistigen Lebens erlosch, ist leider ›das Los des Schönen auf der Erde‹. Nicht enthalten konnten wir uns der innigsten Wehmut beim Hören des wild bewegten, leidenschaftlichen, elegischen Tongemäldes. Möchten doch alle Kompositionen von Prinz Louis Ferdinand jetzt mehr hervorgesucht und der Vergessenheit entrissen werden, da sie unserer Zeit weit näher stehen als dem Musikgeschmacke vor 25 Jahren!«
Mit dieser Meinung stand der Kritiker der *Allgemeinen Musikalischen Zeitung* nicht allein. Robert Schumann schrieb am 1. 3. 1840 in der *Leipziger Allgemeinen Zeitung*: »Vielleicht erinnert man sich auch des romantischsten aller Fürstensöhne, des Prinzen Louis Ferdinand von Preußen und seiner Quartette, die ihm in der Geschichte der Musik ein unvergängliches Andenken sichern.«
Schumanns Bewunderung für den Komponisten Louis Ferdinand reichte weit zurück. Er zählte ihn unter die »Lieblingsmeister meiner Jugend«, und sein Jugendfreund Emil Flechsig erinnerte sich später: »Prinz Louissche Sachen waren bevorzugt.« In seinen *Polyrhythmen* begeisterte sich der jugendliche Schumann um 1826/28 unter der Überschrift *Prinz Louis*: »Du bist Schiller, und deine ganze überirdische Tonwelt sind die... Schillerschen Ideale; aber den Wein und die... die hinter euren Dichtungen..., mag ich nicht zählen.«
Schumann bewahrte sich diese Liebe. Er verwendete Kompositionen des Prinzen im Unterricht und urteilte 1836 zutreffend, Louis Ferdinand sei »der Romantiker der klassischen Periode« gewesen.
Als Schumann 1840 seine oben zitierten Sätze niederschrieb, spielte Franz Liszt des Prinzen Meisterwerk, das Quartett f-moll op. 6, in Berlin; ein weiteres Mal zwei Jahre später. Wie sehr sich Liszt mit diesem Werk auseinandergesetzt hat, zeigt seine 1843 komponierte *Elégie sur des motifs du Prince Louis de Prusse* für Klavier (revidierte Fassung 1847), die Themen des Quartetts verarbeitet. Auch in Petersburg gastierte Liszt mit dem Quartett, 1848; dann geriet die Musik des Prinzen in Vergessenheit. Erst am 10. Oktober 1906 – zum 100. Todestag des Prinzen – wurde das Quartett f-moll erneut aufgeführt, gemeinsam mit dem Trauermarsch aus der *Eroica*, dirigiert von Richard Strauss im Berliner Schauspielhaus-Konzertsaal.

Zu dem Zeitpunkt, da die Musik des Prinzen allmählich in Vergessenheit geriet, also um 1840, wird die Gestalt Louis Ferdinands in der Dichtung populär. Ihre Dominante findet sich bereits in den Distichen:

> *Glorreich brach der gefallene Held die blutige Kriegsbahn.*
> *Mit Leonidas' Mut fand er Leonidas' Tod.*
> *Aus des Spartaners zersplittertem Speer grünt ewiges Palmlaub.*
> *Ludwigs gesunkener Stahl flammt in unsterblichem Licht.**

Diese Verse stammen von Friedrich August Stägemann, spontan niedergeschrieben im Herbst des Unglücksjahres 1806. Das wahrscheinlich erste publizierte Gedicht auf den Tod Louis Ferdinands erschien am 20. Oktober 1806 anonym in der Berliner Zeitschrift *Der Beobachter an der Spree*; das nächste veröffentlichte der *Löscheimer* im ersten Heft 1807, gleichfalls anonym: *Des Prinzen Heldentod*. Ungenannt blieb auch der Verfasser, der im zweiten Heft des *Löscheimer* das Gedicht *Louis Ferdinand. Eine Phantasie* veröffentlichte.
Achim von Arnim bedichtete den Tod des von ihm Verehrten schon 1806 (*Prinz Louis Ferdinand*); der Schlesier Carl Friedrich Benkowitz publizierte seinen lyrischen Nekrolog 1807. Welches dieser Gedichte man auch nimmt: Sie sind alle von antikischem Heroenkult inspiriert.
Auch das Volkslied artikulierte sich jetzt. Im Frühjahr 1807 sangen die Leierkastenbarden Berlins das fünfstrophige Lied *Klaget, Preußen, ach, er ist gefallen, / Der geliebte Menschenfreund als Held*, ein Lied, das Achim von Arnim noch Jahre später zu Tränen rührte, als er es unter seinem Fenster singen hörte.
Ausgerechnet der Kriegslyriker Theodor Körner ließ sich nicht von der sogenannten Heldenerscheinung des Prinzen inspirieren, sondern von dessen Musik, die er während seines Aufenthalts in Wien kennengelernt hatte. Sein 1812 geschriebenes Gedicht heißt denn auch *Bei der Musik des Prinzen Louis Ferdinand*, das einzige Gedicht, das dem Prinzen als Musiker gilt; es ist – trotz »vaterländ'scher Schmerz« und »Lorbeern« – weit weniger klischeehaft als die ihm vorangegangenen Heldenbeschwörungen.

---

* Die Louis Ferdinand gewidmeten Gedichte finden sich im Anhang.

Zwei Jahre nach Körners Tod (1813) erschien eine Vertonung dieses Gedichts von Carl Maria von Weber (*Leyer und Schwert Heft III, op. 43, den Manen des verewigten Prinzen gewidmet*) mit einem lyrischen Vorspruch von Clemens Brentano, der darauf hinweist, daß Webers Vertonung Zitate aus den Kompositionen des Prinzen (meist aus op. 6) verwendet.

Die Beisetzung Louis Ferdinands 1811 in Berlin bedichtete konventionell Stägemann, und mit diesem Gedicht (1828) endet der erste Abschnitt der dem Prinzen gewidmeten Dichtung. Denn jetzt rühren sich die Poeten erst fünfzehn Jahre später wieder: 1843 veröffentlichte Ferdinand Freiligrath sein Gedicht *Prinz Ludwig von Preußen*, ein deutlich gegen die herrschende Reaktion gerichtetes Poem, in dem Louis Ferdinand als Gestalt der Opposition erscheint.

Aber das ist die Ausnahme, denn die Balladen von Christian Friedrich Scherenberg (1845), Theodor Fontane (1847) und Adolf Bube stilisieren den Prinzen zur nationalen Galionsfigur, und dabei sollte es bleiben. Eine Ausnahme bildet zum Teil Fanny Lewalds Roman *Prinz Louis Ferdinand* (1859), der erste Roman über den Prinzen, Ausnahme insofern, als die Autorin den Mut besitzt, auf die skandalöse Behandlung des preußischen Soldaten hinzuweisen wie überhaupt auf die Zeitumstände, gerade auch auf die wenig glorifizierbaren. Erst nach dem Roman von Fanny Lewald wird auch Louis Ferdinand jener preußische Halbgott, der seine Geburt vornehmlich dem Siegesüberschwang von 1864 und 1866 verdankt.

Das erste Drama über den Prinzen erschien 1865: *Prinz Louis Ferdinand. Vaterländisches Trauerspiel in fünf Aufzügen* von Wilhelm Hosaeus. Hier wird zum erstenmal in einer Dichtung der Gedanke ausgesprochen, Louis Ferdinand könne – zur Rettung Preußens natürlich – durch einen Militärputsch zur Macht kommen und sei dazu auch willens. Mit der »historischen Novelette« *Prinz oder Schlossergeselle* von Louise Mühlbach eröffnete 1868 *Die Gartenlaube* (in Fortsetzungen) den Reigen der sentimentalen Prinzenverklärung. Theodor Fontanes *Schach von Wuthenow* (1882) gehört nur am Rande hierher, da der Prinz in diesem Werk Nebenfigur ist; die Erzählung geht auf einen historisch belegbaren Fall aus dem Regiment Gensdarmes zurück. – Johannes Jacobis *Prinz Louis Ferdinand. Vaterländisches Schauspiel in fünf Akten* (1890) schildert den Prinzen als Propheten des neuen deutschen Kaiserreichs, er ist die Seele des preußischen Patriotismus.

Sogar ein Epos wurde Louis Ferdinand gewidmet: *Prinz Louis Ferdinand, ein Heldenleben* von Rudolf Bunge (1895). In seiner Verkitschtheit und Geschmacklosigkeit, süßlicher Idyllik und nationalistischem Mief sucht dieses Opus an Unerträglichkeit Seinesgleichen. Die Strophe, die Detlev von Liliencron ein Jahr später in seinem Epos *Poggfred* auf Louis Ferdinand dichtete, sagt mehr über den Prinzen aus als Bunges einen ganz Band füllende Reimerei.
In *Schwertklingen*, einem *vaterländischen Roman* von Hans Werner (d. i. Anna Bonin) in drei Bänden (1897), tritt Louis Ferdinand nur im ersten Band als Seitenfigur auf, wird aber ausführlich beschrieben. Die Verfasserin nennt zwar sogar in Fußnoten die von ihr benutzten Quellen, aber das Portrait bleibt so klischeehaft wie der ganze grobpatriotische Roman.
Einen witzigen Einfall hatte C. von Kalkhorst in seiner Erzählung *Nächtliches Abenteuer eines preußischen Prinzen* (1902). Sie spielt zur Zeit des Lemgoer Aufenthalts. Das »nächtliche Abenteuer« besteht darin, daß der Prinz gleichsam *en passant* einer Frau ein Kind macht, das neun Monate später als Christian Dietrich Grabbe zur Welt kommt. Sich Louis Ferdinand als Vater Grabbes vorzustellen, ist sicher nicht ohne Reiz; nur wurde Grabbe am 11. 12. 1801 geboren, und zur Zeit seiner Zeugung war der Prinz längst in Magdeburg.
Das letzte auf den Prinzen geschriebene Gedicht in deutscher Sprache verfaßte 1906 sein Enkel Ernst von Wildenbruch: *Held und Helden.*
Ein Schauspiel *Prinz Louis Ferdinand* plante Georg Heym, allerdings kam er über zwei Szenen-Entwürfe – geschrieben 1907/09 – nicht hinaus. Interessant ist, daß Heym – ein glühender Bewunderer Napoleons – in diesen Entwürfen Louis Ferdinand die von Napoleon befohlene Hinrichtung des Herzogs von Enghien verteidigen läßt: »Das sind die Gefahren eines Großen, daß er da wählen muß, wo ein andrer es dem Schicksal überlassen darf, für ihn auszusuchen. – Heißt, wenn er je in seinem Leben in solche Wahl kommt. Man sollte auch nie über jemand richten, ehe man nicht selbst in seiner Lage war. Ich, Louise, kann seine Tat verstehen und verzeihen.« Sätze, die der Prinz in Wirklichkeit nie gesprochen haben könnte, denn es war ja gerade der Mord an Enghien, den er Napoleon nie vergeben hat.
Aufsehen erregte 1913 das Drama *Louis Ferdinand Prinz von Preußen* von Fritz von Unruh. Wie Hosaeus vertritt auch Unruh die Auffassung, die preußische Armee habe geplant, Louis Ferdinand

zum König auszurufen. Zwar besitzt dieses Drama mehr literarische Qualitäten als seine Vorgänger, aber sein überhitzter expressionistischer Sprachgestus wirkt heute unerträglich, und der exaltierte Preußenkult des Autors ist nicht ohne unfreiwillig komische Züge. Sechs Jahre später erschien ein Zeugnis geradezu rührender Verehrung in Helsinki: *Prinz Louis Ferdinand av Preussen. En romantisk cykel.* Das Bändchen enthält einige Gedichte in schwedischer Sprache, die Episoden aus dem Leben des Prinzen zum Gegenstand haben. Verfasser war der sechsundzwanzigjährige finnische Dichter Jarl Hemmer. In Deutschland ist diese liebenswürdige Huldigung offenbar nie beachtet oder gar übersetzt worden, dabei ist dieses Büchlein die einzige poetische Referenz vor dem Prinzen außerhalb Deutschlands.
Die Romane und Erzählungen um den Prinzen, die nach dem Ersten Weltkrieg erschienen, sind durchweg belanglos, wenn sie auch manchmal recht erfolgreich waren; der Roman *Prinz Louis Ferdinand. Ein Buch von Liebe und Vaterland* (1919) von Alfred Semerau brachte es auf mehrere Auflagen. Es folgten die Erzählung *Das Adagio des Prinzen Louis Ferdinand* von Margarete Reichardt-Brader (1924) und der Roman *Louis Ferdinand, Prinz von Preußen* (1930) von Sophie Hoechstetter.
Einen neuen Akzent brachte das Drama *Prinz von Preußen* von Hans Schwarz (1934). Ein Jahr Hitlerherrschaft hatte genügt, um den Prinzen in einen strahlenden Jungnazi zu verwandeln, einen Rebellen gegen die alte Ordnung, der sich Machtdemonstrationen gegenüber seinem König erlauben darf. In allen Dichtungen, die Louis Ferdinand gewidmet worden sind, gibt es seltsame Traditionen, aus denen man eine eigene Motivgeschichte entwickeln könnte. Die Anekdote, der Prinz habe sich 1805 demonstrativ den vorgeschriebenen Zopf abgeschnitten und seine Umgebung aufgefordert, ein gleiches zu tun, hatte Freiligrath schon 1843 besungen. Diese Szene (sie ist historisch nicht belegbar) kommt nun auch in den Dramen von Hosaeus, Jacobi und Schwarz vor. Schwarz läßt den Prinzen sagen: »Es ist die Rebellion, die uns heute erlaubt ist! Ich werde von morgen ab der erste preußische General sein, der keinen Zopf mehr besitzt und sein Haar so natürlich und frei wie der Mann aus dem Volke trägt!« Der Held: »wie der Mann aus dem Volke«, diese Anspielung verstand man 1934 sehr genau, es war ein viel benutzter »Führer«-Topos. In einer anderen Szene läßt Schwarz den Pfarrer der Potsdamer

Garnisonkirche eine Friedenspredigt halten, die der Prinz durch Zwischenrufe stört. Ganz abgesehen davon, daß Louis Ferdinand im Gegensatz zum Nazi-Jungvolk Manieren hatte: Bemerkenswert ist die Erklärung, die Schwarz ihn dem Pfarrer gegenüber sagen läßt: »Der Geistliche soll dem Leben dienen, ohne seinem Auftrag untreu zu werden. Wenn er nicht mithilft, daß wir eine Wiedergeburt unseres Volkes erleben, so stehen wir alle auf verlorenem Posten!« Das war wieder haargenau die herrschende Terminologie; als »Wiedergeburt unseres Volkes« feierte das Nazivokabular Hitlers Machtergreifung.

So vordergründig ideologisch eingefärbt waren die übrigen Dichtungen nicht: der Roman *Die Schwinge Preußens* von Victor Helling (1935) und die Erzählungen *Erzählung des Adjutanten von Nostitz* von Walter von Molo (1937), *Glockenschläge* von Julius Lothar Schücking (1938) und *Die Nacht von Rudolstadt* von Fritz Helke (1942). In einem Trivialroman, den die Zeitschrift *Hör Zu* in Fortsetzungen von Heft 51/1968 bis Heft 12/1969 abdruckte, begegnet uns Louis Ferdinand unter dem Titel *Der Prinz*, verfaßt von Hugo Krizkovsky, der sein Material vornehmlich aus früheren Romanen zum Thema bezieht. Und 1986 folgt schließlich – im »Militärverlag der Deutschen Demokratischen Republik« – *Und wenn der Zügel reißt... Ein Roman um Prinz Louis Ferdinand von Preußen* von Werner Neubert, eine literarische Dürftigkeit. Zusammenfassend: Ein Epos, vier Dramen, ein Dramen-Fragment, sechs Erzählungen, acht Romane und achtzehn Gedichte haben sich mit Louis Ferdinand beschäftigt. Unter diesen Werken ist nicht eines, das literarisch den ersten Rang behaupten könnte. Eine von Mit- und Nachwelt schon früh ins Mythische abgedrängte Persönlichkeit, Ersatzgott im patriotischen Himmel, ist wahrscheinlich für die Poesie verloren.

Keine Dichtung hat so treffend das Wesen Louis Ferdinands erfaßt wie Rahel in ihren Briefen. Daß mit seinem Tod eine Epoche endet, hat sie mit seltener Klarheit gesehen, als sie zwölf Jahre nach seinem Tode schrieb: »Wo ist unsre Zeit, wo wir alle zusammen waren. Sie ist Anno 6 untergegangen. Untergegangen wie ein Schiff: mit den schönsten Lebensgütern, den schönsten Genuß enthaltend.«

Anmerkungen

Kindheit und Jugend

10 *Dem Zeremoniell entsprechend:* Material dazu im Deutschen Zentralarchiv, Hist. Abt. II, Merseburg, Ministerium des Innern, H. A. Rep. 57. II. A. 1
13 *Wir kennen nur drei Briefe*: DZA, Hist. Abt. II, Merseburg, H. A. Rep 57. II. J. 5.
15 *Bärbaums Kunst*: Briefe Louis Ferdinands an König Friedrich II. s. DZA, Hist. Abt. II., Merseburg, H. A. Rep. 57. II. J. 7.
17 *Livre de Lecture*. Titel *Manuscrit de S. A. le prince Louis de Prusse* (DZA, Hist. Abt. II, Merseburg, Rep. 94. IV: Le. 31) Dieses Manuskript ist bisher nur von Priesdorff (s. Bibliographie) herangezogen worden, aber seine Angaben dazu sind oberflächlich und zum Teil falsch. So enthält dieses Heft nicht verschiedene Gedichte, sondern nur Exzerpte aus Büchern. Auch hat Louis Ferdinand nicht den *Werther* gelesen, vielmehr findet sich in Engels *Philosoph für die Welt* ein Aufsatz *über* den *Werther*, nur den hat Louis Ferdinand gelesen. Werke Goethes werden in diesem Heft überhaupt nicht genannt.
22 *enden mit dem 17.6. 1787*: Ein Kuriosum sei hier erwähnt: Im DZA, Hist. Abt. II, Merseburg (H. A. Rep. 156/57. XXV. 1–5) findet sich eine vom Kammerdiener Stoltze quittierte Rechnung vom 1.6. 1787, betr. Anschaffungen für Louis Ferdinand. Gekauft wurden: Pomade (16 Groschen), Zahnpulver (6 Gr.), neue Zahnbürste (3 Gr.), Zopfband (16 Gr.), Schuhwichse (4 Gr.), Seidenstrümpfe (6 Gr.), Räucherpulver (1 Gr.), Waschseife (4 Gr.). Die Erwähnung von Zahnbürste und Zahnpulver ist für die damalige Zeit noch ganz ungewöhnlich. Felix Eberty schreibt in seinen *Jugenderinnerungen eines alten Berliners* (Berlin 1925): »Auch Zahnpulver war nur in der Anstalt unbekannter Artikel (*der Bericht bezieht sich auf das Jahr 1820*), wie denn die jetzt allgemein übliche Pflege der Zähne in Deutschland überhaupt noch nicht so alt ist und vielleicht als eine aus England eingeführte gute Sitte betrachtet werden muß.« Aber »allgemein üblich« ist die Zahnpflege auch heute noch nicht: 1971 besaßen nur 50 Prozent der Bundesrepublikaner eine eigene Zahnbürste.
30 *wie der Fall Azor beweist*: DZA, Hist. Abt. II, Merseburg, H. A. Rep. 156/57. XX. 6.

32 *mit einem artigen Brief*: DZA, Hist. Abt. II, Merseburg, H. A. Rep. 47. II. J. 8.
33 *Eberhardine Charlotte Justine von Schlieben*: DZA, Hist. Abt. II, Merseburg, H. A. Rep. 156/57. XXV. 27. Priesdorff erwähnt zwar das Verhältnis Louis Ferdinands mit dieser Hofdame, verschweigt aber die Existenz des Kindes. Justine von Schlieben heiratete später den bayerischen Stallmeister Heinrich von Drechsel und starb schon 1811. Als »Caroline Bentley« wuchs das »malheureuse enfant« (so die Schlieben an Prinzessin Ferdinand) zunächst bei einem Bauern in der Nähe von Genf auf. Beim Tode ihrer Mutter lebte Caroline in Hanau; sie wurde nicht im Testament ihrer Mutter bedacht. Deswegen wandte sich Drechsel, der Stiefvater, an Ferdinand um Unterstützung. Zwischen 1812 und 1817 wurden ihm 1700 Taler in Raten überwiesen. Caroline heiratete 1817 einen Heinrich Sigguello. Ihr weiteres Schicksal ist nicht bekannt.
35 *Feld-Equipage*: DZA, Hist. Abt. II, Merseburg, H. A. Rep. 156/57. XXV. 9–10.

Krieg gegen Frankreich

44f *dreitausend Taler*: Ausrüstung der Feldequipage nach DZA, Hist. Abt. II, Merseburg, H. A. Rep. 156/57. XXV. 18. Die Schreibweise *Rahleke* (Priesdorff schreibt »Rahlke«) ist durch die Unterschrift in der oben zitierten Akte verbürgt.
45 *im ersten Brief*: Alle Briefe Louis Ferdinands an seine Schwester – sie existieren nur in Abschriften – befinden sich DZA, Hist. Abt. II, Merseburg, H. A. Rep. 57, II. J. 5.
47 *seinem alten Kammerdiener Stoltze*: Von Stoltze sind acht Briefe in Abschriften erhalten: DZA, Hist. Abt. II, Merseburg, H. A. Rep. 57. II. J. 11.
60 *ein Gedicht auf die Heldentat*: DZA, Hist. Abt. II, Merseburg, H. A. Rep. 57. II. L. 3.
68 *Lieder vorsingen*: Das Lied auf die Belagerung von Landau *Seid lustig, ihr Brüder* mit der zitierten Strophe findet sich im Deutschen Volksliedarchiv, Freiburg i. Brsg. (Sign. A 42 344). Umgedichtet wurde es später auf die Belagerung von Kolberg. Darin heißt es: *Glaubt ihr Franzosen, der Preuß retirirt / Weil ihr Prinz Ludwig beim Saalfeld blessiert* (sic!) In dieser Fassung findet sich das Lied noch im handschriftlichen Liederbuch eines Soldaten aus Torgau von 1839. Deutsches Volksliedarchiv, Freiburg i. Brsg. Nachlaß Ludwig Erk (Sig. E 4 041).
68 *Eine Amputation*: Beschreibung von Johann Jakob Röhring in *Unter der Fahne des ersten Napoleon*, hrsg. v. Karl Röhring, Altenburg 1906.

In Lemgo, Hoya und Hamburg

73 *Anzeige in die deutschen Zeitungen*: nachgewiesen im *Hamburgischen Correspondenten* vom 19. 8. 1795 und in der *Frankfurter Kaiserl. Reichs-Ober-Post-Amts-Zeitung* vom 17. 9. 1795.

73 *Die 18 Bediensteten seines Haushalts*: DZA. Hist. Abt. II, Merseburg, H. A. Rep. 156/57. XXV. 15.

73 *Die Wohnung selbst*: DZA. Hist. Abt. II, Merseburg, H. A. Rep. 156/57. XXV. 15.

73 *Bei einem Mittagessen*: DZA. Hist. Abt. II, Merseburg, H. A. Rep. 156/57. XXV. 15.

77 *ein Rheinbundoffizier geschildert*: Georg Heinrich Barkhausen *Tagebuch eines Rheinbundoffiziers*, Wiesbaden 1900.

80 *ein langer Brief von Bülow*: aus Heilsberg (Ostpreußen) v. 20. 3. 1797 (DZA. Hist. Abt. II, Merseburg, H. A. Rep. 57. II. J. 1)

86 *Aber jetzt sollte er unterzeichnen*: Akten zur Schuldentilgung s. DZA. Hist. Abt. II, Merseburg, H. A. Rep. 57. II. G 1–10.

88 *Seine musische Begabung*: Zeichnungen Friedrich Wilhelms III. von 1792 s. DZA. Hist. Abt. II, Merseburg, H. A. Rep. 49. F. 4.

89 *wenn er seine Generale bedichtet*: Gedichte von Friedrich Wilhelm III. s. DZA. Hist. Abt. II, Merseburg, H. A. Rep. 49. F. 1.

90 *dokumentiert ein Brief*: zitiert nach dem Autograph in süddeutschem Privatbesitz.

96 *Heinrich Jacob Spaedt*: Brief Louis Ferdinands im Geheimen Staatsarchiv Berlin-West (Rep. 94. Nr. 1244).

98 *J. L. Dussek*: Wohnte in Hamburg im Kramer-Amtshaus.

98 *Johann Georg Büsch*: Wohnte in Hamburg Fuhlentwiete 94.

100 *Am 19. November 1799 alarmierte*: DZA. Hist. Abt. II, Merseburg, H. A. Rep. 57. II. G. 4.

104 *nicht die Herzogin von Montmorency*: Über sie schrieb Schultz am 6. 4. 1800 an Ferdinand: »Die Prinzessin von Lothringen, derer bei dieser Gelegenheit erwähnt worden, ist die Gemahlin des Prinzen Joseph Maria von Lothringen-Vaudemont, der als K. K. General ein Kommando bei der Armee in Schwaben hat, eine geborene Prinzessin von Montmorenci. – Selbige hat bis vor einiger Zeit in Altona gewohnt, ist aber nunmehr einige Meilen von hier bei Blankenese auf einem kleinen Landgute etabliert, das sie angekauft hat. Sie besitzt übrigens noch beträchtliche Mittel, und sie ist sonst eine echt liebenswürdige und im besten Ruf stehende Dame.« (DZA. Hist. Abt. II, Merseburg, H. A. Rep. 57. II. G. 4.). – Ernst Poseck (s. Bibliographie) schreibt: »Das Verhältnis zu ihr war doch sehr weit von einer leidenschaftlichen Liebe entfernt, wie die Briefe an diese Prinzessin zeigen, in denen zwar ein burschikoser, aber durchaus nicht der innige Ton vorherrscht, der seine anderen Liebesbriefe durchglüht.« Poseck konnte diese Briefe aus Privatbesitz einsehen (1938); ihr Wortlaut wurde nicht veröffentlicht.

105 *alarmierte Schultz*: DZA. Hist. Abt. II, Merseburg, H. A. Rep. 57. II. G. 4.

106 *in seinen unveröffentlichten Erinnerungen*: DZA. Hist. Abt. II, Merseburg, H. A. Rep. 92. Massenbach. Band 5.

Beginn der Selbständigkeit

118 *davon gibt eine Meldung Zeugnis*: Österreichisches Staatsarchiv, Abt. Haus-, Hof- und Staatsarchiv, Wien, Abt. Staatskanzlei-Preußen 76, Berichte fol. 96r–97v.

118f *am 23. Februar erwiderte*: DZA. Hist. Abt. II, Merseburg, H. A. Rep. 57. II. G. 4.

121 *am 7. Mai*: DZA. Hist. Abt. II, Merseburg, H. A. Rep. 57. II. N. 1.

122 *gegen die Heirat sprechenden Gründe*: DZA. Hist. Abt. II, Merseburg, H. A. Rep. 57. II. N. 1.

123 *Mit der Heirat wurde es also nichts*: Die Prinzessin von Kurland verlobte sich zwar kurz darauf mit dem Sohn des Generals Suworow, aber zur Heirat kam es nicht: Auf der Reise nach Leipzig erlag der Bräutigam der Paralyse.

124 *Haushofmeister Knoblauch*: Bei Poseck »Knobloch«, aber die Schreibweise *Knoblauch* ist durch die Unterschrift bezeugt.

125 *der Verlust der kostbaren Pferde*: Wieder in Magdeburg, schrieb Louis Ferdinand seiner Schwester: »Du weißt, daß ich bloß drei Pferde gerettet habe; um das Malheur zu versüßen, präsentiert man mir eben eine Rechnung über 900 Taler für die abgebrannte Scheune.«

125 *alle Wechselverschreibungen des Prinzen aufzukaufen*: Zitiert nach dem Katalog 596 »Autographen und Urkunden« der Firma. J. A. Stargardt in Marburg (Juni 1971) unter Nr. 5 (*Ein geheimnisvolles Geldgeschäft*«).

126 *Rahel Levin*: Johann Gustav Droysen in *Das Leben des Feldmarschalls Grafen Yorck von Wartenburg* (7. Aufl., Leipzig 1875): »Unter den Prinzen des Hauses zog keiner mehr als der Prinz Louis Ferdinand die Blicke auf sich; alles, was genial war oder sein wollte, suchte sich an ihn zu drängen; seine Beziehungen reichten weit hinab in die bürgerliche Geselligkeit, die in den geistreichen jüdischen Zirkeln Berlins ihren Anfang genommen und immer noch vorherrschend, wenn auch seit der Konkurrenz der Romantiker nicht mehr ausschließlich, in ihnen ihre Blüte hatte. Yorck ergoß sich in Spott über die ästhetischen Offiziere, über ihren Umgang mit Schauspielern und Juden.« Posecks Biographie von 1938 zeigte das traurige Beispiel, zu welchen Manipulationen ein Historiker zur Hitler-Zeit greifen mußte, wollte er verschweigen, daß Louis Ferdinands Vertraute peinlicherweise Jüdin war. Bei Poseck liest sich das so: »Sein alter Schildknappe Friedrich Gentz hatte Louis in einen dieser Kreise, der sich bei einer Dame in der Jägerstraße [*sic!*] zu versammeln pflegte, eingeführt. Ungeklärte Ideen herrschten da vor; auch die wenigen, spießigen Geistreicheleien, dieses Spiel mit Worten, Redensarten nahm er in den Kauf. [...] Diese Gesellschaft war gemixt, aus den letzten Ausklängen der Aufklärungszeit und steifem Kirschmöbelbürgertum zusammengepantscht, von weitem gestreift durch die vergeistigten romantischen Strömungen der neuen Zeit.« Poseck spricht von »jenem berühmten, geschwätzigen literarisch-politischen Salon«, verschweigt aber hartnäckig den Namen der »Hausherrin«, die er auch

gelegentlich als »gemeinsame Bekannte« oder »die Hausfrau« apostrophiert. Um die Bedeutung Rahels herabzusetzen, ist Poseck jede Verdrehung oder Verfälschung recht, sein Buch bietet dafür genügend Beispiele.

130 *neue Einquartierung*: Diese Einquartierung fand nicht im Herbst 1800, sondern im April 1801 statt, die Besetzung Bremens am 12. 4. 1801.

131 *mit dem Schimpfnamen Knote belegten*: Mit »Gnoten« oder »Knoten« bezeichnete die damalige Studentensprache Spießbürger. Friedrich Christian Laukhard bemerkt in seinen Memoiren: »Daß ich den Soldatenstand jenem der *Gnoten* vorzog, war, unter andern mit, wohl eine Folge von den Schimpfnamen, womit der Herr Student den Bürgerstand zu bezeichnen pflegt.«

131 *an der Weidendammerbrücke*: Dieses Haus war bis etwa 1885 erhalten, dann wurde es abgerissen. An seiner Stelle stand 1905 das Savoy-Hotel, über das Grundstück führte die Louis-Ferdinand-Straße.

133 *Henriette Fromme*: Außer Poseck geben alle Veröffentlichungen die Schreibweise »Fromm« an. Henriettes eigenhändige Unterschrift bestätigt aber den Namen *Fromme*.

135 *an dessen Einrichtung*: DZA. Hist. Abt. II, Merseburg, H. A. Rep. 57. II. K. 29 g und H. A. Rep. 57. II. K. 30.

142 *Brief vom 4. März*: DZA. Hist. Abt. II, Merseburg, H. A. Rep. 57. II. J. 4.

144 *Massenbach aktivierte*: DZA. Hist. Abt. II, Merseburg, H. A. Rep. 92. Massenbach.

147 *das Haus an der Weidendammerbrücke verließ*: Nach dem Tode Schillers (9. 5. 1805) ließ Louis Ferdinand den Nachkommen des Dichters über Iffland ein Geschenk zukommen. Eine Quittung Ifflands über die für diesen Zweck erhaltene Summe wurde vor dem Ersten Weltkrieg auf einer Auktion versteigert; um was für ein Geschenk es sich handelte, wissen wir nicht.

Die österreichische Mission

150 *am 8. September*: Berichte des preußischen Gesandten Graf Finckenstein: DZA. Hist. Abt. II, Merseburg, H. A. Rep. 1. Nr. 190. Bd. 3.

150 *Gespräch mit dem Vizekanzler Graf Ludwig Cobenzl*: Österreichisches Staatsarchiv, Abt. Haus-, Hof- und Staatsarchiv, Wien, Abt. Staatskanzlei Preußen Fasz. 81, fol. 71r–86v, 88r–91r.

151 *Haugwitz*: Freiherr vom Stein teilte Louis Ferdinands Abneigung. Er nannte Haugwitz in einem Brief an Sack v. 31. 10. 1802 »ein elender Sykophant und charakterloser Mensch«.

155 *machte er in Raudnitz... Station*: Der Ort, wo Louis Ferdinand die Eroica hörte, ist in der Beethoven-Literatur umstritten; Luise Radziwill bestätigte aber in ihren Memoiren, daß sie gemeinsam mit Louis Ferdinand im September 1804 Fürst Lobkowitz auf Raudnitz besuchte.

156 *erstmals ungekürzt*: nach DZA. Hist. Abt. II, Merseburg, H. A. Rep. 94. IV. Nb 23. Der abgedruckte Text bei Wahl (s. Bibliographie) enthält außer Auslassungen etliche Übertragungsfehler.

Henriette, Pauline und Rachel

162 *übrigens ohne Gehalt*: Das geht aus einem Brief des Prinzen Ferdinand v. 12. 12. 1806 hervor (DZA. Hist. Abt. II, Merseburg, H. A. Rep. 57. II. K. 29e), an den sich Dussek mit Gehaltsforderungen gewandt hatte. Ferdinand lehnte ab: »Dieser Mann hat sich verschiedene Jahre bei meinem sel. Sohne, dem Prinzen Louis, aufgehalten, aber nie etwas anderes als das Essen von ihm erhalten.« Das stimmt zweifellos, denn Dusseks Name erscheint in keiner Gehaltsliste.

162 *antwortete ihm am 28. April*: DZA. Hist. Abt. II, Merseburg, H. A. Rep. 57. II. J. 4.

167 *In einem ausführlichen Reisebericht*: DZA. Hist. Abt. II, Merseburg, H. A. Rep. 57. II. J. 2.

184 *bei Breitkopf & Härtel*: Rechnung v. 8. 2. 1806 s. DZA. Hist. Abt. II, Merseburg, H. A. Rep. 57. II. K. 27.

185 *Gentz war von ihm begeistert*: Brief aus Dresden v. 30. 1. 1806, Empfänger unbekannt. DZA. Hist. Abt. II, Merseburg, H. A. Rep. 94. IV. Nc. 28.

185 *Doppelbrief von Henriette und Pauline*: Zitiert nach Poseck a. a. O.

189 *Bei J. C. F. Rellstab*: DZA. Hist. Abt. II, Merseburg, H. A. Rep. 57. II. K. 47.

Der letzte Sommer

193 *ein Rondo für Klavier*: Dieses Rondo ist eine andere Fassung des Rondo B-dur op. 9 f. Klavier, 2 Violinen, Flöte, 2 Klarinetten, 2 Hörner, Bratsche, Violoncello und Baß, das 1808 von Dussek aus dem Nachlaß publiziert wurde. Welche Fassung die ältere ist, läßt sich nicht bestimmen.

197 *Nachdem ein Husarenoffizier*: Seit April 1806 geht die Legende, Offiziere vom Regiment Gensdarmes hätten, indirekt von Louis Ferdinand dazu ermuntert, Haugwitz die Fenster eingeworfen (so steht es noch bei Poseck). Aus den Memoiren der Gräfin Sophie Schwerin (s. Bibliographie) geht aber ganz eindeutig hervor, daß es das Werk eines einzelnen Husarenoffiziers war, auch wenn die Offiziere der Gensdarmes die Tat begrüßt haben werden.

204 *ihre Säbel an den Steinstufen... wetzten*: Soweit ich sehe, sind die Memoiren Marbots die einzige Quelle für diese Behauptung. Ob diese Provokation tatsächlich stattgefunden hat, ist zweifelhaft.

204 *eine Denkschrift an den König*: Sie wird hier erstmals vollständig nach der Handschrift zitiert: DZA. Hist. Abt. II, Merseburg, H. A. Rep. 92. Friedrich Wilhelm III. B. VI. 19.

208 *Brief zur Lage an Massenbach*: DZA. Hist. Abt. II, Merseburg, H. A. Rep. 57. II. J. 3. Der Abdruck ist bei Wahl fehlerhaft.

211 *Auch mit Massenbach*: DZA. Hist. Abt. II, Merseburg, H. A. Rep. 92. Massenbach. Bd. 8.

215 *Sein Kammerdiener Louis Uhde*: DZA, Hist. Abt. II, Merseburg, H. A. Rep. 57. II. J. 11.
216 *von ihm [Massenbach] selbst angeführtes Beispiel*: In seinen ungedruckten Memoiren: 92. Massenbach. Bd. 8.
216 *gut fundiertes Nachrichten- und Spionagenetz*: So unbegreiflich es erscheint: Das preußische Oberkommando lehnte es kategorisch ab, sich durch Spione über die Situation auf der französischen Seite zu informieren. Dergleichen galt als unwürdig und nicht mit der preußischen Ehre vereinbar.
217 *Äußerungen Louis Ferdinands*: Sie wurden erstmals in der *Norddeutschen Allgemeinen Zeitung*, Berlin, v. 12. 4. 1868 veröffentlicht. In der einschlägigen Literatur werden sie nicht erwähnt, sie erscheinen hier zum erstenmal in Buchform.
221 *Auf der Heidecksburg*: Die in den Memoiren von Nostitz geschilderten Vorgänge – gekrönt von der wohl unerläßlichen Erscheinung der Weißen Frau von Orlamünde – sind reine Phantasterei und durch die Fakten leicht zu widerlegen. Die Geschichte von der Weißen Frau und dem Tod Louis Ferdinands hat Nostitz erst im Alter niedergeschrieben. Sie wurde 1870 von dem Sohne Nostitz' an den damaligen Kronprinzen Friedrich übersandt: *Extrait des mémoires de feu l'Aide de Camp Général Comte Nostitz* (DZA, Hist. Abt. II, Merseburg, H. A. Rep. 57. II. K. 1a). Deutsche Übersetzung bei Wahl. Erklärbar wird Nostitz' Bericht durch folgenden Satz in einem Brief Rahels an Varnhagen v. 9. 1. 1812: »Ich schreibe *jetzt* nur, um Dich *inständigst* zu bitten, eh er nach Wien verschwindet, den Herrn von Nostitz ja seinen Traum von Prinz Louis und Schillers Geisterseher abzufragen und ihn genau aufzuschreiben!« Nostitz' recht lebhafter Traum hat sich bei ihm später offenbar mit dem tatsächlich Erlebten vermischt. Wer heute die Rudolstädter Heidecksburg besucht, kann sich im übrigen leicht davon überzeugen, daß die von Nostitz genannten Flure und Treppen, durch die jene Weiße Frau gegeistert haben soll, ein anderes Aussehen haben als in Nostitz' Bericht.
222 *die Stärke der Franzosen*: Die Angabe von 16–20000 Mann schien Louis Ferdinand übertrieben, sie war aber recht genau geschätzt worden: Es handelte sich um das 5. Armeekorps unter Marschall Lannes, das in der Tat 20000 Mann stark war.

Der 10. Oktober

226 *Nostitz will gesehen haben*: Wie unglaubwürdig der Bericht von Nostitz ist, erhellt auch ein kleines Detail, das bisher in der einschlägigen Literatur übersehen worden ist: Er schreibt, er habe sich, um die Rettung des sterbenden Prinzen bemüht, an einen Husaren um Hilfe gewandt: »Durch die braune Farbe seines Dolman glaubte ich in ihm einen unserer Husaren zu sehen.« Der aber habe zu den französischen Husaren gehört, »die, außer einigen Einzelheiten, fast dieselbe Uniform

hatten«. Die Uniform der preußischen Schimmelpfennig-Husaren (die Nostitz meint) bestand aus einem braunen Pelz, einem braunen Dolman und hellblauen Hosen. Diese gleiche Uniform trug bei den Franzosen nur das 2. Husaren-Regiment, das – zum 1. Armeekorps unter Bernadotte gehörend – am Gefecht von Saalfeld überhaupt nicht teilnahm.

226 *angegriffen und verwundet worden*: Guindeys Verletzungen sollen so schwer gewesen sein, daß er sich noch Ende Dezember 1806 im Lazarett von Czarkow bei Pleß (Südoberschlesien) befunden habe. Eine unglaubwürdige Geschichte erzählt sein Freund Parquin in seinen Memoiren. Danach habe G. von Marschall Lannes die Erlaubnis erhalten, zu seiner Wiederherstellung zwei Wochen in Saalfeld zu bleiben. G. habe sich daraufhin in einem nahe bei Saalfeld gelegenen Schloß einquartiert, das einem Baron von W. gehörte. Dort hätte Louis Ferdinand sechs Wochen lang (!) vor Beginn des Feldzugs gewohnt, »während seine Trupen in der Umgebung kantonnierten«. Als G. im Schloß als der Husar identifiziert worden sei, der den Prinz tötete, habe G. aus Taktgefühl das Schloß wieder verlassen. Erst 1976 wurde mir durch die Vermittlung von Helmut Niemann (Lenggries) ein Brief bekannt, den Laurent Guindey am 14. November 1806 aus Stettin an seine Eltern in Laruns geschrieben hat (Original: Archives du Ministère des Affaires Etrangères, Mémoires et Documents prusses, Paris). Er lautet: »Erfreut Euch, meine sehr lieben Vater und Mutter, an meinem Glück. Wißt, daß ich in der Schlacht von Saalsfeld (*sic*) den Prinzen Louis Ferdinand getötet habe, den Bruder des Königs von Preußen, mitten in seiner Armee von vielleicht an die 9000 Mann, von denen keiner entkommen ist, nachdem ich den Gefahren getrotzt habe. Ich habe nicht mehr als zwei Blessuren, von denen ich mich erholt habe. – Ich werde Offizier und Mitglied der Ehrenlegion. – Der Kaiser selbst hat es mir gesagt. – Ich hätte gern die Zeit, Euch auch zu sagen, wie ich mich in der Schlacht von Wismar ausgezeichnet habe, das wird ein andermal sein, wenn ich Zeit haben werde, denn jetzt habe ich keine Minute für mich. Wißt, daß die Preußen völlig verloren sind; ihre Armeen sind 90 Meilen von Berlin entfernt; vor uns haben wir eine russische Armee, die ihnen zu Hilfe kam, wir werden sie schlagen. – Ich hoffe, daß alles beendet sein wird und daß bald danach der Augenblick gekommen sein wird, wo ich mir wünschen kann, nach Frankreich zurückzukehren. Also ich hoffe die Erlaubnis zu bekommen, Euch in meine Arme zu schließen. – Antwortet mir sofort. Ich erwarte meine Ernennung zum *officier maréchal de logis en chef*. – Ich stehe so unter Zeitdruck, daß ich Euch nicht alles, was Euch Freude machen wird, sagen kann; Ihr werdet mich in der Zeitung genannt finden. Der Oberst, der dem Kaiser berichtete, hat sich bei meinem Vornamen geirrt – aber Ihr werdet mich schließlich doch erkennen können. – Man bläst zum Aufsitzen, adieu. Ich umarme Euch aus ganzem Herzen. Seit einem Monat haben wir weder in einem Bett noch in einem Haus geschlafen, immer unterwegs zum Kampf und zum Nächtigen im

Biwak.« Der militärische Rang ist nicht ganz klar: Guindey war am 10. 10. 1806 *Maréchal-des-logis ordinaire*, das entspricht etwa unserem Wachtmeister. Von ihnen besaß jedes Husarenregiment vier, ihnen vorgesetzt war der *Maréchal-logis-en-chef*, der im Rang unter dem *Sous-Lieutenant* stand, mithin kein Offizier war. Vielleicht wollte Guindey gegenüber seinen Eltern die Wichtigkeit seiner Beförderung durch den Zusatz *officier* unterstreichen.

227 *Den tödlichen Degenstoß habe ein Dragoner*: Dieser Bericht des Saalfelder Justizrats Windorff enthält einige Unstimmigkeiten. So behauptet er, dem Prinzen sei das Pferd erschossen worden und er habe ein anderes bestiegen. Aber Louis Ferdinand ritt am 10. Oktober den auf Eisenberg erstandenen *Slop*, der den Tod seines Herrn unverletzt überlebte. August, der jüngere Bruder des Prinzen, erbte den Schimmel nach dem Tode seines Bruders; er ritt ihn während der Kapitulation bei Prenzlau und bei der Beisetzung Louis Ferdinands in Berlin. Am 2. Mai 1813 wurde *Slop* in der Schlacht bei Lützen getötet. – Auf französischer Seite haben am 10. Oktober außerdem keine Dragoner teilgenommen, sondern nur Husaren (zum 5. Armeekorps Lannes' gehörten überhaupt keine Dragoner). Die Verwundungen des Prinzen wurden von Säbeln verursacht, nicht von Degen. Der von Windorff erwähnte Hohlweg bei Wöhlsdorf existiert heute nicht mehr. Die Stelle, an der Louis Ferdinand den Tod fand, ist von allen Berichterstattern – auch von Windorff – übereinstimmend genannt worden, nämlich dort, wo heute das Denkmal Tiecks steht, am Ende des Hohlwegs. Dieses Denkmal hat 1823 – nach Entwürfen Schinkels – Luise Radziwill ihrem Bruder setzen lassen. Ein einfacher Gedenkstein wurde schon 1807 errichtet. Er trägt die Inschrift: »Hier starb kämpfend für sein Vaterland Prinz Louis Ferdinand von Preußen den 10. Oktober 1806.«

228 *Gisza und Aswend*: Sie wollen den tödlich getroffenen Prinzen, der vom Pferd sank, noch aufgefangen haben. Louis Ferdinand habe noch gesagt: »Laß mich fallen, du kannst mich nicht mehr retten.« Auch das ist unwahrscheinlich. Weitere sehr interessante Details, die aber hier nicht diskutiert werden können, finden sich in den beiden Aufsätzen von W. Roßmann (s. Bibliographie).

228 *sechs Verletzungen*: Also nicht dreizehn, wie gelegentlich behauptet wurde, so von Rühle und Varnhagen. Varnhagen schreibt sogar: »Als er den Stich in die Brust bekam, soll er noch ausgerufen haben: ›*Est-il possible!*‹«

228 *Hofdame Amalie von Uttenhoven in ihrem Tagebuch*: DZA, Hist. Abt. II, Merseburg, H. A. Rep. 57. II. K. 1c. Eine gedruckte Fassung (*Erinnerungen einer Hofdame vom Monat Oktober 1806* in *Allgemeine Modezeitung*, 51 Jhg., 1849, Nr. 24–26 Bildermagazin) war mir nicht erreichbar; ich zitiere aus der Handschrift.

229 *Graf Emanuel von Mensdorff-Pouilly*: Er war französischer Emigrant und stand in österreichischen Diensten. Verheiratet war er mit Prinzessin Sophie, Tochter des Herzogs Franz Friedrich Anton von Sachsen-Coburg.

Die Todesnachricht

231 *Oberst von Massenbach*: DZA, Hist. Abt. II, Merseburg, H. A. Rep. 92. Massenbach. Bd. 8.
233 *die Reaktion Friedrich Wilhelms III.*: Die Mitteilung des preußischen Rittmeisters Eduard Carl Gebhard Ferdinand von Alvensleben zitiert nach: DZA, Hist. Abt. II, Merseburg, H. A. Rep. 57. II. K. 1 b.
234 *in ihrem Tagebuch*: DZA, Hist. Abt. II, Merseburg, H. A. Rep. 57. II. K. 1c. Die Hofdame hat diese Begebenheit später auch in einem Gedicht geschildert, siehe Seite 288.
236 *Benkowitz*: Er veröffentlichte ein Jahr später ein Gedicht in Hexametern auf den Tod des Prinzen, siehe Seite 295.
237 *Der Herzog von Braunschweig*: In der Schlacht bei Auerstedt am 14. 10. 1806 wurde der Herzog von Braunschweig durch einen Schuß seines Augenlichts beraubt; er wurde vom Schlachtfeld geführt und über Braunschweig nach Ottensen bei Hamburg gebracht, wo er seiner Verwundung erlag. Herzog Eugen von Württemberg wurde am 15. Oktober in der Schlacht bei Halle geschlagen, und Fürst Hohenlohe mußte am 28. Oktober bei Prenzlau kapitulieren; hier geriet auch das Regiment Gensdarmes in Gefangenschaft, das während des ganzen Feldzugs nicht ein einzigesmal seine Blähredigkeit durch Taten rechtfertigen konnte.
237 *Carl von Clausewitz*: Jahre später hat Clausewitz eine zweite Charakteristik niedergeschrieben, die im Gegensatz zu seiner ersten, spontanen Beurteilung in der *Minerva* sehr scharfe – nicht immer gerechte – Kritik an Louis Ferdinand enthält.
238 *Er liegt unter Lorbeeren*: Es ist jener Kranz gemeint, mit dem nicht eine Fürstin, sondern Amalie von Uttenhoven den toten Prinzen schmückte.
239 *in einem Lied*: Der Text findet sich in den Memoiren von Charles Parquin (s. Bibliographie). Bezeichnend genug fehlt er in der 1910 erschienen deutschen Übersetzung.

Der Nachlaß

241 *das gewöhnliche Trauer-Geläute*: Forderung vom 24. 3. 1807 (DZA, Hist. Abt. II, Merseburg, H. A. Rep. 57. II. K. 4.).
241 *unter den Hammer*: Am 1. 1. 1824 schrieb Joseph Görres an den preußischen Kronprinzen, »ein glücklicher Zufall« habe ihn »in den Besitz einer Laute gesetzt, die ehemals dem Prinzen Louis Ferdinand von Preußen angehört«. Sie sei »auf dem Schlachtfelde bei Jena aufgefunden worden und als Beute einem französischen Offizier zugefallen«. Als Eigentum des Prinzen sei sie kenntlich »durch den eingegrabenen Namenszug unter dem Preußischen Adler«. Diese Laute machte Görres dem Kronprinzen zum Geschenk; der Verbleib des Instruments ist unbekannt. Natürlich wurde die Laute nicht »auf dem Schlachtfelde bei Jena« gefunden, sie stammte aus französischem

Beutegut, entweder in Magdeburg oder Schricke gestohlen (DZA, Hist. Abt. II, Merseburg, H. A. Rep. 57. II. L. 1).

Der Nachruhm

249 *der vortreffliche Instrumentenmacher Streicher*: Johann Andreas Streicher, Schillers Jugendfreund, Begleiter auf der Flucht aus Stuttgart und späterer Biograph.

253 *Die Beisetzung Louis Ferdinands*: Ein Gedicht *Nachfeier bei dem Leichenzuge seiner Königl. Hoheit des Prinzen Friedrich Christian Ludwig von Preußen, 21. März 1811* veröffentlicht als Einzeldruck ein uns sonst nicht bekannter Poet namens Dauz. Es war mir nicht möglich, den Text aufzuspüren. Zwei Strophen daraus zitiert Otto Tschirch in seinem Aufsatz *Prinz Louis Ferdinand als Musiker* (s. Bibliographie). Sie lauten:

> Selig in dem Glauben der Heroen,
> Daß wer *sterben* kann, das Höchste darf,
> War er kühn der Erste, der dem Drohen
> Fremder Kräfte sich entgegenwarf.
>
> Nicht an seinem Sarge laßt uns weinen!
> Lebte er, er wäre minder groß;
> Friede den geheiligten Gebeinen,
> Welche heut die Königsgruft verschloß.

Ein weiteres, mir ebenfalls nicht erreichbares Gedicht nennt eine Anzeige in der Königl. Priv. Berlinischen Zeitung v. 26. 3. 1811: »Ode auf Se. Königl. Hoheit, den Prinzen Louis Ferdinand von Preußen, Neffen Friedrichs des Großen, gedichtet von Friedrich Heyne, ist nur zu haben bei dem Verfasser, Werderschen Markt Nr. 5, auf Velin zum Preise von 8 G. Cour.«

253 *einen historisch belegbaren Fall*: Das Vorbild der Frau von Carayon in Fontanes Erzählung war Henriette von Crayen, eine Tante Pauline Wiesels. In ihrem Haus traf sich Louis Ferdinand wiederholt mit Pauline. Das Vorbild des Schach von Wuthenow war der Major Otto Friedrich Ludwig von Schack vom Regiment Gensdarmes, der zum Kreis des Prinzen gehörte und diesen mit Friedrich Gentz bekannt machte. Interessante Materialien liefert der Aufsatz *Die schöne Frau von Crayen und die Ihren*, den Joachim Kühn im Jahrbuch *Der Bär von Berlin* (21. Folge, 1972) veröffentlichte.

Das musikalische Werk Louis Ferdinands

Unter dem Namen Louis Ferdinands sind vierzehn Kompositionen überliefert; allerdings ist die Echtheit von op. 14 – Marsch C-dur – umstritten. Zu Lebzeiten des Prinzen wurde nur op. 1 gedruckt, es erschien 1803 bei Erard in Paris. Die Edition von op. 2, 3, 4, 5, 6, 7, 8, 9, 10, 11 und 12 besorgte der treue Dussek – diese Werke erschienen zwischen 1806 und 1808 entweder bei Breitkopf & Härtel in Leipzig oder bei Werkmeister in Berlin. Das Rondo Es-dur op. 13 wurde erst 1823, also elf Jahre nach Dusseks Tod bei Breitkopf & Härtel veröffentlicht. Der gesamte musikalische Nachlaß, den der Prinz testamentarisch seinem Schwager Anton Radziwill vermacht hatte, ist verschollen.

Die Opus-Zahlen sagen nichts aus über die chronologische Entstehung der Kompositionen. Datiert ist nur das in Zwickau komponierte op. 4. (»10. 1. 1806«). Eine öffentliche Aufführung zu Lebzeiten des Prinzen ist nur für op. 1 und op. 8 bezeugt.

Vier Komponisten haben die Werke Louis Ferdinands nachweislich beeinflußt: Beethoven, Mozart, Joseph Haydn und Clementi.* Der Einfluß Beethovens dominiert. Er ist deutlich bemerkbar in op. 1 (erster und dritter Satz), op. 2 (erster Satz), op. 3 (zweiter Satz), op. 4, op. 5 (zweiter und dritter Satz, hier auch Anklänge an das Scherzo-Thema der *Eroica*), op. 6 (zweiter und vierter Satz), op. 8 und op. 10. Sieht man von der *Eroica* ab, so war es vor allem das Studium von Beethovens Klaviersonaten op. 2 (Nr. 1 und 3), op. 10 (Nr. 3), op. 13 und op. 31 (Nr. 2), das dem Prinzen Anregungen gab.

Der Einfluß Mozarts mischt sich in diese Kompositionen: das gilt für den ersten und vierten Satz des op. 1, für op. 2 und op. 3, für den ersten Satz von op. 10 und für das Rondo Es-dur op. 13, in dem fast wörtlich ein Zitat aus der Klaviersonate A-dur (KV 331, 4. Variation) wiederkehrt. – Haydns Einfluß scheint in op. 3 wirksam; das Thema des ersten Satzes erinnert an das Thema der Romanze in der Militärsymphonie (Nr. 100). – Clementi schließlich – sein op. 28, Nr. 1 – hat Anregungen geliefert zum vierten Satz des op. 5. Frei von solchen Einflüssen sind nur op. 7, op. 9, op. 11 und op. 12 (dessen aparte Instrumentierung für ein Oktett ungewöhnlich ist).

Die Musik Louis Ferdinands wirkte aber auch inspirierend auf Schubert, Weber, Spohr und vielleicht sogar Chopin, wenn man umgekehrt konstatieren kann, daß das Rondo aus op. 19 Chopinsche Züge trägt, so wie der vierte

---

* Ich stütze mich hier auf die gründlichste Untersuchung über Louis Ferdinand als Komponisten, die Dissertation von Robert Hahn (s. Bibliographie).

Satz des op. 6 an Brahms erinnert. Schubertsche Züge tragen das Menuett-Trio von op. 1 und das Trio des ersten Menuetts von op. 6; Schubert wird ganz zweifellos Musik des Prinzen gekannt haben, die ja in Wien besonders gepflegt wurde. Bei Carl Maria von Weber ist es sicher, hier zeigen sein Konzertstück, das Konzert op. 11 und die Sonate op. 24 Beeinflussungen. Der Grundcharakter der Kompositionen Louis Ferdinands schwankt zwischen einem zart-lyrischen *dolce* einerseits und einem schwungvoll-beseelten *espressivo* andererseits. Auffallend ist dabei das plötzliche Abschweifen in fernliegende Tonarten und jene espressive Chromatik, die das Rondo B-dur op. 9 prägt. Die bevorzugte Form in den dreizehn gesicherten Werken ist das Rondo.

*

op. 1   Quintett c-moll für Klavier, 2 Violinen, Viola und Violoncello
op. 2   Trio As-dur für Klavier, Violine und Violonecello
op. 3   Trio Es-dur für Klavier, Violine und Violoncello
op. 4   Andante mit Variationen B-dur für Klavier, Violine, Viola und Violoncello
op. 5   Quartett Es-dur für Klavier, Violine, Viola und Violoncello
op. 6   Quartett f-moll für Klavier, Violine, Viola und Violoncello
op. 7   Fuge g-moll für Klavier
op. 8   Nocturno F-dur für Klavier, Flöte, Violine, Viola und Violoncello und 2 Hörner ad libit.
op. 9   Rondo B-dur für Klavier, 2 Violinen, Flöte, 2 Klarinetten, 2 Hörner, Viola, Violoncello und Baß
op. 10 Großes Trio Es-dur für Klavier, Violine und Violoncello
op. 11 Larghetto mit Variationen G-dur für Klavier, Violine, Viola und Violoncello und Baß
op. 12 Oktett F-dur für Klavier, Klarinette, 2 Hörner, 2 Violen und Violoncelli
op. 13 Rondo Es-dur für Klavier mit Orchester Marsch C-dur

Gedichte auf Prinz Louis Ferdinand von Preußen

Julie Pelzer:
Prinz Ludewig von Preußen, Held und Menschenfreund
(1793)

Singt von lorbeerreichen Helden-Taten,
ihr Harfner! Mächtig groß und kühn.
Singt was Deutschlands kühne Krieger taten
in den jubelvollsten Melodien.

Singt wie Vater Gleim von Friedrichs Kriegen,
wie der Preußische Tyrtäus sang.
Von den hohen tatenvollen Siegen,
die der brennen* Mark-Aurel errang.

Nicht der Helden prächtige Trophäen,
nicht ein kühner stahlerrungener Sieg
Soll mein sanftes Saiten-Spiel erhöhen,
das so gern von Blut und Morden schwieg.

Groß ist zwar ein Held im Schlachtgetümmel,
rühmenswert ein hoher Streiter-Mut,
Aber schöner noch vor Gott und Himmel,
der so Menschen-Leben retten tut!

Schöner ist wie tausend Heldentaten
eine Tat der reinen Menschlichkeit.
Möcht mir jetzt das schönste Lied geraten,
wert des Nachruhms und Unsterblichkeit!

Ihn zu singen – Ihn, den edlen Großen
Menschen-Leben-Retter, Held und Christ,
So der Stolz von Seinen Streitgenossen
und die Krone deutscher Prinzen ist.

* Brandenburger

Nicht des Ruhms laute Donner-Klocken
wie vor Mainz er kühn die Schanz erstieg –
Nicht die stolzen blut'gen Lorbeer-Locken –
nicht die Wunden im erkauften Sieg –

Sing ich hier? – Nein, jenen göttlich-schönen
Heiligen Triumph der Menschlichkeit
So Ihn mehr als tausend Siege krönen,
wo Ihm selbst der Syrach Weihrauch streut.

Seht ihr Ihn – den edlen Menschen-Retter? –
seht auf seine Schultern träget dort
Unter den Kartaunen Donnerwetter
Er den armen wunden Krieger fort.

Dem bei ängstlich rührend langen Flehen
keiner seiner rauhen Brüder hört.
Eignes Leben – eignes Blut zu wagen
ihn zu retten – war zu viel begehrt.

Nicht zu viel – für Ludewig den Brennen,
ruhig wie ein Gott eilt er herbei,
Rafft ihn auf und tausend Kugeln brennen
mörderlich rings um Ihn her vorbei.

Liebevoll sorgt er für seine Wunden,
eilt drauf zu neuen Lorbeer fort.
Eine amaranthne Krone wunden
um Sein Haupt die Gottes Engel fort.

Und ihr Harfner, Sänger, Dichter, Barden
singt – o singt! – dem Edlen Ludewig
Schöner ist im Himmel und auf Erden
keine Tat als Menschlichkeit im Krieg.

Welket einst wie gelbe Krokus-Blüte
aller Helden stolzer Lorbeer hin,
Dann o Prinz! wird deine Seelengüte,
deine Tat noch unverwelklich blühn!

Zur Entstehung dieses hier erstmals publizierten Gedichts s. Seite 60.
Manuskript: Deutsches Zentralarchiv, Hist. Abt. II, Merseburg, H. A. Rep.
57. II. L. 3.

Amalie von Uttenhoven: Den 11. Oktober 1806

Wie sich Nebel über Fernen weben
Und in blauem Duft die Flur verschwimmt,
Wo mit tausendfarbig regem Leben
Gegenwart uns in die Mitte nimmt,
So verhüllt die Zeit mit ihrem Flor
Gütig das Vergangene den Blicken;
Doch den Tag wird sie mir nie entrücken
Wo ich – einst, ein Vaterland verlor.

Des eilften Weinmonds Mittag stieg,
Der erste nach der Franken erstem Sieg,
Tief trauernd am Fenster des Schlosses ich stand,
Fromm legt ich die Meinen in des Schicksals Hand,
Ich blickte durch Tränen hinaus in die Welt,
Mein Auge traf schaudernd das blutige Feld.
Da naht von fern ein Zug; auf einem Zelt
Lag ausgestreckt ein blutbedeckter Held.
Bist du meines Vaterlandes Sohn?
Wühlt noch der Schmerz in deinen Wunden?
Oder hast du armer Dulder schon
Deine Freistatt für den Schmerz gefunden?

Aber rauschender, lauter drängt
Jubel mit Schmerzenstönen gemengt,
Siegesgeschrei und kriegerisches Spiel
Sich um das Bette des Helden, der fiel.

Wer bist du Held, bei dessen Fall
Mit lautem kriegerischen Schall
Der Sieger triumphiert? –
Der Todesengel hat dich furchtbar wild berührt.
Wer bist du? Seh ich recht? – Das Auge mißtraut sich.
O welch ein Anblick! Ludewig! –

So sollt ich diese Züge wiedersehen,
Die mein Gedächtnis seit der Kindheit aufbewahrte?
Dies Angesicht so königlich und schön,
In dem die Schönheit sich mit solcher Würde paarte!
Noch seh' ich ihn an meines Vaters Seite,
Des alten Kriegers Sohn und Freund,
Beginnend jene Bahn, an derem Ziele heute
Um ihn mein Auge weint.

Noch hör ich jeden Ton, der einst mein Herz entzückte,
Den kleinen Liebling nannt er mich so gern.

O Ahndung, daß ich je ihn so erblickte,
Wie warst du so fern!
In seiner Kraft lag eine ganze Welt
Des Ruhmes vor dem jungen Helden offen,
Starr liegt er jetzt vom Todespfeil getroffen,
Mit Lumpen kaum bedeckt, sein Bett ein großes Zelt,
Doch noch im Tode spricht, die Schmach zu rügen,
Ein königlicher Stolz aus seinen Zügen.

Bist du, o Sieger,
Führer menschlicher Krieger?
Sind es Barbaren,
Deine raubgewohnten Scharen?
Ist denn für Heldenmut selbst das Gefühl
In der plündernden Rotte verschwunden?
Wißt, den jungen Löwen, der fiel,
Hat nicht die zehnfache Macht überwunden,
Nur sein eigenes großes Herz
Weckte des Vaterlands blutiger Schmerz.

An seinem Lager stand
Graf Mensdorff jetzt, ein Freund, mit düsterm Blick,
In seiner Hand des Toten kalte Hand,
Die des Lebens volle Blüte
Gestern noch so heiß durchglühte.
Ach, sie gibt den Druck nicht mehr zurück.
Es durchschauert eisig ihr Berühren
Selbst den Mann, und ihre Schauer führen
Über dieses Daseins enge Schranken
Den erbebenden Gedanken.

Indes verlieren sich die Träger in den Gassen,
Da sprach der Graf mit edlem Ungestüm:
So wolltet ihr uns hier den Helden lassen?
Nicht so! Ehrt euch in ihm!
So edle Bürde trägt ihr nimmer wieder,
An Gottes Altar legt den Helden nieder!
Die Rede wirkt und das Gefühl erwacht,
Zur heil'gen Stätte wird der Held gebracht.

In Tränen löste sich mein Schmerz
Und zum Gefühl erwacht' das wunde Herz,
Doch die erschütterte Phantasie
Sah nur die Leiche, und sah nur sie.
Ein Fieber schüttelte krampfend die Glieder,
Und immer kam die große Szene wieder.

Da hob mich schnell ein kühner Entschluß
Auf! Eil! ein Totenopfer muß
Des Vaterlands Tochter dem Helden bringen,
Den Lorbeerkranz um seine Schläfe schlingen!
Doch eil', in einer Stunde schon
Ist dieser Schreckensort vor deinem Blick entflohn!

Ich schlich mich heimlich durch den dunklen Garten,
Ließ treue Diener mein am Tore warten,
Begleitet von der Gärtnerin
Eilt' ich mit Blumen zu dem Altar hin.
Mein blasses Gesicht, das Auge voll Mut,
Verbarg ein tiefer schützender Hut.
Ich hoffe öd und leer die Stege,
Allein in tausend Formen harrt
Das [sic] Schrecken mein und lagert an dem Wege,
Und bald geflügelt, bald gefesselt ward
Mein Schritt, jetzt von Erbarmen, jetzt von Grauen.
Ein langer Zug, entsetzlich anzuschauen,
Von wunden Streitern ward herbeigeführt.
Den Wilden hätt' ihr Schmerzensblick gerührt.
Ich teilte Schmerz und Barschaft gern mit ihnen,
Zufrieden mit dem Dank in ihren Mienen.
Und schneller eilt' ich zur geweihten Stille,
Wohin mich mein Gelübde rief,
Wo still und friedlich nun die Hülle
Den zarten Kampf des Lebens schon verschlief.
Mit Beben trat ich an den Sarg,
Der meines Vaterlandes Liebling barg,
Es zitterte der Lorbeer in der Hand,
Als ich mit Müh' um seine Schläf ihn wand,
Ach – nicht den Lorbeerkranz zum Siegeslohne,
Es war des Märtyrers errung'ne Krone.
Da ward's, als ob der blasse Mund erbebte
Und dankbar Lächeln um die stummen Lippen schwebte.

Nur eine Locke von dem königlichen Haupt,
Die wünscht' ich mir und – habe sie geraubt,
Doch schaudernd zitterte der starre Blick
Von seiner tief durchbohrten Brust zurück,
Und betend sank ich an dem Sarge nieder,
Von Todesschrecken rings umgeben,
Fleht' ich zum Himmel um das teure Leben,
Um Schutz für meine heißgeliebten Brüder.
Doch ach kein Trost stieg in mein Herz hernieder
Und stärkte mich mit Zuversicht des Sieges;
Mir ahndete das Unglück dieses Krieges.

Ein dumpfes Grabgeläute traf mein Ohr
Und schreckte mich aus düsterm Traum empor,
Erschreckt trat ich zurück und sah mit Beben
Von fremden Kriegern war der Sarg umgeben,
Erstaunt erkannte ich von den Siegern einen,
Doch nicht mit Siegerblick, – ich sah ihn weinen.
Er sprach, und sah mit Tränen auf mich nieder:
»Auch wir begleiten einen uns'rer Brüder.«
Gerührt wandt' ich von seinem Schmerz mich ab,
Denn meine Träne galt nur Ludwigs Grab.
Ich deckte schnell auf seine Wunden
Die späten Blumen, die ich trug,
Dazu mein naßgeweintes Tuch,
Und war dem Blick der Forschenden entschwunden.

Zum Inhalt dieses hier erstmals publizierten Gedichts s. Seite 229–230 und 234–235. Manuskript: Deutsches Zentralarchiv, Hist. Abt. II, Merseburg, H. A. Rep. 57. II. K. 1 c.

Ungenannter Verfasser:
Totenfeier Prinz Ludwigs von Preußen (1806)

Wir ziehn einher, und unsre Herzen klopfen
und glühen mächtiger zum Streit,
und unser Auge flammt durch Tränentropfen
und trägt um unser Feldherrn Leid.

Wie stand Er stolz, wie unsrer Haine Eichen
auf ihrem Berg im Sturme stehn,
er bahnte sich den Weg durch Feindes Leichen,
wir sahn sein Schwert wie Blitze wehn.

Der Feldherr sprach: Rückt an! brecht in die Glieder!
wir brachen wie ein Wetter ein,
wir fochten kühn! da stürzt er blutig nieder
und ließ uns in dem Kampf allein.

Zur Rache nun! Gott ist mit unsrem Heere,
und Ludwigs Geist umschwebt uns itzt,
Sein Name sei in Segen und in Ehre,
wo deutsche Kraft die Freiheit schützt.

Und Glück und Heil den Kriegern, welche wallen
wie Er hinein in Dampf und Knall,
und müssen wir dereinst zur Erde fallen,
so gebe Gott uns seinen Fall!

So donnert nun vor Wut auf jedem Flügel,
vertilget, was uns ihn geraubt,
und opfert nun an seinem Grabeshügel
der Räuberhorden Haupt.

Flieht eilig, flieht, wir schwuren, es zu rächen,
zu rächen tausendmal sein Blut,
und zu des Schwures heilgen Zeichen sprechen
wir laut ein Amen! aus voll Mut.

Victoria! Glück zu, der König lebe!
Um wen Gott Sieg verleiht, sei Er!
und fromme heil'ge Rast und Ruhe schwebe
um Ludwigs Asche her.

Victoria! und zieht der Franken Kaiser
hier einst vorbei, so schaur' es ihn,
uns aber laßt vor Ludwigs Hügel leiser
und mit Gebet vorüberziehn.

Aus: *Der Beobachter an der Spree*, Bln., 5. Jhrg., 43. Stück, 20. 10. 1806.

Achim von Arnim (1781–1831):
Prinz Ludwig Ferdinand (1806)

O Nixe von der Saale,
Was rötet dein Gewand,
Hast du beim Burschenmahle
Den Becher umgewandt?

»Der Becher ist geleeret,
Der Geist ist schon dahin,
Ich laufe ganz zerstöret,
Weil ich nicht bei mir bin.«

Nun weiß ich, was geschehen,
Warum sie floß daher,
Nicht wagte umzusehen,
Sich stürzte in das Meer.

Warum die Blumen erbleichen
Auf ihres Pfades Spur,
Unschuldig Blut kann weichen
Der schuld'gen Rache nur.

Er ist bei ihr getötet,
Bei ihr, sie stürzt ins Meer.
Held Ozean errötet
Und seufzet auf so schwer.

Also der Feinde Flotte
Wirft aus am fernen Strand!
»Sei frei beim Wellengotte,
Da Sklaverei im Land!«

Wer's mit dem Blut bewähret,
Der ist ein Prinz vom Blut.
Prinz Ludwig war bescheret
Uns wie ein Schutzgott gut.

Auf seinem leichten Schimmel,
Auf seiner Tigerdeck',
Da kam er wie vom Himmel,
So sicher und so keck.

Er war bei allen Dingen
Mit seiner ganzen Seel',
Mocht' es ihm wohl gelingen,
Mocht' es ihm schlagen fehl.

Er war bei allen Dingen,
In allem gleich geschickt.
Mit Feinden konnt er ringen,
Durch Saitenklang beglückt.

Die Meister ihn umstanden
In Demut bei dem Spiel,
Und seine Worte fanden
Wie spitz'ge Pfeile ihr Ziel.

Mit seinem hohen Leibe,
Mit seinem Stern und Glück
Stellt er sich hin als Scheibe,
Ob heilig unser Geschick? –

Nur für sich selbst kann stehen
Der edle, kühne Mann,
Ob er die Welt gesehen,
Das prüft er, wo er kann.

Nicht in den Weg zu treten
Der großen Weltenseel',
Darum will er nicht beten,
Er bleibet ohne Fehl.

Denn was zum Heil begonnen,
Das fängt sich an mit Glück,
Die Opfertiere sonnen
Sich in der Mordaxt Blick.

Er läßt die Locken schneiden
Für die Geliebte sein,
Damit, wenn er sollt' scheiden,
Ihr blieb von ihm ein Schein.

»Umlockt vom Lorbeerkranze
Komm' ich zurück zu dir,
Sonst seh' ich in dem Lenze
Nicht mehr die grüne Zier!«

Betäubt der Trommel Schallen!
Was du vorausgesagt,
Die Guten werden fallen,
Ihr Fall bleibt unbeklagt!

Ihr Fall wird nicht mehr nützen,
Sie fallen nach der Zeit,
Die Toren werden sitzen
Mit klugem Spruch bereit.

»Es sei! Doch nicht erblicken
Will ich die Schmach der Welt,
So nimm mein letzt' Entzücken,
Ich sieg', ich fall' als Held!«

Zitiert nach: *Arnims Werke*, hrsgg. v. Monty Jacobs, erster Teil. Berlin 1908.

Carl Friedrich Benkowitz (1764–1807): (Ohne Titel)

Niemals hat den erhabenen Mann mein Auge gesehen,
Aber es weinet ihm nach. Denn von dem, der sein Angesicht schaute,
Tönt dem Entschlafenen nur die melodische Stimme des Ruhmes.
Königlich war des Leibes Gestalt, noch schöner die Seele,
Liebend und hold sein Tun, und sanft die Rede des Mundes.
Wohltun war sein heilig Geschäft, und Milde die Wonne
Seines Herzens. Vermochte soviel erhabene Tugend
Nicht vor des Todes Pfeile zu schützen den kämpfenden Jüngling?
Nein! Er wollte fallen der Held, und er fiel in der Feldschlacht.

Als er fliehen die Seinigen sah, und siegen die Feinde,
Stürzt' er sich unaufhaltsam ins Blut, und sank, und der Staub trank
Königlich Blut, trank Blut von dem Heldenstamme des Thrones,
Auf dem Friedrich saß. Er flocht sich sterbend sein Lorbeer.

Siehe, nun liegt der blutige Held entseelt vor dem Altar.
Um ihn ist die trauernde Schar der Seinen versammelt,
Welche des Feindes gewaltiger Arm umschlang. Sie umjammern
Seinen Sarg, es fließt die Träne der Krieger; sie küssen
Die erblichene Hand, und schneiden die blutige Locke
Von dem Haupt des entschlafenen Herrn zum bleibenden Denkmal.

Auf, erwachet ihr Künstler, und bildet die heilige Szene
Durch des Gemäldes Spiel, durch der Kunst nachahmende Schöpfung.
Siehe, so lange der Name des großen Friedrichs genannt wird,
Wird von Ludewig auch die Sage des Todes erschallen.

Aus: *Geschichte des Angriffs, der Blockierung und Übergabe von Glogau* von Carl Friedrich Benkowitz. Leipzig 1807.

Ungenannter Verfasser: Des Prinzen Heldentod (1807)

Traurig saß Louis, und sinnend, erwog des Feldherrn Versäumnis:
»Wahrlich, Friedrich du Einziger, schon ständest du lange am Rheine
Siegreich und groß, und dein Heer in trefflich geordneten Reihen:
Nimmer vergönntest du ihm, dem Feinde, die kostbare Muße.«
Da erschien ihm der goldene Tag, der so bange ersehnte,
Und die herrliche Stunde erschien dem mutvollen Helden,
Wo ihm vergönnt war dem Feind ins offene Auge zu sehen.
– Da bestieg er das Roß, den edlen britannischen Renner,
Der in mutiger Kraft wie der Adler der Lüfte dahinflog:
Königlich blickte der Schöne herab von dem schnaubenden Rosse,
Wie ein Centaur an die Glieder des herrlichen Tieres gegossen,
Und der Anblick erfüllte mit Mut die Herzen der Krieger.
Und er eilt in den Kampf, es donnert vom Hufschlag die Brücke,
Fort in die Ebene dringt, es weichen die gallischen Scharen,
Immer verfolgen die Seinen, und fern über blutigem Schlachtfeld
Auf dem erfochtnen Gebiet weht hoch der flatternde Adler.
Siegreich denket der Held nicht seines verwundeten Armes:
Vorwärts! ruft er, und dringt stets vor auf tödlichem Pfade.
Da entstürzen der Feinde viel tausend und abermal tausend
Dem verräterischen Berg, und blutiger wird das Gemetzel:
Und Borussias Söhne von fünffach stärkeren Feinden
Rings umgeben, sie kämpfen wie einst spartanische Scharen.
Und sie fallen um ihn: und Louis umringen wohl zehne,
Größer fühlt sich der Held, da viele auf ihn sich stürzen.
Enger und enger wird das wild verworrne Gedränge,
Schaurige Nacht verbreiten die Donner redenden Erze:
Und der Staub, den der zitternde Huf des schäumenden Rosses
Aufwirft, dämpft das spritzende Blut, der Sterbenden Angstschweiß.
Lächelnd blickt Louis herab, und schaut auf das leere Getümmel,
Auf die Wunden, die ihn an vielen Stellen gezeichnet,
Herrliche Orden scheinen sie ihm, dem mutigen Helden.
Ach, da sieht er zugleich mit hoher unnennbarer Wehmut,
Wie die Seinen, nur wenig dem Tode Entronnene, fliehen,
Und er gedenkt den Schwachen ein leuchtendes Beispiel zu geben:
Ritzt mit dem eisernen Sporn die Seiten des müden Rosses,
Und mit gewaltigem Streich haut der Gegner zu Boden.
Neunfache Wunden schon führen des Prinzen Herzblut zur Erde:
Saalfelds Gefilde seid stolz, ihr tranket königlich Herzblut.
Gleich einer ehernen Mauer umgeben die Feinde den Hohen,
Und von Ehrfurcht beseelt entbieten sie alle ihm Gnade.
Schrecklicher tönte ihm nimmer ein Wort, denn das der Ergebung:
Teuer beschloß er dem Feind das teure Leben zu lassen.
Und sie lähmen die Rechte dem Helden: doch gibt er sich nimmer:
Und ein feindliches Schwert durchstößt ihm den fürstlichen Busen.
Coburgs Fürstin durchflocht mit Lorbeern die blutigen Locken,

Und zu Saalfeld schlummert der Prinz mit lächelnder Miene,
Glücklicher denn wir alle! Er sah nicht unsre Vernichtung.

Aus: *Löscheimer*, Kiel, 1. Heft 1807 (Herausgegeben v. Gustav von Both).

Ungenannter Verfasser: Louis Ferdinand. Eine Phantasie (1807)

Nur dieses fühl' ich, und erkenn' es klar:
Das Leben ist der Güter höchstes nicht,
Der Übel größtes aber ist die Schuld.
Schiller

Mit junger Kraft trat er hinaus ins Leben,
Der Genius, der kühn den Fittich schwang,
Begann sich freier, göttlicher zu heben,
Er sah die Horen, die Chariten schweben,
Dem Ohr ertönte Castiladensang.

Entzückend, wie der Ton der Götterlieder,
Schien ihm der Sphären schon verklungner Tanz,
In ihnen fand er jene Formen wieder,
Und auf die Erde strahlten sie hernieder,
Und mild erschien sie, zauberisch, im Glanz.

Er sah sie flammen in den weiten Fernen
Im ewgen Licht, das immer neu sich schafft,
Von ihnen wollt' er ewges Wirken lernen,
Die Welt beglücken gleich den schönen Sternen,
Harmonisch ihnen, – Er mit seiner Kraft.

Schön lächelt anfangs ihm die Welt entgegen,
Der Jugend Traum scheint herrlich ihm erfüllt,
Und die Gefühle, die sich in ihm regen,
Umfächeln ihn auf mühevollen Wegen,
Ihn stärkt des ewgen Ideales Bild.

Doch bald sieht er, daß die entstellten Herzen
Auch keine Kraft zum einzig Wahren lenkt,
Er sieht die Frechen mit dem Heilgen scherzen,
Verhüllt sein Haupt in tiefen Seelenschmerzen,
Und flieht, in dem er seine Fackel senkt.

Die Jugend brauste: aus der Wogen Schäumen
Entsteigt, wie Venus Amathusia,
Der hohe Geist zu ewig schönen Räumen,
Und sieht das Land, was er in seinen Träumen
Hienieden schon im Zauberspiegel sah.

In jenen heilgen Götterregionen
Empfindet er der reinen Seele Glück:
Und ja! die Erde, welche wir bewohnen,
Mit dem Gepränge ihrer goldnen Kronen
Wird nur ein kleiner Punkt für seinen Blick.

Aus: *Löscheimer*, Kiel, 2. Heft 1807 (Herausgegeben von Gustav v. Both).

Ungenannter Verfasser: Auf den Tod des
Prinzen Ludwig Ferdinand von Preußen.
Mel. Ausgelitten hast du, ausgerungen etc.

Klaget Preußen, ach er ist gefallen,
Der geliebte Menschenfreund als Held,
Ach zu früh ist er entrissen allen,
Die die Vorsicht neben ihm gestellt,
Kämpfend für das Vaterland gesunken,
Starb er in der Jahre Blüte hin,
Ach, das Schlachtfeld hat sein Blut getrunken
Und das Vaterland weint jetzt um ihn.

Zeigt er nicht selbst in dem Schlachtgewühle,
Daß er nie verschloß sein edles Herz,
Fühlt er nicht des Menschenfreundgefühle,
Schon als Jüngling bei des Kriegesschmerz.
Und der Gute ist uns nun entrissen
Durch des Schicksals allgewaltige Hand.
O! so bald mußt er sein Blut vergießen
Und erblassen für das Vaterland.

Doch zu bessern Sphären aufgestiegen
Ist sein Geist jetzt bei der Heldenschar,
Die in Friedrichs siegewohnten Kriegen,
Stets der Stolz des Vaterlandes war.
So wie *Ludwig* jetzt sein Blut vergossen,
Sank auch Winterfeld, Schwerin und Keith,

Erst an diese Helden angeschlossen,
Ist der Gute nun nach schwerem Streit.

Ruhe sanft, du hast das Ziel erreichet,
Das der Allmacht Hand dir aufgestellt,
Deine irdische Hülle hier erbleichet,
Lebt dein Geist in einer bessern Welt,
Das Bewußtsein, treuerfüllter Pflichten,
Folgte dir mit vor der Allmacht Thron,
Und der Gott der deine Tat wird richten,
Reicht dir dort die schönste Lorbeer-Kron.

Unverlöschlich bleibt dein Bild uns teuer,
Tief in unserm Herzen eingedrückt,
Hat es Lieb und Ehrfurcht und mit Feuer
Wirkt es auf den Krieger, der hin blickt,
Nach der Stätte wo dein Blut geflossen,
Wo von Feinden du nicht Gnad' erfleht,
Ernster wird sein Mut dann unentschlossen,
Kämpft er für das Vaterland und steht.

Aus: *Sechs schöne Lieder und Arien [...] Ganz neu gedruckt*. Ohne Ort, Drucker oder Jahr. Stadtbibliothek Braunschweig. Deutsches Volksliedarchiv, Freiburg i. Brsg. Bl. 22. Dieses Lied wurde noch 1844 in Preußen gesungen. Wie alle Volkslieder hat auch dieses im Laufe der Zeit etliche Varianten erfahren. Der hier abgedruckte Text entspricht der Erstfassung.

Theodor Körner (1791–1813):
Bei der Musik des Prinzen Louis Ferdinand (1812)

Düstre Harmonien hör' ich klingen,
Mutig schwellen sie ans volle Herz;
In die Seele fühl' ich sie mir dringen,
Wecken mir den vaterländ'schen Schmerz,
Und mit ihren früh geprüften Schwingen
Kämpfen sie im Sturme himmelwärts;
Doch sie tragen nur ein dunkles Sehnen,
Nicht den Geist aus diesem Land der Tränen.

Allgewaltig hält ihn noch das Leben,
Taucht den Flügel in den styg'schen Fluß;
Es ist nicht der Künste freies Schweben,
Nicht verklärter Geister Weihekuß.

Noch dem Erdgeist ist er preisgegeben,
Mit dem Staube kämpft der Genius,
Reißt er auch im Rausche der Gedanken
Oft sich blutend los aus seinen Schranken.

Dann ergreift ihn ein bachantisch Wüten,
Wilde Melodieenwitze sprühn;
Aus dem Tode ruft er Strahlenblüten
Und zertritt sie kalt, sobald sie blühn.
Wenn die letzten Funken bleich verglühten,
Hebt er sich noch einmal stolz und kühn
Und versinkt dann mit gewalt'gen Schauren
In den alten Kampf mit dem Centauren.

Wilder Geist, jetzt hast du überwunden.
Deine Nacht verschmilzt in Morgenrot;
Ausgekämpft sind deiner Prüfung Stunden,
Leer der Kelch, den dir das Schicksal bot.
Kunst und Leben hat den Kranz gewunden,
Auf die Locken drückte ihn der Tod.
Deinen Grabstein kann die Zeit zermalmen;
Doch die Lorbeern werden dort zu Palmen.

Und dein Sehnen klagte nicht vergebens:
Einmal ward's in deiner Seele Tag,
Als dein Herz am kühnsten Ziel des Strebens
Kalt und blutend auf der Walstatt lag.
Sterbend löste sich der Sturm des Lebens,
Sterbend löste sich der Harfe Schlag,
Und des Himmels siegverklärte Söhne
Trugen dich ins freie Land der Töne.

Zitiert nach: *Theodor Körners sämtliche Werke in vier Teilen.* Hrsg. v. Eugen Wildenow. Leipzig 1903.

Ungenannter Verfasser: Prinz Louis bei Saalfeld
Mel. Guter Mond, du gehst so stille etc.

Saalfeld, Saalfeld, wo gefallen
Prinz Ludewig in seinem Blut!
Ach was hört man Klagen schallen
Um sein ritterlichen Mut!
Schade für sein junges Leben,

Schade für den jungen Held,
Der sich in den Tod begeben,
Für das Vaterlande fällt!

Dort, in jener Schicksalsstunde,
Hat er ritterlich gekämpft,
Bis die blut'ge Todeswunde
Seinen Heldenzorn gedämpft.
Ach mit Jammern und mit Klagen
Stehn die Seinen um ihn her,
Haben ihn hinweggetragen,
Und beweinet viel und schwer.

Jetzt dringt frecher der Franzose
Auf den guten König ein,
Dem die schwarzen Schicksalslose
Geben viele Sorg' und Pein.
Mußte fliehn fast aus dem Lande,
Vor dem wütigen Siegertroß,
Bis am fernen Memelstrande
Mit dem Feind er Frieden schloß.

Aus: *Einhundert Historische Volkslieder des Preußischen Heeres von 1675 bis 1866. Aus fliegenden Blättern, handschriftlichen Quellen und dem Volksmunde gesammelt und herausgegeben von Franz Wilhelm Freiherrn von Ditfurth.* Berlin 1869. – Anmerkung des Herausgebers: »Mündlich 1835 von dem Bedienten meines verstorbenen Bruders Christian, Offizier im K. Alexander-Regimente zu Berlin. Eine Strophe soll noch fehlen, auf die sich Ersterer nicht mehr besinnen konnte; doch rundet sich das Lied auch so noch gut ab.«

Clemens Brentano (1778–1842): Merkt, o güt'ge Freunde (1815)

Merkt, o güt'ge Freunde meines Klanges,
Wenn des Liedes Traum Sturmschwingen regt,
Daß ein Schwanensang hier hohen Ranges
Adlerflügel-Klang zur Sonne trägt.
Ludwigs Weise, Ziel des Lobgesanges,
Ist ihm, ja es selbst sich unterlegt.
Körners Lied von Ludwigs Melodieen
Habe *Ludwigs* Töne ich ich geliehen. –
Und so wird nach Weisen es gesungen,

Deren Lichtbahn es zu singen strebt;
Ob dem Dichter, ob dem Sänger mehr gelungen
Ob das Wort, der Klang lichttrunkner schwebt? –
Prüft den Kranz, *ich* habe ihn geschlungen,
Daß ihr *Ludwigs* Klang dem Dichter gebt;
Und den Sänger grüßt mit *Körners* Worten,
Die in gleicher Ehre stumm geworden.

Zitiert nach: *Werke* von Clemens Brentano. Band 1. München 1968. Vorspruch zu Carl Maria von Webers Vertonung von Theodor Körners Gedicht *Bei der Musik des Prinzen Louis Ferdinand von Preußen*. Das Gedicht ist unterzeichnet: »Im Namen des Carl Maria von Weber, Clemens Brentano.«

Friedrich August von Stägemann (1763–1840): Bei dem Leichenbegängnisse des Prinzen Ludwig Ferdinand von Preußen (1828)

In die Gruft der hochverklärten Ahnen
Senken wir den Staub des ruhmgesunknen
Fürstenjünglings, der auf Kriegesbahnen
Blutigfrüh den letzten Tag vollendet,
Und den Heldengeist, den tatentrunknen,
Früh empor den Sternen zugesendet.

Laßt die Fahne herrlich wehn, Soldaten!
Laßt den Marsch der Trommel mutig schallen!
Und der Mund von donnernden Metallen
Tu' es kund, ein Herold tapfrer Taten,
Daß ein Held fürs Vaterland gefallen!

Durch die Reih'n beherzter Schlachtgenossen
Mäht der Krieg mit todgefüllten Schloßen,
Und ein blühend Jugendreich versinket.
Mit der Wiederkehr der frischen Ähren
Blitzt ein neuentsproßner Wald von Speeren,
Der des Feindes Blut versöhnet trinket.
Aber wenn der Feldherrnstab, zersplittert,
Aus der Hand dem edlen Hektor sinket,
Mag das Volk, von Ahndung tief erschüttert,
Um den frühgefallnen Jüngling trauern.
Denn die hohe Pergamos erzittert,
Nicht umschlossen mehr von Heldenmauern.

Wir, die Krone feiernd, die der Taten
Edelreicher Demantschmuck durchwoben,
Wir, das Schwert zu schwerem Eid erhoben,
Als wir diesen Friedensort betraten,
Brennensöhne wir durch Ahnenproben,
Neigen uns an deines Grabes Stufen,
Teurer Geist, von deinem Sterne droben
Dich hinab an irdisch Licht zu rufen.
Und die Heldenantwort tönt hernieder,
Und der graue Dom ertönt sie wieder:
»Euch geleiten, junge Waffenbrüder,
Euch geleiten werd' ich zu den Toden

Für des Vaterlandes werten Boden.
Eure Fahne, wenn die Schlacht sich faltet,
Euer Stern, wenn ihr Gewitter waltet,
Werd' ich hell um eure Stirnen schweben,
Euch zum Schilde vor der Ehre wunden
Werd' ich männlich eure Brust umgeben,
Und der Tod, den ich im Kampf gefunden,
Wird, ein Siegesgott auf Sonnenrosen,
Von des Volks Frohlocken wog' umflossen,
Euch in Tagen Sorrs, in Roßbachs Tagen
Hoch hinauf zur Heimat Friedrichs tragen.«

Aus: *Historische Erinnerungen in lyrischen Gedichten* von Friedrich August von Stägemann. Berlin 1828.

Ferdinand Freiligrath (1810–1876): Prinz Ludwig von Preußen (1843)

Weise: Prinz Eugenius, der edle Ritter

Wie er's in der Schlacht getrieben,
Wie bei Saalfeld er geblieben,
Solches wißt ihr allesamt!
Doch kein Teufel weiß jetzunder,
Wie sein Säbel, Gottes Wunder!
In die Zöpfe einst geflammt!

Auf und laßt die Fahnen wehen!
Anno fünf ist es geschehen,
Anno fünf zu Altenburg!
Prinz Ludwig bei Spiel und Mahle
Saß allda bei Vogt im Saale,
Zechte flott die Herbstnacht durch.

Tat's mit hundert Offizieren;
Trugen allzumal noch ihren
Wohlfrisierten Puderschopf;
Seitenlöcklein, wohlgebacken
Und gekleistert, und im Nacken
Steif und starr den alten Zopf.

Gläser klirrten, Lieder schallten,
Die Champagner-Pfropfen knallten –
Dreimal hoch das Hauptquartier!
Tafelmusik rauschte munter,
Meister Dussek mitten drunter
Dirigierte am Klavier.

Ist der Prinz emporgeschwungen,
Hat er hoch sein Schwert geschwungen,
Zugelacht dem Freunde dann:
»Hackbrettschläger, jetzt ans Hacken!
Hack' den Zopf mir aus dem Nacken!
Heute soll'n die Zöpfe dran!«

Meister Dussek nahm den Degen,
Tät den Zopf aufs Tischtuch legen,
Auf den Knien lag der Prinz:
Dussek hieb mit scharfem Streiche,
Auf der Tafel lag die Leiche –
Achtunddreißig Jahre sind's!

Tusch! Das fuhr durch alle Köpfe!
Laut scholl's: »Pereant die Zöpfe!«
Das war eine Wirtschaft heut!
Oberst, Kapitän und Junker
Hieb sich ab den garst'gen Klunker –
Jeder Zopf ließ Haare heut!

Dieses in dem Preußenheere
War'n die ersten Zöpf' auf Ehre!
Die da abgeschnitten sein!
Zopflos in den lieben Himmel
Rückt' aus Saalfelds Schlachtgetümmel
Ludwig Ferdinandus ein!

Noch im Dreispitz mit der Krempe,
In der Hand die blut'ge Plempe,
Kam er – doch der Zopf war ab!
Drob der alte Fritz erstaunte,
Und ihm eine gutgelaunte
Oheimliche Nase gab! –

Der Armeezopf liegt erstochen,
Jenas Zopf ist auch gebrochen,
Doch manch andrer macht sich breit!
Wann zerfetzt uns *die* ein Retter?
Ludwig, schick' ein Donnerwetter
In die Zöpfe dieser Zeit!

Zitiert nach: *Gesammelte Dichtungen* von Ferdinand Freiligrath, Band 3, Stuttgart 1886.

Christian Friedrich Scherenberg (1798–1881): Prinz Louis Ferdinand (1845)

Prinz Ludwig sitzt vom Saitenspiel
Im Rudelstädter Schlosse,
Der letzte Strahl durchs Fenster fiel,
Und Nacht wird sein Genosse.

»Ade mein Preußen!« greift voll Schmerz
Er nieder in die Tasten,
Als schlüg' er drein sein wildes Herz
Mit allen seinen Lasten.

Springt auf: »Mein Pferd! Mein Pferd! Muß fort
Zu meinen Fahnen reiten!«
Stürmt weg, noch ehe der Akkord
Verklungen aus den Saiten.

»Die Pferde vor! Wir reiten mit!«
Nachstürzen aus dem Saale
Sich Freund und Arzt zum späten Ritt.
»Ich dank' Euch allzumale.«

»Kein Freund, soviel er mir auch wert,
Kein Doktor heilt die Wunde;
Was mir an meinem Leben zehrt,
Ist Preußens schwere Stunde.«

»Wo bist du, Friedrichs Gloria?
Verblaßt an der Misere –
Wir betteln! – *ratio ultima* –
Verfederfuchst die Ehre!«

Stößt seinen Schweißfuchs fort zu Tal
Den Blutsporn in die Flanken,
Als hätt' er Preußen unterm Stahl
Mit seinen Ruh-Gedanken.

Und reitet durch dieselbe Nacht,
Wo auch in schlimmen Tagen
Sein großer Ohm sich aufgemacht,
Sein Hochkirch zu erjagen.

Aufsteigen die Nebel um seinen Ritt,
Es reiten die bleichen Scharen
Gar still wie tote Schwadronen mit,
Herbstwinde die Fanfaren.

Der wilde Stern durch Wolken jagt,
Nachflüsternd fallen die Blätter,
Die Saale rauscht, die Saale klagt,
Sie träumet schwere Wetter.

Und als die Morgenwinde naß
Am Federbusche streifen,
Die bleichen Nebel gefallen ins Gras,
Und Roß und Reiter träufen.

Und tot der Stern, und drüber kalt
Die feuchten Purpur treiben,
Da macht der Prinz vor Saalfeld halt,
Und spricht: »Hie muß ich bleiben.« –

Still grüßt sein Hauf von Brück' und Gaß',
Still dankt er seinen Fahnen:
»Wir halten«, spricht er, »diesen Paß,
Will durch Franzos sich bahnen.«

»Angreifen nicht, nur wehren sich
So lauten die Befehle –«
Befielt er selbst sich innerlich
Zur Ruhe seine Seele.

Derweilen sucht sein Aug' durchs Tal:
»Will kein Franzose kommen?«
Die Berge glühen, ein Fanal,
Von ihrer Sonn' erglommen.

Vortänzelt ihm: *»Vive l'Empereur!«*
Ein Häuflein aus dem Berge,
Es ist der kleine *Voltigeur*. –
Er mißt die Handvoll Zwerge,

Mißt sie an seinem Heereshauf,
Und seine Pulse treiben,
Der ganze Mann steht in ihm auf:
»Und *davor* ruhig bleiben!«

»Ist auch verboten eine Schlacht,
Ein Sieg ist immer befohlen.
Schwadronen drauf! 'n Choc gemacht!
Die müssen wir uns holen.«

Und hei! als ritt der wilde Tod
Einher auf tausend Rossen,
Vorschießt der Stern ins Morgenrot,
Nach seine Reiter schossen.

Fort über Au und Brücke fliegt
Das rasselnde Gewitter,
Weg spreut das Gras, das Joch sich biegt,
Die Planken stieben in Splitter.

Und *»en evant«* spricht der Franzos,
Und hinter seinen Bergen
Vorwächst zu dreißigtausend groß
Ein Riese aus den Zwergen.

Legt seine Brust und beide Arm'
Zermalmend um die Degen,
Sie all' aus der Umarmung warm
Ins kühle Gras zu legen.

Prinz Ludwig aber schaut, als wär
Erlösung im Verderben:
»Und sind es nun auch so viel mehr,
Wir können nichts als sterben.«

Er spricht's und deckt mit seinem Hut
Den Stern auf seinem Kleide,

Ein Reiter frei mit seinem Blut
Zu werben auf grüner Haide.

»Komm blasse Braut an meine Brust!
Dir will ich mich ergeben!
Ich liebt' manch Kind voll Leideslust,
So liebt' ich keins im Leben!«

Er stürzt mit wilder Seligkeit
In ihr verzehrend Feuer,
Und voll hat er die Braut gefreit,
Der schönste aller Freier.

Und *voll* hat sie ihn auch empfahn,
Den Liebling aller Herzen,
Tut *voll* ihm auch die Liebe an
Mit allen ihren Schmerzen.

Hinab sinkt er von seinem Roß,
Zerstochen und zerschossen,
Sein prachtvoll Leben strömend schoß,
Daß alle Adern flossen.

Und wie die Nebel auf der Au,
All seine Reiter liegen,
Und wie der Westwind übern Tau,
Die Kaiseradler fliegen,

Durchs Morgenrot nach Jena fort
Sie ihre Fahnen reißen,
Aushaucht er in dem Sturmakkord
Sein letzt »Ade mein Preußen!«

Zitiert nach: *Buch deutscher Lyrik*, hrsgg. v. Adolf Böttger, Leipzig 1853.

Theodor Fontane (1819–1898): Prinz Louis Ferdinand (1857)

Sechs Fuß hoch aufgeschossen,
Ein Kriegsgott anzuschaun,
Der Liebling der Genossen,
Der Abgott schöner Fraun,
Blauäugig, blond, verwegen,
Und in der jungen Hand

Den alten Preußendegen –
Prinz Louis Ferdinand.

Die Generalitäten
Kopfschütteln früh und spät,
Sie räuspern sich und treten
Vor Seine Majestät,
Sie sprechen: »Nicht zu dulden
Ist dieser Lebenslauf,
Die Mädchen und die Schulden
Zehren den Prinzen auf.«

Der König drauf mit Lachen:
»Dank schön, ich wußt' es schon;
Es gilt ihn kirr zu machen,
Drum: Festungsgarnison;
Er muß in die Provinzen
Und nicht länger hier verziehn,
Nach Magdeburg mit dem Prinzen –
Und *nie* Urlaub nach Berlin.«

Der Prinz vernimmt die Märe,
Saß eben bei seinem Schatz:
»Nach Magdeburg, auf Ehre,
Das ist ein schlimmer Platz!«
Er meldet sich am Orte,
Und es spricht der General:
»Täglich elf Uhr zum Rapporte
Ein für allemal!«

O Prinz, das will nicht munden!
Doch denkt er: »Sei gescheit,
Volle vierundzwanzig Stunden
Sind eine hübsche Zeit.
Relais, viermal verschnaufen,
Auf dem Sattel Nachtquartier,
Und kann's *ein* Pferd nicht laufen,
So laufen's ihrer vier.«

Hin fliegt er wie die Schwalben,
Fünf Meilen ist Station,
Vom Braunen auf den Falben,
Das ist die Havel schon;
Vom Rappen auf den Schimmel,
Nun faßt die Sehnsucht ihn,
Drei Meilen noch – hilf Himmel,
Prinz Louis in Berlin.

Gegeben und genommen
Wird einer Stunde Glück,
Dann, flugs wie er gekommen,
Im Fluge geht's zurück;
Elf Uhr am andern Tage
Hält er am alten Ort,
Und mit dem Glockenschlage
Da steht er zum Rapport. –

Das war nur bloßes Reiten,
Doch wer so reiten kann,
Der ist in rechten Zeiten
Auch wohl der rechte Mann;
Schon über Tal und Hügel
Stürmt ostwärts der Koloß –
Prinz Louis sitzt am Flügel
Im Rudolstädter Schloß.

Es blitzt der Saal von Kerzen,
Zwölf Lichter um ihn stehn,
Nacht ist's in seinem Herzen,
Und Nacht nur kann er sehn,
Die Töne schwellen, rauschen,
Es klingt wie Lieb' und Haß,
Die Damen stehn und lauschen
Und was er spielt, ist *das*:

»Zu spät zu Kampf und Beten!
Der Feinde Rossehuf
Wird über Nacht zertreten,
Was ein Jahrhundert schuf;
Ich seh es fallen, enden,
Und wie alles zusammenbricht –
Ich kann den Tag nicht wenden,
Aber *leben* will ich ihn nicht!«

Und als das Wort verklungen,
Rollt Donner schon der Schlacht,
Er hat sich aufgeschwungen,
Und sein Herze noch einmal lacht,
Vorauf den andern allen
Er stolz zusammenbrach;
Prinz Louis war gefallen
Und Preußen fiel – ihm nach.

Zitiert nach: *Gedichte* von Theodor Fontane, München 1969.

Adolf Bube (1802–1873):
Das Gefecht bei Saalfeld am 10. Oktober 1806

Aus Saalfeld ritt einst ein edler Graf
Mit Ludwig Ferdinand,
Als kaum die Morgensonne traf
Die Flur im Herbstgewand,
Ein männlich schöner Krieger,
Sprach er mit Innigkeit:
»Leb' wohl, mein Prinz, sei Sieger!
Gern zög' ich mit zum Streit!«

Doch, treu dem guten Kaiser Franz,
Kehrt er ins Schloß zurück,
Das in dem alten Mauerkranz
Barg seines Herzens Glück.
Besorgt trat er ans Fenster
Und sah den schwanken Kampf;
Rings wogten wie Gespenster
Die Streiter in dem Dampf.

Des Grafen Blicke folgt unverwandt
Dem königlichen Herrn,
Bis er in Rauch und Staub verschwand,
Wie im Gewölk ein Stern. –
Bald nahten Feindeshorden
Und sprengten in das Schloß;
»Wer trug den Adlerorden?«
Erscholl es aus dem Troß.

Der Graf erblaßt, er sieht den Stern
Von Ludwigs Heldenbrust;
»Auf«, ruft er, »sucht nach seinem Herrn! –
Entsetzlicher Verlust!« –
Das trieb sie an; sie suchten
Noch spät bei Sternenschein;
Doch erst am Morgen trugen
Sie Ludwig tot herein.

Der Graf blickt ihm ins Angesicht,
Verletzt vom Säbelhieb;
»Weh', das ist Ludwig, zweifelt nicht,
Er, mir so hold und lieb!
Hier dieser Locken Farbe,
Hier der verlor'ne Zahn,
Und hier am Fuß die Narbe
Zerstreuen jeden Wahn!« –

Er hebt die große Decke auf,
Die Brust und Leib verhüllt,
Und läßt der Trauer freien Lauf,
Die ihm das Herz erfüllt.
Es träufeln Tränen nieder
Zur Bahre hart und schmal,
Auf die entblößten Glieder
Zum blut'gen Wundenmal.

»Auf«, ruft er den Franzosen zu:
»Ehrt Euren tapfern Feind!
Ehrt Euch, tragt ihn zur Grabesruh,
Wie einen lieben Freund!« –
Alsbald mit frommen Zeichen
Folgt ihm der Träger Schar
Zur Gruft, wo Fürstenleichen
Schon ruhen manches Jahr.

Der Prinz, bekränzt von Frauenhand,
Lag dort im Sarkophag,
Bis für sein teures Vaterland
Aufging ein Friedenstag.
Dann mit umflorten Fahnen
Und Trommeln, dumpf gerührt,
Ward er zur Gruft der Ahnen
Vom Preußenheer geführt.

Zitiert nach: *Die Schreckenstage von Saalfeld a. S. und der Heldentod des Prinzen Ludwig Ferdinand von Preußen* von Bruno Emil König, Meiningen 1896. – Erstabdruck und Entstehungszeit dieses Gedichts konnten nicht ermittelt werden.

Johannes Jacobi (1838–1897): Prinz Louis Ferdinand (1890)

I.

Von Deutschlands Niedergang, aus dunklen Tagen
Ein Bild der Trauer, trüb und hoffnungsleer,
Als der Vernichtung Schrecken wild und schwer
Auf allen deutschen Herzen lastend lagen!

In Trümmer ward ein stolzes Reich zerschlagen,
Zu Boden sank sein sieggewohntes Heer,
Und der Eroberer Schar, ein tosend Meer,
Ergoß sich drüber hin in tollem Jagen.

Der erste Strahl aus schwüler Wetternacht
Er fiel auf Dich, zerriß Dein blühend Leben,
Den Stamm der Eiche hat er jäh gespalten.
Wild tobt der Kampf in blut'ger Reiterschlacht –
Sieg oder Tod! Du hast Dein Wort gegeben,
Und hast es fürstlich, heldenhaft gehalten!

II.

Ein Denkmal ragt, wo Dich der Tod einst fand,
Der Schwester Liebe hat es Dir erhoben,
Von Trauerschatten steht es ernst umwoben,
Vereinsamt still am stillen Wegesrand.

»Hier fiel er kämpfend für sein Vaterland«,
So meldet es – die schlichten Worte loben
Dich herrlicher, als stolze Dichterproben –
»Der Prinz von Preußen, Louis Ferdinand.«

Nun tritt heraus aus Deinem Grabesdunkel,
Sieh um Dich her: Die Nacht ist längst verschwunden,
Nicht schmachtet Deutschland mehr in fremden Banden!

Hell strahlt der Kaiserkrone Lichtgefunkel,
Das neue Reich hat neue Kraft gefunden –
Aus Deinem Blute ist es mit erstanden!

Aus: *Prinz Louis Ferdinand. Vaterländisches Schauspiel in fünf Akten* von Johannes Jacobi. Bremen 1890. Vorspruch zum Drama.

Detlev von Liliencron (1844–1909): Aus »Poggfred« (1896)

Und noch ein Bild: Prinz Louis Ferdinand.
Genialer Prinz, du rittest jung ins Sterben,
Dein Lebenskrug fiel früh dir aus der Hand,
Aus vierzehn Wunden höhnten vierzehn Scherben.

Wie, wenn dich nun des Schicksals Gängelband
Gnädig entrissen hätte dem Verderben?
Wärst du der Sonne in den Kranz geflogen?
Hätt dich die Hölle in den Schlund gesogen?

Aus: *Poggfred – Kunterbuntes Epos in 12 Kantussen* von Detlev von Liliencron. Berlin 1896.

Ernst von Wildenbruch (1845–1909): Held und Helden (1906)
Dem Infanterie-Regiment Prinz Louis Ferdinand von Preußen zum 18. November 1906 dargebracht

Wie Mären klingt's und Sagen,
Geschichte aber spricht's:
Preußen ward togeschlagen
Vom Streich des Weltgerichts,
Als es die Schicksalsstunde
Verpaßte und verschlief,
Die aus der Zeiten Munde
»Seid wach!« den Völkern rief.
Wie Sagen klingt's und Mären,
Geschichte aber spricht's:
Preußen erstand zu Ehren
Nie dagewes'nen Lichts,
Als es den Schrei der Nöte
Aus deutscher Brust vernahm
Und wie die Morgenröte
Dem neuen Deutschland kam.
Aus jenen dunklen Tagen
Ein Name flammt ins Land:
Bei Saalfeld Du erschlagen,
Held, Louis Ferdinand.
Du hast nicht mehr gesehen
Aus Preußens altem Mark
Das Neu-Geschlecht erstehen,
Wie Du, so stolz und stark.
Dich rief das Schlachtentosen
In Böhmen nicht mehr wach,
Sahst nicht mehr den Franzosen
Abbüßen Deine Schmach.
Doch Deinen Heldennamen
Hat Sterben nicht erdrückt –

Sieh – neue Helden kamen,
Die heut Dein Name schmückt:
Die Mutigsten der Mut'gen,
Die aus dem Wald von Swiep
Dem kampfzerfetzten, blut'gen,
Zehnfacher Feind nicht trieb.
Heut gönnen ihre Hände
Den Waffen Ruh und Rast –
Heut zur Jahrhundertwende
Sei Held der Helden Gast!
Blick' auf aus Not und Sorgen,
Die Dich zu Tod gebeugt:
Das Land ist wohl geborgen,
Das solche Söhne zeugt.

Aus: *Letzte Gedichte* von Ernst von Wildenbruch. Berlin 1909. – Dem 2. Magdeburgischen Infanterie-Regiment Nr. 27 war am 27. 1. 1889 durch Kaiser Wilhelm II. der Name Infanterie-Regiment Prinz Louis Ferdinand von Preußen verliehen worden. »Ich habe das Regiment für die hohe Auszeichnung ausgewählt, sich nah diesem heldenmütigen Gliede Meiner Familie nennen zu dürfen, weil es sich bei allen Gelegenheiten durch Tapferkeit und Treue besonders hervorgetan hat.«

Bibliographie

Wichtigstes Arbeitsmaterial für dieses Buch waren die Aktenbestände des Deutschen Zentralarchivs, Historische Abteilung II, in Merseburg, die u. a. die Akten des ehemaligen Brandenburgisch-Preußischen Hausarchivs und des Geheimen Preußischen Staatsarchivs enthalten (letzteres nicht vollständig, ein Teil befindet sich in Berlin-Dahlem). Leider ist bei der Auslagerung der Bestände im letzten Weltkrieg einiges wichtiges Material verschollen, das gilt vor allem für den Briefwechsel Louis Ferdinands mit Pauline Wiesel. Varnhagen hatte davon eine Abschrift genommen, aber die Sammlung Varnhagen (Besitz der ehemaligen Preußischen Staatsbibliothek in Berlin) ist gleichfalls verschollen, so daß weder Originale noch Kopien zur Verfügung standen und auf die publizierten Briefe zurückgegriffen werden mußte.

Von den gedruckten Materialien waren mir fünf Publikationen von besonderer Wichtigkeit: Varnhagen von Ense (1836), Paul Bailleu (1885), Hans Wahl (1917), Kurt von Priesdorff (1935) und Ernst Poseck (1938). Varnhagen berichtet manche Details (ihm mitgeteilt zweifellos von Rahel), die heute nicht mehr recherchierbar sind. Paul Bailleu sichtete als erster die Akten, worauf sich dann Hans Wahl stützen konnte. Allerdings hat der sehr verdienstvolle Wahl oft ungenau zitiert; der Vergleich der Handschriften (soweit sie mir erreichbar waren) mit der bei ihm gedruckten Fassung ergab vielfach eine ungenaue Übertragung, die nicht immer zu Lasten von Druckfehlern geht. Priesdorffs Darstellung (Band 4 der von ihm herausgegebenen Reihe »Große preußische Generale«) stellt Louis Ferdinand zwar nur als Militär dar, aber zitierte Quellenstücke, deren Originale ich nicht ausfindig machen konnte, weil Priesdorff – wie leider alle Biographen des Prinzen – darauf verzichtet, die von ihm benutzten Handschriften bibliographisch exakt nachzuweisen.

Der wichtigste Autor ist Ernst Poseck. Seine Biographie ist auch bemerkenswert lebendig geschrieben. Nur: Der Nazi-Ungeist von 1938 hat Posecks Darstellung an mehr als einer Stelle verdorben. So gewissenhaft er sonst bei der Auswertung seiner Quellen verfährt: Er manipuliert aufs gröbste, sobald irgendein Faktum der Nazi-Ideologie zuwiderläuft. Das gilt nicht nur für die haßverzerrte Darstellung Rahels, die schon erwähnt wurde, das betrifft auch Posecks antirussische Ressentiments, die ihn dazu verleiten, Louis Ferdinand eine betont russenfeindliche Haltung zu unterstellen, die sich nach den Quellen überhaupt nicht nachweisen läßt.

Andererseits aber ist Posecks Buch für jeden, der sich mit Louis Ferdinand beschäftigt, ganz unentbehrlich, weil ihm Akten zur Verfügung standen, die heute verschollen sind, sowie Materialien aus Privatbesitz.
Was nach Poseck über Louis Ferdinand veröffentlicht worden ist, ist ohne Relevanz. Die letzte Biographie über den Prinzen, geschrieben von Burkhard Nadolny (Eugen Diederichs Verlag, Düsseldorf 1967), ist ein zwar amüsant zu lesendes, flott dahingeschriebenes Buch, lehnt sich aber leider unkritisch an andere Publikationen an (inclusive Übernahme ungesicherter oder falscher Behauptungen), ohne die Quellen kenntlich zu machen.
Für Hilfe, Ratschläge und Anregungen für diese Darstellung bin ich vielen zu Dank verpflichtet. Genannt seien:
Deutsches Zentralarchiv, Historische Abteilung II, Merseburg
Österreichisches Staatsarchiv, Wien
Staatsarchiv Hamburg
Staats- und Universitätsbibliothek, Hamburg
Deutsche Staatsbibliothek, Berlin-Ost
Geheimes Staatsarchiv, Berlin-West
Staatsarchiv Detmold
Stadtarchiv Lemgo
Ludwig Greve vom Deutschen Literaturarchiv, Schiller-Nationalmuseum, Marbach a. Neckar
Prof. Dr. Walter Grab, Tel Aviv
Prof. Dr. Ernst Behler, Washington
Prof. Dr. Georg Schnath, Hannover
Dr. Helmut Börsch-Supan, Berlin-West
Dr. Martin Sperlich, Berlin-West
Leo Konečný, Zámek, Jezeří (Schloß Eisenberg)/CSSR
Dr. Otto Holzapfel vom Deutschen Volksliedarchiv, Freiburg i. Brsg.
Dr. Roland Klemig von der Staatsbibliothek, Berlin-West
Luitgard Bertheau, Hamburg
Johannes Heinrich Pukall, Hamburg
Helmut Niemann, Lenggries
Jörg Deuter, Rastede

Allgemeine Musikalische Zeitung, Leipzig, Jhg. 1803, 1804, 1806, 1807, 1808, 1810, 1818, 1824, 1833
Anekdoten und Charakterzüge aus dem Leben des Prinzen Louis Ferdinand von Preußen. – 2. Auflage. Berlin 1807
Bernhard Anemüller: Caroline Louise, Fürstin zu Schwarzburg-Rudolstadt. – Rudolstadt 1869
Hannah Arendt: Rahel Varnhagen. Lebensgeschichte einer deutschen Jüdin aus der Romantik. – München 1959
Achim von Arnim: Werke, Band 1. Hrsgg. v. Monty Jacobs. Berlin 1908
Hans von Arnim: Louis Ferdinand Prinz von Preußen. – Berlin 1966
Carl Atzenbeck. Pauline Wiesel. Die Geliebte des Prinzen Louis Ferdinand von Preußen. – Leipzig o. J.

Der Bär von Berlin. Jahrbuch des Vereins für die Geschichte Berlins. Einundzwanzigste Folge. 1972 – Berlin 1971
Paul Bailleu: Louis Ferdinand, Prinz von Preußen. In: Allgemeine Deutsche Biographie, Band 19, Leipzig 1884
Paul Bailleu: Prinz Louis Ferdinand. In: »Deutsche Rundschau«, Berlin, Oktober/November 1885
Adolf Beer: Zehn Jahre österreichische Politik 1801–1810. – Leipzig 1877
Carl Friedrich Bentkowitz: Geschichte des Angriffs, der Blockierung und Übergabe von Glogau. – Leipzig 1807
»Der Beobachter an der Spree«. 5. Jhg., 43. Stück, 20. 10. 1806
Ernst Berner: Kriegstagebuch des Prinzen Louis Ferdinand von Preußen aus dem Jahre 1806. In: »Hohenzollern-Jahrbuch«, Berlin/Leipzig 1905
Herbert Biehle: Prinz Louis Ferdinand von Preußen als Musiker. In: »Deutscher Wille«, Berlin 1925, V. Jhg., Nr. 7, S. 133 ff.
Wilhelm von Blomberg: Das Leben Johann Friedrich Reinerts. – Lemgo 1822
Adolf Böttger (Hrsg.): Buch Deutscher Lyrik. – Leipzig 1853
Hermann von Boyen: Denkwürdigkeiten und Erinnerungen 1881–1813. – Stuttgart 1899
François Gabriel de Bray: Aus dem Leben eines Diplomaten alter Schule. Aufzeichnungen und Denkwürdigkeiten. – Leipzig 1901
Clemens Brentano: Werke 1. Band. – München 1968
(Friedrich Buchholz): Gallerie preußischer Charaktere. – o. O. 1808
Alexander Büchner (Hrsg.): Briefe des Prinzen Louis Ferdinand von Preußen an Pauline Wiesel. – Leipzig 1865
Rudolf Bunge: Prinz Louis Ferdinand, ein Heldenleben. – Berlin 1895
(Friedrich von Cölln): Vertraute Briefe über die innern Verhältnisse am preußischen Hofe seit dem Tode Friedrichs II. – Amsterdam/Köln 1807
Carl Czerny: Über den richtigen Vortrag der sämtlichen Beethovenschen Klavierwerke, hrsgg. v. Paul Badura-Skoda. – Wien 1963
Anne Henry Cabet Dampmartin: Mémoires sur divers evénements de la Revolution et de l'Emigration. – Paris 1825
Das Denkmal des Prinzen Louis Ferdinand in Halberstadt. In: »Illustrierte Zeitung«, Leipzig 1900, Nr. 2990 v. 18. 10. 1900, S. 571
Denkwürdigkeiten der Militärischen Gesellschaft in Berlin. – Berlin 1802/03
Karl August Deubner: Prinz Louis Ferdinand in Lemgo. In: »Ravensberger Blätter«, 33. Jhg., 1933, Nr. 4
Franz Wilhelm von Ditfurth: Einhundert Historische Volkslieder des Preußischen Heeres von 1675 bis 1866. Aus fliegenden Blättern, handschriftlichen Quellen und dem Volksmunde gesammelt und herausgegeben. – Berlin 1869
Wilhelm Ludwig Victor Graf Henckel von Donnersmarck: Erinnerungen aus meinem Leben. – Zerbst 1846
Johann Gustav Droysen: Das Leben des Feldmarschalls Grafen Yorck von Wartenburg. – Leipzig 1875
Hertha Federmann (Hrsg.): Prinz Louis Ferdinand. Briefe, Tagebuchblätter und Denkschriften. – München 1942

François Joseph Fétis: Biographie universelle et bibliographie générale de la musique. – 2. Aufl. Paris 1860–65
»Neue Feuerbrände«, 16. Heft, Amsterdam/Köln 1808 (hrsgg. v. Friedrich von Cölln)
Theodor Fontane: Gedichte. – München 1969.
Theodor Fontane: Schach von Wuthenow. – München 1969
P. Foucart. Champagne de Prusse (1806) d'après les archives de la guerre Jéna. – Paris 1887
Ferdinand Freiligrath: Gesammelte Dichtungen, Bd. 3. – Stuttgart 1886
W. Fricke: Prinz Louis Ferdinand in Lemgo. In: »Blätter für lippische Heimatkunde«, 2. Jhg., 1901, Nr. 7
J. Fürst (Hrsg.): Henriette Herz, ihr Leben und ihre Erinnerungen. – Berlin 1858
Peter von Gebhardt: Prinz Louis Ferdinands Nachkommenschaft. In: »Monatsblatt der Magdeburgischen Zeitung«, Nr. 24 v. 13. 6. 1927
Friedrich von Gentz: Briefe von und an F. v. G., hrsgg. v. F. C. Wittichen. – München/Berlin 1909
Briefwechsel zwischen Friedrich Gentz und Adam Heinrich Müller 1800–1829. – Stuttgart 1840
Friedrich von Gentz: Kleinere Schriften. Hrsgg. v. Gustav Schlesier. – Mannheim 1838
Friedrich von Gentz: Tagebücher. – Leipzig 1873
»Der Gesellschafter«, Nr. 12 v. 21. 1. 1829
Die Briefe der Frau Rath Goethe. – 8. Aufl. Frankfurt o. J.
Der Briefwechsel zwischen Goethe und Zelter. Hrsgg. v. Max Hecker. – Leipzig 1913
Johann Wolfgang Goethe: Kampagne in Frankreich / Belagerung von Mainz. – Zürich 1949
Johann Wolfgang Goethe: Tagebücher. Hrsgg. von Ernst Beutler. – Zürich 1964
Colmar Freiherr von der Goltz: Von Roßbach bis Jena und Auerstedt. – Berlin 1906
Walter Grab: Demokratische Strömungen in Hamburg und Schleswig-Holstein zur Zeit der ersten französischen Republik. – Hamburg 1966
Walter Grab: Norddeutsche Jakobiner. Demokratische Bestrebungen zur Zeit der Französischen Revolution. – Frankfurt a. M. 1967
Walter Grab: Die Revolutionspropaganda der deutschen Jakobiner. In: »Archiv für Sozialgeschichte«, Band IX, Hannover 1969
W. Gronau: Christian Wilhelm von Dohm nach seinem Wollen und Handeln. Ein biographischer Versuch. – Lemgo 1824
Grove's Dictionary of Music und Musicians. – London 1906
Karl Hahn: Prinz Louis Ferdinand in Zwickau. In: »Alt-Zwickau«, Beilage zur Zwickauer Zeitung, zugleich Neue Folge der Mitteilungen des Zwickauer Altertumsvereins, Zwickau 1925, Nr. 7, S. 25–28
Robert Hahn: Louis Ferdinand von Preußen als Musiker. – Breslau 1935
Hamburgisches Adress-Buch auf das Jahr 1799. – Hamburg 1798
Hamburgisches Adress-Buch auf das Jahr 1800. – Hamburg 1799

Ferdinand Heinke: Prinz Louis Ferdinand von Preußen. Ein Erinnerungsblatt. – Berlin 1898
Fritz Helke: Die Nacht von Rudolstadt. In: »Dunkle Nächte« – helle Sterne. Sechs Erzählungen.« – Leipzig 1942
Victor Helling: Die Schwinge Preußens. Ein Roman um Prinz Louis Ferdinand. – Berlin 1935
Jarl Hemmer: Prins Louis Ferdinand av Preussen. En romantisk cykel. – 2. Aufl. Helsingfors 1919
Georg Heym: Dichtungen und Schriften. Band 2. – München 1962
Sophie Hoechstetter: Louis Ferdinand, Prinz von Preußen. Roman aus der Zeit vor 1806. – Leipzig 1930
Paul Holzhausen: Der preußische Orleans. In: »Kölnische Zeitung« v. 18., 22. und 25. 11. 1922
Paul Holzhausen: Der Tod des Prinzen Louis Ferdinand. Vaterländisches Trauerspiel in fünf Aufzügen. – Berlin 1865
Franz von Hymmen: Prinz Louis Ferdinand. – Berlin 1894
Karl Immermann: Memorabilien. – München 1966
Johannes Jacobi: Prinz Louis Ferdinand. Vaterländisches Schauspiel in fünf Akten. – Bremen 1890
Curt Jany: Geschichte der Preußischen Armee, Bd. 3 (1763–1807). – Osnabrück 1967
Georg Jensch: Prinz Louis Ferdinand von Preußen und die Musik. In: »Schlesische Zeitung«, Breslau, 19. 11. 1922
»Politisches Journal nebst Anzeige von gelehrten und anderen Sachen«, Hamburg, Februar 1796
Ernst Jünger: Rivarol. – Frankfurt a. Main 1956
C. von Kalkhorst: Nächtliches Abenteuer eines preußischen Prinzen in Lippe. – Detmold 1902
R. Kayser: Prinz Louis Ferdinand. In: »Hamburger Nachrichten« Nr. 571 v. 7. 12. 1922
Hans Kiewning: Die auswärtige Politik der Grafschaft Lippe vom Ausbruch der französischen Revolution bis zum Tilsiter Frieden. – Detmold 1903
Hans Klaeber: Prinz Louis Ferdinand von Preußen. In: »Hamburger Nachrichten« 1906, Belletristisch-Literarische Beilage v. 7. und 14. 10. 1906
Eckart Kleßmann: Deutschland unter Napoleon in Augenzeugenberichten. – Düsseldorf 1965
Karl Friedrich von Klöden: Jugenderinnerungen. – Leipzig 1911
Bruno Emil König: Die Schreckenstage von Saalfeld a. S. und der Heldentod des Prinzen Louis Ferdinand von Preußen. – Meiningen 1896
Theodor Körner: Sämtliche Werke in vier Teilen. Hrsgg. v. Eugen Wildenow. – Leipzig 1903
Herrmann Kretschmar: Prinz Louis Ferdinand in Magdeburg. In: »Heimatkalender für Stadt und Land Magdeburg«, Burg 1926
Hermann Kretschmar (Hrsg.): Die musikalischen Werke des Prinzen Louis Ferdinand von Preußen. – Leipzig 1911
Bogdan Krieger: Prinz Louis Ferdinand. In: »Preußenbote, Kalender für 1925«, Berlin 1925, S. 244–247

Hugo Krizkovsky: Der Prinz. In: »Hör Zu«, Nr. 51/1968 – Nr. 12/1969
Jürgen Kuczynski: Die Geschichte der Lage der Arbeiter unter dem Kapitalismus. Band 8 und Band 19. – Berlin 1960 und 1968
Peter Lahnstein: Report einer ›guten alten Zeit‹. – Stuttgart 1970
M. Langenberg: Prinz Louis Ferdinand. In: »Velhagen & Klasings Monatshefte«, Bielefeld, 13. Jhg., Dezember 1898, S. 468–476
Thomas.-M. Langner: Louis Ferdinand. In: Die Musik in Geschichte und Gegenwart, Bd. 8, Kassel 1960
Magister F. Ch. Laukhards Leben und Schicksale. Von ihm selbst beschrieben. Bearbeitet von Viktor Petersen. – Stuttgart 1908
Carl Freiherr von Ledebur: Tonkünstler-Lexikon Berlins von den ältesten Zeiten bis auf die Gegenwart. – Berlin 1861
Gustav Lenzweski: Die musikalischen Werke Friedrichs des Großen, der Prinzessin Amalie und des Prinzen Louis Ferdinand von Preußen. In: »Deutsche Tonkünstlerzeitung«, Berlin 1916, S. 148–150
Oscar von Lettow-Vorbeck: Der Krieg von 1806 und 1807. – Berlin 1891–1896
Fanny Lewald: Prinz Louis Ferdinand.Ein Zeitbild. – Berlin 1859
Erinnerungen und Briefe des Fürsten von Ligne. Hrsgg. v. Viktor v. Klarwill. – Wien 1920
Der Fürst von Ligne. Neue Briefe. Hrsgg. v. Viktor v. Klarwill. – Wien 1924
Detlev von Liliencron: Poggfred. Kunterbuntes Epos in 12 Kantussen. – Berlin 1896
Karl Linnebach (Hrsg.): Scharnhorsts Briefe. – München/Leipzig 1914
»Löscheimer«, 1. u. 2. Heft, Kiel 1807 (Hrsgg. v. Gustav v. Both)
Golo Mann: Friedrich von Gentz. Geschichte eines europäischen Staatsmannes. – Zürich 1947
Marcellin de Marbot: Mémoires. – Paris 1891 (Deutsche Übersetzung unter dem Titel »Memoiren des Generals Marcellin Marbot«, Stuttgart 1907)
Friedrich August Ludwig von der Marwitz: Ein märkischer Edelmann im Zeitalter der Befreiungskriege. – Berlin 1908
Christian von Massenbach: Historische Denkwürdigkeiten zur Geschichte des Verfalls des preußischen Staates seit d. J. 1794 nebst meinem Tagebuch über den Feldzug von 1806. – Amsterdam 1808
(Heinrich Maurer-Constant): Beiträge zur Geschichte Deutschlands in den Jahren 1805–1809 aus brieflichen Mitteilungen Friedrich Perthes', Johann v. Müllers, des Generals Freiherrn von Armfelt u. des Grafen d'Aintraigues. – Schaffhausen 1843
Karl Meier-Lemgo: Geschichte der Stadt Lemgo. – 2. Aufl. Lemgo 1962
Garlieb Merkel: Darstellungen und Charakteristiken aus meinem Leben. – Leipzig 1839
»Minerva«, Hamburg, März 1806, Januar 1807, März 1807
Walter von Molo: Erzählungen des Adjutanten von Nostitz. In: »Der endlose Zug. Gestalten und Bilder im Schritt der Jahrhunderte«, Berlin 1937
Friedrich de la Motte-Fouqué: Erinnerungen eines preußischen Reiter-Offiziers aus dem Rheinkriege. In: »Dresdner Morgen-Zeitung«, 1827, Nr. 26–32

Louise Mühlbach: Prinz oder Schlossergeselle. Historische Novelette. In »Gartenlaube«, 1868
Burkhard Nadolny: Louis Ferdinand. Das Leben eines preußischen Prinzen. – Düsseldorf 1967
Hans-Joachim Netzer (Hrsg.): Preußen. Porträt einer politischen Kultur. – München 1968
Werner Neubert: Und wenn der Zügel reißt... Ein Roman um Prinz Louis Ferdinand von Preußen. – Berlin 1986
»Neue Berliner Musikzeitung«. 4 Jhg., Berlin 1850
Ludwig Nohl: Beethovens Leben. – Berlin 1909
v. Örtzen: Prinz Lous Ferdinand von Preußen in seinen musikalischen Beziehungen. In: »Blätter für Haus- und Kirchenmusik«, Langensalza 1911, XV. Jhg., Nr. 7, S. 110 ff.
Charles Parquin: Souvenirs du Capitaine Parquin, 1803–1814. – Paris 1892 (Deutsche Übersetzung unter dem Titel »Unter Napoleons Fahnen«, Berlin 1910)
Eilhard Erich Pauls: Das Ende der galanten Zeit. – Lübeck 1924
Georg Heinrich Pertz: Das Leben des Ministers Freiherr vom Stein. – Berlin 1849–1855
Albert Pfister: Der preußische Alkibiades. In: »Velhagen & Klasings Monatshefte«, Bielefeld, Oktober 1906, S. 223–229
Albert Pick: Aus der Zeit der Not 1806 bis 1815. – Berlin 1900
P. Piper: Altona und die Fremden, insbesondere die Emigranten, vor hundert Jahren. – Altona 1914
Karl Plathner: Eine Erinnerung an Prinz Louis Ferdinand von Preußen in Wettin. In: »Heimatkalender für Halle und den Saalkreis 1924«, Halle 1924, S. 64 ff.
Felix Poppenberg: Prinz Louis Ferdinand. In: »Die neue Rundschau«, Berlin 1915, I. Band, S. 77–93
Ernst Poseck: Louis Ferdinand Prinz von Preußen. – Berlin 1938
Kurt von Priesdorff: Prinz Louis Ferdinand von Preußen. – Berlin 1935
Prinz Louis Ferdinand von Preußen. In: Beilage zur »Norddeutschen Allgemeinen Zeitung«, Berlin, 7. Jhg., Nr. 87, 12. 4. 1868
Publicationen aus den K. Preußischen Staatsarchiven. 29. Band. – Leipzig 1887
Katharina Pufahl: Berliner Patrioten während der Franzosenzeit von 1806 bis 1808. In: Wissenschaftliche Beilage zum Jahresbericht der Dorotheenschule zu Berlin. Ostern 1896. – Berlin 1896
Mathilde Quednow (Hrsg.): Denkwürdigkeiten aus dem Leben des Generals der Infanterie von Hüser. – Berlin 1877
Luise von Preußen, Fürstin Anton Radziwill: Fünfundvierzig Jahre aus meinem Leben (1770–1815). – Braunschweig 1912
Johann Friedrich Reichardt: Vertraute Briefe, geschrieben auf einer Reise nach Wien und den österreichischen Staaten zu Ende des Jahres 1808 und zu Anfang 1809. Eingeleitet und erläutert von Gustav Gugitz. – München 1915
Margarete Reichardt-Brader: Das Adagio des Prinzen Louis Ferdinand. In: »Heimatkalender für Halle und den Saalkreis 1924«, Halle 1924

Ludwig von Reiche: Memoiren. – Leipzig 1857
Alfred von Reumont: Kleine historische Schriften. – Gotha 1882
Ludwig Rohmann (Hrsg.): Briefe an Fritz von Stein. – Leipzig 1907
W. Roßmann: Der Tod des Prinzen Louis Ferdinand von Preußen. In: »Die Grenzboten«, Leipzig 1867, 26. Jhg., II. Semest., II. Band, S. 81–93
W. Roßmann: Noch ein Zeugenverhör über den Tod des Prinzen Louis Ferdinand bei Saalfeld. In: »Die Grenzboten«, Leipzig 1868, 27. Jhg., II. Semest., I. Band, S. 273–280
(Johann Jakob Rühle von Lilienstern): Bericht eines Augenzeugen von dem Feldzuge während den Monaten September und Oktober 1806 unter dem Kommando des Fürsten zu Hohenlohe-Ingelfingen gestandenen Königl. preußischen und Churfürstl. sächsischen Truppen. – 2. Aufl. Tübingen 1809
N. v. S.: Biographische Skizze über den Prinzen Louis Ferdinand von Preußen. In: »Militärische Blätter«, hrsgg. v. F. W. v. Mauvillon, Essen und Duisburg 1820, VII. Heft, S. 47–54
Hans Saring: Prinz Louis Ferdinand als Führer der Avantgarde im Oktober 1806. In: »Forschungen zur Brandenburgischen und Preußischen Geschichte«, 45. Band, 1933, S. 233–261
Franz Josef Adolf Schneidawind: Prinz Louis von Preußen und der Tag von Saalfeld. – Neuhaldensleben 1856
Paul Schreckenbach: Der Zusammenbruch Preußens im Jahre 1806. – Jena 1906
Berühmte Schriftsteller der Deutschen. – Berlin 1854
Julius Lothar Schücking: Glockenschläge. In: »Entscheidungen. Geschichte aus preußischer Vergangenheit«, Berlin 1938
Hans Schulz (Hrsg.): Aus dem Briefwechsel des Herzogs Friedrich Christian zu Schleswig-Holstein. – Stuttgart/Leipzig 1913
W. Schulze: Prinz Louis Ferdinand von Preußen, von 1799–1805 Besitzer des Rittergutes Schricke. In: »Heimatstimmen«, Monatsbeilage zum Allgemeinen Anzeiger für die Kreise Wolmirstedt und Neuhaldensleben, Wolmirstedt 15. 1. 1927, S. 3–8
Robert Schumann: Gesammelte Schriften über Nusik und Musiker. Hrsg. von Martin Kreisig. – Leipzig 1914
Karl Schwartz: Leben des Generals Carl von Clausewitz. – Berlin 1878
Hans Schwarz: Prinz von Preußen. – Breslau 1934
Oskar Schwebel: Geschichte der Stadt Berlin. – Berlin 1888
Gräfin Sophie Schwerin: Vor hundert Jahren. Erinnerungen. Hrsgg. v. Amalie von Romberg. – 2. Aufl. Berlin 1910
Alfred Semerau: Prinz Louis Ferdinand. Ein Buch von Liebe und Vaterland. – Berlin 1919
W. Sillem: Conrad Johann Matthiessen. In: »Mitteilungen des Vereins für Hamburgische Geschichte«, 14. Jhg. 1891. Hamburg 1892
Louis Spohr: Selbstbiographie. – Kassel/Göttingen 1860/61
Friedrich August Stägemann: Historische Erinnerungen in lyrischen Gedichten. – Berlin 1828
Germaine de Staël: Zehn Jahre meiner Verbannung. – Leipzig 1822
Ludwig Starklof: Erinnerungen. Hrsgg. v. Harry Niemann. – Oldenburg 1986

Henrich Steffens: Was ich erlebte. – Breslau 1840–1844
Eduard Stegmann: Prinz Louis Ferdinand von Preußen als Grundherr im Herzogtum Magdeburg. In: »Montagsblatt der Magdeburgischen Zeitung«, 1932, Nr. 48–50
Reinhold Steig: Achim v. Arnim und die ihm nahe standen. – Stuttgart 1894–1913
Anna von Sydow (Hrsg.): Wilhelm und Caroline von Humboldt in ihren Briefen. – Berlin 1909
A. W. Thayer: Ludwig van Beethovens Leben. – 2. Aufl. Leipzig 1910
Der Tod des Prinzen Louis Ferdinand von Preußen. In: »Militär-Wochenblatt«, Berlin 1903, 88. Jhg., S. 1546 u. 2287–2288
Der Tod des Prinzen Louis Ferdinand von Preußen bei Saalfeld am 10. Oktober 1806. In: »Beilage zur Norddeutschen Allgemeinen Zeitung«, Berlin, 7. Jhg. Nr. 77, 31. 3. 1886
Max Treu: Prinz Louis Ferdinand von Preußen und die französischen Emigranten in Hamburg-Altona. In: »Daheim«, 64 Jhg., 1928, Nr. 49
Curt Troeger (Hrsg.): Lebenserinnerungen des Generalleutnants Karl von Wedel. – Berlin 1911
Otto Tschirch: Prinz Louis Ferdinand als Musiker. In: »Hohenzollern-Jahrbuch«, Berlin/Leipzig 1906
Otto Tschirch: Die Musik des Prinzen Louis Ferdinand von Preußen. In: »Die Musik«, Berlin/Leipzig 1911/12, XI. Jhg., S. 142–152
Fritz von Unruh: Louis Ferdinand, Prinz von Preußen. – Berlin 1913
Georg Wilhelm von Valentini: Das Gefecht bei Saalfeld an der Saale. – Germanien 1807
Karl August Varnhagen von Ense: Denkwürdigkeiten und vermischte Schriften. – Leipzig 1859
Karl August Varnhagen von Ense: Leben des Generals Grafen Bülow von Dennwitz. – Berlin 1853
Aus dem Nachlaß Varnhagen von Enses. Briefe. 1. Band. Hrsgg. v. Ludmilla von Assing. – Leipzig 1867
Karl August Varnhagen von Ense: Prinz Louis Ferdinand von Preußen. Gallerie von Bildnissen aus Rahels Umgang und Briefwechsel. Erster Teil. Leipzig 1836
Rahel Varnhagen: Briefwechsel mit Alexander von der Marwitz. Hrsgg. v. Friedhelm Kemp. – München 1966
Rahel Varnhagen: Briefwechsel mit August Varnhagen von Ense. Hrsgg. v. Friedhelm Kemp. – München 1967
Rahel Varnhagen im Umgang mit ihren Freunden. Hrsgg. v. Friedhelm Kemp. – München 1967
Rahel Varnhagen und ihre Zeit. Hrsgg. v. Friedhelm Kemp. – München 1968
Eduard Vehse: Geschichte des preußischen Hofs und Adels und der preußischen Diplomatie. – Hamburg 1851
G. Vogler/K. Vetter: Preußen. Von den Anfängen bis zur Reichsgründung. – Berlin 1970
Sophie Marie Gräfin von Voß: 69 Jahre am Preußischen Hofe. – Leipzig 1876
Christian Wagner: Saalfelds Kriegsdrangsale seit 1792 bis 1815. – Rudolstadt 1816

Hans Wahl: Der Adjutant des Prinzen Louis Ferdinand. – Weimar 1916
Hans Wahl: Prinz Louis Ferdinand von Preußen. – Weimar 1917
F. G. Wegeler/F. Ries. Biographische Notizen über Ludwig van Beethoven. – Koblenz 1838
Hans Werder: Schwertklingen. Vaterländischer Roman. – Berlin 1897
Julius von Wickede (Hrsg.): Ein Deutsches Reiterleben. Erinnerungen eines alten Husaren-Officiers aus den Jahren 1802 bis 1815. Drei Bände. – Berlin 1861
Ernst von Wildenbruch: Letzte Gedichte. – Berlin 1909
Elisabeth Wintzer: Louis Ferdinand von Preußen. – Leipzig 1915
Elisabeth Wintzer: Louis Ferdinand Prinz von Preußen als Komponist. In: »Neue Musikzeitung«, Stuttgart 1923, 44. Jhg., S. 84
Elisabeth Wintzer: Die letzten Tage des Louis Ferdinand in Rudolstadt und Saalfeld. In: »Forschung und Leben«, Heimatblätter des Schönburgbundes, Halle 1928, II. Jhg., 5. u. 6. Heft, S. 304–308
Elisabeth Wintzer: Louis Ferdinand als Musiker. In: »Der Tag«, Berlin, 10. 10. 1931
(K. L. Woltmann): Memoiren des Freiherrn von S-a. – Prag 1815
Caroline von Wolzogen: Schillers Leben. – Stuttgart 1830
»Königl. Privilegierte Berlinische Zeitung« v. 26. 3. 1811
Hanns von Zobeltitz: Prinz Louis Ferdinand. Ein Gedenkblatt zum Tage von Saalfeld. In: »Daheim«, Leipzig 1907, 43. Jhg., Nr. 2, S. 11 ff.

Irma Hildebrandt
Zwischen Suppenküche und Salon
Achtzehn Berlinerinnen
144 Seiten mit 18 s/w-Abbildungen, Leinen

Madame du Titre, Rahel Varnhagen, Königin Luise, Fanny Mendelssohn, Lina Morgenstern, Hedwig Dohm, Franziska Tiburtius, Helene Lange, Lily Braun, Käthe Kollwitz, Alice Salomon, Marie Elisabeth Lüders, Tilla Durieux, Claire Waldoff, Louise Schroeder, Helene Weigel, Ingeborg Drewitz, Christa Wolf

Selten wurde ein Buchtitel so treffend gewählt wie der von Irma Hildebrandts Neuerscheinung im Diederichs Verlag. »Zwischen Suppenküche und Salon« umschreibt präzise den Radius, in dem sich die ausgewählten achtzehn Berlinerinnen bewegten. Diesen tatkräftigen Vertreterinnen ihres Geschlechts erweist Irma Hildebrandt auf sachlich-sympathische Weise Reverenz.
Rhein-Neckar-Zeitung

Eugen Diederichs Verlag

Peter Auer

Die Großen vom Gendarmenmarkt

Biographie eines Platzes

Mit einem Vorwort von Friedrich Nowottny
208 Seiten mit 24 s/w-Abbildungen, Leinen

Der Große Kurfürst, Friedrich Wilhelm I., Georg W. von Knobelsdorff, Carl von Gontard, Carl Gotthard Langhans, August Wilhelm Iffland, Alexander von Humboldt, E. T. A. Hoffmann, Friedrich Tieck, Carl Friedrich Schinkel, Ludwig Devrient, Carl Maria von Weber, Heinrich Heine, Adolph von Menzel, Theodor Fontane, Hanns Eisler, Gustaf Gründgens

Von ihnen zeichnet Auer ein so lebendiges und detailliertes Bild, als hätte er August Wilhelm Iffland nach einer »Wallenstein«-Aufführung in der Garderobe des Schauspielhauses aufgesucht, Adolph Menzel beim Skizzieren am Französischen Dom angesprochen, mit E. T. A. Hoffmann bei »Lutter & Wegner« ein Saufgelage veranstaltet und sich mit Heinrich Heine im neueröffneten »Café Möhring« am Gendarmenmarkt zum Interview getroffen.

Die Zeit

Eugen Diederichs Verlag